発想が広がる
ファッション・アパレル図鑑

東京家政大学名誉教授
能澤慧子

ナツメ社

はじめに

絶え間なく移り変わるのがファッションの宿命ですから、ファッションの用語も同じです。『早引きファッション・アパレル用語辞典』が世に出た2013年から、間もなく10年が経とうとしていますが、当時はまだなかった言葉が街中やインターネット上に見られるようになり、また逆に、「ああ、こんな言葉があったね」などと、過去の言葉になってしまったものもあります。

そんなファッション用語の本質を見据えて、本書の項目の選定では、普遍性の高い用語をコアとしながら、今を生きる読者の関心に応えるように、やがては消えるかもしれない言葉も拾いました。また、ファッションのクリエーターを目指す読者や、コスプレなどの創作を楽しむ読者のために、豊かな発想源としての民族服や歴史服関係の用語も、10年前と同じように充実を図りました。

そしてファッションは、何といっても視覚現象です。具体的な姿かたちがあってこそ、存在するものです。すべての項目にイラストをつける、というよりは、すべてのイラストに解説をつけるというのが今回の発想です。それもカラーで。まさに百聞は一見に如かず。

とはいえ、できるだけわかりやすい、代表的な例を選んでいますが、おおむね１項目に１点ずつのイラストを配した本書では、表現に限りがあります。正面以外の側面や背面の状態、また、１項目に含まれる複数のバリエーションなど、読者の皆様が、１点のイラストと文章をもとに豊かな想像力を駆使して、イメージを補ってくださいますことを、切に期待しております。

能澤慧子

CONTENTS

PART 4

ルック、民族服、歴史服

PART 5

模様、色

COLUMN

本書の使い方

a

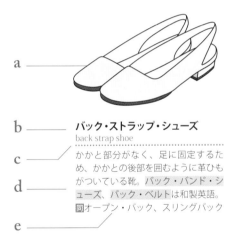

b **バック・ストラップ・シューズ**
back strap shoe

c
かかと部分がなく、足に固定するため、かかとの後部を囲むように革ひもがついている靴。バック・バンド・シューズ、バック・ベルトは和製英語。

d
同オープン・バック、スリングバック

e

a イラスト
それぞれの項目の代表的なものを特徴をつかんで紹介しています。

b 項目名
名称がいくつかあるものもありますが、現在、日本で一般的によく使われているものを表記しています。

c 外国語表記
英語やフランス語など、言語表記をつけました。項目名が日本語や和製英語などの場合は、読みがなにしてあります。なお、ペアで使う靴や手袋などは単数表記としています。

d 解説
特徴や名前の由来、使われ方、バリエーションなどを解説しています。グレーのマーカーがついているところは同義語や類似語などの関連用語です。

e 同義語
同のあとに、同じ意味、または同等の意味の項目名を挙げています。

PART 1

洋服

シャツやブラウスなどのトップス、スカートやパンツなどのボトムス、トップスとボトムスをセットにしたスーツなど、洋服のタイプはさまざまです。

01 シャツ
shirt

ワイシャツ
わいしゃつ

明治から大正期の日本で生まれた、ホワイト・シャツの略称。ボタンどめの前あき、カフスつきの袖、台衿つきの衿が主流。白以外にも、ペール・トーンや縞柄、ドビー柄などがある。

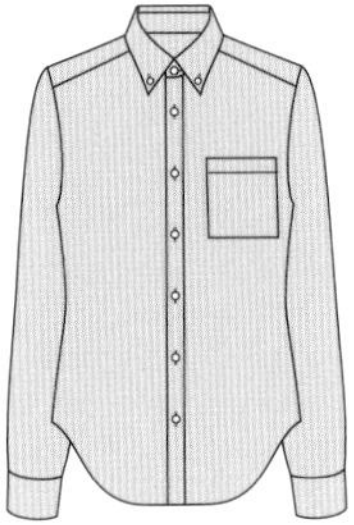

テーパード・シャツ
tapered shirt

テーパードは「先細り」という意味。肩から裾にかけて、一般的なシャツに比べて身幅にゆとりが少ない、やや細身のシャツをさす。パンツスタイルに適した形で、男女ともに着用される。

クレリック・シャツ
cleric shirt

クレリックは「聖職者」の意味。本来は衿とカフスが白、身頃が色物やストライプなどの柄物の異なる生地で仕立てられたシャツをさす。現代では、衿とカフスに白以外を使う場合もある。

ドレス・シャツ
dress shirt

男性用の礼装用シャツ。固く糊づけした胸あて、ウイング・カラー、ダブル・カフスつきなのが特徴である。燕尾服やモーニング・コート、タキシードなどの下に着る。同イカ胸シャツ

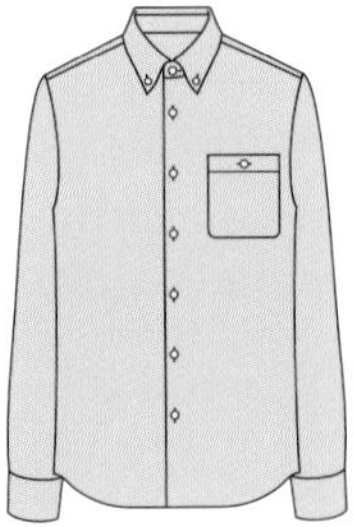

ボタン・ダウン・シャツ
button down shirt

ボタン・ダウン・カラーのついたシャツ。衿先をボタンどめにすることにより、衿の形に特徴的な丸みが出る。アイビー・ルックなど、カジュアルなシャツによく見られる。

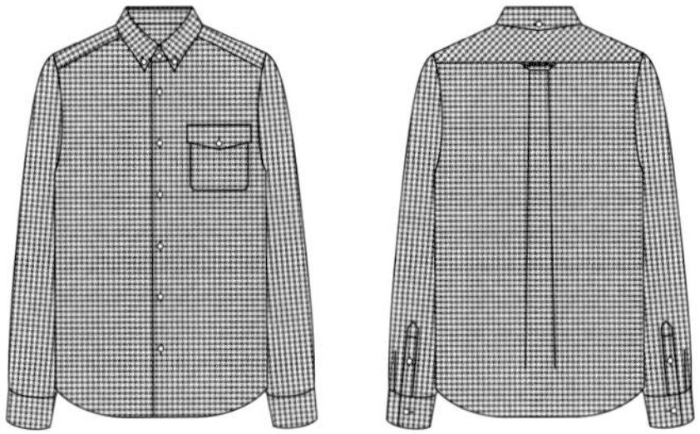

アイビー・シャツ
ivy shirt

アイビーはアメリカ合衆国北東部の名門私立大学の校舎に茂る「ツタ」の意味。伝統的な学生スタイルのシャツで、アイビー・ルックの代表的なアイテム。無地やギンガム・チェックなど、簡素で伝統的な柄の生地で作られることが多い。ボタン・ダウン・カラー、センター・ボックス（背中の中央のボックス・プリーツ）が特徴。

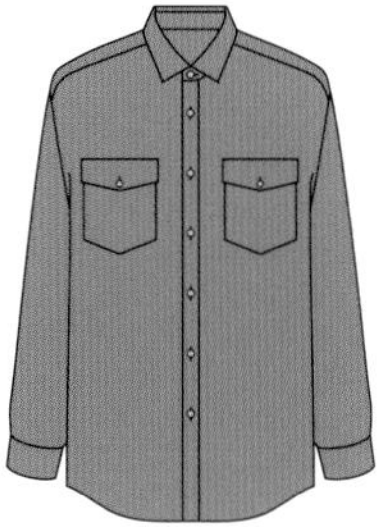

ダンガリー・シャツ
dungaree shirt

薄手の綾織物で仕立てられたシャツ。名称はインドのダングリで織られていた綿織物に由来するとされる。生地の丈夫さを生かして、遊び着や作業着などにしばしば使用されている。

オープン・シャツ
open shirt

前あきの開衿（かいきん）シャツで、オープン・カラー・シャツの略称。スーツ用にネクタイを締めて着用するシャツとは異なり、開放的でややカジュアルな装いに適している。

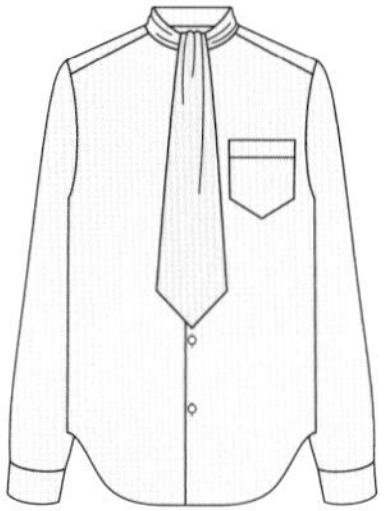

アスコット・シャツ
ascot shirt

本来、巻いて結ぶ幅広のアスコット・タイが縫いつけられたシャツをさす。ボー・タイ・ブラウスの形に似ている。アスコットはロンドンの王室所有競馬場の名称に由来する。

パイロット・シャツ
pilot shirt

パイロットが着用しているシャツに似せたデザインで、両肩にエポーレット（肩章）が、左右の胸にフラップ・ポケットがついた男性用の半袖シャツ。レジャーなどの装いに適している。

MEMO

シャツの柄

ストライプ

シャツ柄の代表例。２種類の織り方を使って表したものと、色糸を使って表したものが主流である。

チェック

先染めが一般的。地色に１～２色のチェックが多いが、マドラス・チェックなど多色使いもある。

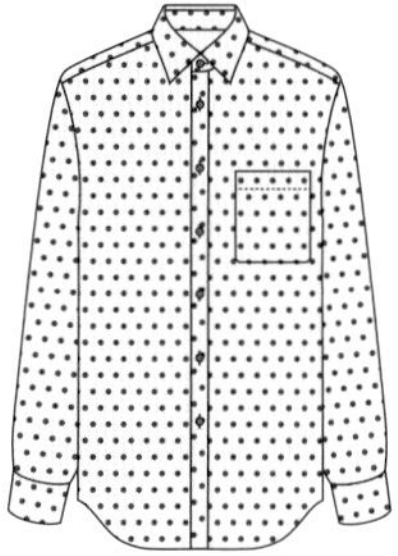

水玉模様

２種類の織り方を使って表したものと、プリントのものがある。大柄はカジュアル・ウエアに多い。

花柄

ごく小柄が多いが、アロハ・シャツなど、レジャー用では大柄で多色使いの花柄もある。

ワーク・シャツ
work shirt

19世紀半ばにアメリカ西部の鉱山労働者用に作られ、その後、普及。デニムやダンガリーなどの丈夫な生地、ボタンつきの雨ぶたポケット、開閉しやすいスナップの前あきなどが特徴。

オーバー・シャツ
over shirt

ゆったりとしたサイズに仕立てられたシャツの総称。または、着用者が自身のサイズに比べて大きな寸法のシャツを着る着こなしをさす。丈が長めであることと、低い位置の袖つけが特徴。

ウエスタン・シャツ
Western shirt

アメリカ西部の開拓民が着用していた、または、それをイメージさせるデザインのシャツ。本来は作業用であることから、デニム地など洗濯に耐えられる丈夫な生地で仕立てられている。

ネルシャツ
ねるしゃつ

ネルは柔らかな質感を特徴とする中肉の毛織物である、フランネルの日本語の略称。ネルを使った普段着用のシャツで、格子柄が多い。現在では綿や合成繊維などの素材を使うことも多い。

ランバージャック・シャツ
lumberjack shirt

秋・冬用のカジュアル・シャツ。格子柄の厚手のウール地で仕立てられ、両胸にポケットがついているのが特徴。ランバージャックは「木こり」の意味である。同カナディアン・シャツ

ジップ・フロント・シャツ
zip front shirt

前あきをジッパーで開閉するシャツ。スポーティーでカジュアルなデザイン。生地の厚さによっては、ジップ・フロント・ジャケットと区別できない。同ジップ・アップ・シャツ

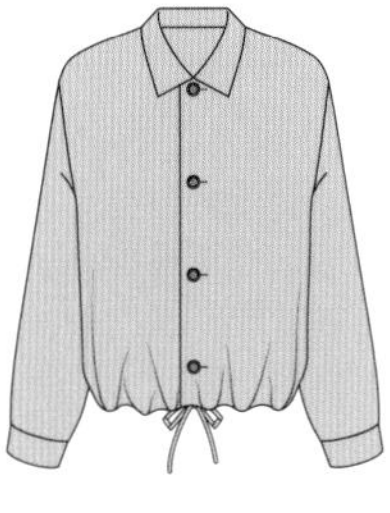

ドローストリング・シャツ
drawstring shirt

裾やウエストにひも通しをつけて、通したひもで絞って着るシャツ。ひもの部分をより体に密着させることで、体温を保つ効果がある。スポーツ用や作業用、防寒用などに多く見られる。

MEMO

カラー・チップ

シャツの衿先につける金属製の飾りをさす。ウエスタン・シャツなどに使うことが多く、とり外しできるものもある。カラー・トップともいう。

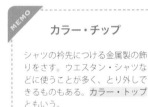

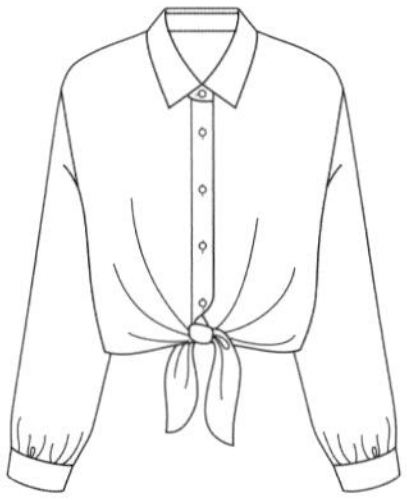

タイ・フロント・シャツ
tie front shirt

左右の前裾を結んで着用するために、その部分だけ長めに仕立てられたシャツ。多くは前あきだが、プルオーバー型もある。カジュアルな装いに多く見られる。

ボウリング・シャツ
bowling shirt

ボウリング競技用として生まれたシャツ。オープン・カラー、前あき、ゆったりしたシルエット、コントラストの強い色の組み合わせ、刺繍やワッペンなどのデザインが特徴である。

アロハ・シャツ
aloha shirt

もとはハワイで着用されていた開衿シャツ。派手な色彩のプリント地で作られるのが特徴で、日本人移住者が着物を解いて仕立てたのが起源とされる。夏のリゾート着として広まった。

パイレーツ・シャツ
pirate shirt

前あきをひもで閉じて着るシャツで、映画に登場する海賊が着るシャツに似たデザイン。衿や袖口にフリルの装飾が施されることもある。類似のデザインにポエット・シャツがある。

プルオーバー・シャツ
pullover shirt

プルオーバーは頭からかぶって着用する、かぶり型の衣服の総称。プルオーバー・シャツはこのタイプのシャツをさす。頭を通しやすくするための短いあきを、衿ぐりに設けることもある。

クルタ・シャツ
kurta shirt

前あきでボタンどめ、または、プルオーバー・タイプのひざ付近までの丈のシャツ。インド北東部からパキスタンにまたがる地域の代表的な民族衣装、クルタのデザインを模している。

ポロ・シャツ
polo shirt

プルオーバー・タイプの半袖シャツで、衿つき、バストあたりまでの短い前あきが特徴である。もとはポロ競技のユニフォームであったが、現在では街着としても広く用いられている。

MEMO

シャツ・ブザム

おもに礼装用シャツの装飾的な胸部分のこと。プリーツを配したり糊づけしたりすることによって、固く仕上げたタイプなどがある。シャツ・フロントともいう。

シャツ shirt

ジップ・ポロ
zip polo

前あきから衿先にかけてジッパーがつき、これによって衿の開閉を調節できるポロ・シャツ。ジッパーを衿先まで上げきると立ち衿になる。スポーツウエアやカジュアル・ウエアに多い。

ラガー・シャツ
rugger shirt

もとはラグビーのユニフォームで、白い衿が特徴的なコットン製のニット・シャツ。太い横縞のものが多い。現在では、カジュアル・ウエアとしても定着している。

ティーシャツ
T-shirt

広げた形がT字になることから名づけられたメリヤス素材の、丸首でかぶり式シャツ。もとは半袖の肌着だったが、1960年代からアメリカで上衣となり、長袖や七分袖なども加わった。

ヘンリー・シャツ
henly shirt

ヘンリー・ネックのシャツ。ラウンド・ネックの前中央に、ボタンで開閉する短いあきがついているのが特徴で、着脱が容易である。スポーティーで、カジュアルなシャツのひとつ。

カットソーとは

反物として編んだニット生地を、織物の場合と同様に裁断（カット）と縫製（ソーン）をして作るニット製品。英語のカット・アンド・ソーンの日本での略称。編みのみで成形した製品であるフル・ファッショニングと区別する。肌着をはじめ、ティーシャツやスエットなどのアウターウエアまで幅広く見られる。

ランニング・シャツ
running shirt

陸上競技などのスポーツに適するよう、袖ぐりを深くとった袖なしのシャツ。ラウンド・ネックまたはユー・ネックで、化繊や混紡、綿などの編み地が多い。下着にも表着にも用いる。

バスク・シャツ
Basque shirt

ボート・ネックにボーダー柄のシャツ。画家のピカソやデザイナーのゴルチェが好んで着用していたことで知られる。名称はスペインのバスク地方の漁師が着ていたことに由来する。

スエット・シャツ
sweat shirt

裏を起毛した綿ジャージーや、パイル素材を使った長袖の上衣。通常、ラウンド・ネック。スポーツウエアとしても定着していて、汗の吸湿に優れているのが特徴のひとつ。同トレーナー

タンク・トップ
tank top

衿ぐり、袖ぐりの深いシャツ。1920～30年代の女性用ワンピース型の水着である、タンク・スーツの上部から着想した。ジャケットなどの上着のインナーとして着ることが多い。

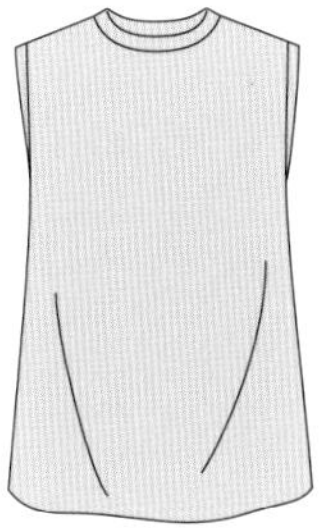

シェル・トップ
shell top

衿なし、袖なしの細身のシャツ。貝殻のようにぴったりと体を包むという意味。ジャケットのインナーとして、また、アウターとしても着用する。同様の形のチアガールの上衣もさす。

チューブ・トップ
tube top

チューブは「管、筒」の意。脇より下を包む袖なしの上衣で、肩ひもがついていないもの。ニット製品で、ほぼ筒形に仕立てられるものが多い。肌の露出が多く、リゾートなどで着用する。

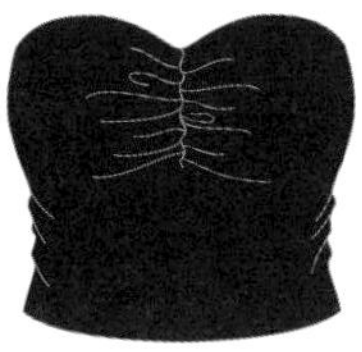

ベア・トップ
teddy bear coat

ベアは「はだかの、むき出しの」という意味で、胸より上の肩や腕、背中を露出した身頃のデザインをさす。夜会服やリゾート・ウエア、遊び着などに多く見られる。

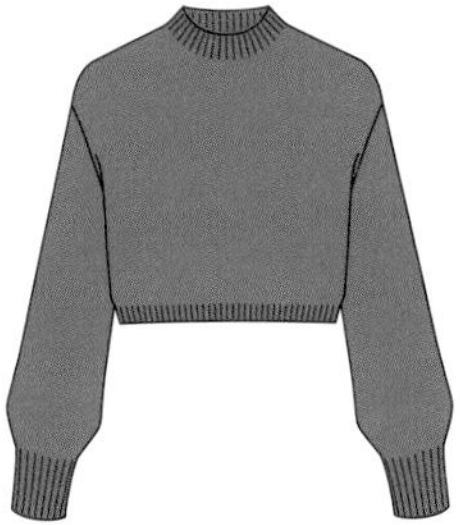

クロップト・トップ
cropped top

クロップは「切りとる」という意味で、身頃の裾がウエストより高い位置にある、丈の短い上衣をさす。下着やスポーツウエアとして使用されることもある。

ミドリフ・トップ
midriff top

ミドリフは「横隔膜」の意味。胸の下、中央のくぼみのみぞおちあたりまでの短い丈の上衣で、おなかを少し見せるデザイン。ツーピース型の水着のほか、1960年代には街着にも登場。

ブラ・トップ
bra top

ブラジャー型の上衣。ヨガなどのスポーツの際に、胸を支えながら締めつけない上衣として着用される。ブラジャーを内側にとりつけたキャミソール型やタンク・トップ型の肌着もさす。

トップとは

セパレーツ型の衣服における、おもに上半身を覆う衣服の総称。日本語の上衣にあたり、複数形の**トップス**も同様の意味である。**ボトム**、**ボトムス**が対語となる。トップには、表側に着るアウターウエア（上着）であるジャケットやジャンパー、中間的なティーシャツやワイシャツ、セーターなどが含まれる。

02

ブラウス

blouse

シャツ・ブラウス

shirt blouse

シャツ・カラーのついた女性用ブラウス。男性のワイシャツを思わせるメンズライクなデザインが特徴である。白の綿ブロードが定番であるが、色物や柄物の絹や化繊などでも作られる。

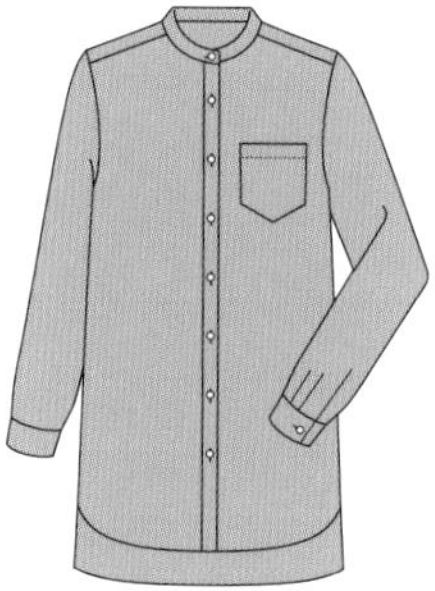

チュニック・ブラウス

tunic blouse

チュニックは「細い袖つきの細身の上着」の意味で、古代ローマのトゥニカに由来する。現代では、ヒップ下からひざ付近までの長めの上着をさすことが多い。この丈のブラウスをさす。

トルソー・ブラウス

torso blouse

トルソーは人間の胴体部分をさすイタリア語。脚のつけ根付近までの丈の、胴体の線に沿った、ややタイトなオーバー・ブラウスをさす。ジャージーなどの伸縮する素材を使うことが多い。

キャバリア・ブラウス

cavalier blouse

キャバリアは17世紀の騎士で、彼らが着用したシャツをイメージした長袖のブラウス。ゆとりのあるネックラインと、たっぷりと寄せられたフリルやレースがあしらわれているのが特徴。

ビクトリア・ブラウス

Victorian blouse

レースやフリルがあしらわれた、クラシックな印象を与えるブラウス。19世紀の英国のビクトリア朝とは関係ないが、貴婦人が着るような装飾的で優美なスタイルとして定着している。

セーラー・ブラウス

sailor blouse

水兵の服をイメージしたセーラー・カラーのついたブラウス。ブイ・ネックで後ろ衿がスクエアなのが基本だが、ラウンド・ネックなど、多様なデザインも見られる。同ミディ・ブラウス

バルカン・ブラウス

Balkan blouse

ネックラインや袖口にギャザーを寄せ、裾もギャザーを入れて絞った、全体にゆったりとしたブラウス。バルカン戦争（1913年）時に流行した。現在では、裾を絞らないタイプもさす。

ペプラム・ブラウス
peplum blouse

ペプラムはおもに女性の上着の、ウエストラインで切り替えた下の部分をいう。この部分にフレアやギャザー、プリーツなどの技法が施されたブラウスをさす。

スモック・ブラウス
smock blouse

スモックはかつては農民や画家、彫刻家などが着た、ゆったりとした仕事用の上着。身頃と袖口に、装飾的ステッチでとめた細かいひだがあるのが特徴。このひだをとり入れたブラウス。

ペザント・ブラウス
peasant blouse

ペザントは「農民」の意。とくにヨーロッパの農民の服装を連想させるような、民族的なデザインのブラウス。ネックラインや袖口にギャザーが寄せられ、刺繍が施されているものが多い。

クロップト・ブラウス
cropped blouse

身頃の丈がウエストより上の、短いブラウスのこと。クロップは「切りとる」の意味で、その名の通り、通常おなかを覆う部分がカットされていることから、こう呼ばれるようになった。

サープリス・ブラウス
surplice blouse

サープリスはキリスト教の聖職者が着る白い法衣をさし、前で着物のように斜めに交差させて重ねて着る。サープリス・ブラウスはこのタイプの打ち合わせが特徴である。

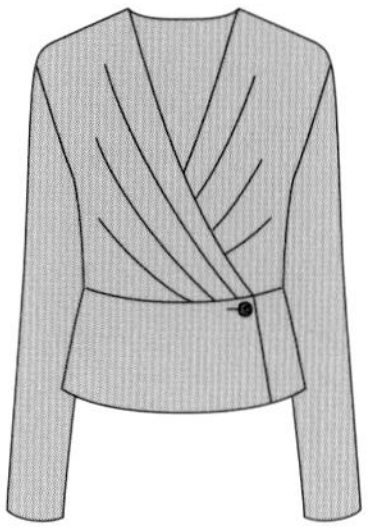

カシュ・クール・ブラウス
cache coeur blouse

着物のような打ち合わせが特徴のブラウス。カシュは「隠す」、クールは「心臓」という意味。体にフィットするように巻きつけるタイプのほか、ゆったりとしたデザインのものもある。

サッシュ・ブラウス
sash blouse

サッシュは帯や飾り帯のこと。柔らかい布地で作られた比較的幅広のベルトを、ウエスト部分で結んで着用するブラウスをさす。打ち合わせは着物のようなラップタイプが多い。

シャツとブラウス

シャツは男性が上着やベストの下に着るワイシャツ型のシャツを意味する。19世紀末以降は女性も着るようになり、当時はシャツウエスト、現代ではシャツ・ブラウスと呼ばれる。ブラウスはフランス語で「作業着」を意味するブルーズの派生語で、現在では、女性や子どもが上半身に着用する衣服をさす。

ファッションのテイスト

コンサバティブ

「保守的な」という意味。品のよさが感じられる色合いで、ストレートのパンツやひざ丈のスカート、ツイードのスーツなど、昔から変わらずに好まれる普遍的なスタイルをさす。

クラシック

「古典的な」という意味。黒やキャメル、オフホワイトなどの落ち着いた色彩や、流行に大きく左右されることのない、普遍的で上品な印象を与えるスタイルをさす。

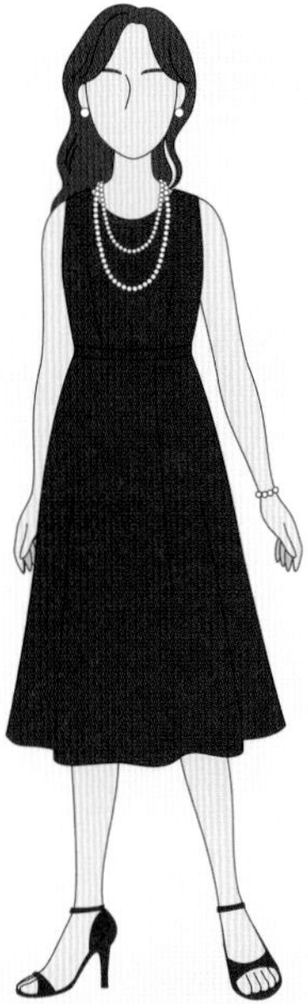

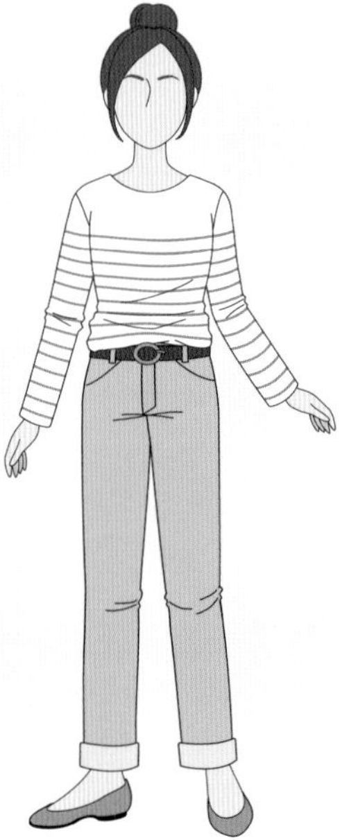

カジュアル

「何気ない」という意味。簡素さの中にも、普段着とは一線を画したセンスのよさをさりげなく感じさせるスタイルをさす。素材の質の高さや機能美をとり入れたスタイルのこと。

エレガント

「上品な」という意味。ファッションにおけるエレガントは気品を感じさせるスタイルをさす。落ち着いた色合いのひざ丈のスカートやドレスなどの装いは、普遍的な優美さを示す。

ゴージャス

「豪華な」という意味。優れた裁断や縫製技術による造形美や豊かな装飾性を備えた装いをさす。比較的ボリュームのあるドレスなどの表現として用いられることが多い。

ガーリー

英語の「ガール」を語源とし、20世紀末に登場した造語。少女らしさやあどけなさが感じられるスタイル。淡い色彩や柔らかな素材に、フリルやレースがあしらわれたデザインをさす。

アバンギャルド

「前衛的な」という意味。ファッションにおけるアバンギャルドは、先鋭的で独創的なデザインをさす。未知の表現を開拓しようとした、革新的な考え方が反映されている。

エキゾチック

「異国風の」という意味。異国はヨーロッパから見たもので、アジアや中近東、アフリカ、南太平洋など。それらの民族衣装を彷彿とさせるデザインが反映されたスタイルをさす。

03

ニット

knit

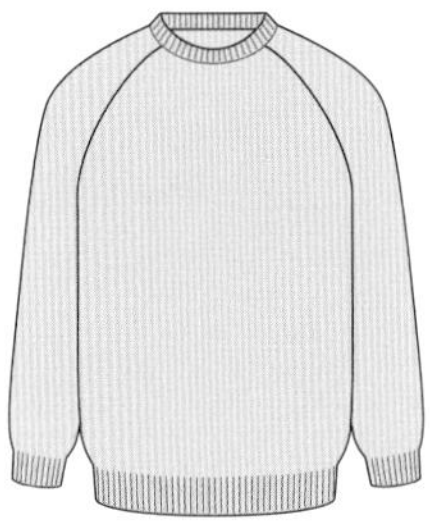

シェトランド・セーター

Shetland sweater

スコットランドのシェトランド諸島産の羊毛糸で編まれたセーター。軽くて保温性に富んでいるのが特徴で、丸首型のものが多い。これに似せた糸で編んだセーターをさすこともある。

シェーカー・セーター

Shaker sweater

シンプルなリブ編みの厚手のセーター。シェーカーはキリスト教徒の一派で、この名称は簡素かつ実用的なライフスタイルを実践する彼らの教義からつけられた。

アラン・セーター

Aran sweater

アイルランド南西部のアラン諸島が発祥とされる、厚手の手編みセーター。漁師が作業用に着た。イカリやヘリンボーンなど海辺ならではの模様が多い。同フィッシャーマンズ・セーター

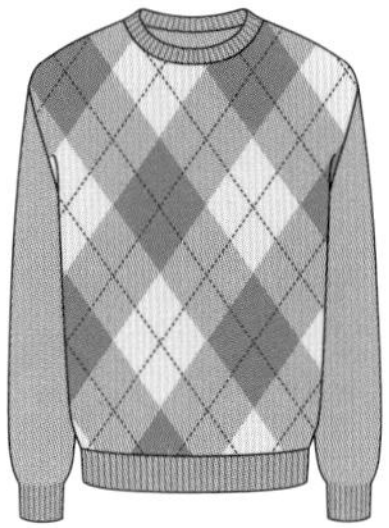

アーガイル・セーター

Argyle sweater

アーガイルはスコットランド西部の旧アーガイル州の氏族名、およびその菱形を特徴とするクラン・タータン名。アーガイル・セーターはこの模様を編み込んだセーターをさす。

フェア・アイル・セーター

Fair isle sweater

英国シェトランド諸島のフェア島の伝統的セーター。数色の糸で、ボーダー状に幾段も異なる幾何学的模様が編み込まれる。ポール・マッカートニーなど多くのミュージシャンに愛された。

ノルディック・セーター

Nordic sweater

ノルディックは「北欧の人々」という意味で、彼らが着用する伝統的なセーター。図案化された雪の結晶やトナカイなどが編み込まれているのが特徴。これに似たセーターのこともいう。

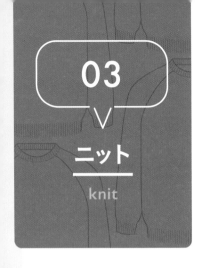

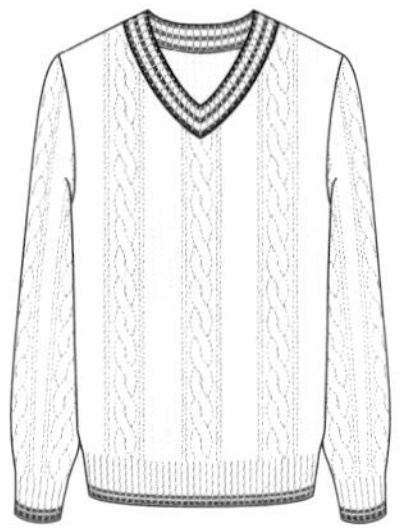

チルデン・セーター

Tilden sweater

ケーブル編みのブイ・ネック型セーター。白地で、衿や裾、袖口に赤や紺のストライプが施される。名称は1920年代のテニスプレーヤー、ウィリアム・チルデンが着ていたことに由来。

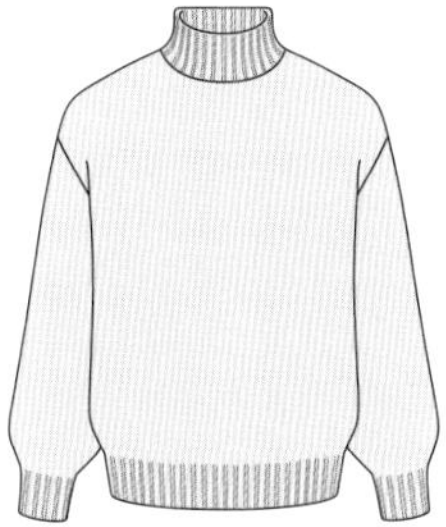

バルキー・セーター
bulky sweater

バルキーは「かさばった、厚い」などの意味で、太い糸でざっくりと編まれたセーターをさす。ふっくらとしてかさの高い、バルキー・ヤーンで編まれることが多い。

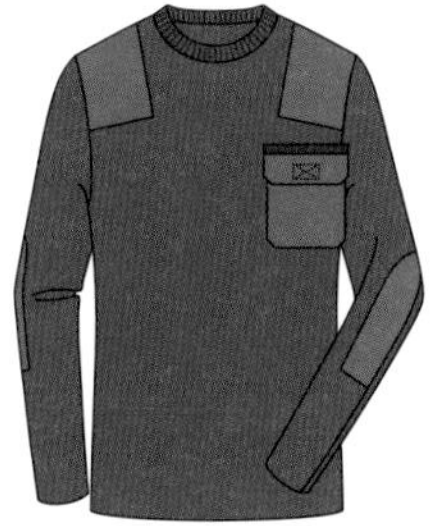

アーミー・セーター
army sweater

軍隊で着用されているセ　タ　。または、それをイメージしたデザインのもの。すり切れを防ぐためのあて布が肩やひじに縫いつけられている。装飾はなく、実用性を重視したデザイン。

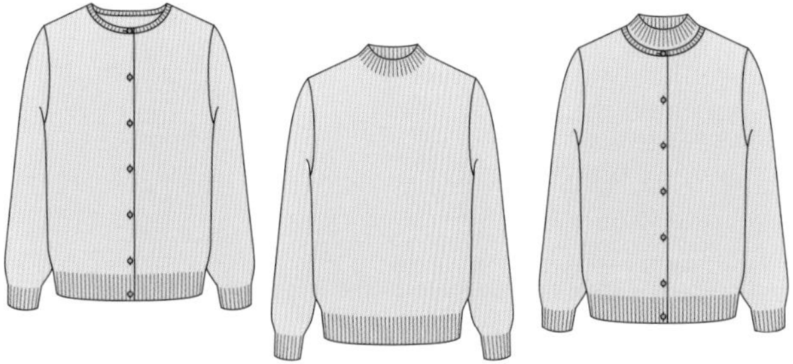

ツイン・セーター
twin sweater

同じ色やデザインのカーディガンとプルオーバーの組み合わせ。プルオーバーは半袖、長袖、袖なしなどさまざまで、カーディガンの袖はプルオーバーより長い。温度調節という機能性とデザイン上の調和の効果を持つ。1920年代にシャネルが考案し、新しいニット・デザインとしてヒットし、今なお好まれている。

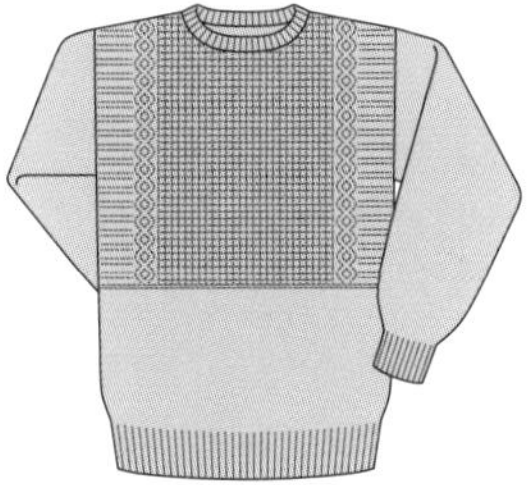

ガーンジー・セーター
Guernsey sweater

イギリス、チャンネル海峡に位置するガーンジー島の伝統的セーター。色の毛糸で、おもに鹿の子編み、ケーブル編み、ゴム編みなどで全体に模様編みを入れる。直線的な袖つけが特徴。

カウチン・セーター
Cowichan sweater

カナダのバンクーバー島の原住民族、カウチン族が着ていたものをイメージしたセーター。動物や木、葉などの植物模様が特徴。白やグレーの濃淡を基調とし、茶系を加えることも多い。

レター・カーディガン
letter cardigan

胸や脇のポケット、袖に図案化した数字や学校のイニシャル（レター）などをアップリケしたカーディガン。アメリカの学生らが着用しはじめ、アイビー・ルックの必須アイテムとなった。

クリケット・ベスト
cricket vest

クリケット競技に着用する袖なしの胴着。ケーブル編みでニット製のものが一般的で、ブイ・ネックの衿元や裾に入ったラインが特徴。アイビー・ルックの典型的なアイテムのひとつ。

04 パンツ pants

ツー・タック・パンツ
two tuck pants

前に左右２本ずつタックが入ったパンツ。タックによって腹部やヒップに余裕ができるため、動きやすく、体形を隠して品よく見える。一方、腰まわりがややかさばって見えることもある。

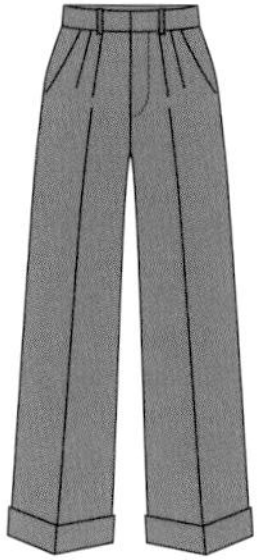

オクスフォード・バッグズ
Oxford bags

股上が深く、極端に幅が広いストレート形のパンツ。1920年代にイギリスのオクスフォード大学の学生らが着用しはじめた。バッグズはイギリスで「ゆったりしたパンツ」の意の俗語。

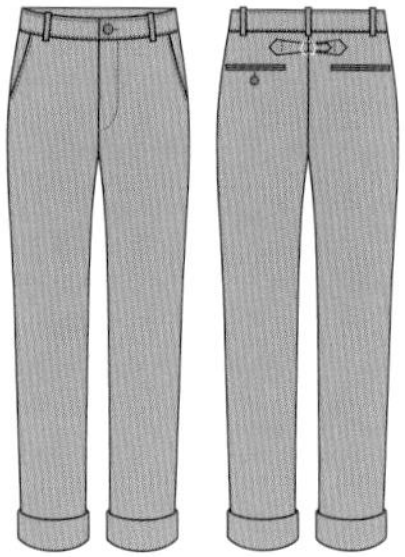

パイプド・ステム
piped stem

裾まで同じ太さのストレート・タイプのパンツで、細身。アイビー・ファッションではダブル裾、後ろポケット、バック・ストラップのものがとり入れられた。同アイビー・リーグ・パンツ

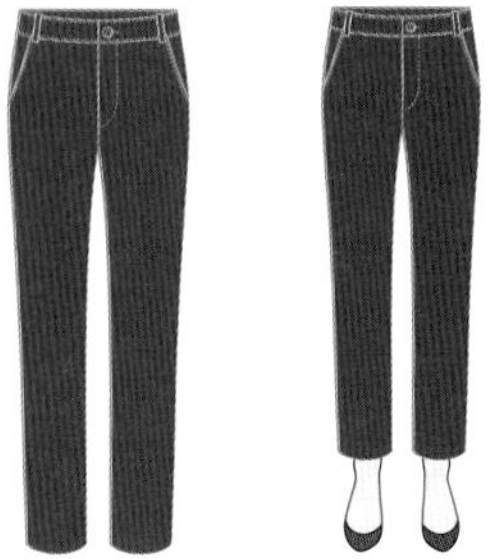

シガレット・パンツ
cigarette pants

細くてストレートなシルエットのパンツ。タバコを思わせる形状であることからこの名がついた。スキニー・パンツほどは脚部にフィットせず、直線的であるのが特徴である。

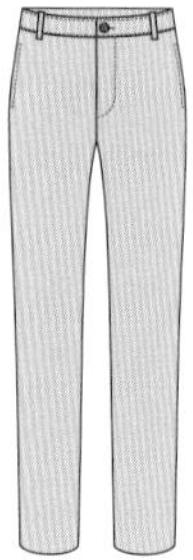

スティック・パンツ
stick pants

細身でストレートなパンツ。「枝のように細い」という意味からこの名がついた。タックは入っておらず、太ももから足首まで直線的なラインを描く。足を細く見せる効果があるとされる。

MEMO

パンツの裾

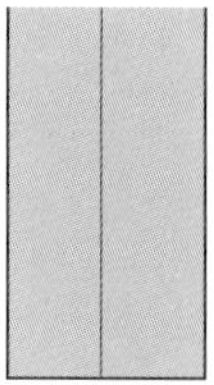

シングル

裾を折り返さない仕上げ方をさす和製英語。英語ではプレーン・ボトムという。

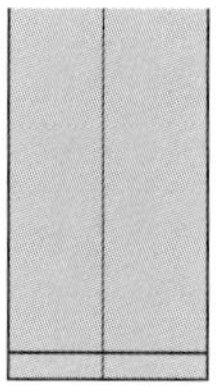

ダブル

裾を表に折り返し、二重に仕上げるスタイル。裾の汚れ防止用にはじまった。礼装には用いない。

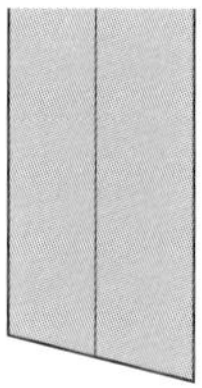

モーニング・カット

前が短く、後ろが長い裾の仕上げ方。昼間の正装であるモーニング・コートの裾上げが名の由来。

MEMO

パンツのシルエット（側面）

スリム
細身のシルエットのパンツの総称。ナロー・パンツともいう。

テーパード
「先細り」という意味で、裾に向けて緩やかに細身になる。

アンクル・パフ
アンクルは「足首」の意味で、足首がパフのように膨らんだ形。

フレア
裾に向けて幅が広がる形。着用者の動きに合わせて揺らめく。

ブーツ・カット
裾がやや広がった形。ブーツと合わせると裾がきれいに見える。

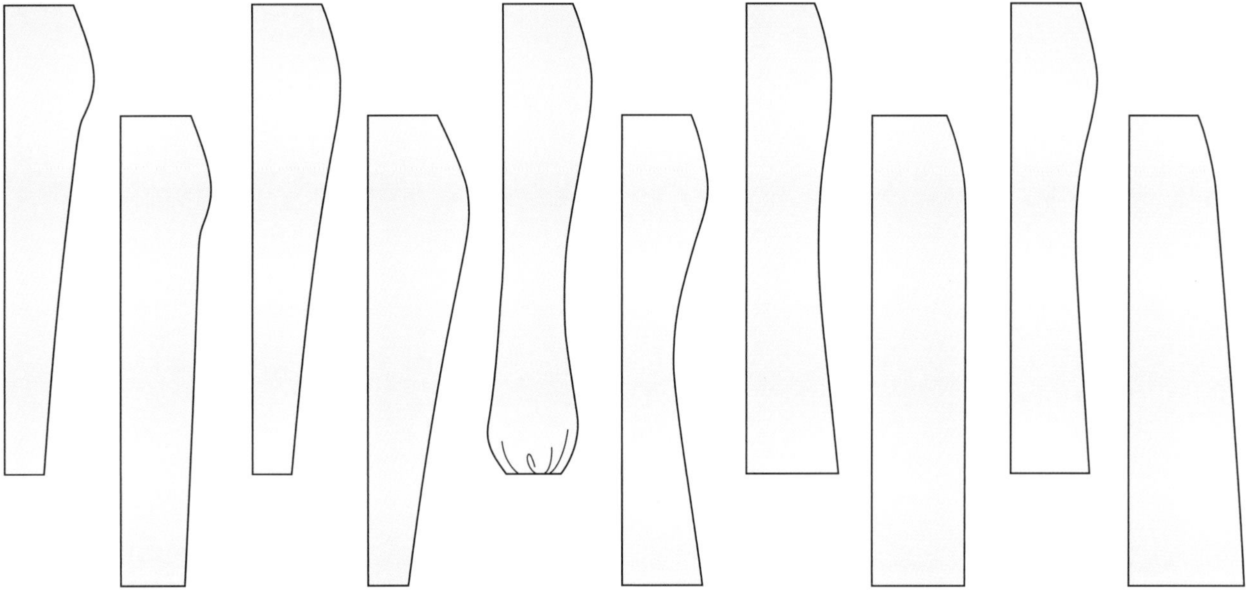

ストレート
筒状のシルエットで、脚部に沿わない形のパンツのこと。

ペグトップ
「洋梨形のこま」の意味。ヒップまわりはゆったりしていて、裾に向けて細身になる。

ベルボトム
ひざから下が釣鐘のように裾広がりになったパンツ。ラッパズボンともいう。

バギー
股下から裾まで同じ幅で広いもの。バギーは「袋のようにだぶだぶの」という意味。

パラッツォ
イタリア語で「宮殿」という意味。裾幅が広く、フレアが入っているのが特徴である。

パンツ pants

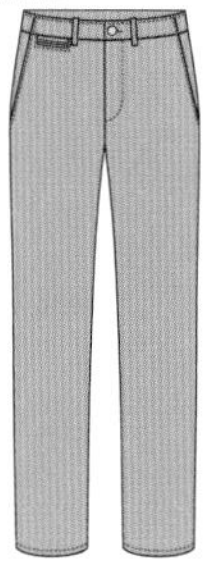

チノ・パンツ
chino pants

チノは丈夫な綾織りの綿布で、名称は原産地の中国（チャイナ)から。主としてベージュやカーキだが、近年は多色展開されている。チノ・パンツはこの布で仕立てたパンツ。同チノパン

カーゴ・パンツ
cargo pants

カーゴは「貨物」という意味で、貨物船の乗員がはいていたものに着装を得たデザインのパンツ。丈夫な生地製で、大きなまちつきのポケット（カーゴ・ポケット）が両脚につく。

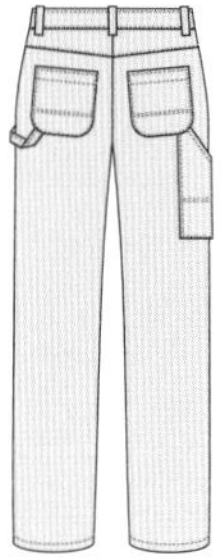

ペインター・パンツ
painter pants

かつてはペンキ職人がはいていたことが名称の由来。丈夫な綿織物で仕立てられた幅広のパンツ。深い股上、大きなポケット、ハンマー・ループなど、作業服としての機能性を備えている。

ベイカー・パンツ
baker pants

名称の由来について、一説には「パン職人がはいていたから」とされている。フロント部分に大きなポケットがつくのが特徴で、カーキやベージュ、インディゴが定番カラーとされる。

セーラー・パンツ
sailor pants

腰部はフィットし、脚はゆったりした裾広がりのパンツ。英国水兵の制服に由来。左右のボタンどめのあきが特徴で、白、黒、紺のサージ製が多い。現代ではシルエットが似たものもさす。

イージー・パンツ
easy pants

ゆったりとしたはき心地のパンツ。柔らかな生地で作られていて股上が深く、ウエストはゴムやひものものが多い。室内着だけでなく、着こなしによってはカジュアルな外出着にもなる。

MEMO

ウエストの位置

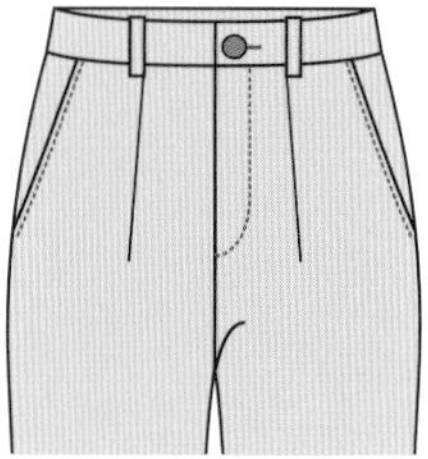

ハイ・ライズ

通常よりも高い位置にウエストラインがあることで、股上の深いパンツ。ハイ・ウエストともいう。

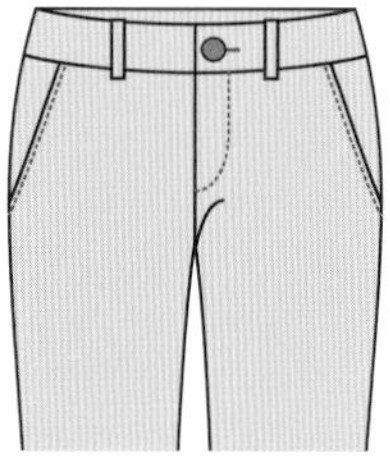

ロー・ライズ

股上が浅いため、腰骨で引っ掛けるようにはくタイプ。ヒップ・ハガーともいう。

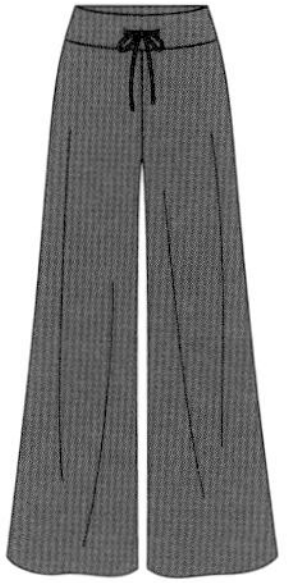

エレファントレッグ・パンツ
elephant-leg pants

ゾウの脚を思わせる、ひざ下から裾にかけて極端に広がったパンツ。1960年代末～70年代に流行したベルボトム・パンツより、さらに裾の広がりを強調したデザインを特徴とする。

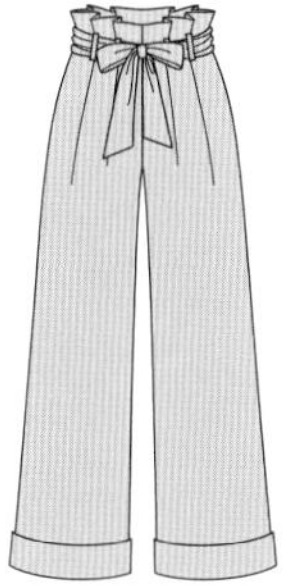

ペーパー・バッグ・パンツ
paper bag pants

比較的ストレートなシルエットのウエストをひもで絞って着用するパンツ。ひもで絞ることでギャザーがたっぷり寄り、その形状が紙袋を連想させることから名づけられた。

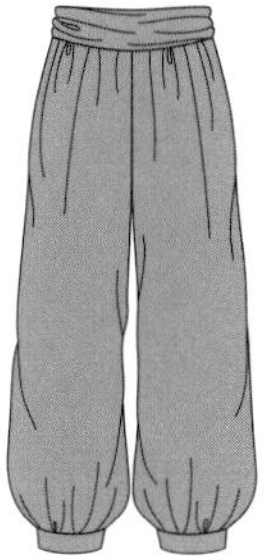

ハーレム・パンツ
harem pants

アラビアンナイトを連想させる、丸みのあるデザインのパンツ。ウエストでたっぷりギャザーをとり、足首で絞ってはく。一部のイスラム教徒の女性達が着用していたパンツに由来する。

ズアーブ・パンツ
Zouave pants

ズアーブは「フランス軍アルジェリア歩兵」のこと。彼らが着用した軍服がもとになったパンツ。ウエストから裾までたっぷりとしたギャザーが入り、裾で細く絞った形をしている。

ジョッパーズ
Jodhpurs

乗馬用パンツの一種。また、この形に似せたパンツ。太もも部がゆったりしていて、ひざ下から足首までがフィットした形。名称は使用された生地の産地、インドのジャドゥパァに由来。

パイレーツ・パンツ
pirate pants

パイレーツは「海賊」の意味で、昔の海賊をイメージしたパンツ。ウエストからひざ下までの部分は膨らみ、ひざ下から細く、足にフィットしたシルエットが特徴。同コルセール・パンツ

MEMO

パンツの丈

アンクル

足首（アンクル）が裾から見える丈で、九分丈のパンツをさす。

クロップト

クロップは「切りとる」という意味で、裾を切ったような八分丈をさす。

ハーフ

裾からひざがのぞいて見えるほどの短い丈。カジュアルな服装に多い。

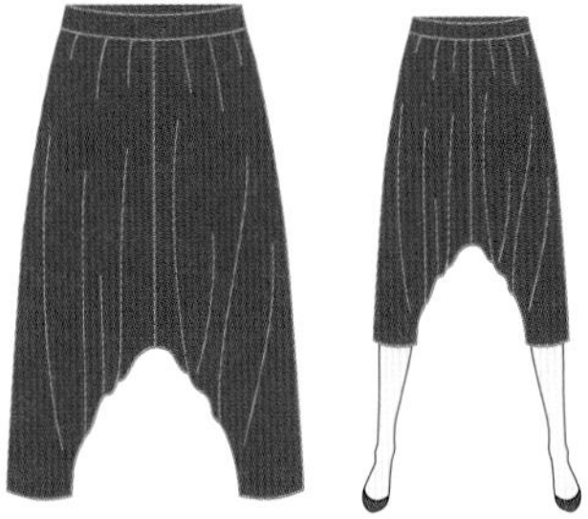

サルエル・パンツ
sarrouel pants

脚部の分かれ目がごく下方に位置し、ウエストからひざにかけてゆとりがあり、裾で細く絞られているパンツ。もとはイスラム文化圏の民族衣装で、1970年代以降に人気を博した。

アンクル・タイド・パンツ
ankle tied pants

幅にややゆとりのある裾を、ゴムやひも、ベルトなどで絞ってはくパンツ。くるぶしよりもやや上あたりの九分丈のものが多く、カジュアルな装いとして人気が高い。

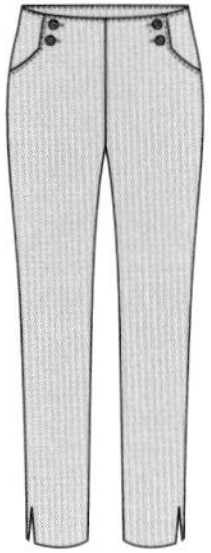

トレアドル・パンツ
toreador pants

トレアドルは「闘牛士」の意味で、競技において闘牛士が身につけるパンツ。足首よりやや短く、全体に細身でぴったりとしたシルエット。1960年代に女性用として流行し、定着した。

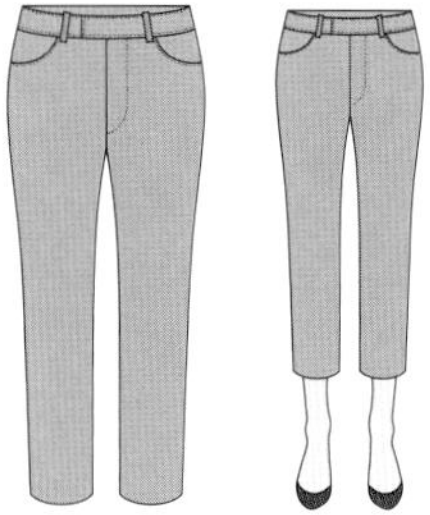

サブリナ・パンツ
Sabrina pants

七〜八分丈の、腰から脚にかけてフィットしたパンツ。名称は1954年公開の映画『麗しのサブリナ』で、オードリー・ヘップバーンが演じる主人公、サブリナが着用していたことに由来。

ガウチョ・パンツ
gaucho pants

ガウチョは南米草原地帯のカウボーイのこと。彼らが着ていた裾が広がった七分丈のパンツ。または、これをイメージしたパンツをさす。1970年ごろに女性用として流行し、定着した。

パンタ・クール
panta court

仏語の「パンタロン」と、「短い」という意味の「クール」を合わせた造語。ひざ下ほどの幅広のパンツをさす。ガウチョ・パンツと同じようなデザインである。同ミディ・パンツ

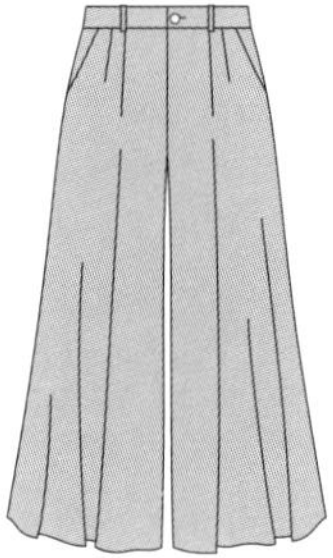

パラッツォ・パンツ
palazzo pants

とくに裾に向けて幅が広がるデザインのワイド・パンツのこと。パラッツォはイタリア語で「宮殿」を意味し、生地をたっぷりと使った贅沢な仕立てであることから、この名がつけられた。

パンツの名称

パンツは米語で、日本語のズボンに相当する言葉。もとは仏語のパンタロンに由来する。洋装導入以降、日本ではおもにパンツは男性用の下着を意味していたが、1990年ごろよりズボンの意味合いが定着した。現在ではアクセントを変えて、ズボンの意味のパンツと、下着の意味のパンツを使い分けている。

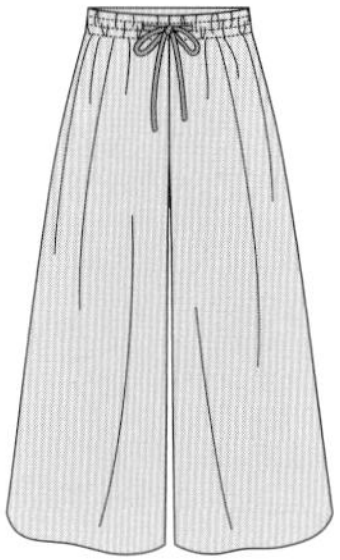

スカンツ
すかんつ

「スカート」と「ワイド・パンツ」を合わせた造語で、スカートのように見える丈の長いワイド・パンツのこと。丈がやや短いものは「ガウチョ」と合わせてスカーチョと呼ぶ。

スカーチョ
すかーちょ

「スカート」と「ガウチョ」を掛け合わせた造語。比較的薄手の生地で仕立てられた、幅広で、一見スカートのように見えるパンツのこと。ゆったりとしていて、着心地のよさが特徴。

サスペンダー・パンツ
suspender pants

パンツが落ちないように固定する肩ひも、サスペンダーがパンツ本体に縫いつけられているもの。パンツ自体は幅広で、ウエストを締めつけることがなく、はきやすい形なのが特徴である。

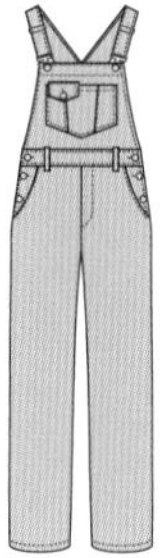

サロペット
salopette

胸あてつきの、上下ひと続きになったパンツの総称。胸あてと、両肩から吊るストラップをバックルでとめて着用する。もとは作業着で、丈夫な生地で作られる。同オーバーオール

MEMO

スパッツ

スパッツとは

本来は19世紀～20世紀初期に流行した短いゲートル。日本では脚にフィットするタイツ状のパンツをさし、伸縮性のあるストレッチ素材で作られているのが特徴である。ひざ下丈からくるぶし丈のもの、土踏まずに引っ掛けるタイプのものなどもあり、女性がスカートの下に着用するカジュアル・アイテムとしてよく見られる。レギンスとほぼ同義。また、トレンカもスパッツの一種で、土踏まずの部分に引っ掛けて着用するものをさす。

足元の形のバリエーション

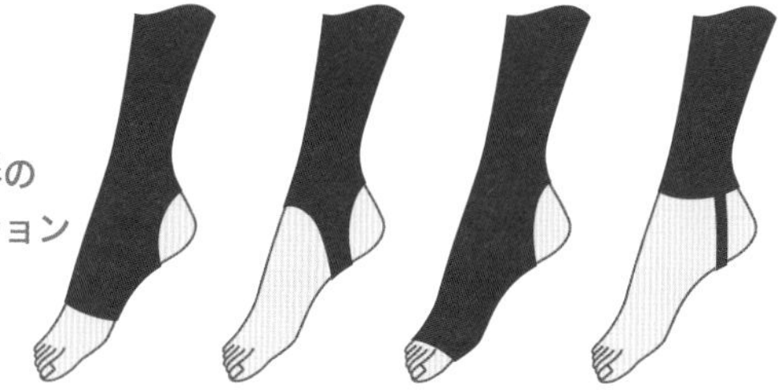

05 ショート・パンツ

short pants

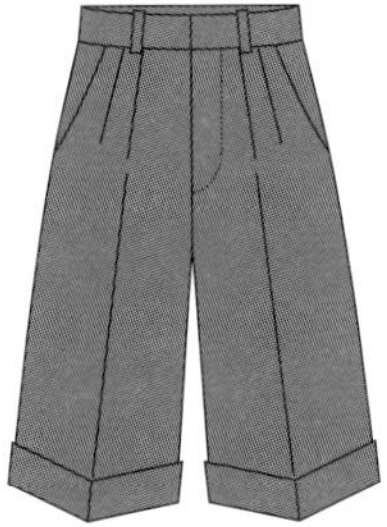

プレップ・ショーツ
prep shorts

プレップはアメリカ名門私立高校をさすプレパラトリー・スクールの略語。1980年代のこれらの学校の学生たちがはいた、ひざ上丈のパンツ。前タック、裾の折り返しが特徴である。

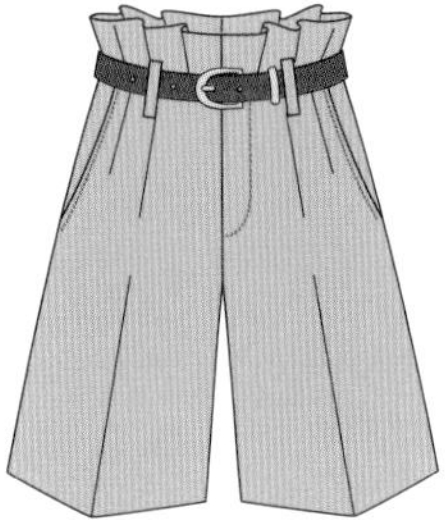

バギー・バミューダ
baggy Bermuda

幅広のパンツである「バギー」と、細身でひざ丈のパンツ「バミューダ」を掛け合わせた造語。幅が広いひざ丈のパンツをさす。カジュアルかつ洗練されたアイテムとして人気がある。

グルカ・ショーツ
Gurkha shorts

グルカは19世紀の旧イギリス領インドの兵士。彼らの制服のパンツがもとで、ひざ上丈で、たっぷりとタックがとられ、両脇にバックルどめのあるウエスト・バンドがつくのが一般的。

デザート・ショーツ
desert shorts

ひざよりやや上あたりの丈のショート・パンツ。デザートは「砂漠」の意味で、第一次世界大戦中、イギリス陸軍が砂漠の行軍に着用した軍服が起源とされる。ベージュや迷彩柄が多い。

タップ・ショーツ
tap shorts

タップ・ダンスの際に着用するような、丈の短いパンツ。ウエストにギャザーやタックなどをとり、裾幅が広めなのが特徴である。現在では同様の丈の短いパンツ型のペチコートもさす。

バミューダ・ショーツ
Bermuda shorts

ひざ丈またはややひざが見える程度のパンツ。やや細めのシルエットで、綿や麻の生地のものが多い。名称はイギリス領土北大西洋のバミューダ諸島のリゾートで着用されたことに由来。

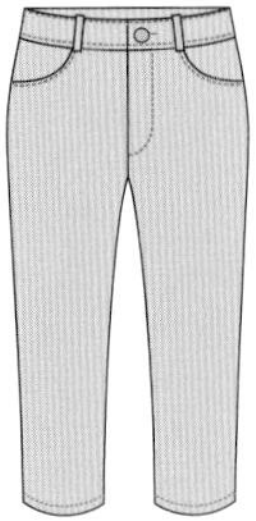

ペダル・プッシャー
pedal pushers

自転車をこぐ際に、裾が車輪に巻き込まれないように考案された、ふくらはぎの半ば丈の細身のパンツ。現代ではスポーツ一般用やカジュアル用。デニムなど、丈夫な綿素材のものが多い。

カリプソ・パンツ
calypso pants

七分丈の細身パンツの一種。裾にスリットが入るデザインもある。もとは、カリブの島々でカリプソ（西インド諸島のトリニダード島の民族音楽）を踊る際に着用されたパンツであった。

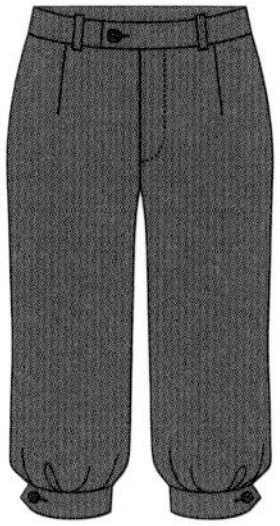

ニッカーボッカー
knickerbockers

ひざ下10cmほどの丈で、全体にゆったりして裾がすぼまったパンツ。登山やゴルフなどのスポーツ用として定着。現在日本では、足首まで伸ばしたものが土木現場の作業服として普及。

サイクル・パンツ
cycle pants

腰や脚のつけ根付近とサドルとの摩擦を減らすため、股間にパッドがついたサイクリング用パンツ。軽量で風通しのよいストレッチ素材で作られる。ひざ下丈、足首丈など丈はさまざま。

ブルーマー
bloomers

裾を絞った、ゆったりした短いパンツ。名称はアメリカの女権拡張運動家、A・J・ブルーマーがはいた足首丈のパンツから。その後、丈が短縮され体操服として普及した。同ブルマ

ホット・パンツ
hot pants

足のつけ根くらいまでの丈の短いパンツ。デニム素材のものが多い。名称は1971年にアメリカのファッション新聞『ウィメンズ・ウェア・デイリー（WWD）』が作ったとされている。

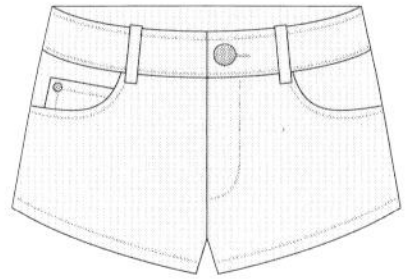

マイクロ・パンツ
micro pants

マイクロは「微細な」などの意味。ホット・パンツよりもさらに丈が短いパンツだが、ホット・パンツとの厳密な丈の違いははっきりしない。女子学生が制服のスカートの下にはく場合も。

ボード・ショーツ
bord shorts

ボードはサーフ・ボードの略で、サーフィン用のショート・パンツ。水中着用にも耐える、丈夫で伸縮性のある素材で作られ、水着としても海浜や街中のカジュアル・ウエアとしても着用。

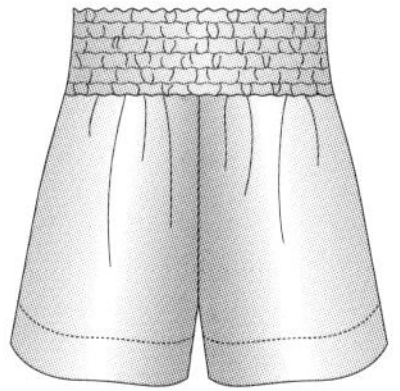

ボクサー・パンツ
boxer pants

スポーツやカジュアル用の、おもに男性用の、ウエストにゴムなどを入れたショート・パンツ。元来は男性用の伸縮性に富んだタイトな下着。ボクサーが試合に導入したのが名称の由来。

ジーンズ

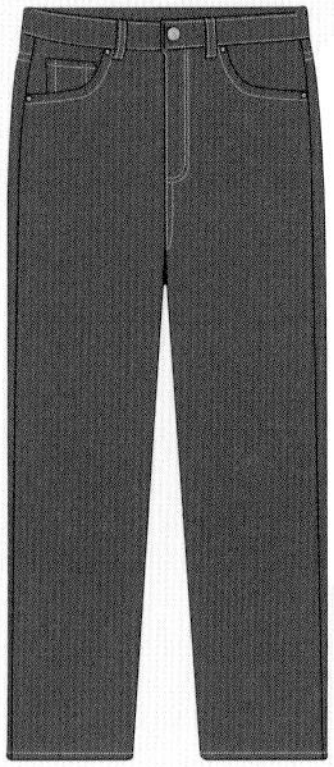

ストレート

太ももから裾にかけて、脚に沿うことなく、まっすぐなシルエット。普遍的なデザインとして、いつの時代にも好まれるアイテムのひとつ。

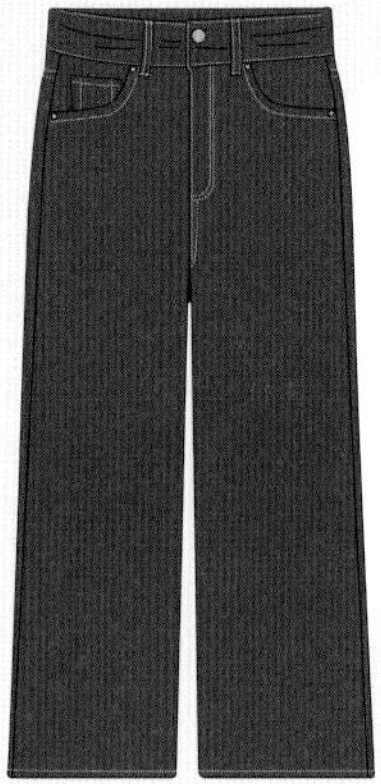

ワイド

ヒップから裾にかけて、全体に幅が広い形。脚部を締めつけることなく、ゆったりと着こなせる。現在では、男女ともに着用されている。

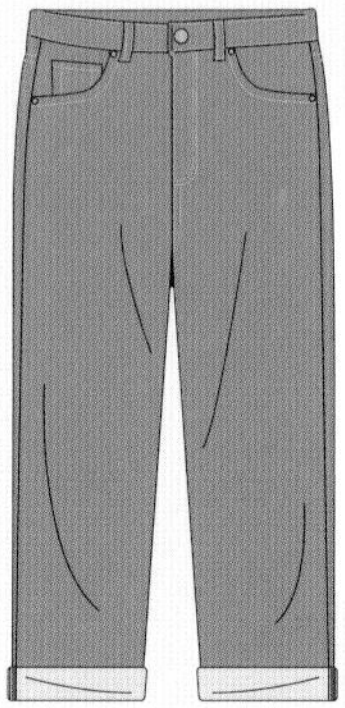

ボーイフレンド・デニム

幅がぶかぶかで、長すぎる丈をロールアップなどしてはくオーバーサイズのパンツ。ボーイフレンドから借りたような雰囲気からのネーミング。パンツの大きさが着る人を華奢に見せる。

ジーンズとは

厚手で丈夫な綾織りの綿織物である、デニム（ジーン）でできたパンツ。もとは19世紀後半に鉱山労働者のために開発された丈夫な労働着だったが、ハリウッドの映画俳優や1960年代の反戦運動に賛同した学生たち、ロックシンガーなどが着用したことにより、1970年代以降、ティーシャツとともに広く普及した。

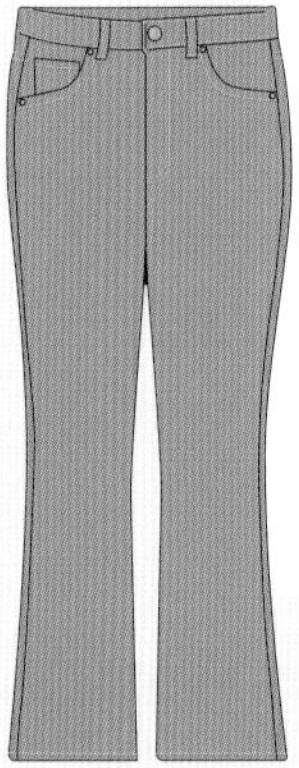

ブーツ・カット

裾がやや広がった形。前裾に比べると、後ろ裾がわずかに長いのが特徴で、もともとカウボーイがブーツに合わせるため、はきやすくした。

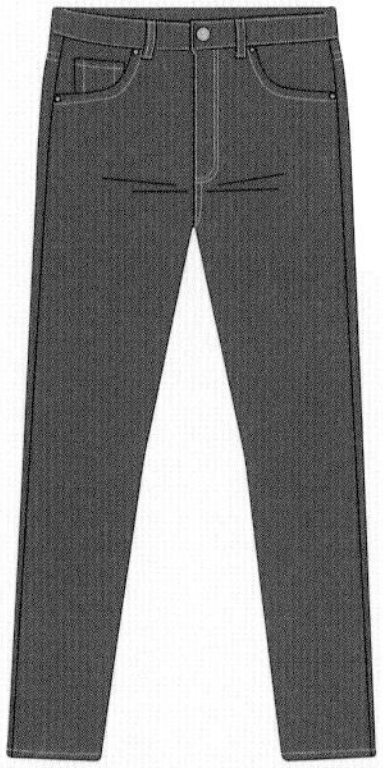

スキニー

脚にぴったりフィットする形。スキニーは「やせこけた、骨と皮」の意味で、細身のシルエット。伸縮性の高い素材で仕立てられる。

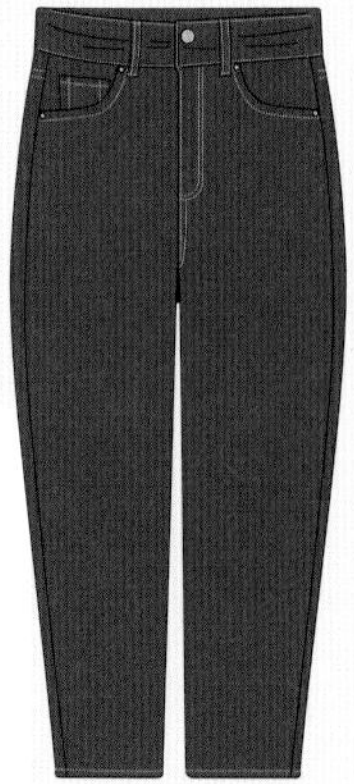

テーパード

裾に向けて徐々に細くなっていくシルエット。形態の特徴から、「先細り」の意味を持つテーパードの名で呼ばれるようになった。

ロー・ライズ・デニム

股上が浅く、腰ではくタイプのジーンズ。通常のウエストの位置ではくタイプよりも若々しく、スタイリッシュな印象を与える。

カット・オフ・ジーンズ

丈の長いジーンズを、好みの丈にカットしたもの。ふくらはぎから太もものつけ根まで、丈はいろいろ。切り口は始末せず、フリンジ状に垂らすのが特徴。

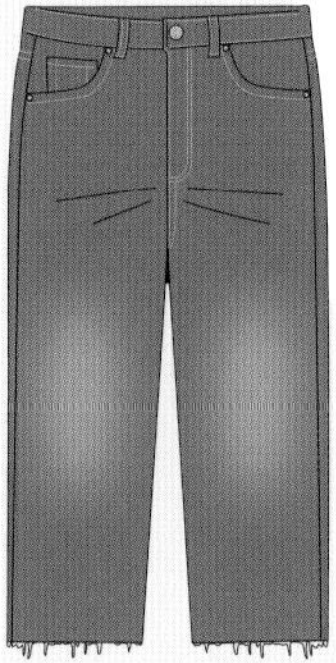

ジージャン

デニムでできたジャケットで、腰丈で、衿つき、両胸にポケットがついたデザインが基本。前あきについた金属製のボタンが特徴。

ショート

ひざより上の短さに仕立てられることが多く、ショート・パンツに近い。裾は裁ち切りのまま、糸がほつれた状態の場合もある。

オーバーオール

胸あてがついた、サロペット型のジーンズ。当初は作業着として着用されたため、ポケットが多い。ゆったりとしたシルエットで人気。

ハイ・ライズ・デニム

股上の深いジーンズで、脚を長く見せる効果がある。また、腹部をある程度覆う丈であることから、はき心地のよさも感じられる。

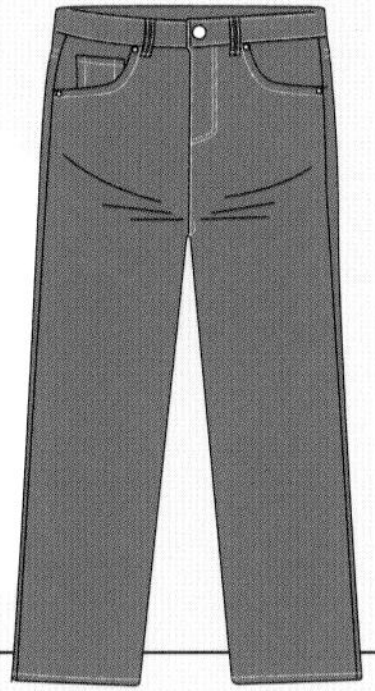

リメイク・ジーンズ

リメイクは「作り直し」の意。ジーンズに刺繍やアップリケ、ペイントなどの装飾、擦り切れや切り裂きのようなダメージを加えたものをさす和製英語。

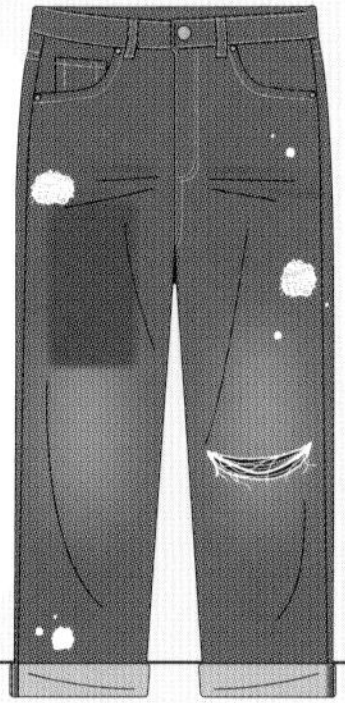

06 スカート

skirt

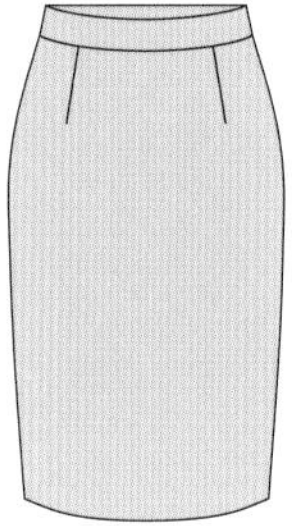

タイト・スカート
tight skirt

ヒップラインから裾までストレート、または裾ですぼむ形のスカート。歩行のゆとりのため、後ろ裾か前裾にプリーツやスリットを入れることが多い。20世紀初頭に登場して定番化した。

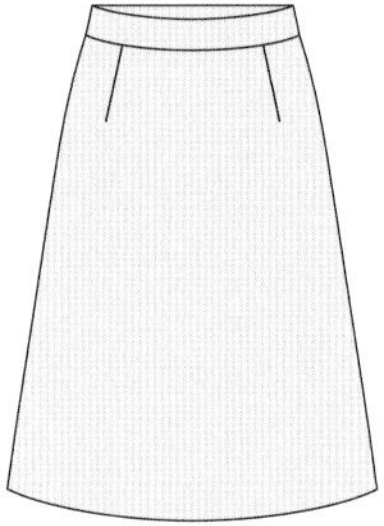

セミ・タイト・スカート
semi tight skirt

セミは「幾分、やや」の意味で、ややタイトなスカートをさす。ヒップラインから下の脇線がわずかに外側に開くように裁断され、タイト・スカートに比べてやや裾広がりのシルエット。

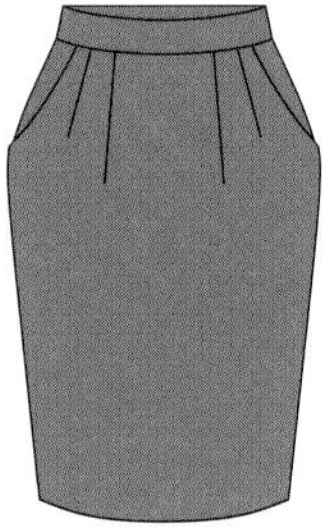

ペグトップ・スカート
peg-top skirt

ペグトップは「洋梨形のこま」の意味。ウエストでたっぷりタックをとり、ヒップの高い位置に膨らみを持たせ、裾に向かってすぼまる、洋梨に似たシャープな形なのが特徴である。

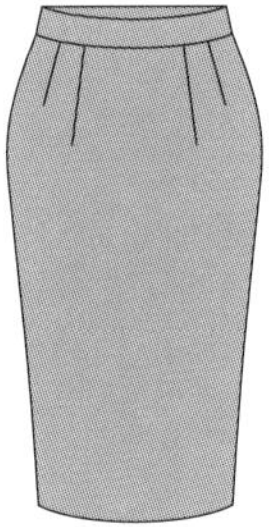

テーパード・スカート
tapered skirt

ウエストでたっぷりとタックがとられ、ヒップのあたりから裾に従って細くなる形のスカート。丸みのあるシルエットを維持するため、比較的厚みのある生地で仕立てられることが多い。

ペンシル・スカート
pencil skirt

鉛筆のように細身でストレートなシルエットのスカート。ほっそりとしたシルエットのスカートは以前から存在していたが、1950年ごろよりこの名称で呼ばれるようになった。

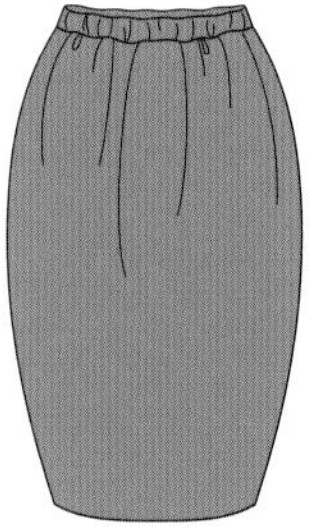

バレル・シェイプ・スカート
barreled shape skirt

バレルは英語で「樽」という意味。ウエストにたっぷりとタックやギャザーを寄せ、裾をすぼめたスカートをさす。樽のように中間で膨らんだ丸みのある形となる。

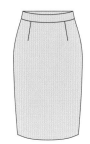

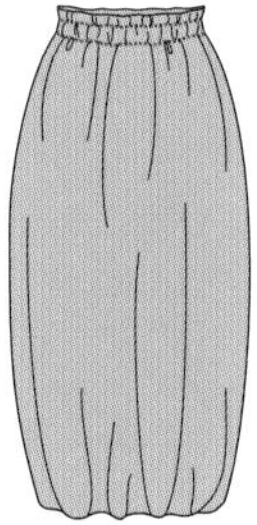

バルーン・スカート
balloon skirt

バルーンは「風船」という意味。丸い膨らみを持たせ、裾を絞ったシルエットのスカート。クリストバル・バレンシアガが1950年代に、このシルエットのドレスを発表している。

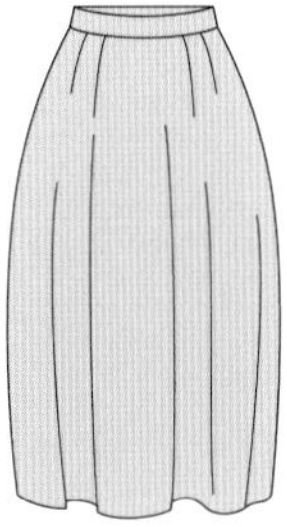

コクーン・スカート
cocoon skirt

コクーンは「蚕(かいこ)の繭(まゆ)」という意味。その名の通り、繭のように丸みがあるシルエットのスカート。バレル・シェイプほど裾がすぼまらず、タックやギャザーのボリュームが多いのが特徴。

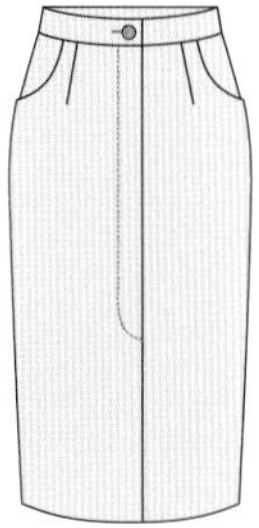

フライ・フロント・スカート
fly front skirt

表にファスナーやボタンおよびボタンホールが見えないように仕立てられたスカート。フライ・フロントは日本語で比翼仕立て(ひよくじた)と呼ばれる。副資材が見えない、すっきりしたデザイン。

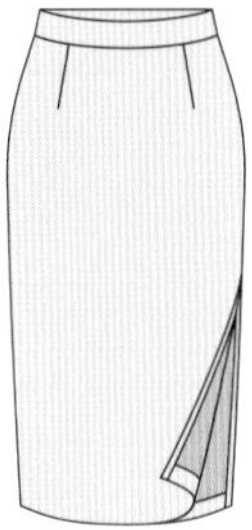

スリット・スカート
slit skirt

ストレートのシルエットのスカートの前中央や脇、後ろ中央のいずれかに切り込みが入ったスカートのこと。デザイン性に加え、足さばきをよくするといった機能性にも優れている。

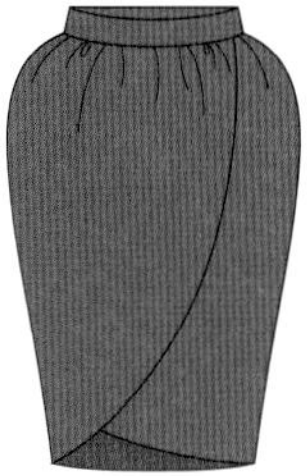

チューリップ・スカート
tulip skirt

ウエストにギャザーやタックを寄せて腰を膨らませたあと、裾をすぼめて、全体がチューリップの花を逆さまにしたような形になるスカート。ひざ丈またはひざ上丈のものが多い。

MEMO

スカートの裾を広げる手法

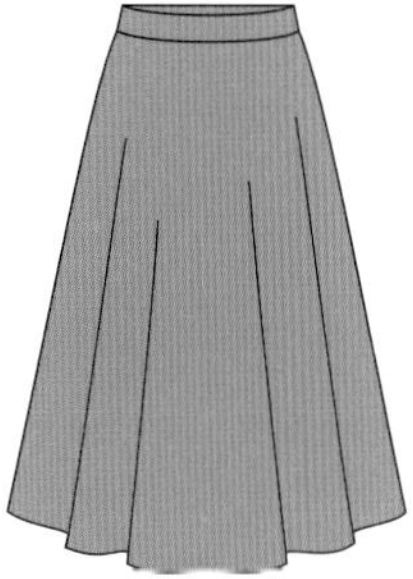

フレア・スカート

裾に向かってフレアの入ったスカートをさす。朝顔のように裾が広がったスカートの総称である。

ギャザー・スカート

筒状に縫製したスカートのウエスト部分に、布を縫い寄せて縮めたもの。広がりのあるスカート。

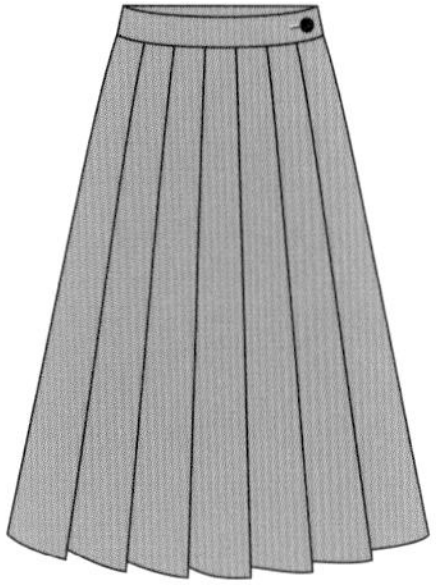

プリーツ・スカート

プリーツ（ひだ）が入ったスカートの総称。プリーツが入る位置や分量によって、名称が異なる。

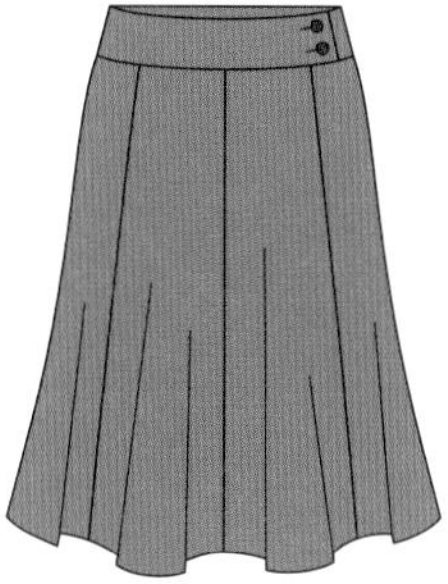

ゴアード・スカート

下辺が広い台形の布を、何枚かはぎ合わせて作るスカート。マーメード・スカートなどに見られる。

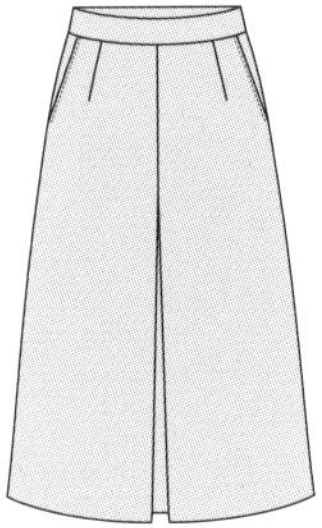

インバーティド・プリーツ・スカート
inverted pleats skirt

正面のひだ山がつき合わせになったプリーツが施されたスカート。インバーティドは「逆さにした」の意味。ボックス・プリーツを裏返した状態になっていることから、この名がついた。

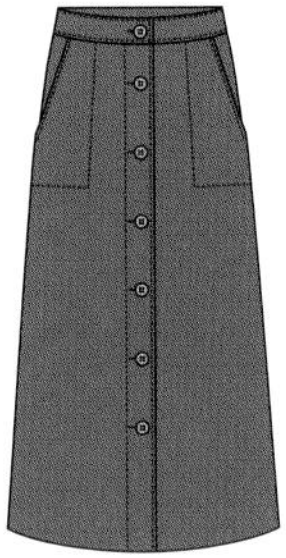

ボタン・ダウン・スカート
button down skirt

前あきでボタンどめのスカート。ウエストから裾にかけてボタンでとめるデザインにより、機能性に優れるだけでなく、ボタンの連なりが見た目のポイントにもなっている。

トレンチ・スカート
trench skirt

トレンチ・コートを思わせるダブル・ボタンやベルトがついたスカート。丈はひざ上、ひざ下、くるぶし丈とさまざまで、色も定番のベージュやブラックのほか、バリエーションが豊富。

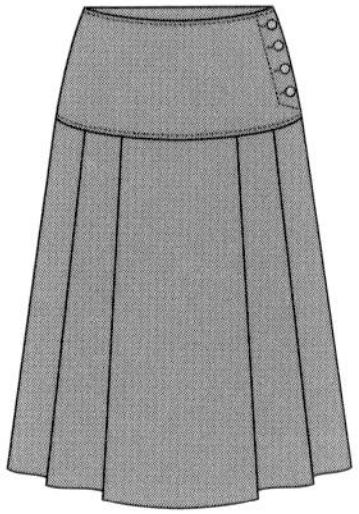

ヨーク・スカート
yoke skirt

ヒップラインより高い位置に切り替えが入ったスカート。ヨークの位置までは体の曲線に沿わせ、そこから下にギャザーやプリーツによってボリュームを持たせたデザインが多い。

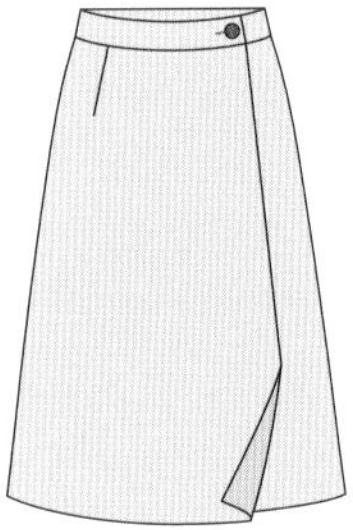

巻きスカート
まきすかーと

片脇を縫い合わせず、体に巻きつけて深く打ち合わせてはくスカート。ウエストやヒップサイズの調節が可能なのが特徴のひとつ。同ラップ・アラウンド・スカート、ラップ・スカート

キルト・スカート
kilt skirt

キルトはスコットランド高地の男性用の民族服の一部。プリーツをとった巻きスカート状の衣服で、タータン・チェックの生地で仕立てられる。そこから想を得てデザインされたスカート。

MEMO

ウエストの位置

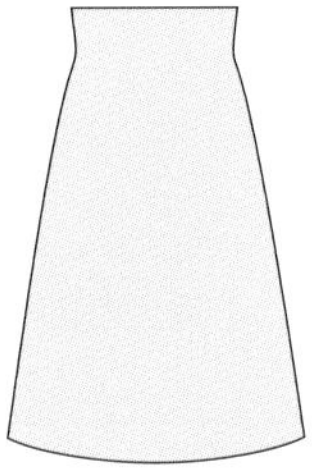

ハイ・ウエスト

通常よりも高い位置にウエストラインがあるスカート。正しくはハイ・ウエストライン・スカートという。

ヒップ・ハガー

ウエストではなく腰骨に引っ掛けるようにはくスカート。ヒップボーン、ヒップ・ハンガーともいう。

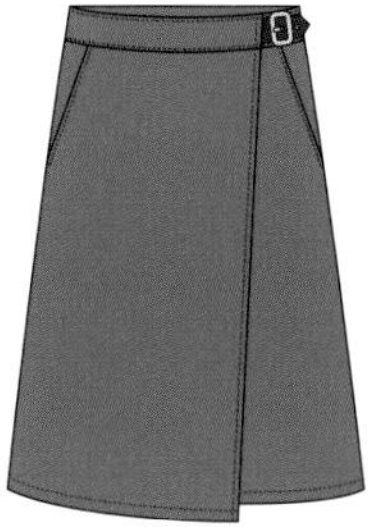

フラップ・スカート
flap skirt

腰のまわりに巻きつける、丈の短いオーバー・スカート。パンク・ファッションのひとつ。パンツの上から重ねて巻くスタイルが一般的。また、それに着想を得た巻きスカートもさす。

パレオ・スカート
pareo skirt

パレオはタヒチをはじめとする太平洋諸島の民族衣装のひとつ。腰布、および、それに想を得た巻きスカートで、ひもなどを使わずに、布端をとめて固定する。水着の上に着ることが多い。

ベル・シェイプド・スカート
bell shaped skirt

切り替えにより、全体にほっそりしながら、裾部分はフレアで広がる、ベル（西洋の釣鐘）型のシルエットのスカートをさす。すっきりとした中に優美さが感じられる。

サーキュラー・スカート
circular skirt

生地をサーキュラー（円形）に裁断して仕立てたフレア・スカート。全体に平均的にフレアが生まれるのが特徴。全円より中心角を小さく裁断したものはセミ・サーキュラー・スカート。

アンブレラ・スカート
umbrella skirt

傘のように、上辺がごく短い台形をつぎ合わせて、ほぼ円形に仕立てた裾幅の広いスカート。ウエストにプリーツやギャザーを加えることで、裾広がりをさらに強調することも多い。

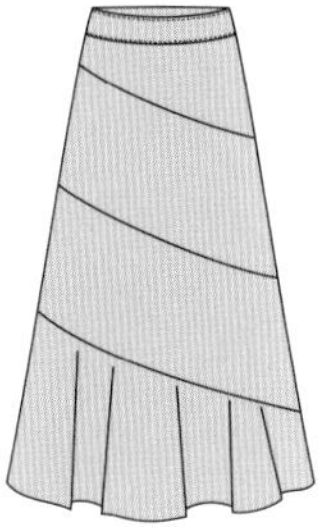

エスカルゴ・スカート
escargo skirt

らせん状の切り替え線によって、体に沿ったシルエットを出したスカート。マキシ丈からひざ上丈まで丈はさまざま。エスカルゴは仏語で「カタツムリ」の意で、巻き貝に似た形状から。

マーメイド・スカート
mermaid skirt

ウエストからヒップ、太ももにかけて流れるようにぴったりと体に沿い、ひざあたりから裾にかけて尾ヒレのように広がるスカート。シルエットを人魚にたとえてこの名がついた。

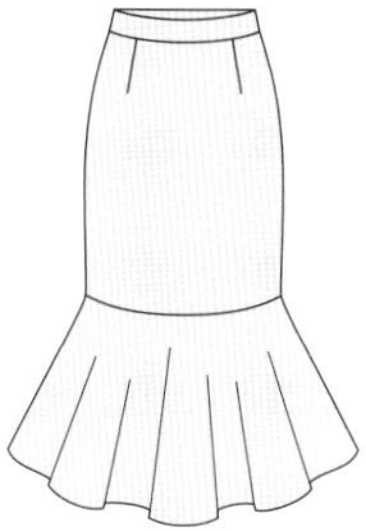

トランペット・スカート
trumpet skirt

横方向の切り替え線からフレア、ギャザー、プリーツによって裾口を広げたシルエットのスカート。マーメイド・スカートに似ているが、フレアなどの幅がより広いものが多い。

スカート skirt

ホッブル・スカート
hobble skirt

足首あたりですぼむスカート。ホッブルは「よちよち歩き、跳ねる」などの意味で、裾幅の狭さによる小股の歩き方からのネーミング。1910年にポール・ポワレが発表して話題となった。

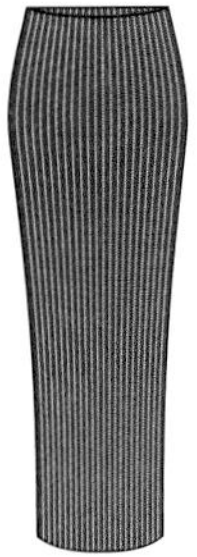

ジュップ・ショセット
jupe chaussette

ウエストから裾にかけて体にフィットしたスカート。ジュップとショセットはそれぞれ仏語で、「スカート」と「ソックス」の意味。ソックスのようにフィットするスカートをさす。

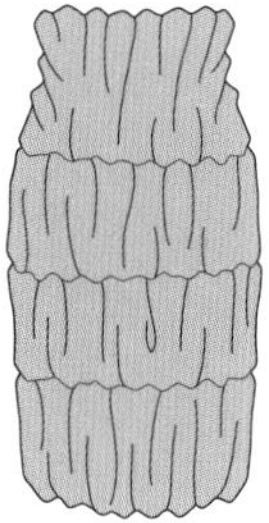

シャーリング・スカート
shirring skirt

シャーリングはギャザーを何本か並べることで、ウエストから裾にかけて複数本のシャーリングを施したスカート。体に沿わせながら、表面に凹凸と陰影によるデザイン効果を生み出す。

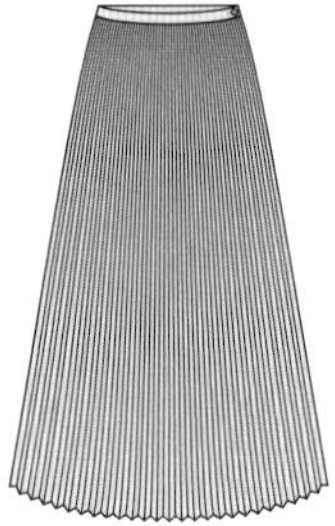

アコーディオン・スカート
acordion pleats skirt

蛇腹のような立体的なプリーツ加工が施されたスカート。プリーツの形状が楽器のアコーディオンに似ていることから、この名がついた。動きに合わせてひだが揺れるシルエットが特徴。

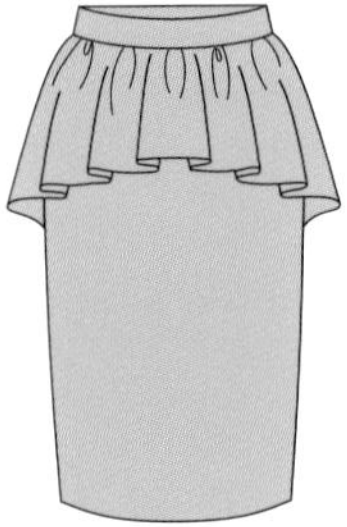

ペプラム・スカート
peplum skirt

ペプラムはジャケットなどの上着のウエストラインで切り替えた下の部分。ペプラム・スカートはフレアやひだなどを入れた別布をペプラム状に、ウエストや裾などにとりつけたスカート。

ティアード・スカート
tiered skirt

ティアードは「段々になった」という意味。ギャザーやプリーツなどを寄せた何段もの布が切り替えになっているスカート。裾に向かって広がりを見せ、シルエットにボリュームがある。

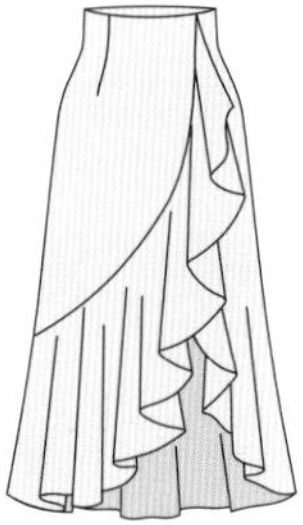

ラッフル・スカート
ruffle skirt

ラッフルは「波打たせる」という意味でフリルと同義だが、フリルよりもやや幅の広いものをさすことが多い。ギャザーやひだ、フレアを施した、やや幅広のフリルで装飾されたスカート。

MEMO

ディバイディド・スカート

筒幅が広く、一見スカートのように見えるパンツ。ディバイディドは「分かれた」の意味で、脚部が左右に分かれていることをさす。キュロット・スカートともいう。

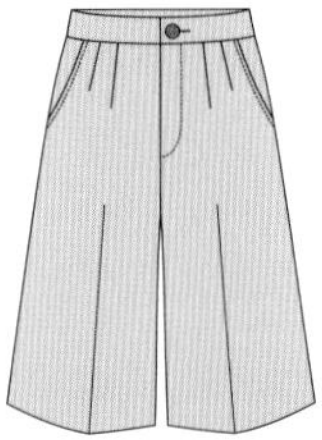

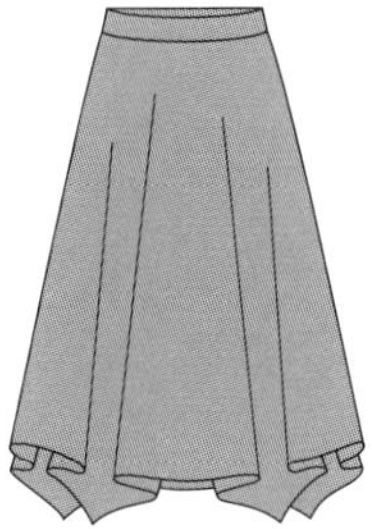

ハンカチーフ・ヘム・スカート
handkerchief hem skirt

四角い生地の中央に開けた穴にウエストを通して、全体を自然に垂らす裁断法で作られたスカート。布の四隅が垂れ下がって生み出す優美なドレープと、ジグザグの裾線が特徴である。

パネル・スカート
panel skirt

パネルは本来、装飾やシルエットの構成のために入れる切り替え。パネル・スカートはこれに似せて、別布や共布を部分的に重ねたデザインのスカート。透ける布を重ねる例も見られる。

フィッシュテール・スカート
fishtail skirt

フィッシュテールは「魚の尾」の意味。後ろスカート丈が長く、裾に向かってゆったり広がるシルエットが魚の尾を想起させることから、この名がついた。フェミニンな雰囲気がある。

チュール・スカート
tulle skirt

チュールで仕立てられたスカート。ギャザーがたっぷり寄せられたデザインで、色はパステルカラーが多い。チュールは透ける素材なので、パンツやレギンスに重ねて着用することもある。

MEMO

スカートの丈による名称

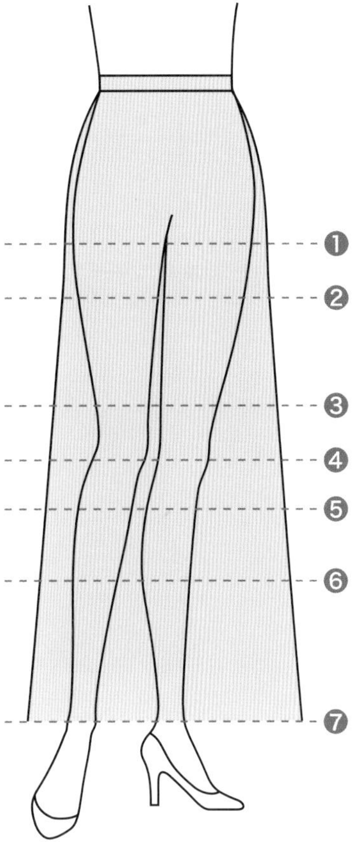

❶マイクロスカート
ミニ・スカートより丈が短いスカート。マイクロ・ミニともいう。

❷ミニ・スカート
ひざ上丈の短いスカート。通常はひざ上15～20cmの丈をさす。

❸ひざ上丈スカート
ひざの少し上までの丈。英語でアバブ・ザ・ニー・レングスという。

❹ひざ丈スカート
ひざがちょうど隠れる丈のスカートをさす。英語のニー・レングス。

❺ひざ下丈スカート
ひざより長い、ひざ頭が隠れる丈。ビロー・ザ・ニー・レングスとも。

❻ミディ
ふくらはぎの中間ぐらいまでのスカートをさす。仏語でミ・モレという。

❼マキシ
くるぶしまでの丈の長いスカートをさす。アンクル・レングスともいう。

07

ワンピース

one-piece

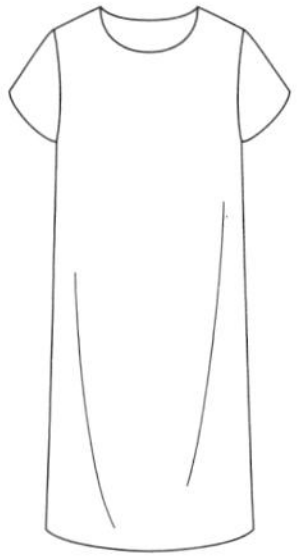

サック・ドレス
sack dress

サックは「袋」の意味で、ウエストに切り替えのない直線的なシルエットのドレス。1950年代後半にパリで発表されると、だらしないとの批判も出たが、やがて着やすさから流行した。

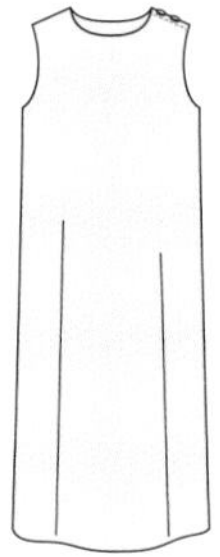

シフト・ドレス
shift dress

シフトはおもに「女性用肌着」の意味の古語。肌着のように直線的裁断を用い、ウエストラインに切り替えがなく、肩から裾までストレートに落ちるシルエットの細身のドレスをさす。

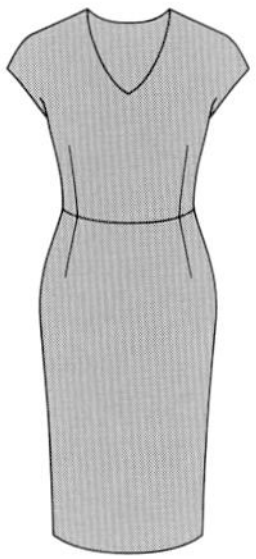

シース・ドレス
sheath dress

シースは「刀剣の鞘」という意味。鞘のように体にフィットした細長いシルエットが特徴のドレスをさす。歩きやすくするために、ひざから裾までスリットが入るデザインのものもある。

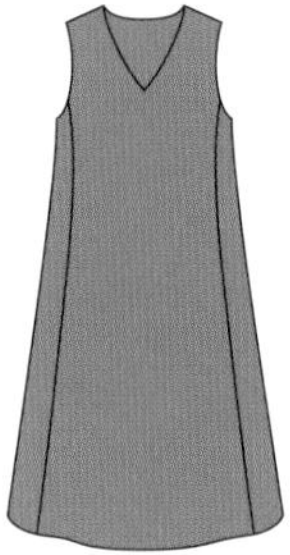

エー・ライン・ドレス
A line dress

アルファベットのAを思わせる形のドレス。細身の上半身からウエストでくびれずに、裾に向かって広がるデザインが特徴である。1950年代にクリスチャン・ディオールが発表した。

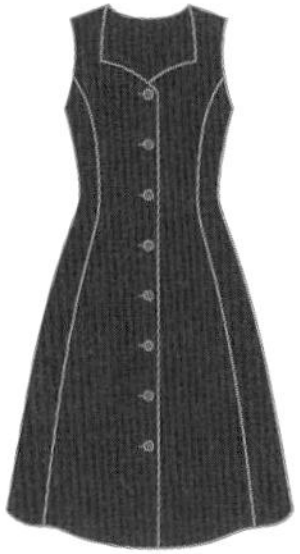

プリンセス・ドレス
princess dress

脇下や肩からウエスト、裾へと続く縦の切り替え線だけで体に添わせて、スカートに広がりを持たせたシルエットのドレス。名称は19世紀に英国王女のためにデザインされたことに由来。

ベル・ライン・ドレス
bell line dress

鐘を思わせる形をしたスカートのドレス。ウエストにひだがたっぷり寄せられてふんわり広がり、裾にかけて流れるシルエットが特徴。ウエディング・ドレスのデザインとしても定着。

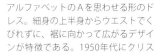

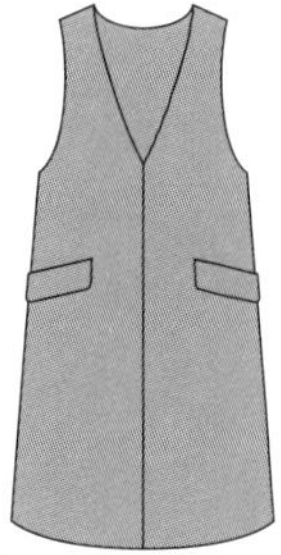

ジャンパー・ドレス
jumper dress

袖なしのワンピース・ドレスの一種。下にブラウスやシャツ、セーターなどを着る場合が多く、アームホールが深くとられている。少女服に多い。同ジャンパー・スカート

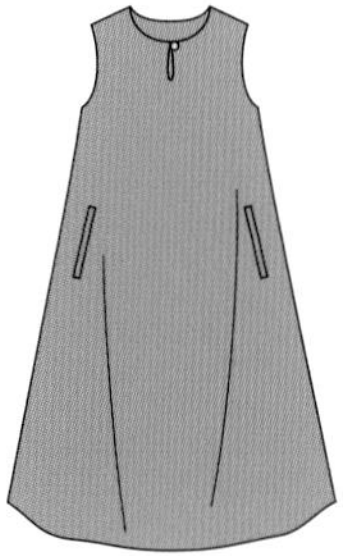

テント・ドレス
tent dress

全体が二角形でテントのような形をしたドレス。小さな肩、胸から裾に向かってフレアでたっぷり広がったシルエットが特徴である。このシルエットをピラミッド・シルエットと呼ぶ。

サーキュラー・ドレス
circular dress

スカート部分が円を描くように裁断された、サーキュラー（円形）状になっているドレス。または、肩から裾にかけてくびれることなく、ほぼストレートなシルエットのドレスをさす。

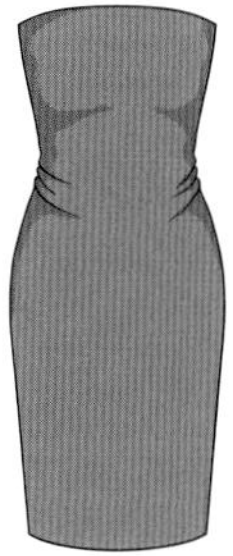

チューブ・ドレス
tube dress

チューブは「管、筒」の意味で、チューブのように体に張りついたようにぴったりと沿った細身のシルエットのドレス。ニットなど伸縮性の高い素材で仕立てられることが多い。

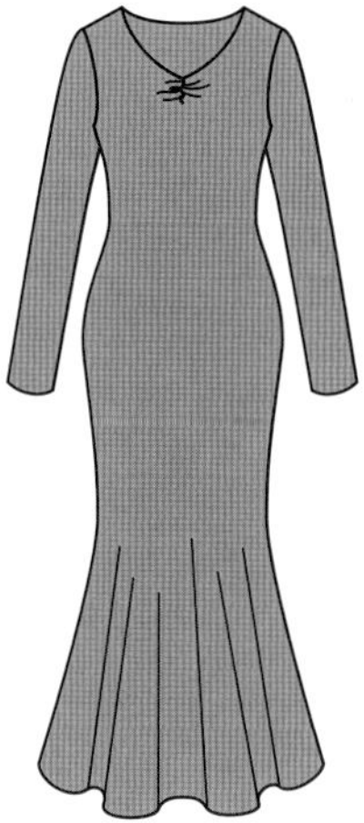

マーメイド・ドレス
mermaid dress

人魚のようなシルエットのドレス。身頃は体に密着し、ひざ下付近から魚の尾ヒレのように極端に裾広がりになる。ウエディング・ドレスなどのデザインとしても定評がある。

ドレスとワンピース

ドレスとは広義には「服装、衣装」の総称で、下着や外套（がいとう）を除いた洋服全般をさす。狭義には女性服のこと。また、「正装する」の意味もあり、ドレス・アップは「おしゃれをする」の意味。他方、日本語のワンピースは英語のワンピース・ドレスの略語で、身頃とスカートがひと続きに仕立てられた女性の服をさす。

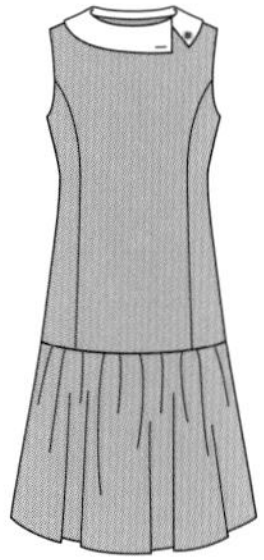

ロー・ウエスト・ドレス
low waist dress

本来のウエストラインよりも低い位置に切り替えのあるドレス。ウエストのくびれが強調されることなく、裾に向けて緩やかな台形を描くシルエット。幼さや少女らしい印象を与える。

シャツ・ドレス
shirt dress

ワイシャツのようなデザインのドレス。シャツ・カラーや長い前立て、カフスのついた袖などが特徴。タックやプリーツなどが入ったものもある。同 シャツウエスト・ドレス

ピーター・トムソン・ドレス
Peter Thomson dress

セーラー・カラーで、胸の切り替えから裾までプリーツが入り、ウエストにベルトを締めて着るワンピース・ドレス。アメリカ海軍のテーラー出身のピーター・トムソンが20世紀初頭にデザインし、私立高校の女生徒の制服として広まった。

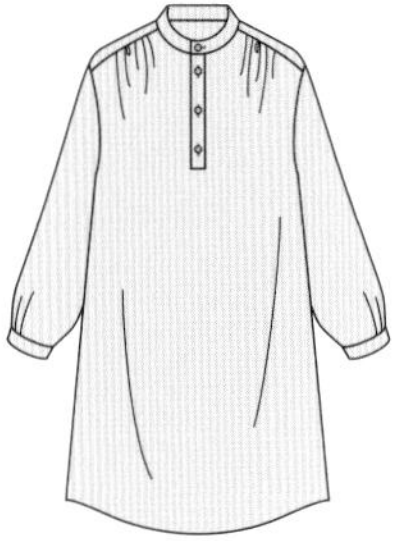

スモック・ドレス
smock dress

スモックはもとはヨーロッパの農民が着た長袖のゆったりした腰丈の仕事着。園児服のスモックもこれに由来。スモック・ドレスはこのシルエットの、着心地のよい緩やかなドレス。

ケープ・ドレス
cape dress

ネックラインや肩線、袖つけ線などに、肩や腕を覆うケープ状の布をとりつけたドレス。動きがあり、華やかな印象。ウエディング・ドレスやイブニング・ドレスなどに多く見られる。

コート・ドレス
coat dress

オーバー・コートとしても着用できる前あきのワンピース・ドレス。寒冷期の戸外での儀礼的場面にも多く着用される。ウエスト・ベルトつき、トレンチ風、ノーカラーのものなど多様。

ペプラム・ドレス
peplum dress

スカートがペプラム・スカート型になったドレス。ペプラムの位置によって、ヒップや裾幅を強調する。イブニングやウエディング・ドレスなどでは裾にペプラムをつけた引き裾が人気。

パネル・ドレス
panel dress

パネルは装飾やシルエットの構成のための切り替えの部分。パネルに本体と異なる色や素材の布を用いたり、重ねたりしたドレス。近年では、本体と同色のレースを重ねたデザインも多い。

ハンカチーフ・ドレス
handkerchief dress

ハンカチのように正方形の生地の中央をつまんだときに生じる、ドレープを生かして裁断したドレス。裾が不揃いに垂れ下がるのが特徴。20世紀初頭にマドレーヌ・ヴィオネが考案した。

カシュ・クール・ドレス
cache coeur dress

着物のような深い打ち合わせ式に作られたドレス。カシュは「隠す」、クールは「心臓」の意味で、合わせて「胸部を隠す」。ドレッシーな印象で、夜会服や部屋着などに多く見られる。

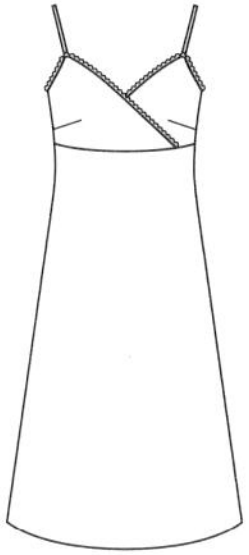

シュミーズ・ドレス
chemise dress

シュミーズは衿や袖なしのワンピース型の婦人用肌着。これに似た、薄手の生地で仕立てた直線的なシルエットのドレスをさす。18世紀末のフランス革命前後に流行した。

ペザント・ドレス
peasant dress

ペザントは「農民」の意味で、ヨーロッパの農村女性の民族服をヒントにしたドレス。1970年代にファッション・デザイナーの高田賢三やサンローランが発表したことで話題となった。

サン・ドレス
sundress

背中や肩を広く開けた開放感のあるドレス。海浜などのリゾート向きのドレスで、鮮やかな色彩の模様のものが多い。この名称は、南国の日差しをイメージしてつけられたとされる。

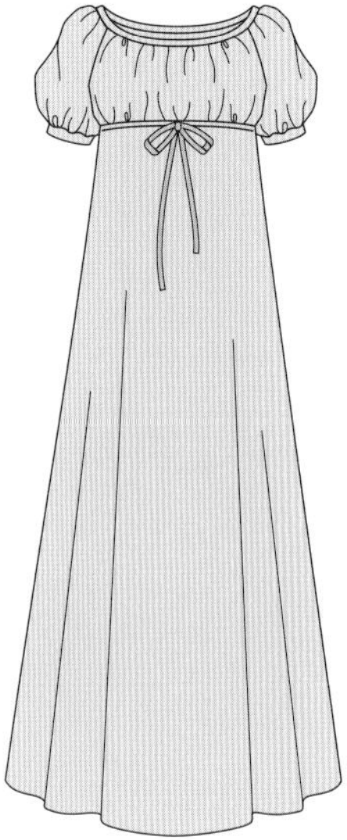

エンパイア・ドレス
Empire dress

エンパイアは「帝国」の意味で、ナポレオン皇帝一世（1804～1814年）時代を中心に流行したハイ・ウエストで切り替えた、細身で直線的なドレス。シンプルなシルエットのドレスの代表例とされる。

MEMO

コンビネゾン

元来はスリップとパンツとをつないだ女性用下着を表す仏語で、英語のコンビネーションに相当する。現在では下着に限らず、長短のパンツと上衣（うわぎ）をつないだ形の衣服をさす。ロンパー、ロンパー・スーツ、ジャンプスーツも同じ。

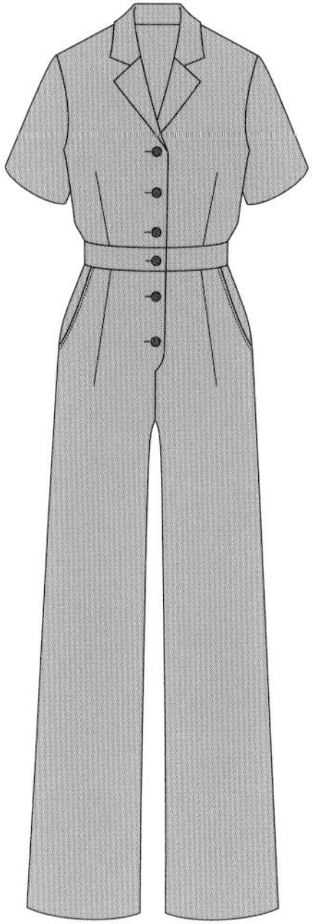

ライン

エー・ライン

狭い肩幅と裾に向かって広がったスカート、バストの下またはヒップの位置に置かれたウエストラインからなる。Aのシルエット。

エックス・ライン

広い肩と絞ったウエスト、裾広がりのスカートなどから作られる、X字形のシルエット。メリハリがあり、女性らしさを強調する。

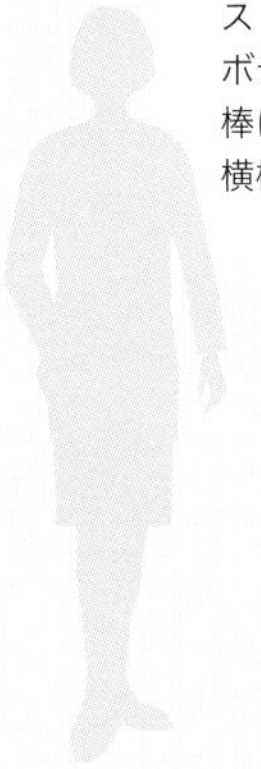

エッチ・ライン

高いバストと、ヒップの位置まで下げたウエストラインを持つ長いボディをHの２本の縦棒に、ウエストをHの横棒に見立てた。

オー・ライン

ヒップライン付近を膨らませ、裾はややすぼませたシルエット。全体でアルファベットのOの字の形に見え、柔らかみがある。

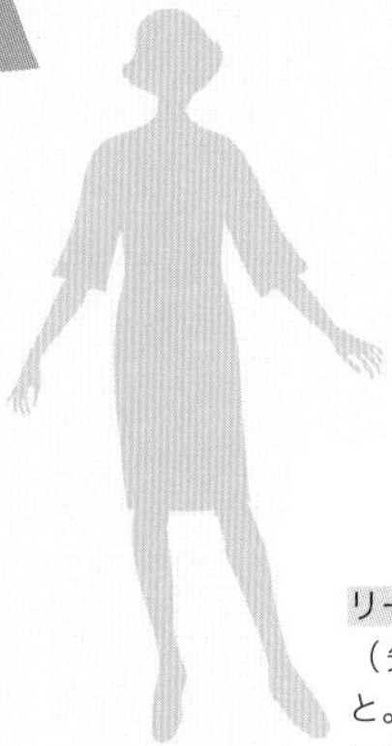

エフ・ライン

リーニュ・フレーシュ（矢印ライン）のこと。頭文字のFをとって名づけられた。直線的なボディと、なだらかな肩線からなる。

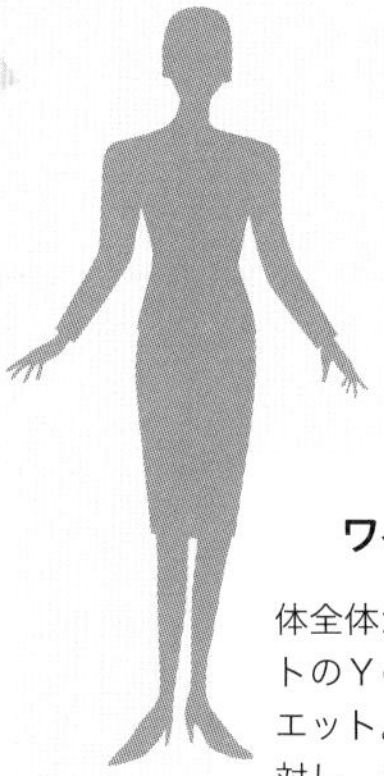

ワイ・ライン

体全体がアルファベットのYの字に似たシルエット。細いボディに対し、広いV字形の肩線を強調したラインをさす。

オーバル・ライン

オーバルは「卵形、楕円形」の意味で、目立たない衿になだらかな肩と袖、丸みを帯びたバスト、曲線的なヒップラインが特徴。

シース・シルエット

シースが意味する「刀剣の鞘」のような形をした、細身のシルエットのこと。上着やスカート、ドレス、コートなどに見られる。

テント・シルエット

三角形でテントのような形のライン。小さな肩に胸から裾に向かってたっぷりとフレアが入る。ピラミッド・シルエットともいう。

フィット・アンド・フレア

トップは体にぴったりとフィットさせ、ウエストラインから下の部分は、たっぷりしたフレアなどによって裾を広げたシルエット。

フレア・アンド・チューブ

フレアを入れて大きく形作ったトップに対し、スリムなラインのスカートやパンツを組み合わせ、ボトムを筒形にしたスタイル。

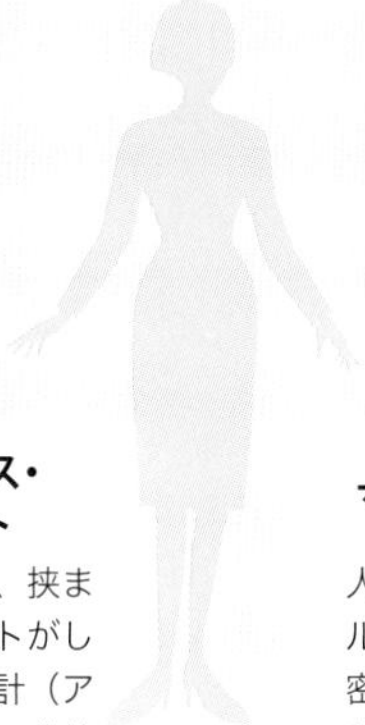

アワーグラス・シルエット

膨らんだ胸と腰、挟まれた細いウエストがしなるような砂時計（アワーグラス）形の曲線を描く。1890年代のドレスに見られる。

マーメイド・ライン

人魚のような外観のシルエット。上部は体に密着しながら、ひざ下付近から魚の尾ヒレのように、極端に裾広がりになるのが特徴。

S字形シルエット

前方に突き出した胸部と後方に張り出した腰部、それらに挟まれた細いウエストが特徴。側面から見るとSの字を描くようにしなる。

バッスル・シルエット

スカートの後ろ腰の部分を膨らませ、ヒップを強調したライン。側面から見ると腰が大きく後ろに張り出しているのが特徴である。

08

スーツ

suit

ブリティッシュ・モデル

British model

重厚感のある素材と、肩パッドが入った張りのあるショルダー・ライン、胴部に沿いつつ裾に向かって広がるシルエット、長めの丈などを特徴とするジャケットのスーツ。典型的なスタイルとされる。

コンテンポラリー・モデル

contemporary model

コンテンポラリーは「現代的な」という意味で、1965年にアメリカで登場したスーツのスタイル。シングルブレスト、ひとつボタン、広い肩に細いウエスト、短い身丈、フィッシュ・マウス（魚の口に似た衿の刻み）の衿などを特徴とする個性的なスタイル。

ビジネス・スーツ

business suit

カッティング、色、生地などが比較的地味で、あまり個性を目立たせない、伝統的なタイプの背広の上下をさす。ビジネス・シーンで多く用いられることが名前の由来。伝統的にはネクタイを締めるが、昨今では省くことも多い。

ソフトスーツ

そふとすーつ

柔らかな仕立てと、肩先が落ちるような、やや大きめのサイズから生まれるソフトな外見の男性用スーツをさす和製英語。1980年代にジョルジオ・アルマーニに続き、日本のファッション・ブランドが発信したスタイルをさす。

マオ・スーツ

Mao suit

中国人民服をさす英語で、これをつねに着用していた毛沢東（マオ・ツォー・トン）からのネーミング。チャイニーズ・カラーのジャケットのスーツ。本来は胸と裾の２つずつの貼りつけポケットと五つボタンを特徴とした。同マオ・カラー・スーツ

テーラード・スーツ
tailored suit

テーラーは「男子服の仕立て」という意味。テーラード・カラーやしっかりした芯の使い方など、男物のジャケットの仕立て技術をとり入れた女性用ジャケットに、スカートを組み合わせたスーツ。19世紀後期に登場し、その後定着した。

ペプラム・スーツ
peplum suit

ペプラムは「ウエストラインで切り替えた下の部分」という意味で、ギャザーやプリーツ、フレアなどを入れて裾広がりのラインを出す。ペプラムのあるジャケットと、スカートまたはパンツを組み合わせたスーツのことをさす。

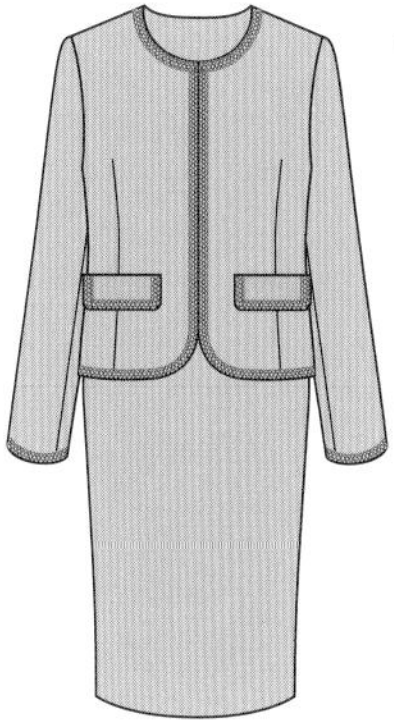

シャネル・スーツ
Chanel suit

おもに軽くて薄手のツイード製の、衿なしのカーディガン・ジャケットと、ひざ下丈のスカートを組み合わせたスーツ。ガブリエル・シャネルが1950年代に完成させた。機能性と優雅さをあわせ持ち、現代も人気である。

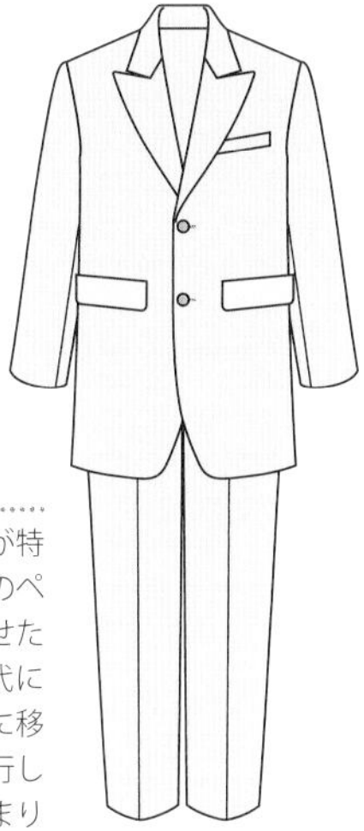

ズート・スーツ
Zoot suit

広い肩幅と身幅、長い丈が特徴のジャケットに、幅広のペグトップ型パンツを合わせた男性用スーツ。1940年代にジャマイカからアメリカに移住した若者たちの間で流行した。ズートはスーツのなまりとの説がある。

スリーピース
three-piece

ジャケットやベスト、パンツ、あるいは女性用のジャケットやブラウス、スカートの３種類を共布で揃えた服のこと。日本語では三つ揃いといわれ、男性の背広の別名ともなっている。

ブラックスーツ
ぶらっくすーつ

黒無地の男性用のスーツをさす、日本の紳士服メーカーによる造語。英語のダーク・スーツにあたる。日常的に使用されるほか、ネクタイの色を白や黒に替えることで準礼装として、冠婚葬祭にも着用される。

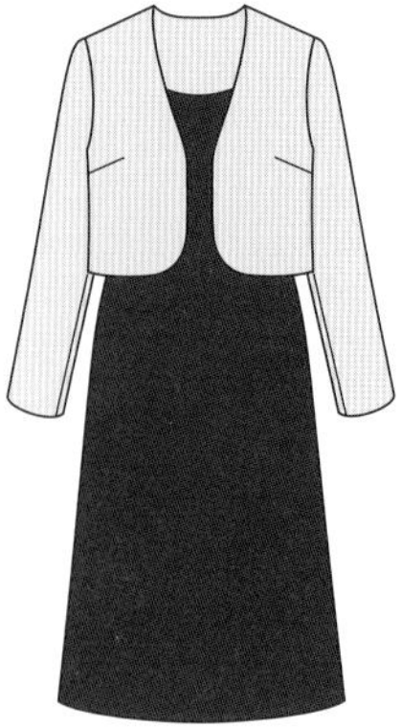

ボレロ・スーツ
bolero suit

ボレロは元来、ぴったりした男性用上着で、ウエストより短い丈、前あき、衿なし、長袖つきなのが特徴。スペインの民族衣装のひとつで、現代では女性も着る。ボレロ・スーツはパンツやスカート、ドレスのいずれかをボレロと組み合わせたスーツをさす。

ブルゾン・スーツ
blouson suit

ブルゾンは裾や袖口を絞った、ゆったりした前あきの上着をさし（ジャンパーと同じ）、丈が長めのブルゾンと、スカートまたはパンツを組み合わせたスーツのこと。カジュアルでスポーティーなスタイルが特徴。

シャツ・スーツ
shirt suit

共布のシャツやブラウスと、スカートまたはパンツを組み合わせたスーツで、ツーピース・ドレスの一種である。一般的なスーツに比べると、スポーティーからドレッシーまで多様な印象を与えることができる。

チュニック・スーツ
tunic suit

英語のチュニックには「ひざ上付近までの丈の軍服」の意味があり、ファッションではヒップ下からひざ付近までの丈の、長いジャケットをさす。これにスカートやパンツを組み合わせたスーツ。

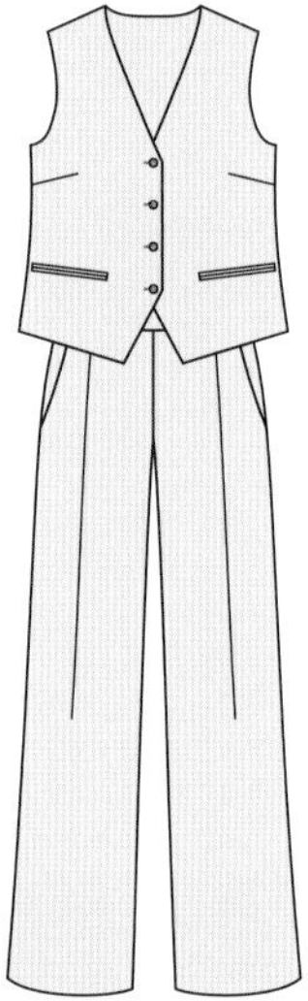

ベスト・スーツ
vest suit

共布で仕立てられたベストとパンツ、またはスカートのセットで着用するスーツをさす。国内ではタイト・スカートとの組み合わせがしばしば見られ、職場の女性用ユニフォームとして採用されていることが多い。

パンタロン・スーツ
pantalon suit

パンタロンは足首を覆う丈の、長いパンツ全般をさす仏語。パンタロン・スーツはスカートに替えて、パンツと組み合わせた女性用スーツをさす。1960年代後半に登場し、以後、女性のファッションとして定着した。

キュロット・スーツ
culotte suit

キュロットは仏語で「ショート・パンツ」という意味。女性ファッションでは一見スカートに見える裾広がりのショート・パンツをさし、このキュロットとジャケットを組み合わせた女性用スーツをいう。機能的なカジュアル・ファッションのひとつ。

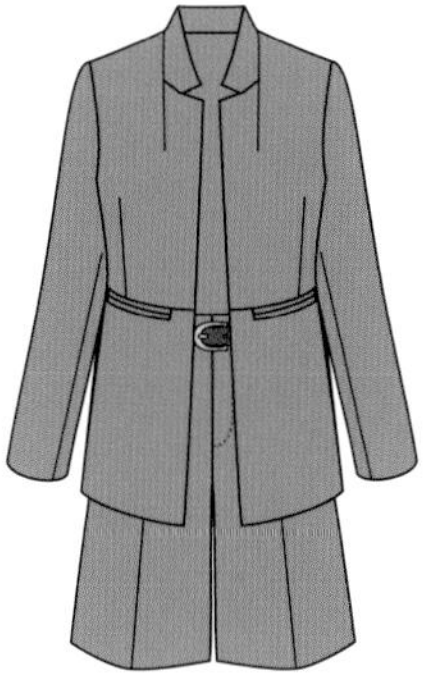

バミューダ・スーツ
bermuda suit

ひざ丈で細身のバミューダ・ショーツ（パンツ）と共布の生地のジャケットを組み合わせたスーツ。カジュアルなスーツ・スタイルとして、おもに温暖な気候のリゾート地や街中などで好まれている。

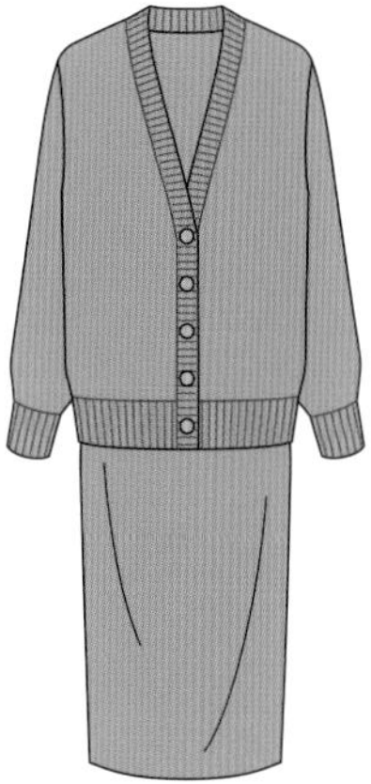

カーディガン・スーツ
cardigan suit

ニット製に限らず、カーディガン風のノーカラーの上着とスカートまたはパンツのセットで着用するスーツ。ビジネス・スーツとは異なり、柔らかくて上品な印象を与えるのが特徴である。

ニッティド・スーツ
knitted suit

編み物で作られたスーツの総称。セーターやカーディガンとスカートの組み合わせが多い。1920年代にガブリエル・シャネルが流行のきっかけを作り、着心地のよさや動きやすさで女性のファッションとして定着した。

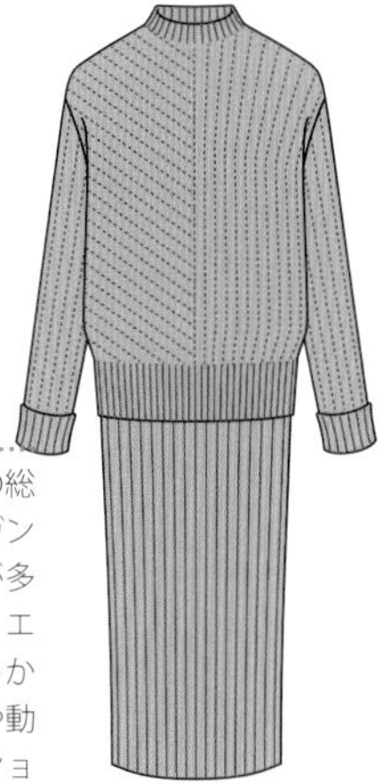

ジャンプスーツ
jumpsuit

元来は落下傘を使って空中に飛び降りる（ジャンプする）飛行士用の、上衣（うわぎ）とパンツをつないだ衣服。現在では女性用として、作業着風からドレッシーなものまで、デザインは多様である。ベビー服ではカバーオール、オールインワンとも呼ぶ。

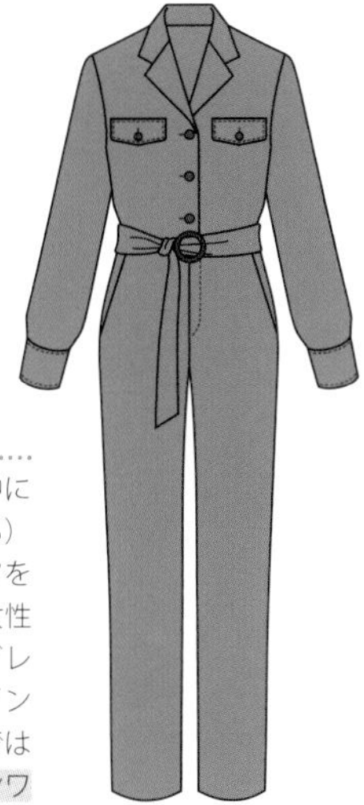

セパレーツ
separates

スーツではなく、単独のトップスやボトムス。生地の異なるトップスとボトムスを自由に組み合わせて着用する。スーツよりはくだけた、カジュアルな装いとなる。組み合わせによって、バラエティ豊かな変化が楽しめる。

09
ジャケット
jacket

テーラード・ジャケット
tailored jacket

テーラードは「男子服の仕立て」の意味で、ソフトな仕立てのドレスメーキングの対語。男子服の折り衿とラペル、衿や肩に芯を入れてかっちりと仕立てられた男女のジャケットをさす。

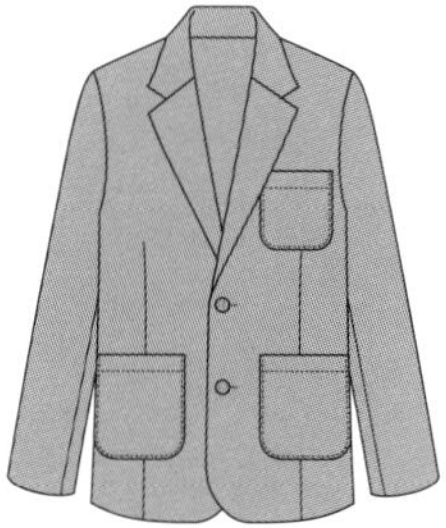

ブレザー
blazer

背広型のウエストをあまり絞らない仕立ての上着で、アウト・ポケットつき。ケンブリッジ大学のボート部員の炎（ブレーズ）のように赤い上着をはじめ、名称の由来は諸説ある。

ノーフォーク・ジャケット
Norfolk jacket

厚手のウール製で、両肩から背中と前裾にかけてのプリーツ、共布製のウエスト・ベルトが特徴のジャケット。1880年代に狩猟用として最初に着た英国のノーフォーク公爵の名に由来。

ハッキング・ジャケット
hacking jacket

ハッキングは「乗馬」という意味。斜めに傾いた、雨ぶたつきのセットイン・ポケットのある乗馬用のジャケットをさす。シングルブレストで、前裾が丸くカットされているのが特徴。

スモーキング・ジャケット
smoking jacket

19世紀半ば以降のイギリスで、男性がタバコを吸うときに着た腰丈の上着。ベルベットや紋織物などで仕立てられ、ショール・カラー、ひもボタンであることが多い。

カルマニョール
carmagnole

フランス革命時にサン・キュロット（貧困庶民層）が着ていた、短い丈、幅広の衿とカフス、ダブルブレストを特徴とする上着。名称は、同革命時に流行した歌と踊りの名前に由来する。

スペンサー・ジャケット
Spencer jacket

スペンサーは18世紀末から19世紀に、ヨーロッパの男女に流行したウエスト丈の上着。名称は長い上着の裾を切り落とすスタイルを考案した人物名から。現在は男性の略礼服のひとつ。

ページボーイ・ジャケット
page-boy jacket

ページボーイはホテルや劇場の給仕人のこと。彼らが着用した、またはそれを模したデザインのジャケット。ウエストが絞られ、スタンド・カラー、直線的に配された金ボタンなどが特徴。

メス・ジャケット
mess jacket

海軍の食堂、メス・ルームで晩餐服として着用されたジャケット。燕尾服の尾部分を切りとった形で、ウエスト丈、白、金ボタンが特徴。これをまねたデザインのジャケットもさす。

ネルー・ジャケット
Nehru jacket

インドの首相を務めたジャワハーラル・ネルーが着て、1960年代にイギリスの雑誌に紹介され広まった。細身のシルエットにボタンどめのシングルブレスト、スタンド・カラーが特徴。

イートン・ジャケット
Eton jacket

19世紀中頃から20世紀初めにかけての、イギリスのイートン・カレッジの男子生徒の制服の上着、または、それに似せたジャケット。幅広のラペル、やや絞ったウエスト、短い丈が特徴。

エドワーディアン・ジャケット
Edwardian jacket

丈の長い、多くはダブルブレスト、ほっそりとした優雅なシルエットなどが特徴のジャケットをさす。1950年代にイギリスのロックンロール・ファンの間に生まれた。

サファリ・ジャケット
safari jacket

狩猟や探検用のジャケットで、シングルブレスト、共布のベルト、アウト・ポケットなどが特徴。1960年代以降、カジュアルな街着としても流行した。同ブッシュ・ジャケット

MEMO

ジャケットの打ち合わせ

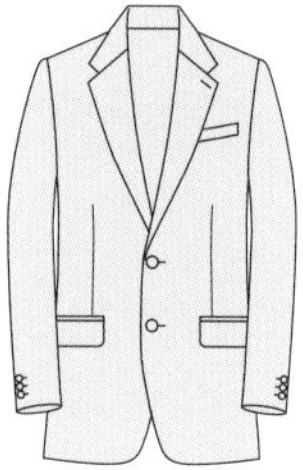

シングルブレスト

上着の前打ち合わせで、ボタンが1列につけられているスタイルをさし、シンプルなイメージを与える。

ダブルブレスト

ボタンが2列のスタイル。男性的なイメージが強く、がっしりとした体形の人に似合うとされる。

ミリタリー・ジャケット
military jacket

軍隊の戦闘服の一部としてのジャケットで、陸軍や海軍、空軍の用途に適した機能を持つ。カーキやモスグリーンなどの保護色や迷彩柄などが多い。これをヒントにしたジャケットもさす。

アイゼンハワー・ジャケット
Eisenhower jacket

第二次世界大戦時の米国陸軍の制服をもとにしたウエスト丈のジャケット。オープン・カラー、雨ぶたつきのパッチ・ポケット、比翼仕立ての前立て。名称はアイゼンハワー元帥に由来。

モーターサイクル・ジャケット
motorcycle jacket

オートバイに乗る際に適した、ウエスト丈の革製のジャケット。折り返し式の衿や斜めになった前のジッパーどめ、裾ベルトが特徴。本来は黒だが、現在では色のバリエーションが豊富。

トレンチ・ジャック
trench jack

カジュアルなジャケットの一種。トレンチ・コートの下部分をカットした、丈が短く、身幅が広いダブルブレストのジャケットのこと。おもに女性用のジャケットとして普及している。

シューティング・ジャケット
shooting jacket

射撃や狩猟に用いるスポーツ・ジャケット。背広型で、機能性を重視し、アームホールが深いのが特徴。肩のガン・パッチやひじ部分のエルボー・パッチは、装飾としての役割も担う。

ズアーブ・ジャケット
Zouave jacket

ズアーブは1830年代にアルジェリア人で編成された仏軍歩兵隊。彼らが着用した制服をもとにデザインされたジャケットをさす。衿やボタンのないボレロ型、コード刺繍などが特徴。

チロリアン・ジャケット
Tyrolean jacket

オーストリアの伝統的なジャケット。または、それをもとにデザインされたジャケット。毛織物製で、衿なしの丸首、シングルブレストで、衿や袖口などの縁をブレードで飾るのが特徴。

MEMO

ジャケブル

ジャケットとブルゾンを合わせた造語。ジャケットの品格とブルゾンの実用性を兼ね備えている。ボタンでとめると衿が立つもの、前あきがジッパーのものなどもある。

ボクシー・ジャケット
boxy jacket

ボクシーは「箱形」の意味。ウエストのくびれがなく、直線的な裁断で、全体的に角張った、箱のようなシルエットのジャケットをさす。ゆったりとしていて、くだけたイメージを与える。

ノーカラー・ジャケット
no-collar jacket

衿がついていないジャケット。ネックラインはラウンド・ネックのものやブイ・ネックのものもある。ビジネスの場でもフォーマルな場でも使用でき、柔らかな印象を与える。

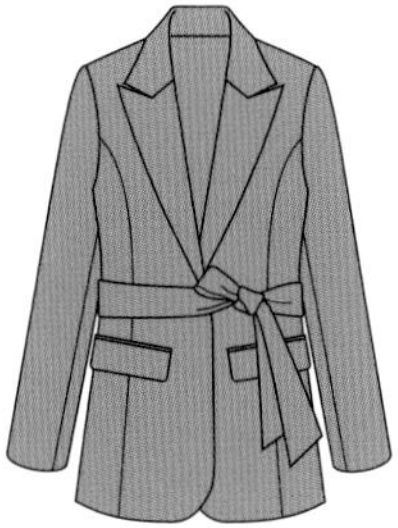

ベルティド・ジャケット
belted jacket

ベルトで絞めて着用するジャケット。締め方や締め具合をアレンジすることにより、さまざまなスタイルに展開。ウエスト全体にベルトをつける場合と部分的にベルトをつける場合がある。

ペプラム・ジャケット
peplum jacket

ウエストラインで切り替えた下の部分にフレアやギャザー、プリーツなどが入ったデザインのジャケットのこと。ペプラムの語源は、古代ギリシャの外衣、ペプロスといわれる。

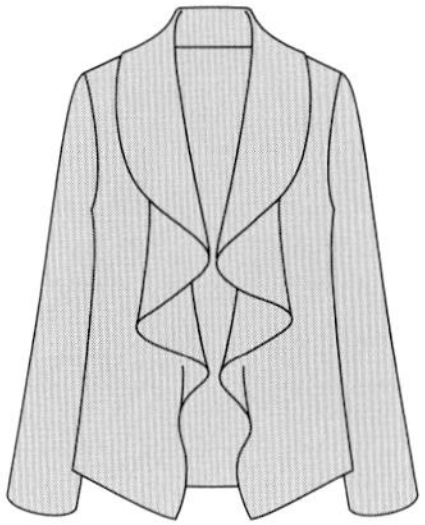

ドレープド・ジャケット
draped jacket

身頃にドレープを入れたジャケットのこと。ややもすると硬くなりがちなジャケットに、ドレープを入れることでソフトでフェミニンな印象を加えることができる。

スリーブレス・ジャケット
sleeveless jacket

「袖なしのジャケット」という意味。ジャケットは伝統的には袖つきだが、16世紀のジャーキンなどのように袖なしも存在し、現代ではフォーマル以外のジャケットとして見られる。

クロップト・ジャケット
cropped jacket

ウエストラインで切り落としたような短い丈のジャケット。クロップは「切りとる」という意味。クラシックなデザインのジャケットが短い丈にアレンジされ、新鮮さが感じられる。

ミドリフ・ジャケット
midriff jacket

丈のごく短い、女性用のジャケット。ミドリフは「横隔膜」という意味で、バストのすぐ下あたりの丈で、腹部を露出して着用する。若者を中心として着用されるスタイル。

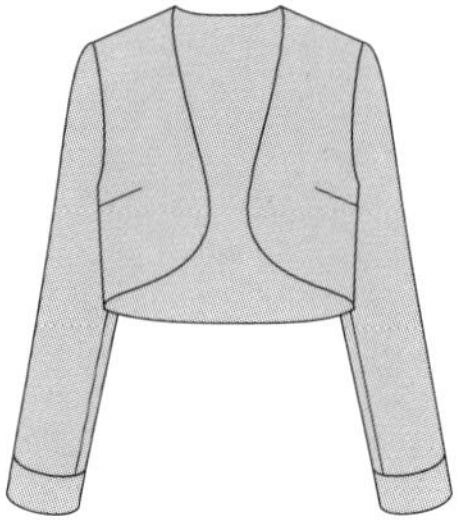

ボレロ
bolero

ウエストより短い、前あきで衿なし、長袖つきの上着。スペインの民族衣装のひとつ。スペインの舞踏曲『ボレロ』を踊るとき、踊り手が着用していたことからこの名称がつけられた。

シャツ・ジャケット
shirt jacket

シャツのように仕立てたジャケットのこと。一般的なシャツに比べて厚い生地で仕立てられ、アウターとして着られるのが特徴。シャツとしても着用できるため、幅広い季節に対応できる。

ランバージャック
lumberjack

秋・冬用のカジュアルなジャケットの一種。格子柄の厚手のウール地で仕立てられ、両胸にポケットがついている。後ろ腰にベルトがつくものも。ランバージャックは「木こり」の意味。

MA-1
MA-1

アメリカ軍用のフライト・ジャケットの一種。または、それをもとにデザインされた、衿や袖口、裾にニットを用いたゆとりのあるウエスト丈のジャケット。1990年代以降、人気がある。

フライト・ジャケット
flight jacket

1930年代以降、アメリカ空軍が用いた飛行士用ジャケットで、防寒に優れた素材やデザインが特徴。現在では、革製で前がジッパー式、衿や裏にボアをつけたものが多い。

スタジアム・ジャンパー
すたじあむ・じゃんぱー

競技のチーム名やシンボルマークが刺繍やアップリケで入っているジャンパー。もとは選手が防寒用にユニフォームの上から着たが、一般用として普及した。同レター・ジャケット

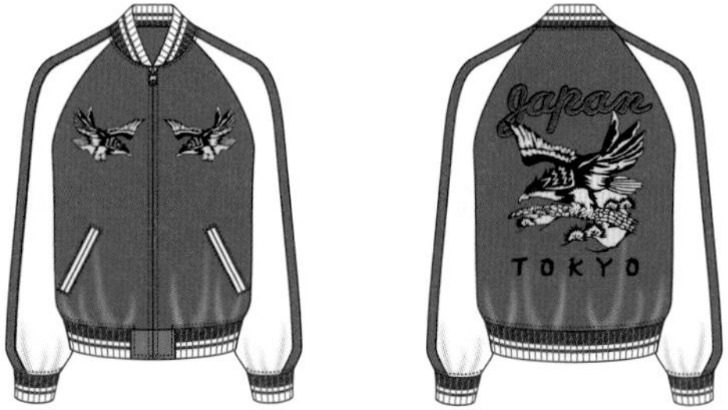

スカジャン
すかじゃん

横須賀ジャンパーを短縮した語。第二次世界大戦後、横須賀の米軍基地でアメリカ兵たちが着ていたものが日本の若者の間に広まった。光沢のあるサテン地に、ワシやトラなどの派手な刺繍が施されているのが特徴。日本のストリート・ファッションのひとつ。

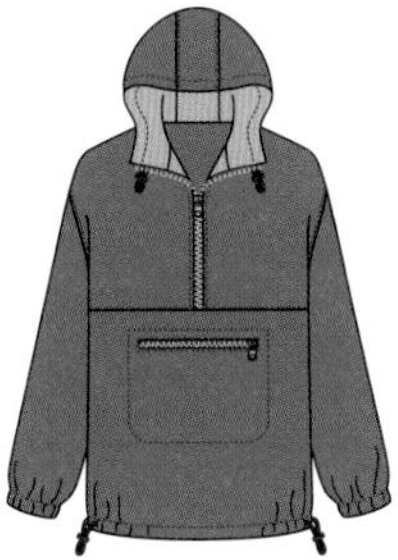

アノラック
anorak

フードつきの防風・防寒用上着の総称。スキーやヨット、登山などのスポーツ時に用いることが多い。本来はイヌイットの男性用衣服で、シールスキン（アザラシの毛皮）製だった。

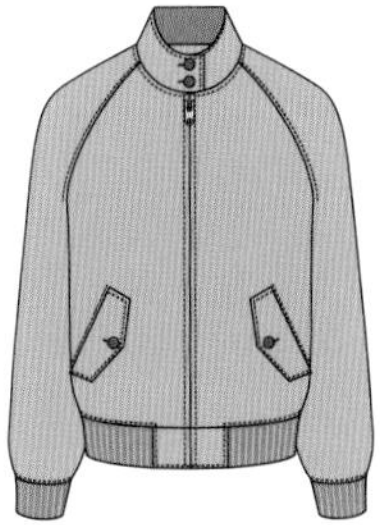

スイング・トップ
swing top

ゴルフのフォームであるスイングとトップを組み合わせた造語。元来ゴルフ用の上着だったことからこの名がついた。防水性の高いナイロン製の上着。前あきでジッパーどめのものが多い。

コーチ・ジャケット
coaches jacket

元来、アメリカンフットボールのコーチが着用していたジャケット。現在ではストリート・ファッションのアイテムのひとつ。おもにナイロン素材で、軽量かつ保温性を兼ね備えている。

ダウン・ジャケット
down jacket

ダウンは水鳥の柔らかい羽毛で、これが中に入ったジャケット。カジュアルな防寒用のアウターとして一般的。ダウンを使った衣類はほかに、ダウン・コートやダウン・ベストなどがある。

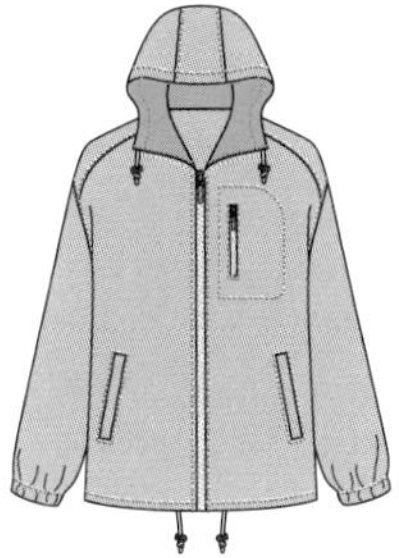

ウインドブレーカー
windbreaker

防風・防寒用のフードつきのスポーツ用ジャケット。袖口や裾にニットやゴムを施してぴったりさせ、前あきはファスナーで開閉するものが多い。ナイロンや防水加工された生地を用いる。

マウンテン・パーカ
mountain parka

防水・防風性の高いナイロンなどの生地製の上着で、フードつきのジャケット。前あきはジッパー、またはジッパーにボタンどめを重ねる。雨ぶたつきのポケットがつくのも特徴である。

ヨット・パーカ
yacht parka

もともと船上で着用するために作られた、ナイロン製のジャケット。 防水や遮風性などの機能に優れ、アウトドアやスポーツ用のウエアとしても広く普及している。同デッキ・パーカ

上着の名称

ジャケットはヒップを覆うくらいの丈の上着の総称。デザインは多様だが、背広型が代表とされる。一方、ジャンパーは広義にはジャケットの一種だが、元来は作業用の上着をさした。ゆったりとした裁断、ニット地などで絞った袖口や裾などが特徴である。また、ブルゾンはジャンパーの仏語で、同義である。

10 ベスト

vest

ボタン・フロント・ベスト

button front vest

前あきをボタンでとめるタイプのベストの総称。西洋社会にベストが登場した17世紀以来、ボタンで閉じる形が基本である。20世紀以降に登場したオープン・フロント・ベストの対語。

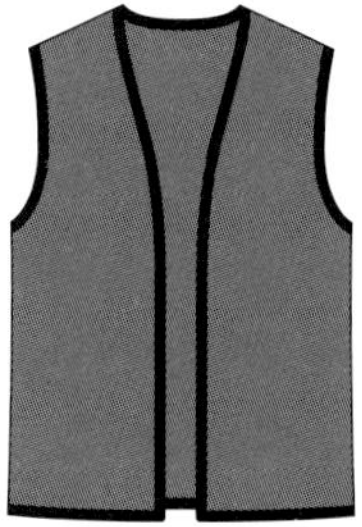

オープン・フロント・ベスト

open front vest

前あきで、ボタンやファスナーなどのとめ具がないベスト。丈はさまざまで、軽く羽織るように着る。下に着るシャツやブラウス、セーターなどとのコーディネートで印象が変化する。

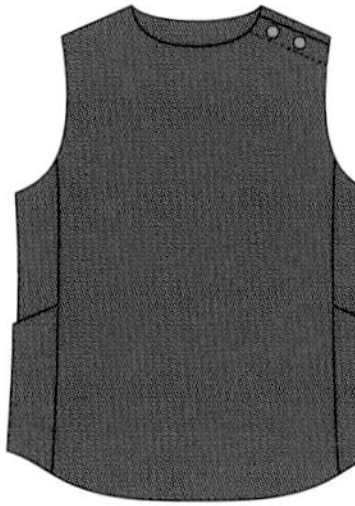

プルオーバー・ベスト

pullover vest

プルオーバーは裾までのあきがなく、頭からかぶって着用する衣服のことで、同様のベストをさす。おもに伸縮性のあるニット製で、スポーツやカジュアルなスタイル向けのものが多い。

ポンチョ・ベスト

poncho vest

ポンチョは南米のインディオが用いた貫頭衣（かんとうい）で、１枚の方形の布の中央に開けた穴に頭を通して着る。ポンチョ・ベストは小型の布で作られ、着丈が短く、腕のほうもひじまで届かない。

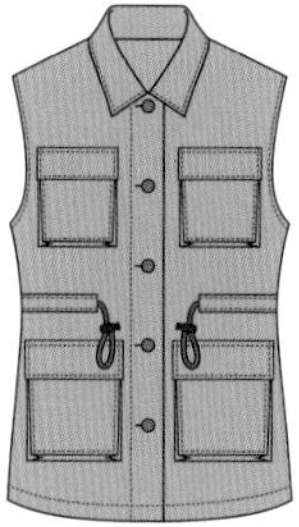

サファリ・ベスト

safari vest

サファリをイメージしたサファリ・ルックは、1968年のパリ・コレクションで発表されたあと流行。サファリ・ベストはベルトやポケットつきのサファリ・ジャケットの袖のないもの。

ラペルド・ベスト

lapeled vest

背広などと組み合わせるベストは衿なしが一般的だが、ラペルド・ベストはラペル（テーラード・カラーなどに見られる前身頃の上端の折り返し）がついたベスト。上衿はないものが多い。

ベストの名称

ベストは17世紀に袖つきの七分丈の上着として登場。英語ではウエストコート。その後、この上に上着を重ねるようになり、中着となった。18世紀後半に袖なしでウエスト丈となり、仏語ではジレとも呼ばれた。日本では、明治時代の洋装導入の際に、ウエストコートの訳語として、新語のチョッキが生まれた。

ウエスタン・ベスト
Western vest

開拓時代のアメリカ西部のカウボーイが着たベスト、および、それに想を得たベスト。フリンジやステッチなどで飾った革製と、テーラード・カラーや折り衿つきで細身の布製とがある。

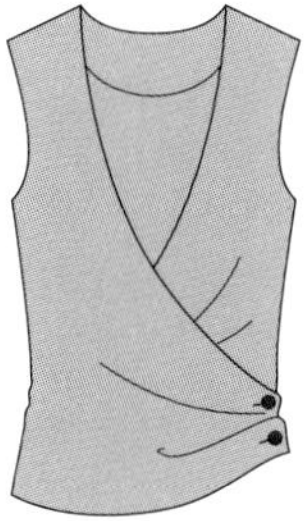

ラップト・ベスト
lapped vest

ラップは「包む、巻きつける」などの意味で、幅広く仕立てられた左右の前身頃を体に巻きつけるようにして着るベスト。両端を結んだり、ボタンどめにしたりする。

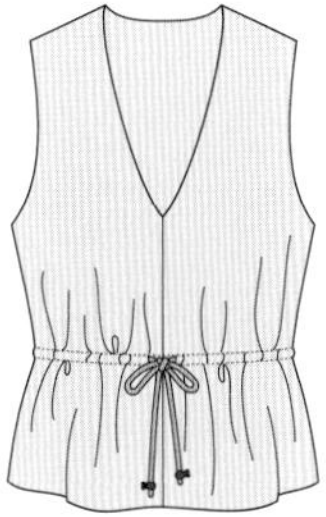

ドローストリング・ベスト
drawstring vest

ドローストリングはひも通しに通して、締めたり緩めたりするひも。裾やウエスト部分などにひも通しを作り、ひもを通したベストで、風の侵入を防ぐ。カジュアル・ウエアに多い。

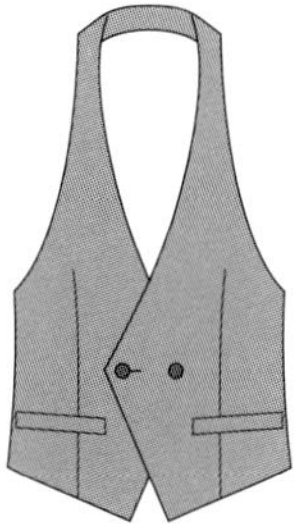

ホルター・ベスト
holter vest

ホルターは「牛馬用の端綱（はづな）」をさし、それに似たネックラインのベスト。左右の前身頃の肩から延長して裁ち出したベルト状の部分を、首の後ろで輪状に縫い合わせるか、とめ合わせる形。

ショート・ベスト
short vest

ウエストラインに届かない、丈がごく短いベスト。内側に着るシャツやブラウスなどを裾から多く見せて着る。反伝統的で、個性的なスタイルにとり入れることが多い。

マイクロ・ベスト
micro vest

マイクロは「微細な」の意味で、丈が極端に短いベストをさす。袖ぐりや衿ぐりが大きいものが多く、内側のシャツやブラウスを多く見せて着る。実用性よりは装飾性の高い衣服といえる。

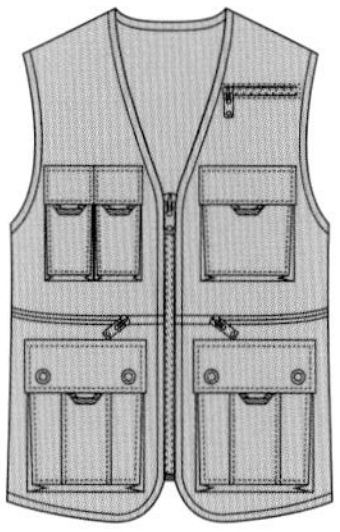

フィッシング・ベスト
fishing vest

釣り人用のベスト。釣りに使う仕掛け入れや糸、はさみなどの持ち物を分けて収納するためのポケットが多数つく。カジュアルな街着としても普及。
同 フィッシャーマンズ・ベスト

MEMO

ボディス

元来、女性のドレスの身頃部分をさす言葉で、15世紀にスカート部分と切り離して裁断されるようになって生まれた。以降、19世紀にベストと同様の形状になる。

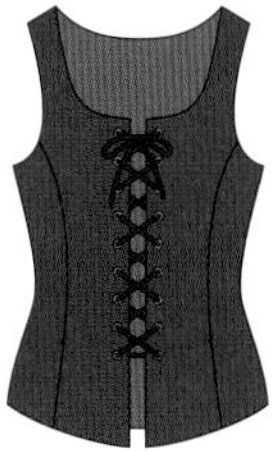

11 コート
coat

アルスター
ulster

もとは北アイルランドのアルスター地方産の紡毛織物で作られた、厚手で丈長のコート。大きく折り返ったアルスター・カラー、後ろ裾の切り込み、共布のベルトまたは背バンドが特徴。

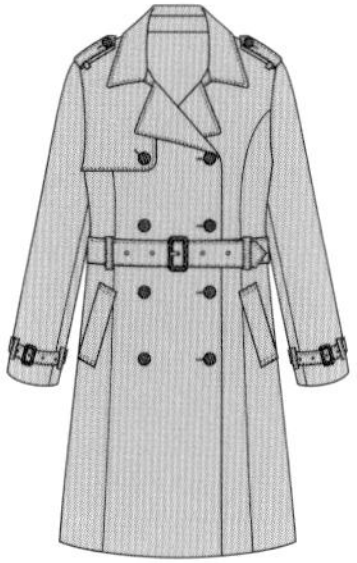

トレンチ・コート
trench coat

トレンチは「塹壕」の意で、戦場での塹壕作業用コート。共布のストーム・フラップ（暴風雨用あて布）、フラップつきポケット、バックルつきベルト、防水加工の綿ギャバジンが特徴。

ポロ・コート
polo coat

もとはポロ競技者が待ち時間に着た丈長の厚手ウール地のコート。アルスター・カラー、パッチ・ポケット、背バンド、袖口の幅広な折り返し、ダブルブレストの６つボタンなどが特徴とされる。同ウエイティング・コート

バルマカーン
balmacaan

ラグラン袖、ふくらはぎ丈のゆったりしたコートで、ツイードなどの厚手のウール地で仕立てられる。名称は生地の産地、スコットランドの地名にちなむ。19世紀末に女性もとり入れた。

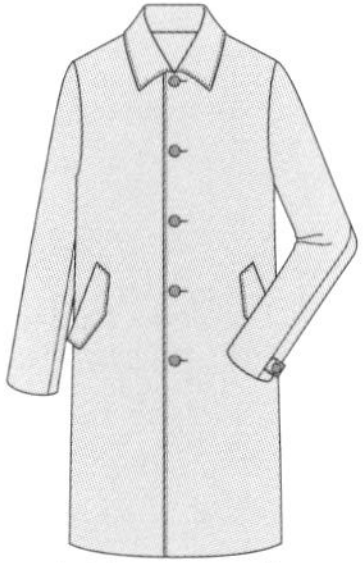

ステン・カラー・コート
すてん・からー・こーと

ステン・カラーつきのコートの総称。ステン・カラーは後ろ衿腰が高いために保温性が高く、整った印象があることから、男女の防寒用オーバーコート、レインコートなどに見られる。

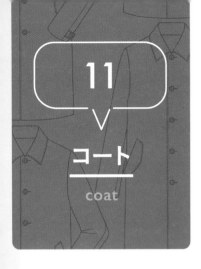

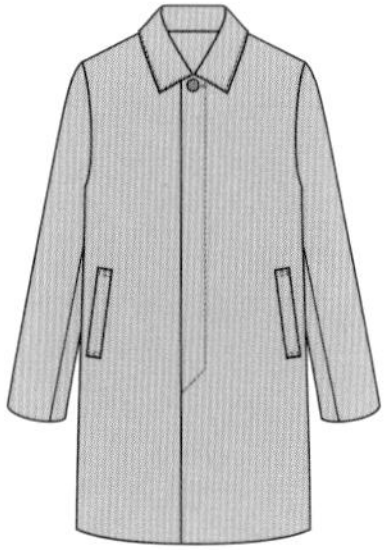

マッキントッシュ
mackintosh

1823年にスコットランド人チャールズ・マッキントッシュが考案した、ゴム引きの防水素材、および、これを使ったレインコート。現在では、防水加工された綿素材などに代わっている。

チェスターフィールド
chesterfield

男性用オーバーコートの一種。通常、上衿にベルベットを用い、細身のシルエットで、後ろ中心の短いベンツと比翼仕立ての前あきが特徴。1830～1840年代にイギリスのチェスターフィールド子爵が創始した。

ナポレオン・コート
Napoleon coat

フランス皇帝ナポレオン１世が着用して流行した、元来は男性用、現代では女性も着るコート。ナポレオン・カラー、金ボタン、ダブルの打ち合わせ、体に沿った細身のシルエットが特徴。

ピー・コート
pea coat

ピーは「温かい手織物」の意味のオランダ語で、イギリス海軍の乗組員が着た厚手のコート。ダブルブレスト、イカリマーク入りボタン、縦のポケット口、ノッチト・ラペルなどが特徴。

リーファー
reefer

本来は「帆を絞る人、海軍士官候補生」の意。船上で風向きによって打ち合わせを左右どちらにも替えられる、両前式の防寒用ショート・コート。ボタン以外はピー・コートとほぼ同じ。

マッキノー
Mackinaw

大きな格子柄で厚手ウール製の、ベルトつきショート・コート。現代では無地も多い。1811年にアメリカ・ミシガン州マッキノーで、英国軍隊の防寒用に毛布を使って仕立てたのが起源。

ダッフル・コート
duffle coat

ダッフルはベルギーのアントワープ近郊で織られた、起毛厚手毛織物。角形のトグルと細いロープでとめる厚手のコート。フードつきが多い。イギリス海軍が着て広まる。同トグル・コート

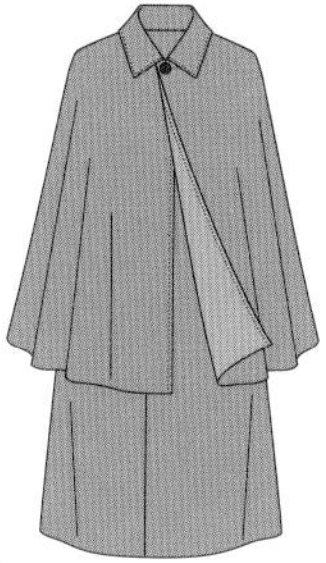

インバネス
inverness

ケープつきで袖なしの男性用コート。名はこれに使用した毛織物の産地であるスコットランドの州名に由来。日本では和服の上に着るコートとして明治期に用いられた。同トンビ、二重回し

タイロッケン
tierocken

タイロッケンは「ひもで結ぶ」という意味で、ボタンやジッパーなどのとめ具を使わず、ベルトだけで固定するコートをさす。ベルトにバックルがついているのが、ラップ・コートとの違い。トレンチ・コートの前身といわれている。

ブリティッシュ・ウォーマー
British warmer

第一次大戦中にイギリス陸軍の将校が着た厚手のウール地のコート。ダブルブレスト、ピークト・ラペル、エポーレット（肩章）、ひざ丈から七分程度の丈、くるみボタンが特徴である。

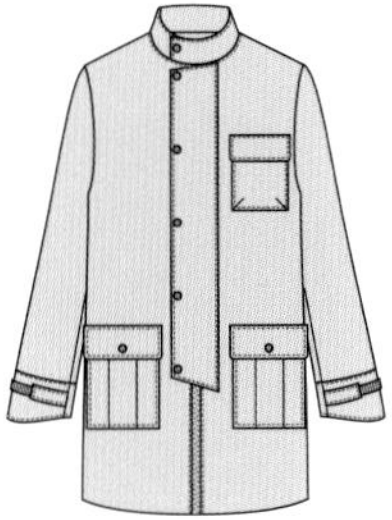

スリッカー
slicker

丈長でゆったりとしたレインコート。ゴムやビニール、防水加工された素材を使い、表面にてかりがあることから、「滑らかな、光沢のある」という意味のスリッカーの名がついた。

ルダンゴト
redingote

18〜19世紀の、ウエストが絞られたコート。名称はイギリスで生まれた乗馬用コートを意味する「ライディング・コート」の仏語のなまり。同レディンゴート

スワガー・コート
swagger coat

スワガーは「いばって歩く、自慢する」の意。肩を張らせて後ろ身頃の裾幅をフレアで広げた、ふくらはぎの半ば丈の女性用コート。1930年代に流行し、1970年代にリバイバルした。

テント・コート
tent coat

胸から裾に向かって、とくに背面にたっぷりフレアが入り、テントのようなシルエットになったコートで、動きのあるデザイン。1950年代末にクリストバル・バレンシアガらのパリ・クチュール界の作品に登場して流行した。以後、ボリュームのあるコート・スタイルのひとつとして定着。シルエットを出すには、厚手の張りのある生地を使う。

トッパー
topper

ウエストからヒップ付近までの丈で、裾の広がった女性用コート。1940年代初めに、細くて丈が長めのタイト・スカートと組み合わせて流行した。同トッパー・コート

カー・コート
car coat

車を運転するときに着る、丈の短いコート。自家用車が普及して、ドライブがライフスタイルにとり入れられた1960年代に流行した。デザイン上の特徴はとくにない。

カナディアン・コート
Canadian coat

カナダの木こりや漁師が作業着としていた七分丈のコート。衿や袖口に施した毛皮やボア、大きめのパッチ・ポケット、ウエスト・ベルトが特徴的。これに似たコートをさすこともある。

ランチ・コート
ranch coat

ランチは「アメリカの大牧場」の意で、カウボーイらが着た防寒用ショート・コート。コットン・スエード製でボアの裏つき、ウエスタン風のデザインが多い。同シアリング・コート

ラップ・コート
wrap coat

ラップは「包む、巻きつける」という意味で、ボタンやジッパーなどのとめ具を使わず、前身頃を深く体に巻きつけて着るコート。多くは共布のベルトで固定。くだけた、柔らかな印象。

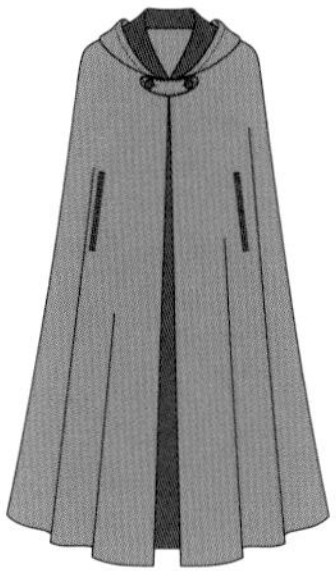

クローク
cloak

袖なしの外衣で、ケープのこと。一般的なケープよりも丈が長めで、ゆったりしているのが特徴。着用した姿が、釣鐘（フランス語でクローク）に似ていることからこう呼ぶ。

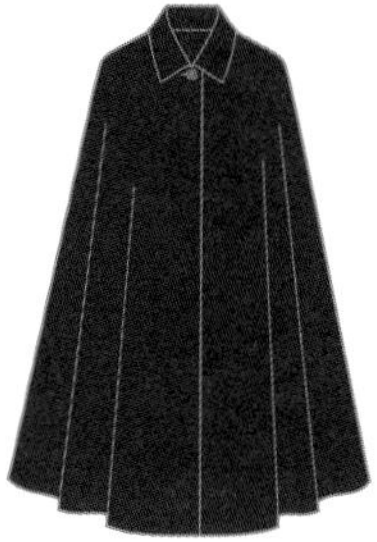

マント
manteau

仏語のマントは外套全般をさすが、日本語では袖なしでケープ状の、丈の長いアウター。フードつきもある。日本には16世紀に導入されて合羽と呼ばれ、明治以降、マントの語が定着。

ケープ
cape

袖なしのアウターで、多くは前あき。直線や円形に裁断することによって、肩からゆったりと布が下がる。形はマントと同じだが、日本では比較的短いものをさすことが多い。

スポーツウエア

トレーニング・トップ

ジャージー素材で仕立てられ、前ファスナーで、袖口と裾にリブ編みをつけた上着。トレーニング・スーツのトップスをさす。

トレーナー

和製英語で、スエット・シャツと同義。もとは吸湿性の高い長袖のスポーツ用セーターだったが、現在では日常着として定着している。

スエット・パーカ

スエットは厚めの長袖のティーシャツで、裾や袖口にリブ編みをつけたものが一般的。これにジッパーつきの前あきとフードをつけたもの。

ランニング・ショーツ

ランニング用の丈の短いパンツ。股下丈はごく短く、ウエストに通したゴムの伸縮を使って着脱。裾は脇で丸みをつけてカットされることもある。

登山シャツ

ワイシャツ型で、雨ぶたのある胸ポケットつきが多い。高山の気候による体温の低下を防ぐため、保温性・吸湿性の高い毛織物や合繊を使う。

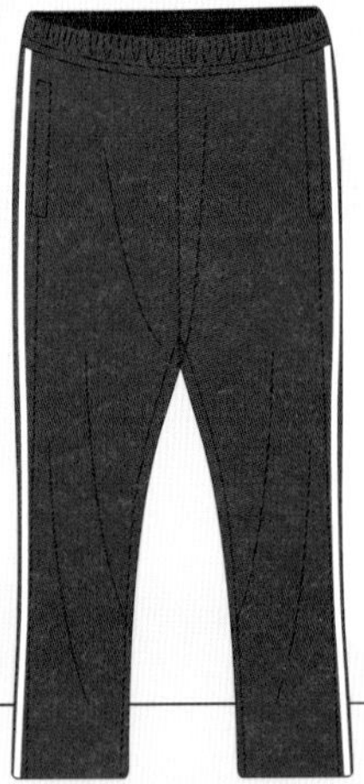

トレーニング・パンツ

運動用の丈長パンツで、ウエストはゴム締め。素材には厚地の綿が用いられたが、最近ではジャージーなど伸縮性のある生地を使うことが多い。

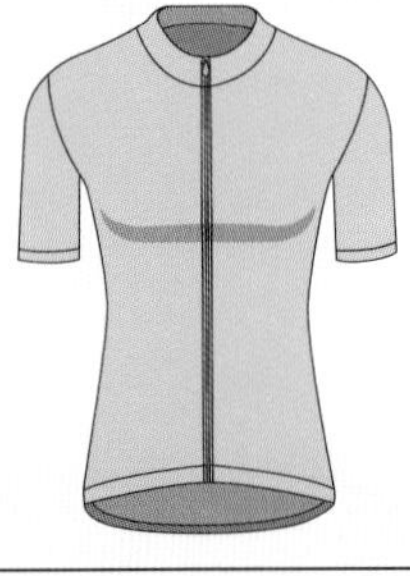

サイクル・ジャージー

長時間の高速での走行用に高機能繊維を使い、吸湿性や速乾性、紫外線カットなどに優れたデザインのサイクリング用シャツ。半袖と長袖がある。

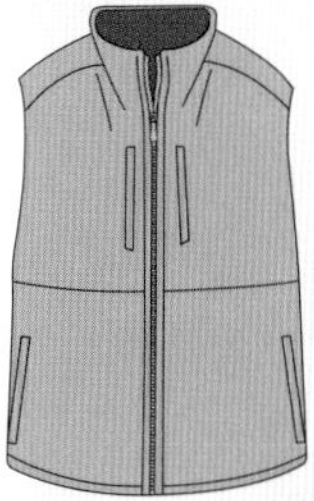

トレッキング・ベスト

保温性の高い生地と、左右の胸ポケット、裾近くの大きいポケットが特徴。アウト・ポケットが主流だったが、現在ではセットインも多い。

スキー・ウエア

スキーやスノーボード用の上着で、保温・防水・透湿・速乾性などの高機能素材を使用。防風のため、高い衿、フードつきが多い。

スキー・パンツ

保温・防水・透湿・速乾・通気性などの高機能性素材を用い、主要箇所に防水シームテープ加工を施したパンツ。肩吊りひもがつくものもある。

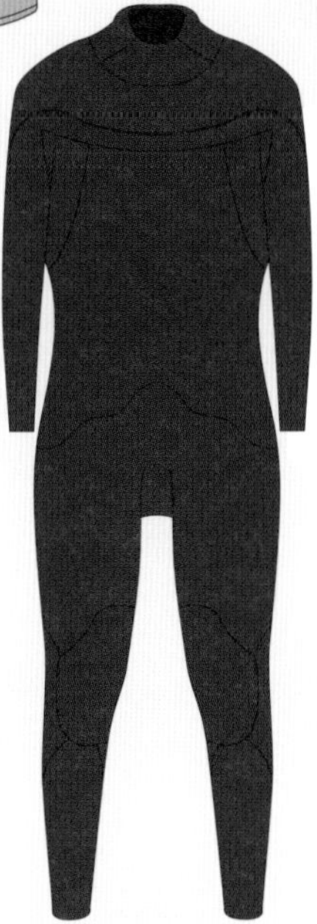

ウエット・スーツ

潜水用の服の一種。スキューバ・ダイビングやサーフィンなどをする際に用いる。ゴム製で、内側にウレタン素材が張ってあるのが特徴。

レオタード

ショーツと一体化した、体にぴったりした、通常は長袖つきのトップス。19世紀にフランスの曲芸師レオタールが着用したことからこの名がある。

スイムスーツ

水着のことで、仏語のマイヨーに相当する。伸縮性があり、塩分や日光に強い素材が用いられる。もとはブラウスとブルマーの二部式だった。

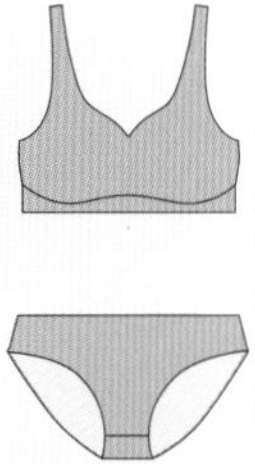

ビキニ

ブラジャーと腰骨にかかるくらいの浅く短いパンツを組み合わせた水着。原水爆実験によって地表が焼けただれたビキニ環礁になぞらえて命名。

PART 2

パーツ

ネックライン、衿や袖の形、ポケットや裾の線など、洋服のパーツにはそれぞれ名称がついています。そして、バリエーションがとても豊富です。

12

衿❶

collar

スタンダード・カラー
standard collar

衿の開き方や衿先の長さが標準的な衿の形。流行により多少変化するが、衿の長さが6.5〜7.5cm、衿の開く角度が75〜90度が標準とされる。同レギュラー・ポイント・カラー

ショート・ポイント・カラー
short point collar

台衿つきのシャツ・カラーの一種。衿の長さが6cm以下と短く、衿が多少開きぎみ（約80度）になった衿。スタンダード・カラーに比べるとカジュアルな印象。同スモール・カラー

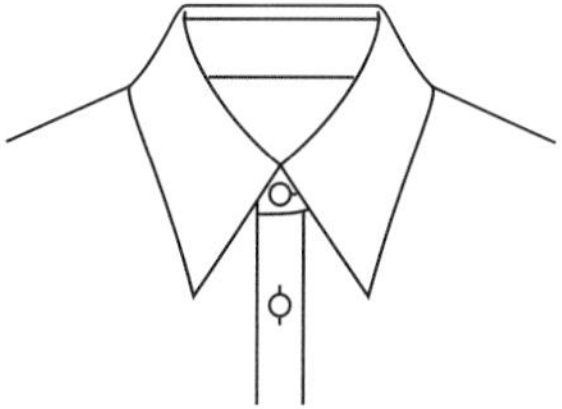

ロング・ポイント・カラー
long point collar

衿の先が前中心に向かって幅広く、長くなるように裁断され、着ると衿の角が長くとがった形になるシャツ・カラー。シャツ・カラーの中では華やかさを演出できるタイプとされる。

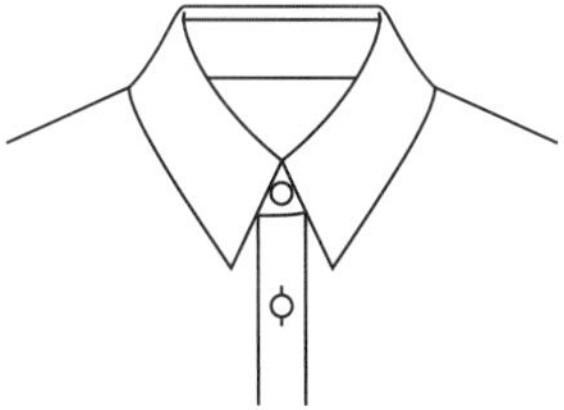

ナロー・カラー
narrow collar

衿の幅が狭めのもので、先端が幅広く、長く裁断され、着ると先がとがった形になるシャツ・カラー。ロング・ポイント・カラーの小型版といえる。同ナロー・スプレッド・カラー

ワイド・スプレッド・カラー
wide spread collar

衿の開く角度が広く、100〜120度前後の衿の形。イギリスのウィンザー公が創案したウィンザー・ノットや太めのネクタイなど、結び目が大きくなるものに合う。同ウィンザー・カラー

ホリゾンタル・カラー
horizontal collar

ワイド・スプレッド・カラーの一種。ホリゾンタルは「水平な」の意味で、衿が180度近く開いた衿の形。ネクタイをしてもノーネクタイでも着用でき、さまざまな場面で着こなせる。

バリモア・カラー
Barrymore collar

衿先が長く、とがった衿の形。ロング・ポイント・カラーの一種で、クラシカルな雰囲気。名称はアメリカの俳優ジョン・バリモアが好んで着用したことに由来する。同ダンディ・カラー

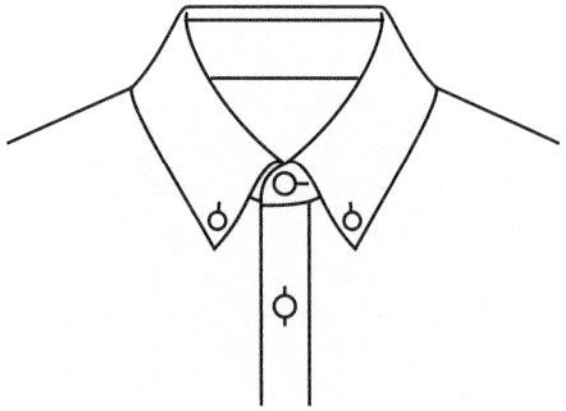

ボタン・ダウン・カラー
button down collar

左右の衿先にボタンホールがあり、身頃についたボタンをとめて着る衿。スポーティーなシャツやアイビー・ルックのシャツなどに用いられる。ノーネクタイでも衿の形を崩さず着用可能。

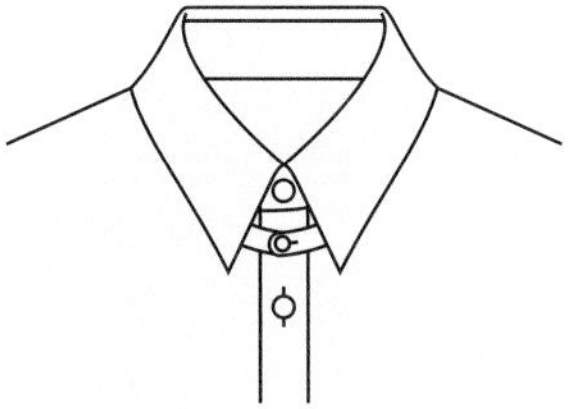

タブ・カラー
tab collar

左右の衿先の裏に小さなタブが縫いつけられ、両方のタブをとめて着用する衿。衿開きを狭く固定する役割があり、タブ部分はネクタイの結び目の下に隠れる。衿元が立体的になる。

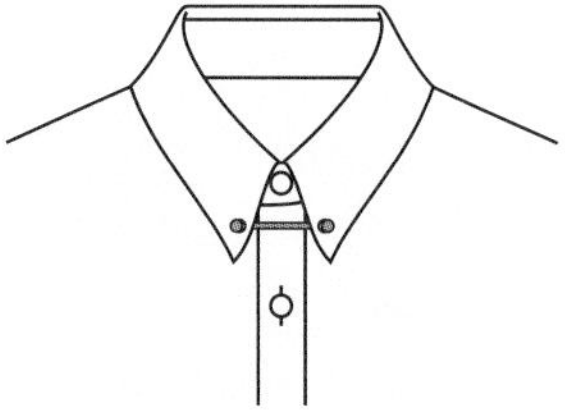

ピンホール・カラー
pinhole collar

衿の両前端にピンが通せるような穴が開けてある衿。穴にピンを通し、ネクタイを上にかぶせる。ピンには飾りピンも用いられ、衿先のとめと装飾を兼ねる。同アイレット・カラー

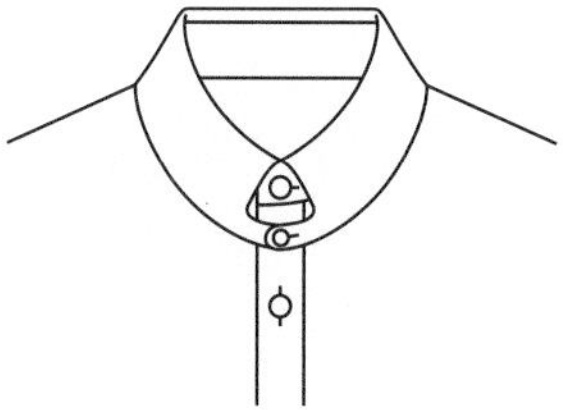

ボタン・アップ・カラー
button up collar

タブ・カラーの一種。左右の衿先を細長く伸ばし、その衿先を前中心で合わせてボタンでとめる衿。ネクタイの結び目が持ち上がることで立体的になり、衿元をきれいに見せる。

マイター・カラー
mitered collar

マイターは「継ぎ止める」などの意味で、服飾では「額縁仕立て」の意味がある。上衿の前端や全体に別布をはめ込んだり、かぶせたりしたデザインのシャツ・カラー。

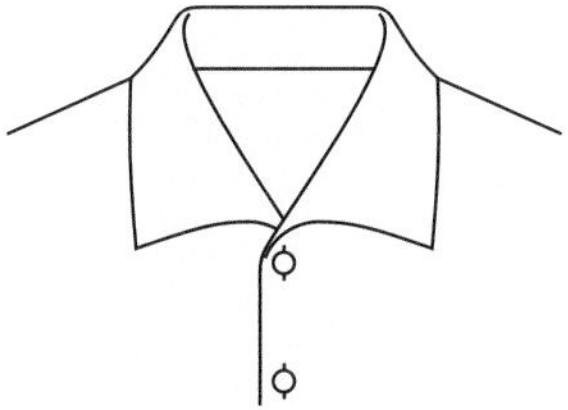

イタリアン・カラー
Italian collar

V字形のネックラインについた、角形の衿。台衿がなく、前身頃から衿にかけてひと続きに仕立てられている。衿が広く開いており、ノーネクタイで着用する。同ワンピース・カラー

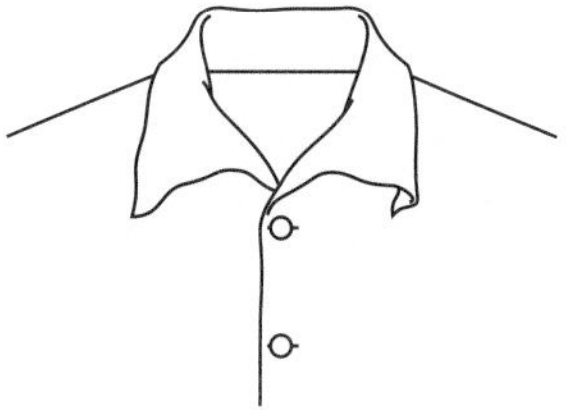

ポエッツ・カラー
poet's collar

芯や糊を使わない、大きめの折り返し衿。名称は19世紀初頭の詩人、バイロンやシェリーらが着たことに由来する。折り返しの線は不明瞭で、衿つけから立ち上がって自然に返る。

台衿のあるなし

衿の形には台衿つきと台衿なしの２種類がある。台衿とは衿つけの位置から首に沿って立ち上がる部分で、台衿つきの衿はシャツ・カラーのように首まわりにぴったりフィットするのが特徴。一方、台衿なしのフラット衿は、衿つけ位置から後ろ側は多少立ち上がるが、前面は首から離れて、身頃に平らに重なる。

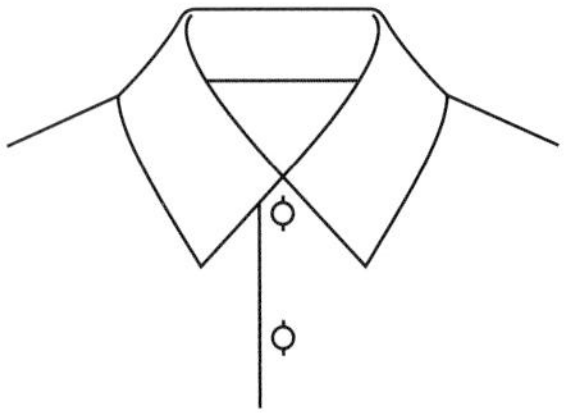

イートン・カラー
Eton collar

幅広の白い折り返りの衿。イギリスのイートン・カレッジの男子生徒の制服の上着であるイートン・ジャケットの下に着るシャツの衿で、ジャケットの衿に上から掛けるように着た。

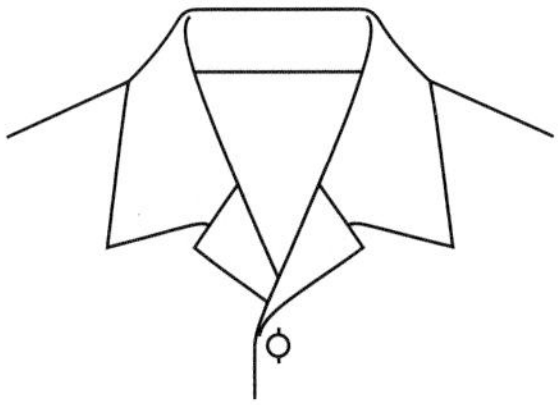

オープン・カラー
open collar

開き衿で、前身頃の上端が下衿のように折り返り、小さな刻みのある衿となったものをさす。開放的で涼しげな印象を与える。スポーティーなシャツやブラウスなどに用いる。

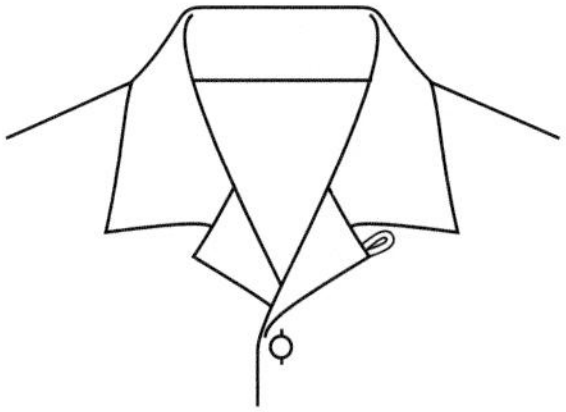

ハマカラー
はまからー

オープン・カラーの一種で、小さな刻みと下衿についたループが特徴。ループをとめても外しても着用できる。1970年代に流行したハマトラ・スタイルによって広がった。

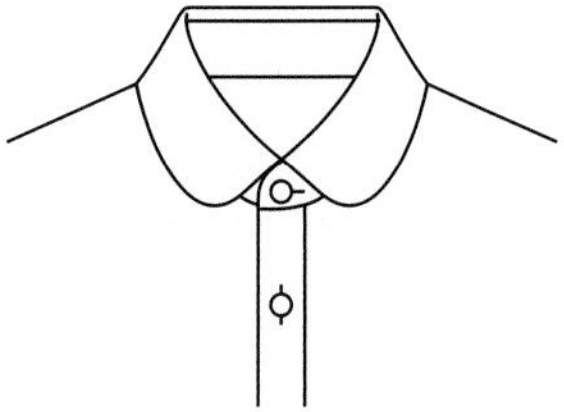

ラウンド・カラー
round collar

ラウンドは「丸い」という意味で、衿先が丸みを帯びた衿の総称。優しい印象を与える。衿先が短めであることが多いため、細めのネクタイが合う。同丸衿、ラウンドチップ・カラー

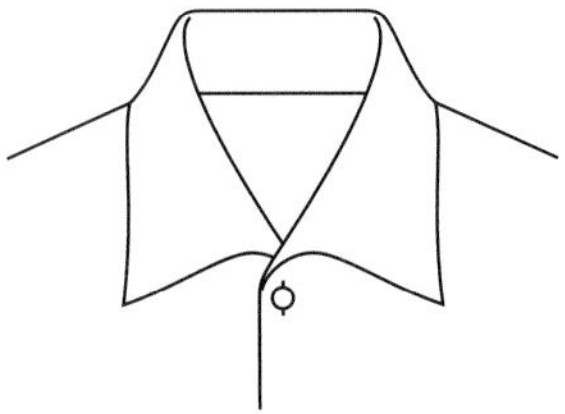

ウイング・カラー①
wing collar

後ろの部分が首に沿って立ち上がり、前で翼を広げたような形になる衿。控えめながら華やかさもあり、おもに女性のブラウスやジャケット、ドレスなどに見られる。

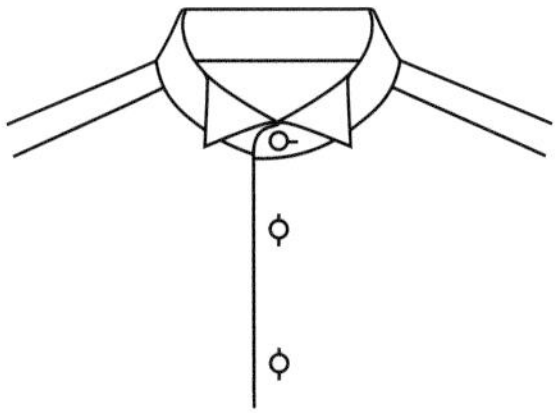

ウイング・カラー②
wing collar

男性の礼服に用いるシャツの衿形で、衿先だけが小さく折り返ったもの。立ち衿の一種。全体に高い衿の前だけを折り返した19世紀のシャツの衿の名残。同シングル・カラー

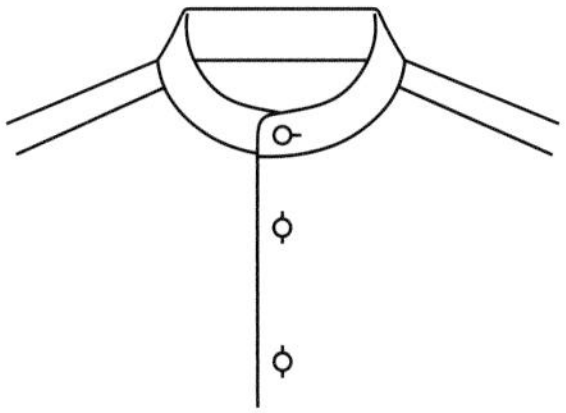

スタンド・カラー
すたんど・からー

立ち衿の総称。首に沿ってまっすぐに立ち、折り返しのない衿。衿元がすっきりとして見えるのが特徴。この名称は和製。同スタンダップ・カラー、スタンディング・カラー

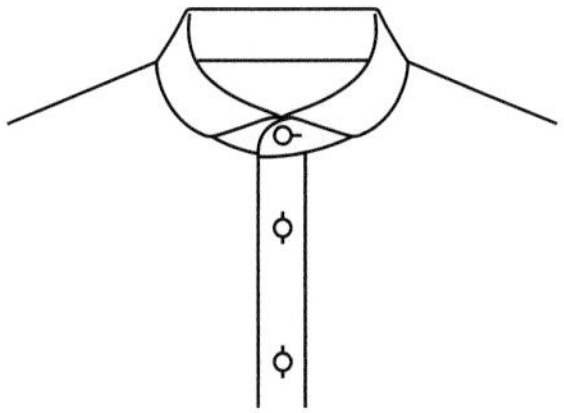

ダッチ・カラー
Dutch collar

首まわりに沿って立ち、折り返しのある衿。ダッチは「オランダの」の意味で、オランダの画家、レンブラントやフランツ・ハルスなどの作品に見られた。現在は衿の幅が狭いものが多い。

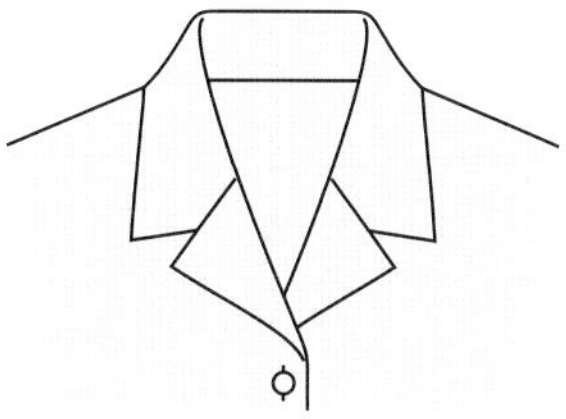

テーラード・カラー
tailored collar

上衿と下衿の間に刻みが入った形の衿で、背広などに用いられる。テーラードは「男子服の仕立て」という意味で、19世紀後期以降は女性用の服にもとり入れられた。同背広衿

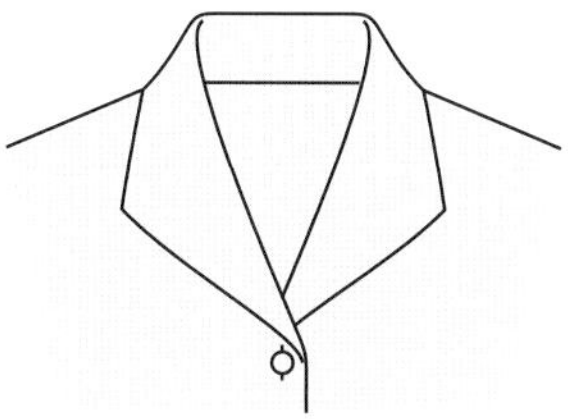

トライアングル・カラー
triangle collar

トライアングルは「三角形」の意で、折り返すと前端が大きな三角形に見えるように裁断されたシャツ・カラー。ロング・ポイント・カラーと似ているが、より幅が広く、華やかな印象。

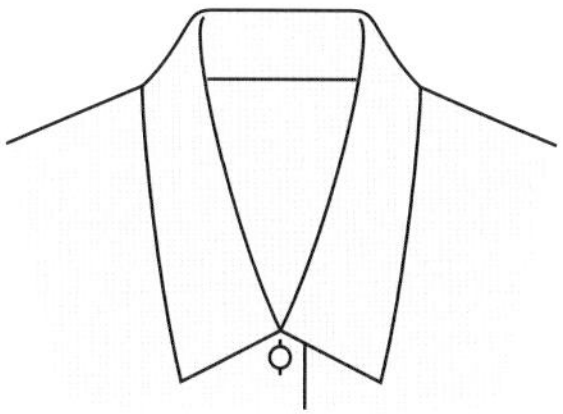

イカ衿
いかえり

ショール・カラーの一種で、V字形のネックラインについた角ばった衿。形状がイカの胴体後部のヒレに似ていることが名称の由来とされている。刻みがなく、衿が大きめに開くのが特徴。

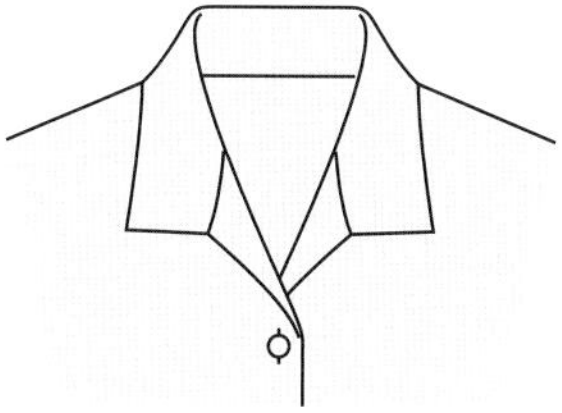

オブロング・カラー
oblong collar

オブロングは「長方形の」という意味で、長方形に裁断したオープン・カラーの一種。刻みがなく、ひと続きに見えるのが特徴。スポーティーなシャツやブラウスに多く見られる。

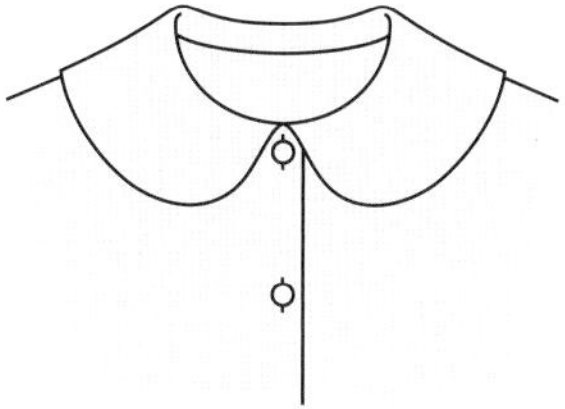

ピーター・パン・カラー
Peter Pan collar

フラット・カラーの一種。5～8cmの衿幅で、衿の先が丸いのが特徴。ジェームス・M・バリーの『ピーター・パン』の服装に由来。子ども服、女性のブラウスやワンピースなどに多い。

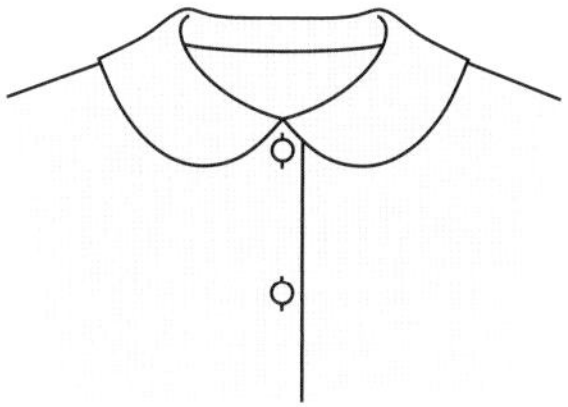

リトル・ガール・カラー
little girl collar

衿腰のほとんどない、平らで、丸い形の、小さめの衿。リトル・ガール（少女）のブラウス、ドレスなどに多い衿の一種で、愛らしい印象が特徴。ピーター・パン・カラーに近い。

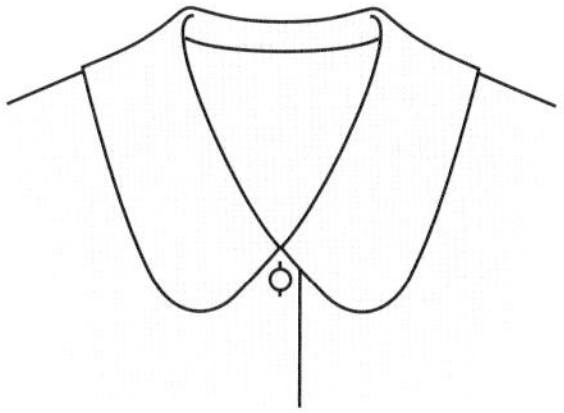

ペギー・カラー
Peggy collar

V字型のネックラインにつけた、やや幅広のフラット・カラー。左右の衿の端の線が逆三角形を描く。女性のブラウスやドレスなどに見られる。縁にフリルやレースを飾ることも多い。

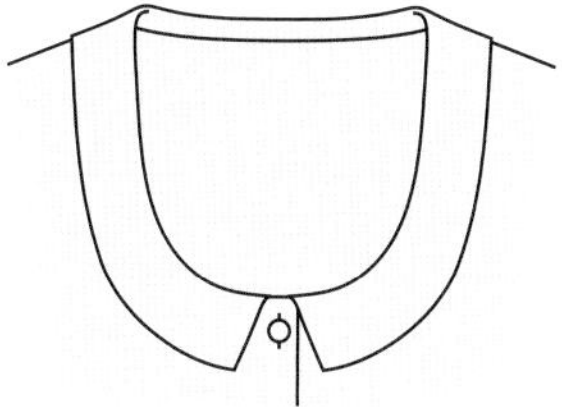

ホースシュー・カラー
horseshoe collar

ホースシューは「馬蹄、蹄鉄」の意味で、U字型より少し膨らんだ、馬蹄形に深く開いたネックラインについたフラット・カラーをさす。衿幅は狭く、前で合わせる部分は少し離れている。

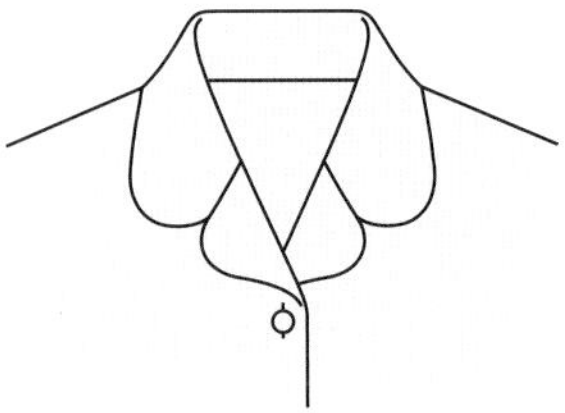

ペタル・カラー
petal collar

花びらのような形をした大きめのフラット・カラー。丸みのある刻みを入れたものや、丸みのある布を重ねて花びらのような形にしたものがある。ペタルは「花びら、花弁」という意味。

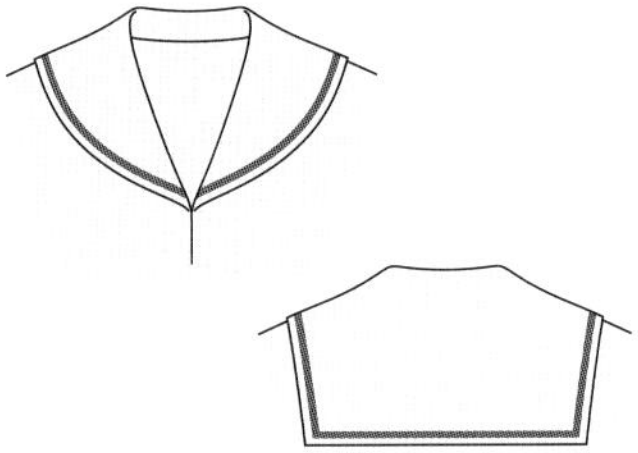

セーラー・カラー
sailor collar

胸元はVネック、後ろは四角く垂れ下がった衿。英米の水兵服、ミディ・ブラウスの衿であったが、1860年代から子ども服、90年代に女学生の制服にとり入れられた。同ミディ・カラー

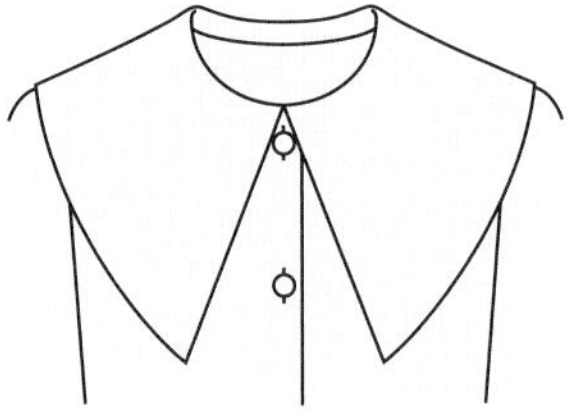

ピューリタン・カラー
Puritan collar

キリスト教の一派であるピューリタン（清教徒）の服装に見られる、白く大きなフラット・カラー。ケープのように肩のあたりまで広がる。現在ではこれに似た幅の広い大きな衿もさす。

ダブル・カラー
double collar

２枚重ねた衿。共布の衿を重ねるほか、共布の衿の上に白生地や、レース、チュールなどの透ける別布、または、毛皮やベルベットなど重厚感のある別布の衿を重ねる。

MEMO

ロー・カラー

ロー・ネックライン、すなわち低い位置までくったネックラインにつけた衿の総称。首を長く、頭部を小さく見せる効果がある。17世紀半ば、19世紀半ばに流行したバーサ・カラーがその代表例。

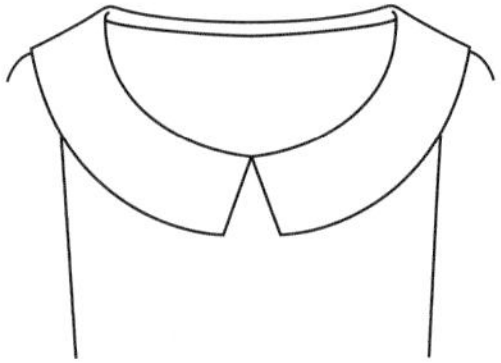

タイ・カラー
tie collar

ネクタイを結んだように見える衿。左右の衿の先端がネクタイのように長く垂れ下がり、結んで着用する。素材や結び方によって着こなしは多様。前で蝶結びにしたものはボー・カラー。

ボー・カラー
bow collar

細長いスカーフ状の布を衿ぐりに縫いつけた衿で、余った部分は前で蝶結び（ボー）などにする。柔らかな印象があるが、幅や長さ、結び方によっては華やかさやくだけた印象も加わる。

スカーフ・カラー
scarf collar

首にスカーフを巻いたような形の衿。タイ・カラーよりも太めの帯状の布がついており、ドレープを出したり、首に沿って結んだりと、いろいろな着こなしができる。

フリル・カラー
frill collar

縁にひだ飾り（フリル）をあしらった衿で、ドレッシーな雰囲気を持つ。ギャザーやプリーツを寄せ、波立たせたりしてひだ飾りを作る。同ラッフル・カラー、リップルド・カラー

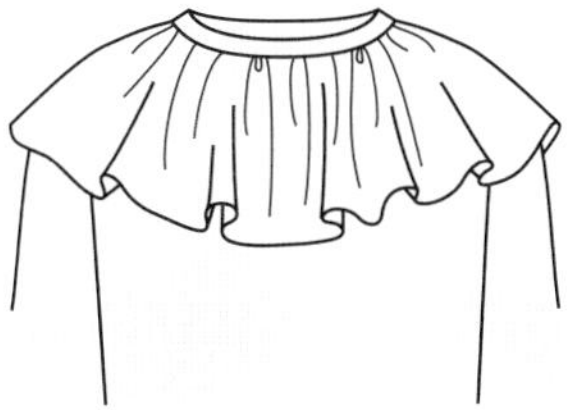

ピエロ・カラー
pierrot collar

ピエロ（道化師）の衣装に用いられる幅の広い大きなフリル・カラー。首まわりを一周してフリルで飾り、二重になっていることもある。子ども服などに見られ、フェミニンな雰囲気。

カスケーディング・カラー
cascading collar

カスケードは「小さな滝」という意味で、滝のように垂れ下がる、大きく幅広いフリル状の衿をさす。ドレッシーで動きのある雰囲気が特徴である。同フロッピー・カラー

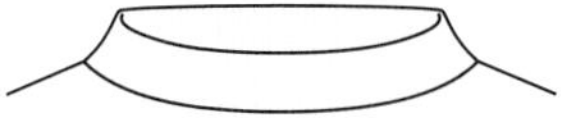

スタンダウェイ・カラー
standaway collar

立ち衿の一種で、首から離れて立った衿。衿が丸く、大きくゆったりと開いた形で、首元がすっきり見える。ブラウスやワンピースなどに見られる。同ファーラウェイ・カラー

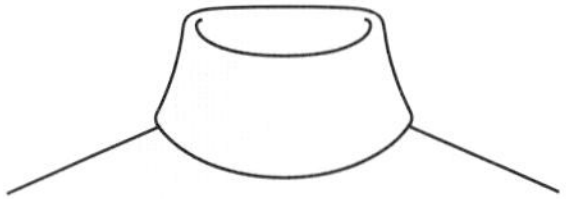

ドッグ・カラー
dog collar

元来は犬の首輪状の、宝石などがついた幅広のチョーカー、または、首に沿わせた革のバンド。今日では、それらに似せた、首全体を覆うほど高く立った衿の形をさす。同スロート・バンド

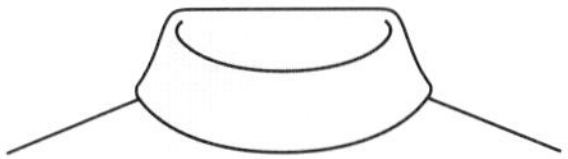

ロール・カラー
roll collar

長方形の単純な形で、外側に折り返した衿。正バイアスに裁断すると折り返りがきれいな状態に仕上がる。女性用ブラウスやドレスなどに用いる。デコルテを美しく見せ、清楚な印象。

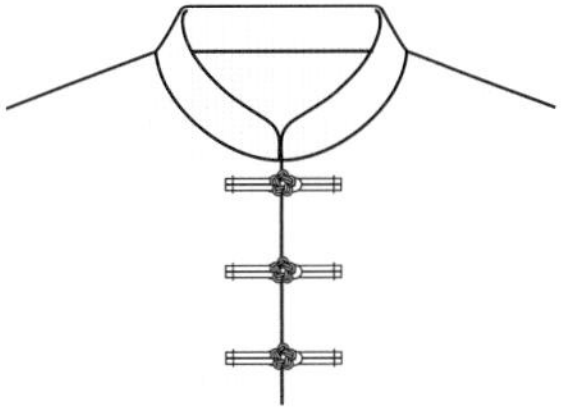

チャイニーズ・カラー
Chinese collar

中国服に見られる、前がつき合わせになった立ち衿のこと。衿元のあきに釈迦結び（しゃかむすび）と呼ばれる飾りひもがつくこともある。1960年代に流行した。同マオ・カラー、マンダリン・カラー

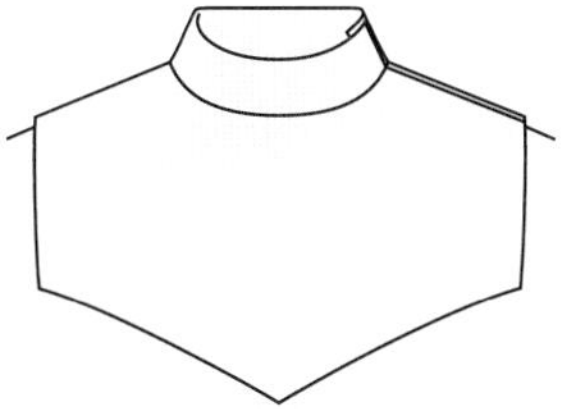

ビブ・カラー
bib collar

前衿がよだれ掛けのように胸元を覆い、大きく垂れ下がった衿。装飾的なフラット・カラーで、丸形や角形のタイプがある。クラシカルな印象になる。ビブは「胸あて、よだれ掛け」。

13 衿② collar

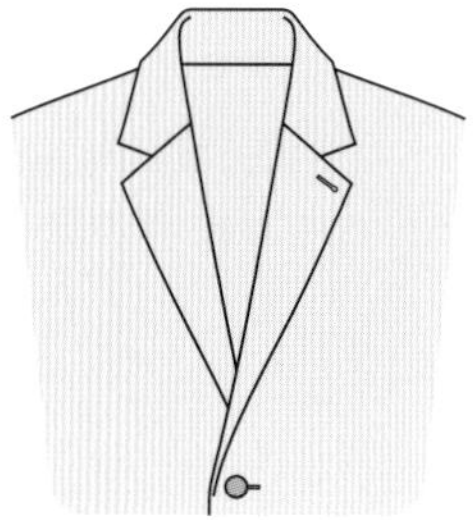

ノッチト・カラー
notched collar

ノッチト・ラペルのついたテーラード・カラーのこと。ノッチは「切り込み、切り目」などの意味で、ショール・カラーなどの衿の縁に、小さな切り込みを入れた衿のこともさす。

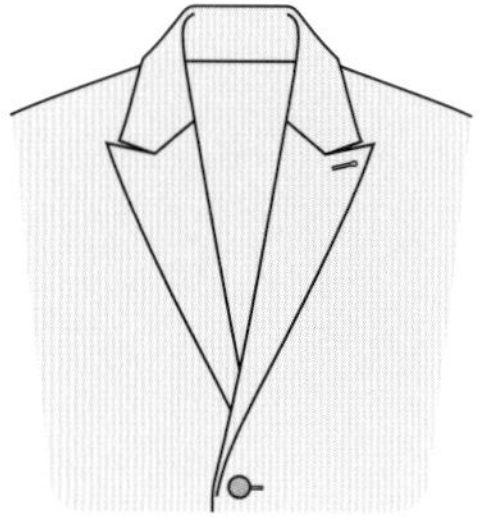

ピークト・カラー
peaked collar

ピークト・ラペルのついたテーラード・カラー。活気や力強さ、威厳を感じさせる。フロック・コートやモーニング・コートなどの礼装、ブリティッシュ・ウォーマーなどに見られる。

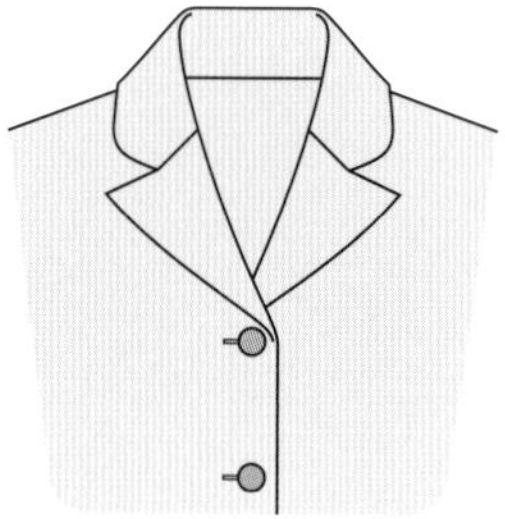

フィッシュ・マウス
fish mouth

両角を丸くカットした上衿と、ピークトとノッチトの中間的な角度のラペルからなるテーラード・カラー。名称は丸い上衿の端と、とがった下衿の先とで魚の口に似て見えることから。

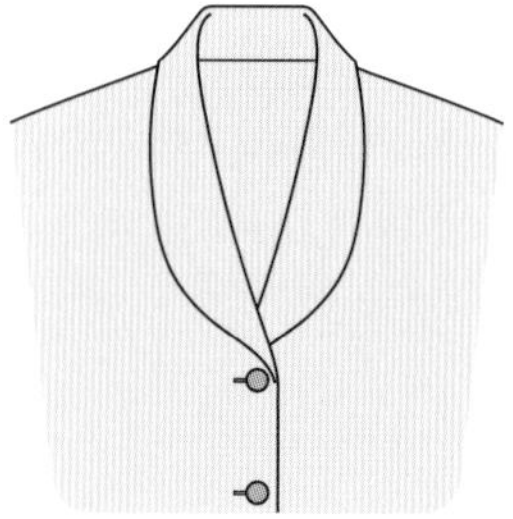

ショール・カラー
shawl collar

首の後ろから肩、また、衿の打ち合わせまで刻みがない衿。上衿と下衿の境目に縫い目がなく、丸みを帯びた形なのが特徴。ショールを掛けたような印象を与える。同へちま衿

アルスター・カラー
ulster collar

大きく折り返った形で、下衿よりも上衿の幅が広めで、また、刻みが深いのが特徴。アルスターは北アイルランドのアルスター地方産の紡毛織物で作られたコートをさす。

チェスターフィールド・カラー
chesterfield collar

チェスターフィールドと呼ばれるコートに見られる衿。上衿に黒いベルベットを使ったテーラード・カラー。1830〜1840年代にイギリスのチェスターフィールド子爵が創始した。

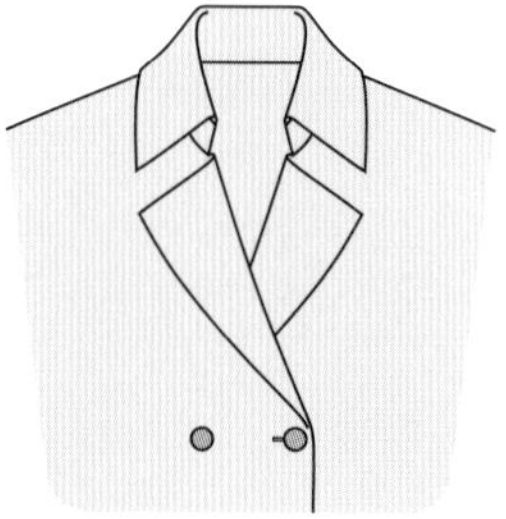

ナポレオン・カラー
Napoleon collar

立ち上がって折れた上衿と、大きな下衿を特徴とする衿。ナポレオンの軍服や同時代の男性が着た上着、コートなどに用いられた。現在ではトレンチ・コートなどに見られる。

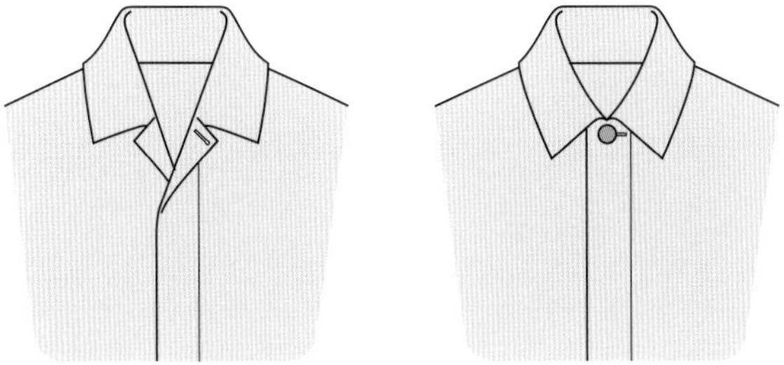

ステン・カラー
すてん・からー

ステンは英語のスタンド・アンド・フォールを略した和製英語と考えられており、衿つけからスタンド・カラーのように立ち上がり（スタンド）、折り返る（フォール）衿という意味。第１ボタンを外すとオープン・カラーにもなる。コートやジャケットなどに多い。

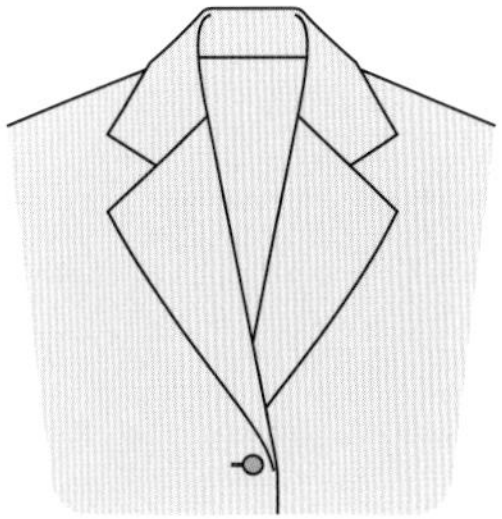

モンゴメリー・カラー
Montgomery collar

ノッチト・ラペル部分が大きく強調されたテーラード・カラー。第二次世界大戦中に活躍したイギリス陸軍の軍人、バーナード・モンゴメリーが着用して広まった。

バル・カラー
bal collar

折り衿の一種で、上衿が下衿よりも大きく、幅広である。バルマカーン・カラーの略称で、名称は発祥地のスコットランドの地名にちなむ。第１ボタンをとめても外しても着用できる。

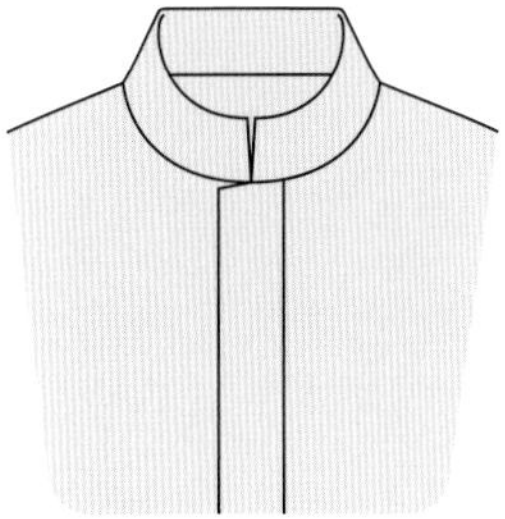

オフィサー・カラー
officer collar

オフィサーは「将校、士官」の意味で、彼らの制服に用いられた、首に沿った立ち衿をさす。前はつき合わせで、ホックなどでとめることも。学生服に見られる。同ミリタリー・カラー

マオ・カラー
Mao collar

中国服の衿に見られるチャイニーズ・カラーのこと。スタンド・カラーの一種だが、前のつき合わせ部分は少し開いた形。中国の元主席、毛沢東（マオ・ツォー・トン）の名前に由来。

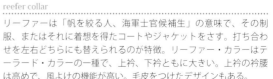

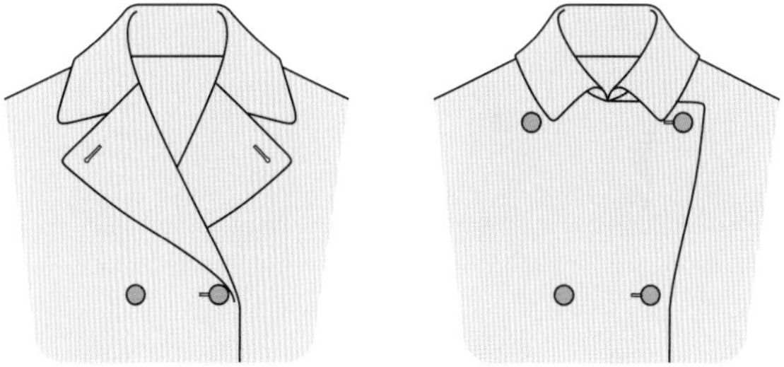

リーファー・カラー
reefer collar

リーファーは「帆を絞る人、海軍士官候補生」の意味で、その制服、またはそれに着想を得たコートやジャケットをさす。打ち合わせを左右どちらにも替えられるのが特徴。リーファー・カラーはテーラード・カラーの一種で、上衿、下衿ともに大きい。上衿の衿腰は高めで、風よけの機能が高い。毛皮をつけたデザインもある。

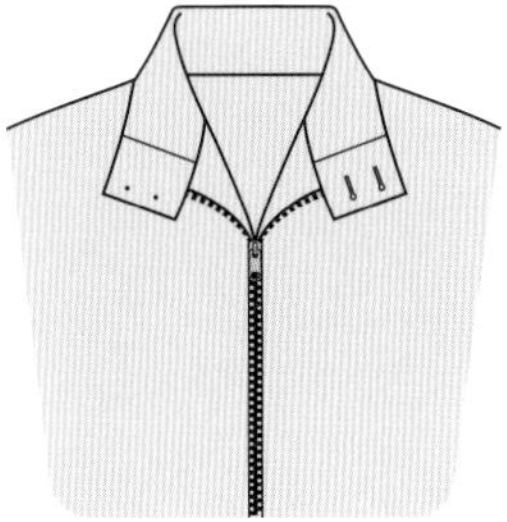

ドッグイヤ・カラー
dog-ear collar

折り返した衿の開いた形が、犬の垂れた耳に似ていることから名づけられた衿。片方の衿先についたタブで反対側の衿をとめ、風の侵入を防ぐ着方もできる。ジャンパーなどに見られる。

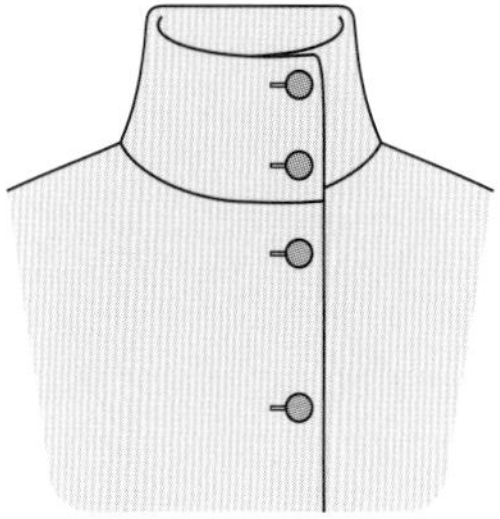

チムニー・カラー
chimney collar

あごのあたりまで首に沿って高く立ち、折り返しのない筒状の衿。チムニーは「煙突」という意味。煙突のようにまっすぐに立った形が特徴である。
同チン・カラー

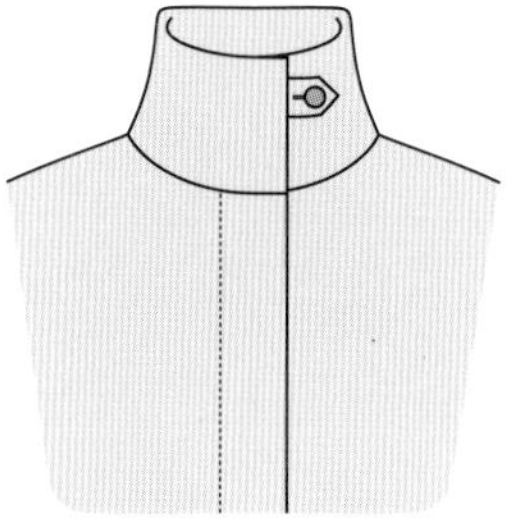

ストーム・カラー
storm collar

強い雨風の侵入を防ぐために、ボタンつきのタブがある高い衿。ジャケットやレインコートなどに見られる。通常は折り衿として着用し、衿を立て、タブを使ってこの形にするものもある。

サイドウェイ・カラー
sideway collar

通常、中央にある前の打ち合わせ部分を、中央よりも左右のどちらかに寄せた衿。左右が非対称になっているのが特徴。チャイナ・ドレスやロシアの民族衣装、ルパシカなどに見られる。

アシメトリック・カラー
asymmetric collar

左右が非対称になっている衿。アシメトリックは「非対称の」の意。左右で衿の大きさが異なるもの、衿の合わせを中心よりも左右どちらかに寄せたものなどがある。動的でモダンな印象。

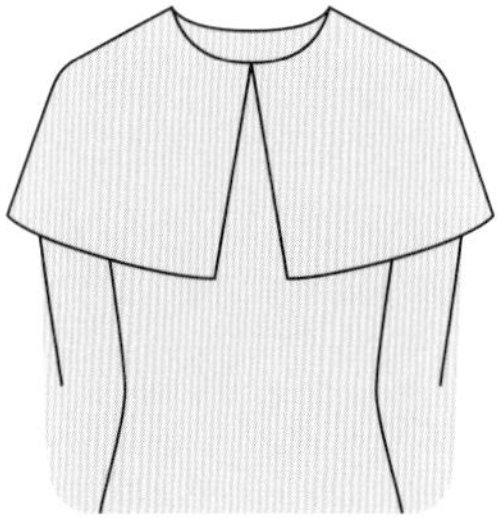

ケープ・カラー
cape collar

肩や腕の上部あたりまでを覆うような、広くて大きいケープ状の衿のことで、前中心が開いたもの。前中心が閉じた形のものはバーサ・カラーと呼んで区別される。

ストール・カラー
stole collar

首にストールを掛けたり巻いたりしたように見える衿。カーディガンやコートに見られる。衿がゆったりした形のもの、衿の端が長くなっていて前後に垂らして着用するものなどがある。

クロス・マフラー・カラー
cross muffler collar

胸あたりまでの長さのショール・カラーの衿の下端を、マフラーを巻いたように、前で交差させた形の衿。衿つきのニットによく見られ、リブ編みになっていることが多い。

MEMO

ラペル

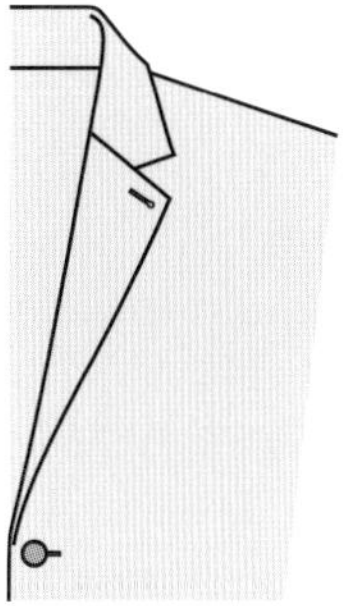

ノッチト・ラペル

上辺が水平線より下がったラペルで、もっとも一般的な形。ビジネス・スーツなどでは基本型とされる。

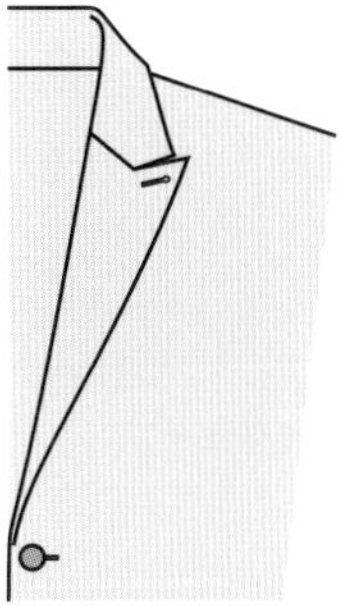

ピークト・ラペル

ピークトは「とがった」という意味で、ラペルの先が高くとがっているのが特徴である。俗に剣衿（けんえり）ともいう。

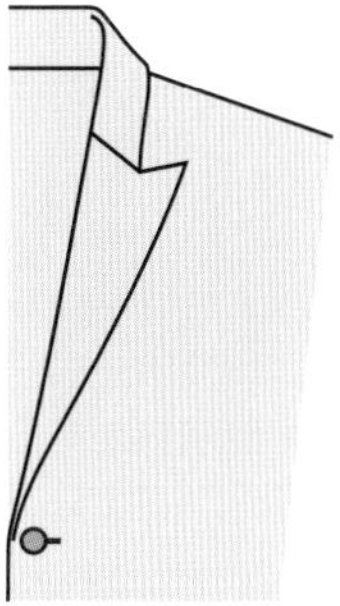

エル・シェイプド・ラペル

上衿よりもラペルのほうが幅広く、上衿とラペルの間の刻みがない。上衿とラペルの端の線がL字型になる。

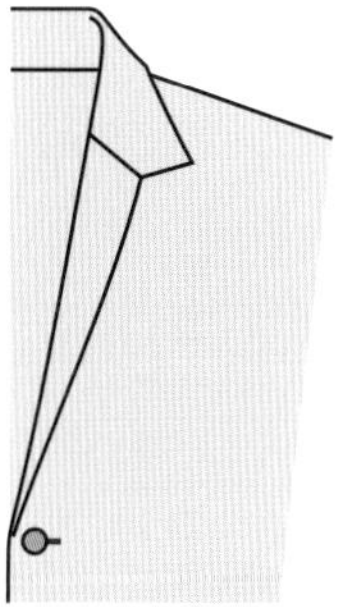

ティー・シェイプド・ラペル

上衿の縁よりも幅の狭いラペルで、上衿とラペルの間の刻みがない。シャープな雰囲気を与えるのが特徴である。

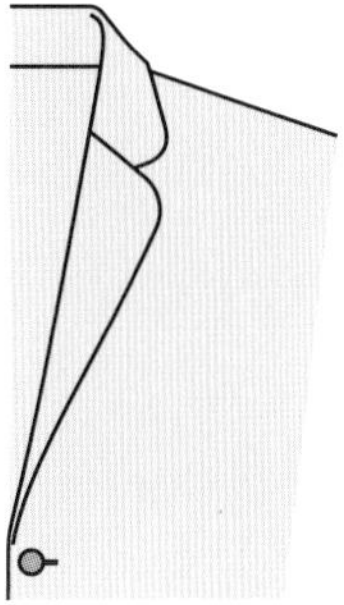

クローバー・リーフ・ラペル

ノッチト・ラペルの上衿と下衿の角が丸みを帯びているのが特徴。名前はクローバーの形に似ていることから。

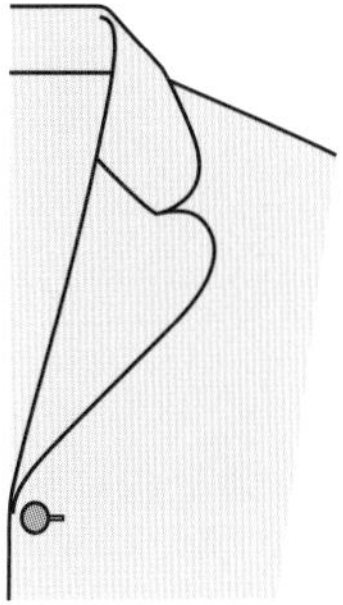

フラワー・ラペル

丸みを帯びて裁断されたラペルで、同じ丸みをつけて裁断された上衿の縁と向かい合い、花びらのように見える。

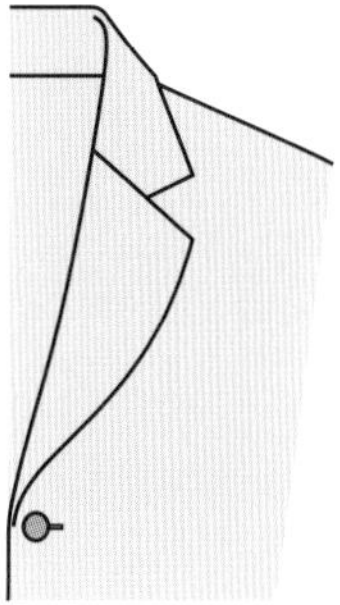

ブリード・ラペル

ブリードは「いじめっ子、威張り散らす人」などの意味。幅広で、縁の線が外に膨らんだラペルをさす。

ラペルとは

ラペルは「折り返った部分の」という意味で、テーラード・ジャケットなどにおける下衿のこと。身頃の折り返し部分をさす。上衿はカラーと呼んで区別する。

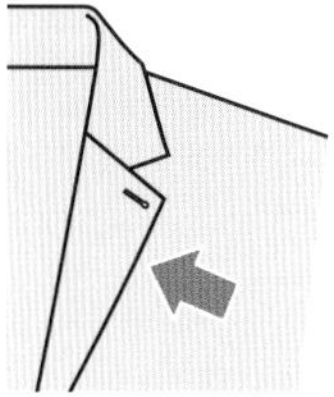

14
ネックライン
neckline

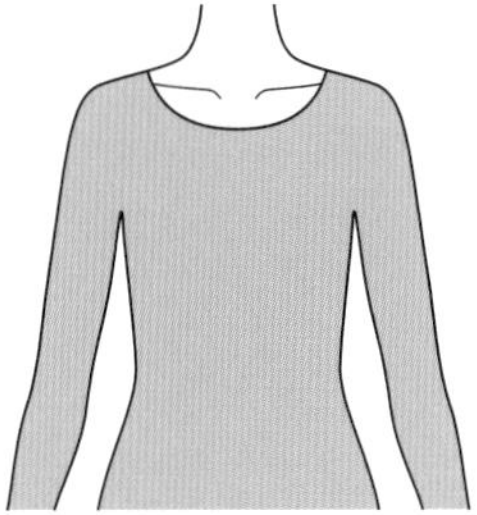

ラウンド・ネックライン
round neckline

丸い衿ぐりの総称。首のつけ根に沿ったものから、深くくられたものまである。丸みがあるため、優しい印象を与える。ユー・ネックライン、クルー・ネックラインなどがある。

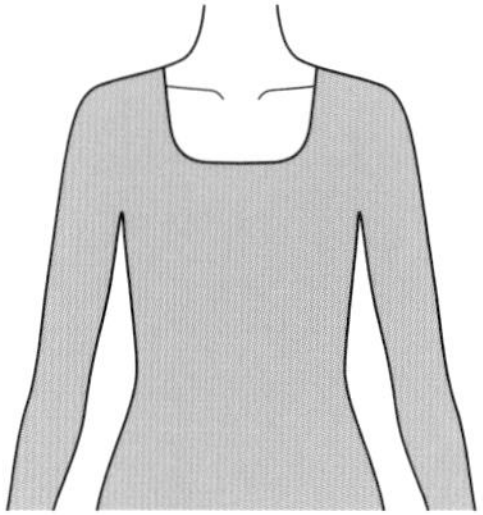

ユー・ネックライン
U neckline

アルファベットのU字形にカットされた衿あき。前身頃、後ろ身頃ともに用いられ、深さもそれぞれであるが、ラウンド・ネックラインの中では前のあきが深めなのが特徴。同ユー・ネック

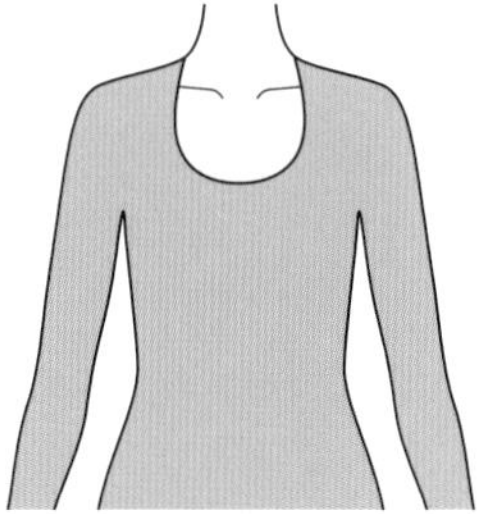

オーバル・ネックライン
oval neckline

オーバルは「卵形、楕円形」という意味で、卵形に丸く、深く開いたネックライン。ユー・ネックラインよりも衿ぐりが深く、広めの形。胸元を適度に露出し、女性らしい印象を与える。

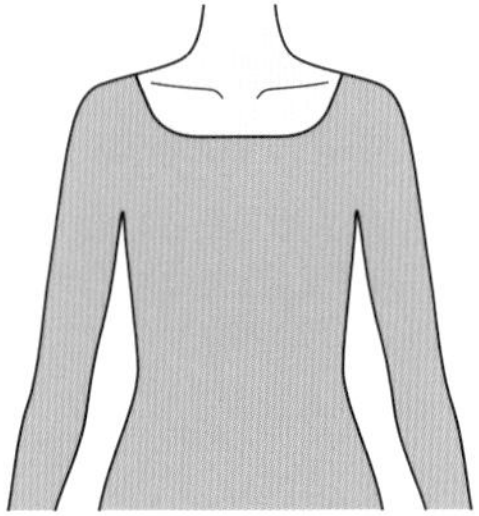

スクープト・ネックライン
scooped neckline

スクープは「すくいとる」という意味で、大きくえぐりとったような衿ぐり。衿ぐりの形は限定しないが、多くは横に広く深めにくられた形の、大きめのラウンド・ネックラインをさす。

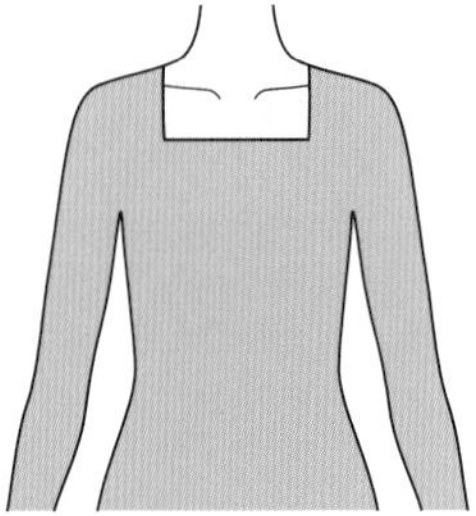

スクエア・ネックライン
square neckline

スクエアは「角型、四角形」という意味があり、四角い形の衿あきのこと。胸元が水平な直線になっているため、首まわりをすっきりと見せ、シャープな印象を生み出す。

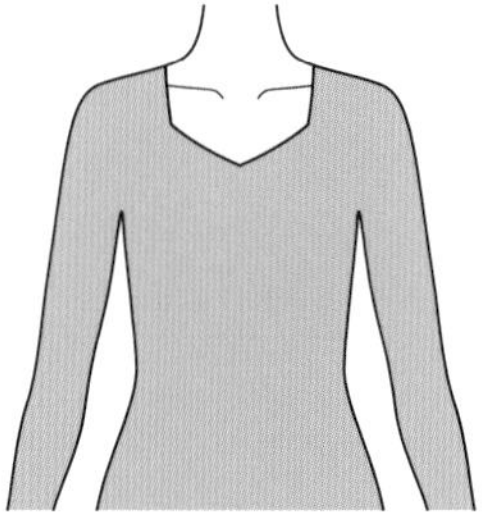

ペンタゴン・ネックライン
pentagon neckline

ペンタゴンは「五角形」の意味で、首まわりに五角形を描く衿あき。やや大きなあきで、曲線を使うと女性らしさや柔らかさが生まれる。似たものにダイヤモンド・ネックラインがある。

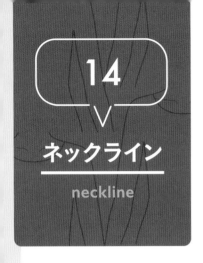

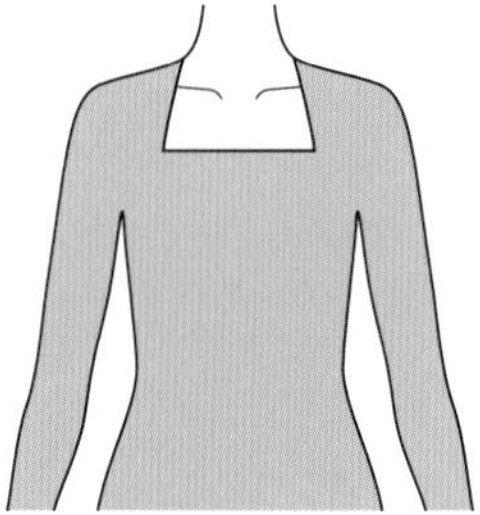

トラペーズ・ネックライン
trapèze neckline

トラペーズは「台形」という意味で、名前の通り、台形のネックラインのこと。台形の底辺が短いものも長いものもあり、同じくこう呼ばれる。水平のラインが鎖骨部分を美しく見せる。

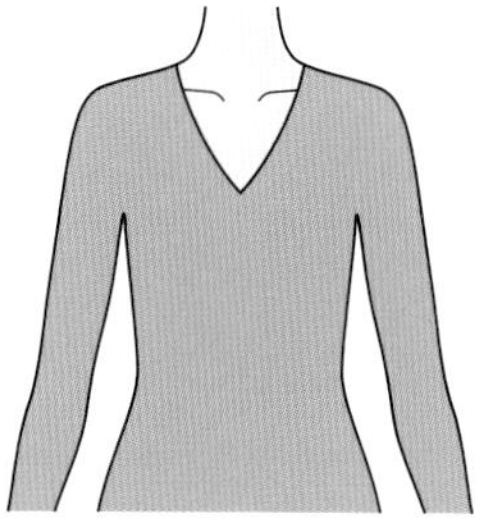

ブイ・ネックライン
V neckline

V字形にカットされた衿あき。さまざまな衣服に用いられ、V字の深さや角度も多種ある。略してブイ・ネックと呼ぶことが多い。シャープな印象で、首まわりや胸元をすっきり見せる。

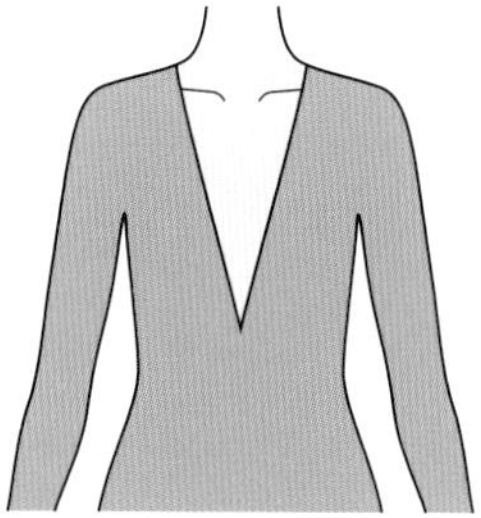

プランジ・ネックライン
plunge neckline

プランジは「突っ込む」の意味で、ブイ・ネックフインよりも胸元を深くV字形に開けたネックラインをさす。ウエストあたりまで深く開いたものもある。ワンピースやドレスに見られる。

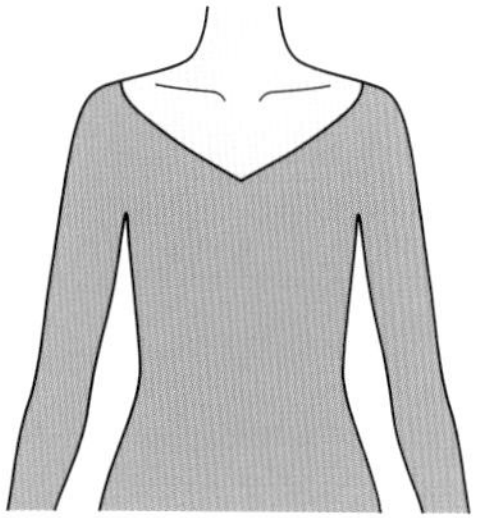

バレリーナ・ネックライン
ballerina neckline

左右に広く、鎖骨が見える程度に深くえぐられたネックライン。バレリーナの衣装や練習用のレオタードなどに多く見られることから生まれた名称。頭部から胸元までをすっきり見せる。

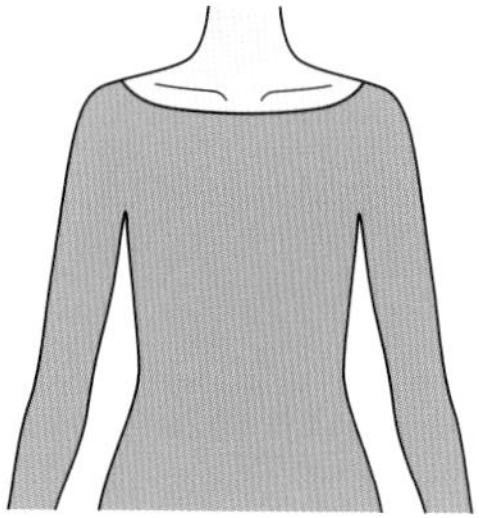

ボート・ネックライン
boat neckline

浅い船底の形をしたネックライン。鎖骨に沿って、浅く、横に長くくった衿あき。首まわりの露出は少なく、すっきりと見せる。視線を水平に誘導し、肩幅を狭く見せる効果がある。

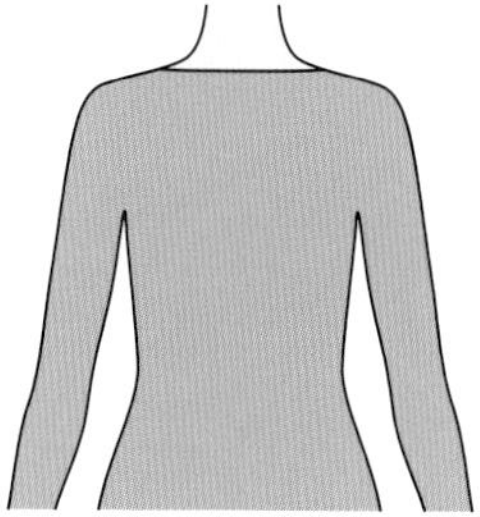

スラッシュド・ネックライン
slashed neckline

鎖骨を隠し、横に広い、ほぼ水平のネックライン。スラッシュは「切り込みを入れた」という意味で、横に長く切り込みを入れたような形。露出は少なく、首筋をきれいに見せる。

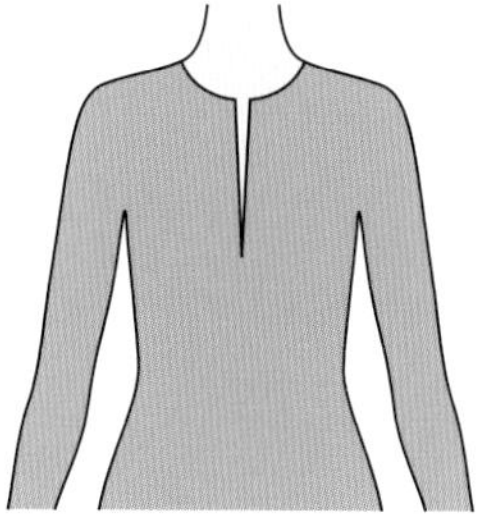

スリット・ネックライン
slit neckline

ラウンド・ネックラインの前中心に直線またはV字型のスリットが入ったネックライン。スリットによって首まわりがやや広がり、着脱が容易となり、デザイン上のアクセントにもなる。

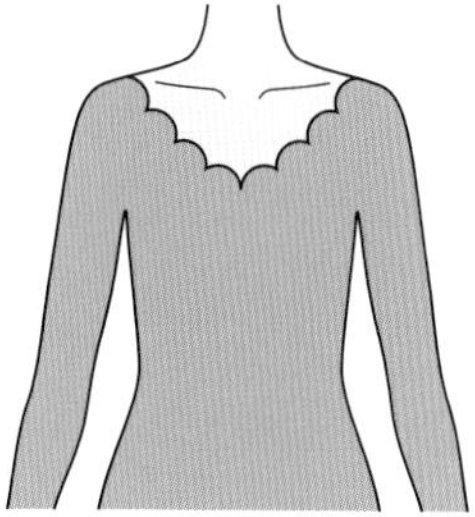

スカラップ・ネックライン
scallop neckline

スカラップは「ホタテ貝の貝殻」という意味で、ホタテ貝の貝殻を並べたような波形模様のネックラインをさす。あきが広がって胸元をきれいに見せ、フェミニンな印象を与える。

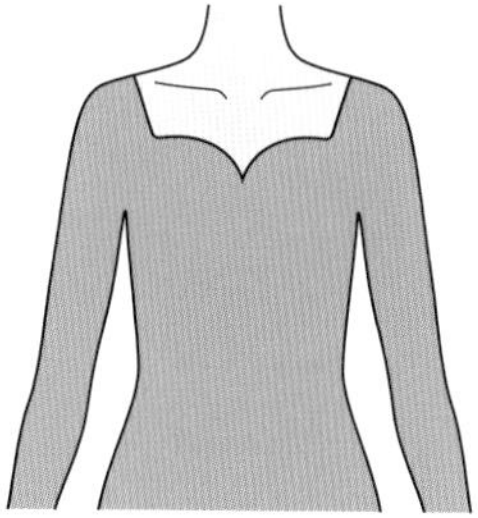

スイートハート・ネックライン
sweetheart neckline

胸元をハートの形に深く大きくカットしたネックライン。中央のくぼみが浅いものと深いものがある。カクテル・ドレスやイブニング・ドレスなど、ドレッシーな服によく見られる。

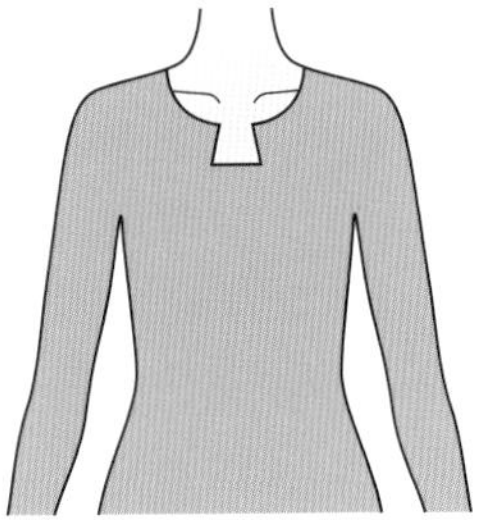

キーホール・ネックライン
keyhole neckline

キーホールは「カギ穴」の意で、切り込みがカギ穴の形に似ていることが由来。切り込みを入れたネックラインのひとつ。切り込みの形は円形や三角形、台形、菱形など。同キー・ネック

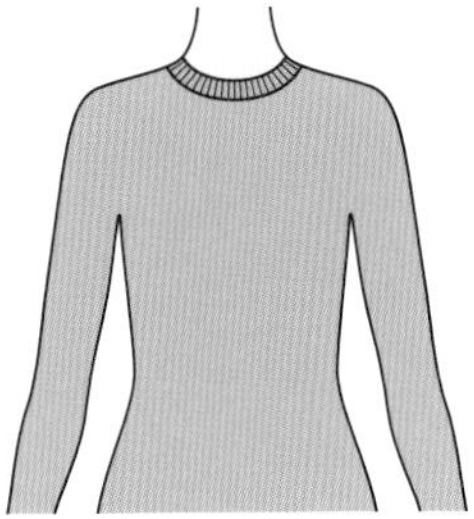

クルー・ネックライン
crew neckline

首まわりに沿った、開きの狭いリブ編みの丸い衿ぐりで、船員（クルー）の着ていたセーターに由来する。現在では、セーターのネックラインの典型となっている。同クルー・ネック

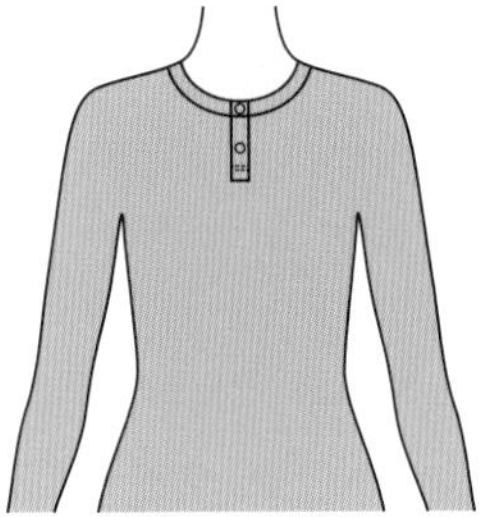

ヘンリー・ネックライン
Henley neckline

首のつけ根に沿った丸いネックラインの前中央部に短いあきがあり、ボタンやひもでとめる形。イギリスのテムズ河付近の町、ヘンリーで開催されるボート競技の選手が着ていたのが由来。

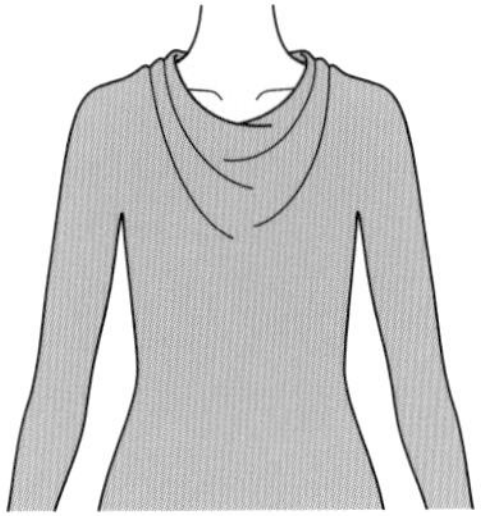

カウル・ネックライン
cowl neckline

フードが垂れたように、衿元にたっぷりとドレープを出したネックライン。カウルは中世の修道僧が着用したフードつきマントのこと。胸元に立体感が生まれ、柔らかい印象になる。

ドローストリング・ネックライン
drawstring neckline

大きさや形を調整するために、ひもやゴムなどを通すひも通しのある衿ぐり。ひもの絞り方で衿ぐりの開き方を調節し、胸元で結ぶ。ひもを絞ったときにできるギャザーの表情を楽しむ。

ギャザード・ネックライン
gathered neckline

衿元にギャザーを入れたネックライン。ギャザーは布を縫い縮めて、ひだのようにしわを寄せること、また、そのひだのこと。柔らかな印象になり、婦人服や子ども服などに用いられる。

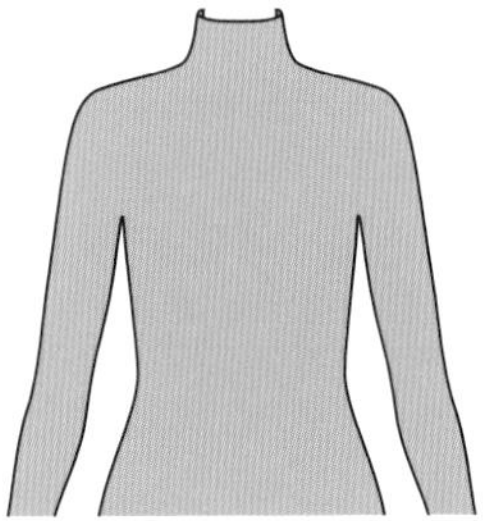

ハイネック
はいねっく

身頃が首に沿って立ち上がった形のネックラインで、和製英語。ボトル・ネックライン、ファネル・ネックラインなどが含まれる。同ビルトアップ・ネックライン、レイズド・ネックライン

MEMO

タートルネック

タートルは「海亀」のことで、ニット類の衿が身頃に続いて首に沿って上がったあと、折り返して着用するネックライン。形状が亀の首に似ていることからこう呼ばれる。とっくり衿ともいう。

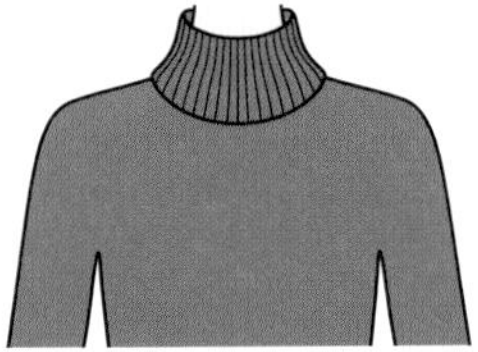

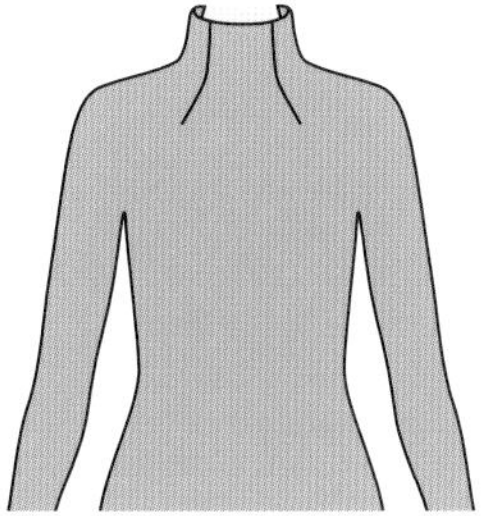

ファネル・ネックライン
funnel neckline

ファネルは「漏斗、煙突」の意味で、漏斗の形のように首に沿って円錐形に立ち上がったネックライン。上部が広がったものや狭くなったものなども見られる。同ファネル・カラー

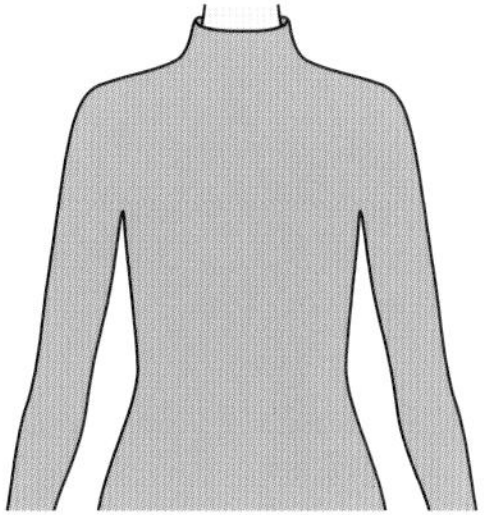

ボトル・ネックライン
bottle neckline

ハイネックの一種で、ビン（ボトル）の口のような形に、首に沿って立ち上がったネックライン。折り返さず、首に密着しないため、首元をすっきり見せることができる。

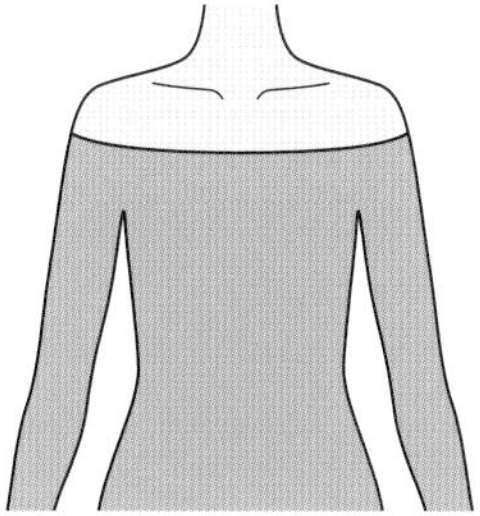

オフ・ショルダー・ネックライン
off the shoulder neckline

衿が大きく開き、肩を露出したデザインのこと。正しくは、オフ・ザ・ショルダー・ネックラインという。イブニング・ドレスや夏の上衣などによく用いられる。

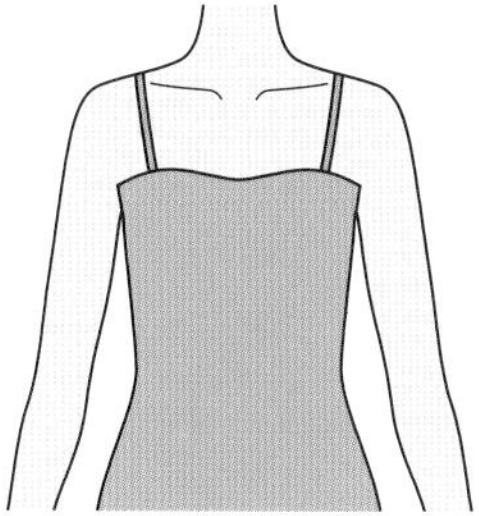

キャミソール・ネックライン
camisole neckline

上半身用下着のキャミソールに見られるネックライン。衿ぐりがバストラインよりやや上の高さで、ほぼ水平にカットされ、細いひもやレースなどの肩ひもがついた形になっている。

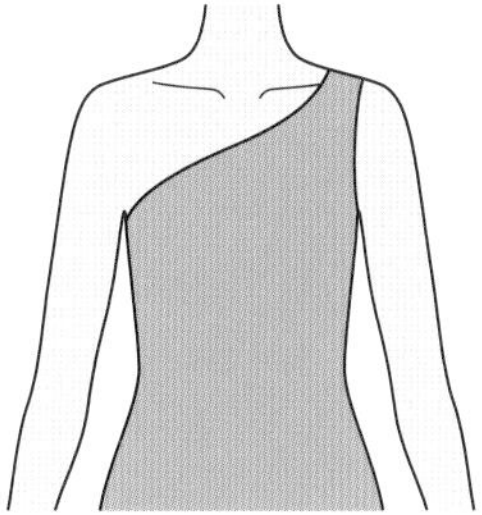

オブリーク・ネックライン
oblique neckline

オブリークは「斜めの」という意味。一方の肩は衣服で覆い、もう一方の脇下に向かって斜めにカットされたネックライン。片方の肩は露出した形。イブニング・ドレスなどに用いられる。

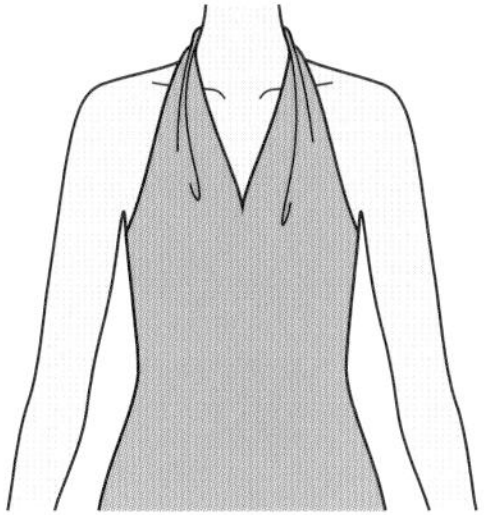

ホルター・ネックライン
halter neckline

ホルターは「牛馬用の端綱」の意味で、それに似たネックラインをさす。胸元から続く布やひもを首の後ろで結ぶなどしてとめる。イブニング・ドレスや水着などによく見られる。

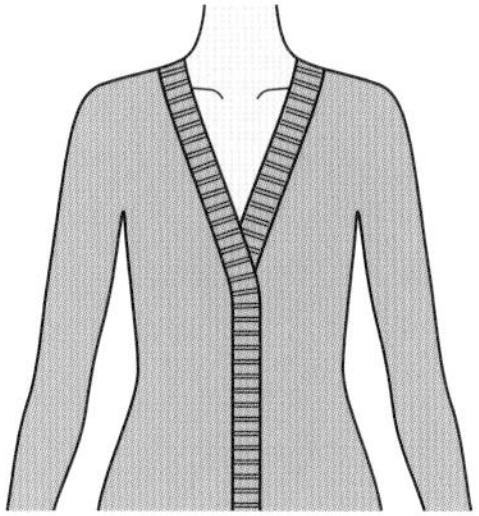

カーディガン・ネックライン
cardigan neckline

カーディガンなど前打ち合わせの服にある、衿なしのネックライン。ボタンでとめるとラウンド・ネックやブイ・ネックになり、ラインやリブ編みによって縁どりされたものも見られる。

MEMO

オフ・ネックライン

首のつけ根から離れた衿ぐり線のことで、やや大きめの衿ぐりをさす。ボート・ネックラインやオフ・ショルダー・ネックラインなど、衿ぐりの形や大きさなどにより、さまざまある。

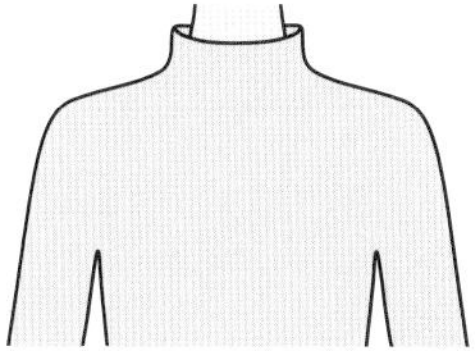

映画から生まれたファッション

トム・ジョーンズの華麗な冒険

1963年制作のこの映画で、主人公のトムが着用したシャツが18世紀風の女性用のブラウスにデザインされ、トム・ジョーンズ・ブラウスと呼ばれて人気となった。タイ・カラーでゆったりとし、袖口にフリルがつく。

華麗なるギャッツビー

1974年公開の同名の映画（アメリカの作家、フィッツジェラルド原作）で、ヒロインが着ている洋服や小物、ヘアスタイルが1920年代後半のファッションを反映した。ロー・ウエスト、フレアのスカート、ボブ・ヘアなどが特徴である。

麗しのサブリナ

1954年公開のこの映画で、主人公のサブリナ役のオードリー・ヘプバーンがはいた、脚にフィットした七～八分丈のパンツがサブリナ・パンツ、浅いフラット・シューズがサブリナ・シューズと呼ばれ、大流行した。

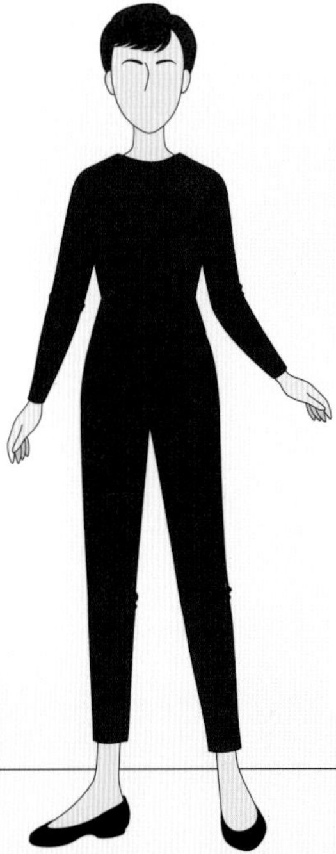

アニー・ホール

1977年制作のこの映画でアニー・ホール役のダイアン・キートンが着用した、メンズのアイテムであるネクタイやベスト、パンツをとり入れたスタイルがアニー・ホール・ルックと呼ばれ、大流行した。

シネ・モード

映画作品中の服装が生み出した流行をさす仏語。とくに映像によるマス・メディアの中心が映画であった20世紀は、ファッションへの影響が大きく、映画のタイトルや役名のネーミングなどが採用されて世界的に広まった。

俺たちに明日はない

1967年制作のこの映画でボニー役のフェイ・ダナウェイが着用したスタイルが、ボニー・ルックと呼ばれて流行した。ベレー帽やスカーフ、ブイ・ネックのブラウスやニット、ミディ丈のスカートなどが特徴。

アメリカン・グラフィティ

1973年公開のこの映画に登場した不良グループ、ファラオ団員が着ていたカー・コートがファラオ・コートと呼ばれて流行した。ショール・カラーで、袖口がリブ・ニットなのが特徴。

悲しみよこんにちは

1958年公開のこの映画のヒロイン、セシルを演じたジーン・セバーグのヘアスタイルがセシル・カットと呼ばれ、世界的流行となった。現代のベリー・ショートの草分け的な存在とされる。

ベンハー

紀元前後の古代ローマ時代を舞台にした、1959年制作のアメリカ映画。その作品に出てくるサンダルがベンハー・サンダルで、足の甲の部分を押さえる幅広のベルトと鼻緒がつながっているのが特徴である。

15
肩
shoulder

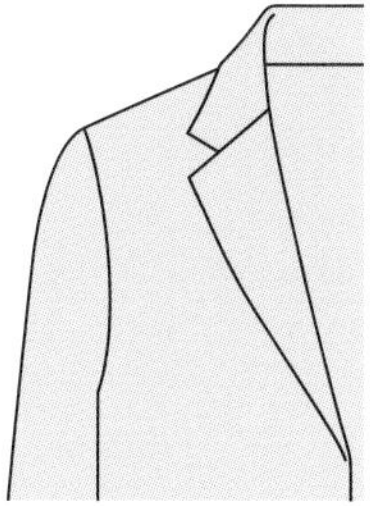

ナチュラル・ショルダー
natural shoulder

着用者の肩に沿った自然な肩のこと。袖つけが肩先からずり落ちたドロップ・ショルダーに対して、肩先の位置に袖つけ線があり、また、肩パッドを入れずに仕上げた肩の形。

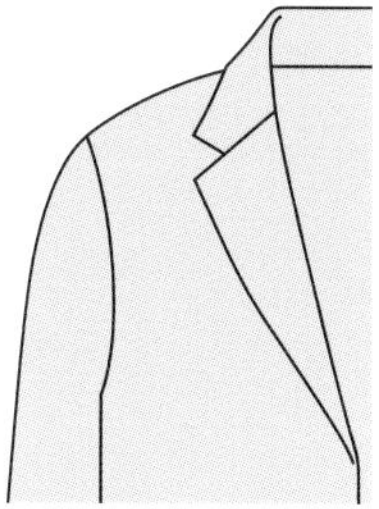

アーク・ショルダー
arc shoulder

アークは「弓」という意味。肩から袖にかけて、弧を描くように丸味を帯びた形の肩。肩のボリュームが強調されるが、いかつい感じはなく、柔らかい印象である。同アーチ・ショルダー

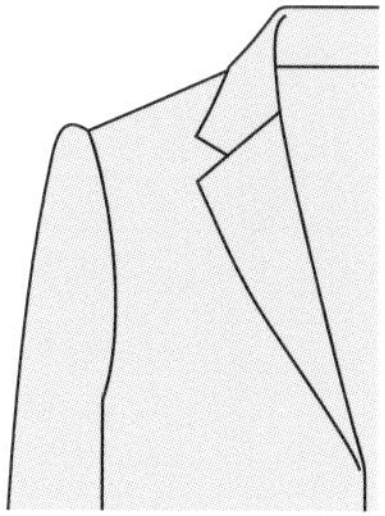

アングル・ショルダー
angle shoulder

アングルは「角」という意味。実際の体の肩先よりも、袖山が角ばって突き出した形の肩をさす。肩幅の広さが強調されるため、いかつく、男性的な印象を与える。

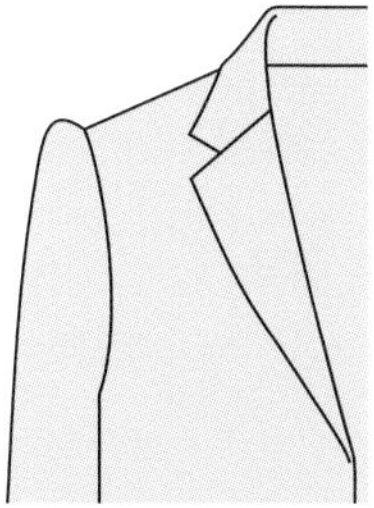

ビルトアップ・ショルダー
built-up shoulder

ビルトアップは「盛り上げた」という意味で、袖山を高く盛り上げた形の肩。芯や詰め物によって肩先の盛り上がりを形成し、ロープが入っているようにも見える。同ロープ・ショルダー

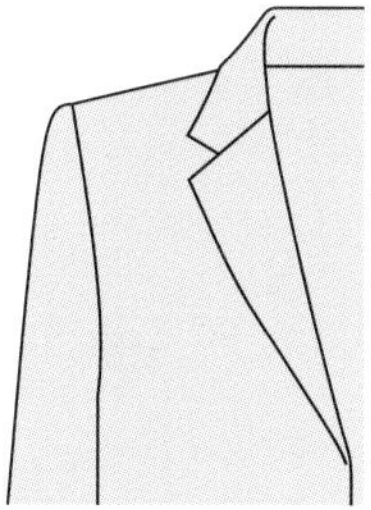

スクエア・ショルダー
square shoulder

四角く角ばった肩のこと。カットや肩パッドによって形成し、肩先が大きく持ち上がって見える。1940年代の女性服にとり入れられた。ブリティッシュ・スタイルのスーツにも見られる。

コンケーブ・ショルダー
concave shoulder

コンケーブは「くぼみ」という意味で、肩先を持ち上げて、中央がくぼんだ弓なりのラインを肩線に与えた肩をさす。立体的に見せ、華やかな印象を与える。同パゴダ・ショルダー

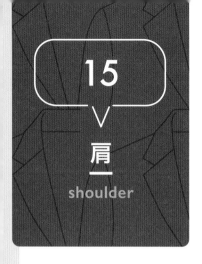

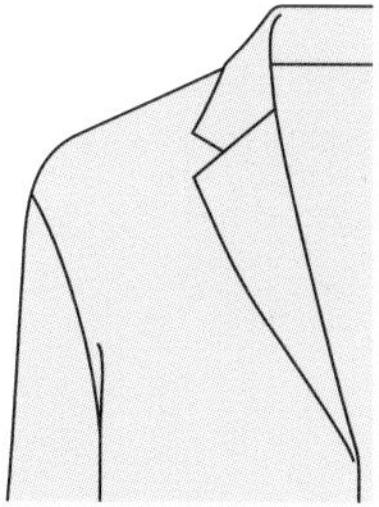

ドロップ・ショルダー
どろっぷ・しょるだー

袖つけ線を通常よりも腕のほうに下げた肩。なで肩に見え、柔らかな印象を生む。カジュアルなシャツやドレス、ジャケットなどに用いられる。ドロップト・ショルダーを略した和製英語。

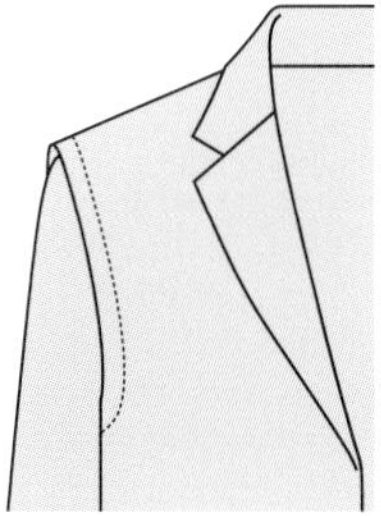

エクステンディド・ショルダー
extended shoulder

エクステンドは「広げる、延長する」という意味で、肩幅を伸ばしたり、肩山にタックをとったりして、肩を張り出すように大きく見せた肩の形。ミリタリー調のスタイルなどに見られる。

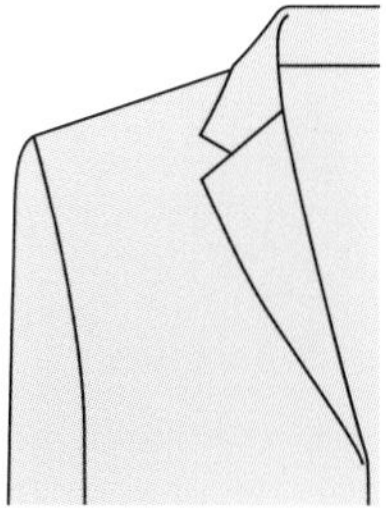

ビッグ・ショルダー
big shoulder

着用者の自然な肩先より長く肩線を延長し、パッドを入れて高く見せた肩。肩を大きく見せることで、逆三角形のシルエットを作る。1990年代の男女のファッションによく見られた。

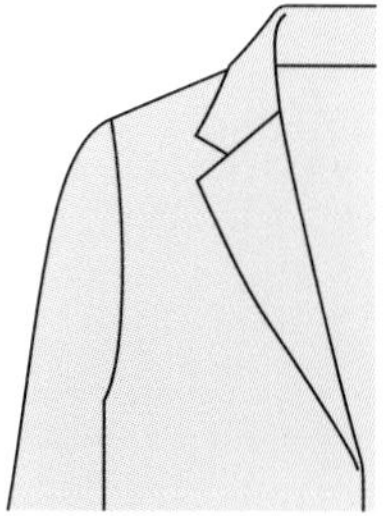

ナロー・ショルダー
narrow shoulder

着用者の実際の肩先より内側に袖をつけて、肩パッドを入れず、肩幅を小さく見せた肩。華奢で、若々しい印象を与える。1960年代後期から70年代にかけて、男女ともに流行した。

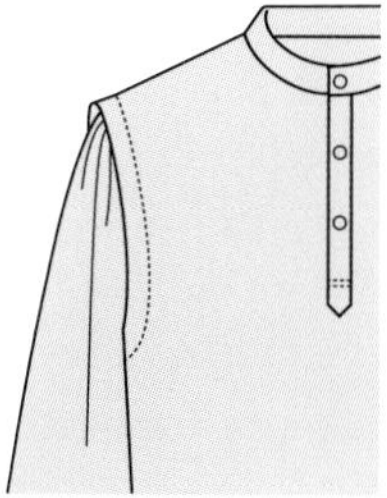

ウイング・ショルダー
wing shoulder

ウイングは「翼」という意味で、鳥が翼を広げたときのように、少し上向きに張った肩の形。肩の部分を強調する。ローデン・コートの肩に見られ、ローデン・ショルダーともいう。

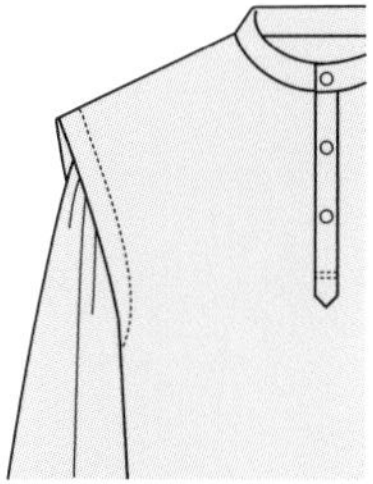

フランジ・ショルダー
flange shoulder

フランジは「出ている縁」の意。身頃の袖つけ線に幅のある縁どりを縫いつけて張り出した肩。縁どり部分にフリルやタックを入れたものも見られる。肩に立体感を持たせることができる。

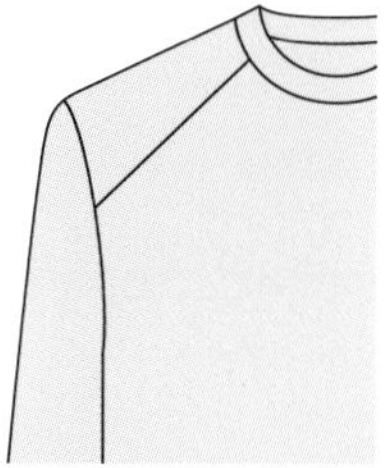

ガセット・ショルダー
gusset shoulder

ガセットは「三角まち」の意味で、肩先に三角まちをはめ込んだもの。肩を強調し、より自由な動きになる。まちの部分をリブ編みにしたショルダー・リブはスポーツウエアに見られる。

ケープ・ショルダー
cape shoulder

ケープ状に裁断したヨーク（肩の切り替え部分）に、袖を通常よりも下げてつけた肩のこと。腕を動かしやすいのが特徴。ケープを着用しているように見える肩のデザインも含まれる。

MEMO

ワン・ショルダー

一方の肩だけをひもなど衣服で覆い、もう一方は露出した、アシメトリーな肩のスタイルをいう。イブニング・ドレスや水着、夏の上衣などに多く用いられる。オブリーク・ネックラインに同じ。

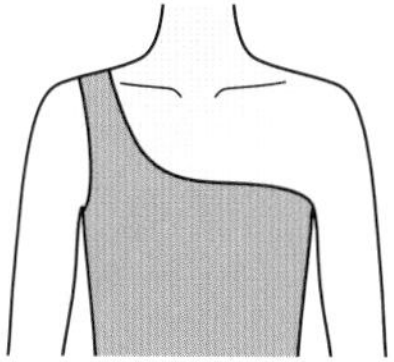

16 袖❶

sleeve

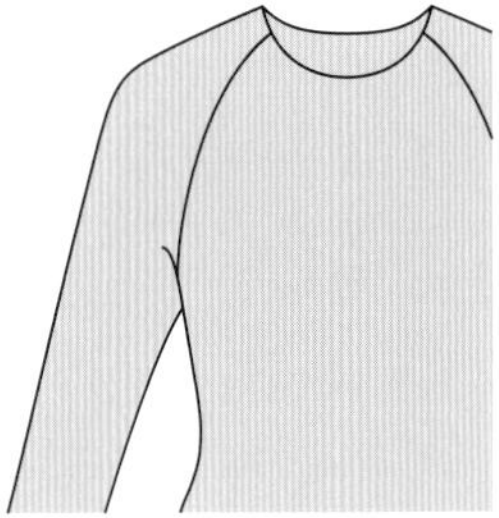

ラグラン・スリーブ
raglan sleeve

身頃の衿ぐりから脇の下まで切り替え線を入れ、肩と袖が続いた袖部分を縫いつけた袖。肩や腕を動かしやすい。イギリスのラグラン卿が負傷者の衣服の着脱を考慮して発案したとされる。

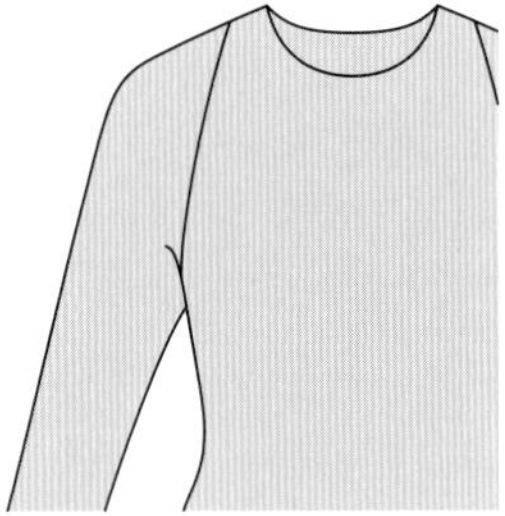

セミ・ラグラン・スリーブ
semi raglan sleeve

ラグラン・スリーブと似ているが、肩線の途中から脇の下まで切り替え線を入れた袖。また、普通の袖つけ（セットイン・スリーブ）の肩線の縫い目が袖口まで延長された袖のこともいう。

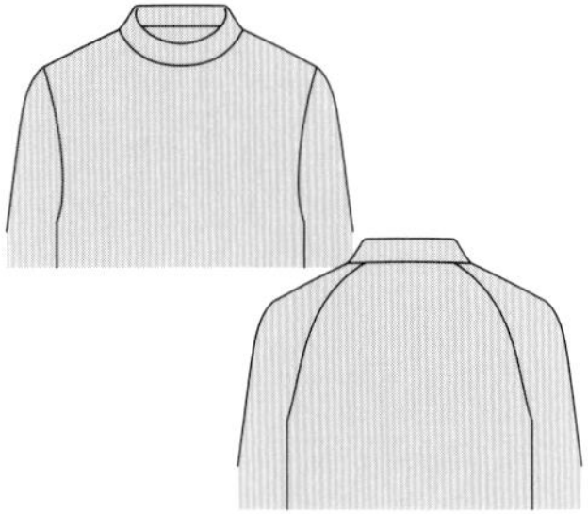

スプリット・ラグラン・スリーブ
split raglan sleeve

スプリットは「分割」という意味で、前から見ると普通の袖つけ（セットイン・スリーブ）だが、後ろから見るとラグラン・スリーブになっているのが特徴である。同スプリット・スリーブ

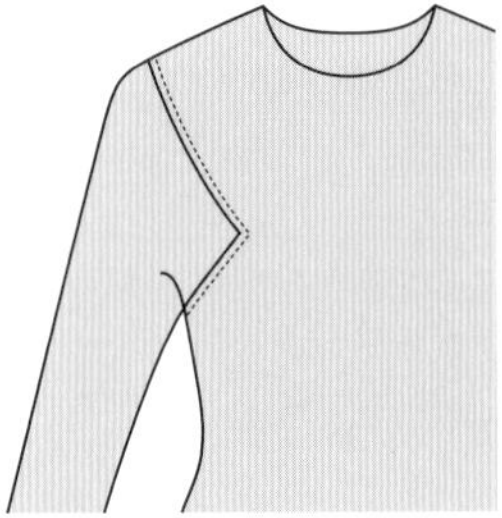

ウェッジ・スリーブ
wedge sleeve

袖つけ線が身頃に食い込むようにくさび形に深くカットされた袖。身頃がカットされた分、袖の裁ち分が多くなり、肩から腕が動かしやすくなる。ウェッジは「くさび」の意。同くさび袖

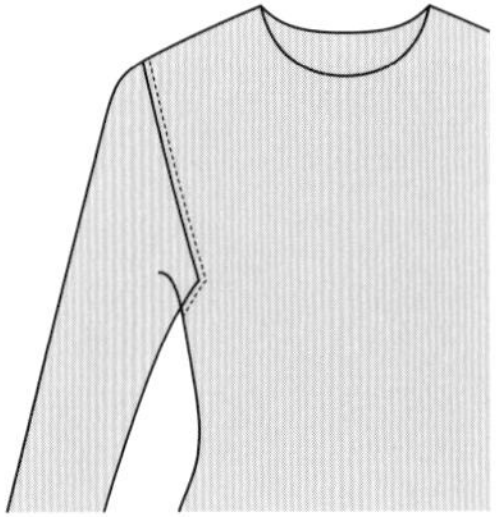

スクエア・スリーブ
square sleeve

肩からほぼ垂直に下りる線と脇の線からなる四角形の袖つけ線（スクエア・アームホール）にとりつけられる袖。裁ち出しの袖に近い、ゆったりした着用感がある。

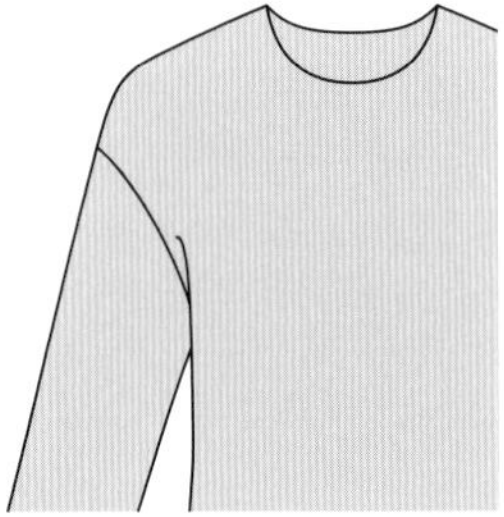

ドロップト・ショルダー・スリーブ
dropped shoulder sleeve

普通の袖つけ線よりも、腕のほうに下がった位置についた袖のこと。袖はゆったりと大きくなっているものが多く、カジュアルな印象になる。日本の着物（和服）の袖もこれにあたる。

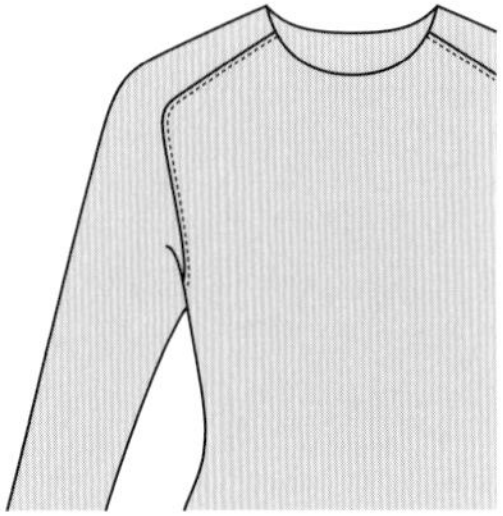

サドル・ショルダー・スリーブ
saddle shoulder sleeve

サドルは馬具の「鞍」の意味。ラグラン・スリーブの一種だが、肩に鞍を掛けたように、肩の切り替え線が衿ぐりから肩までは水平で、脇下に向かって直線的な線を描く形の袖をいう。

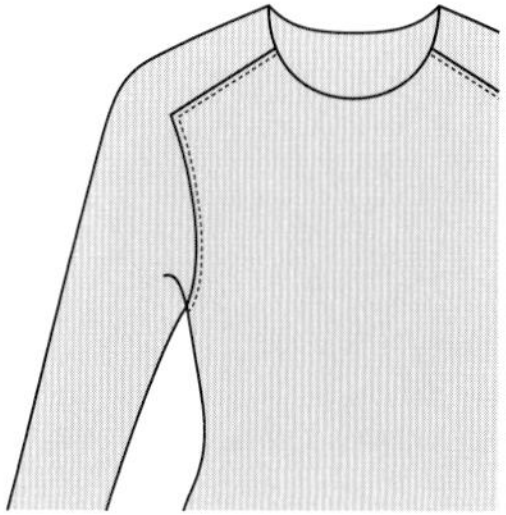

エポーレット・スリーブ
epaulet sleeve

エポーレットは「肩章、肩飾り」の意味で、肩と平行についた細いベルト状の布。袖山が衿ぐりまで肩線をつたって細長く続いた袖で、肩章をつけたように見えることから、こう呼ばれる。

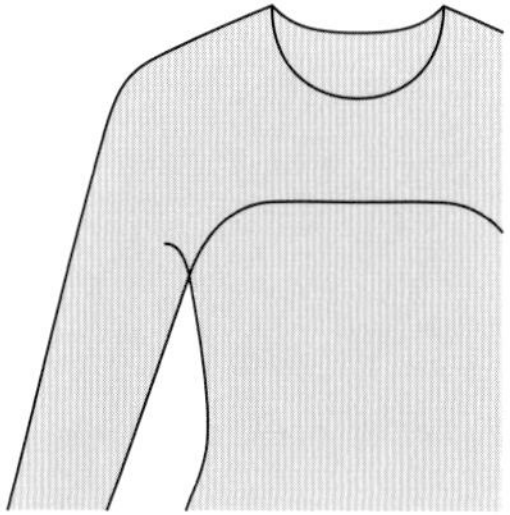

ヨーク・スリーブ
yoke sleeve

肩部分に入れたヨークがそのまま袖に続いた形で、肩線はない。ヨークは装飾用として入れるほか、体の曲線に服を合わせるため、身頃の肩や胸、背、スカートの腰などに入れる切り替え。

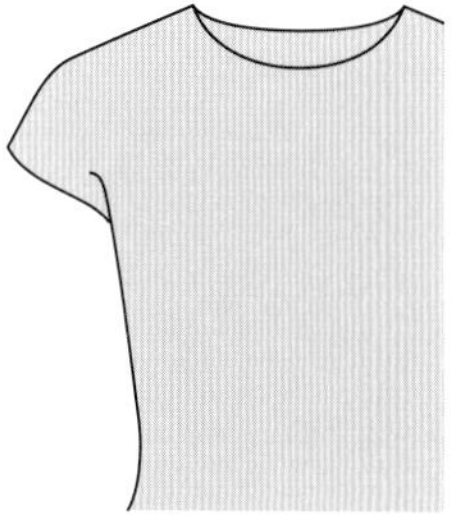

フレンチ・スリーブ
French sleeve

身頃から裁ち出された、肩先を覆う程度に短い袖。欧米ではキモノ・スリーブともいわれる。袖つけの部分で切り替えのある、同様の形の短い袖のこともいう。肩や腕をきれいに見せる。

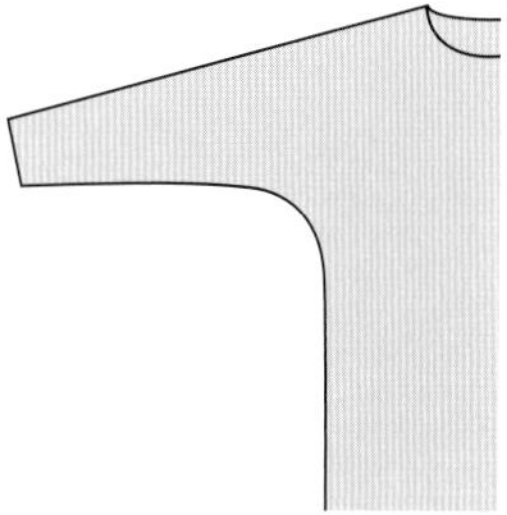

キモノ・スリーブ
kimono sleeve

身頃に続けて裁ち出した袖のこと。丈は短いものから長いものまである。和服の袖に似ていることから、こう呼ばれる。とくに肩先を覆う程度の短い袖のものをフレンチ・スリーブという。

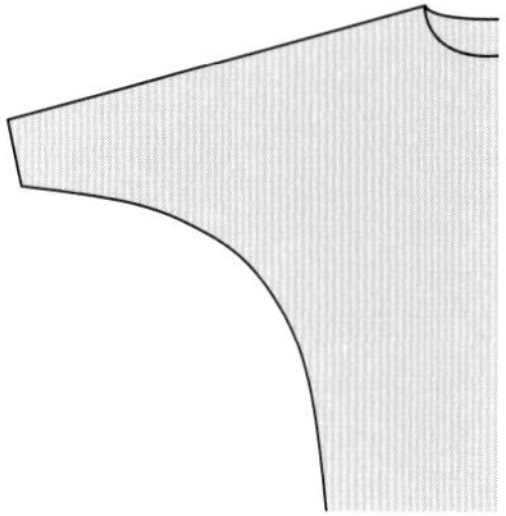

ドルマン・スリーブ
dolman sleeve

深くたっぷりした袖ぐりから、袖口に向かって細くなっていく袖。名はトルコ人の外套（がいとう）であるドルマンに似ていることに由来。身頃から続く形のほか、切り替えやまちが入ったものもある。

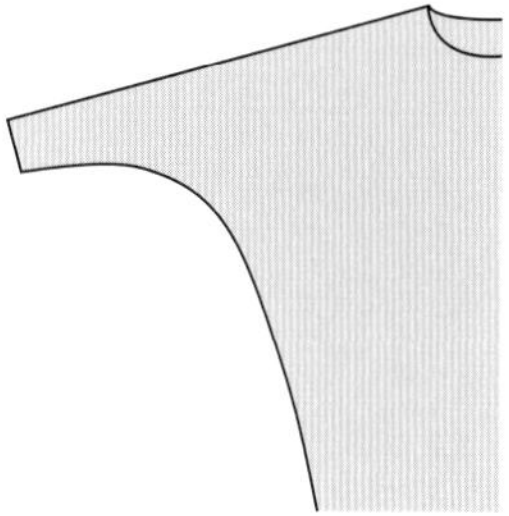

バットウイング・スリーブ
batwing sleeve

袖ぐりが肩からウエストまで深くとられ、大きな袖幅が袖口ですぼまる形。羽を広げたコウモリに似ていることから名づけられた。丈は長袖や七分袖がある。同バタフライ・スリーブ

MEMO

アームホール

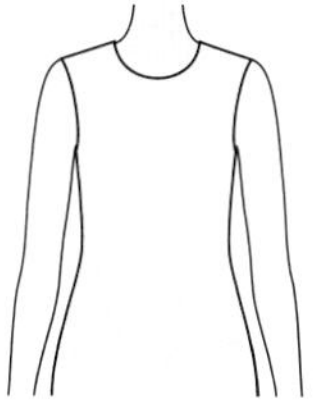

ナチュラル・アームホール

腕のつけ根に沿ったアームホールで、洋服の基本的な袖つけ線をさす。

スクエア・アームホール

肩からほぼ垂直に下りる線と脇下の線からなり、四角形なのが特徴。

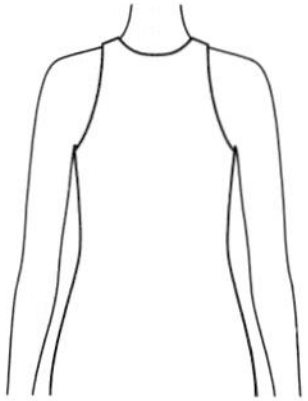

アメリカン・アームホール

首のつけ根と脇下を結ぶ線でカットした、袖なしのデザインをさす。

17 袖❷ sleeve

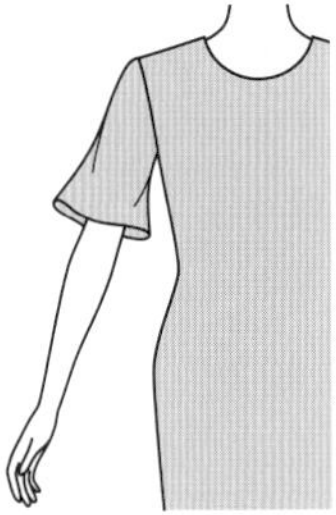

ベル・スリーブ
bell sleeve

袖山から袖の中ほどまでは細くなっているが、袖口にフレアなどが入って大きく広がり、ベル（釣鐘）のようになった袖。腕を細く長く見せたり、女性らしい華やかな印象を与えたりする。

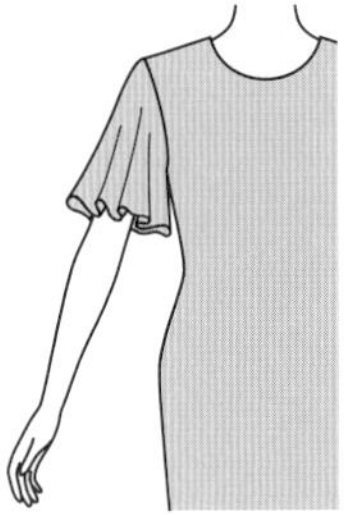

サーキュラー・カット・スリーブ
circular cut sleeve

サーキュラーは「円形」という意味で、丸く円状に裁断した布の中央に、袖つけ分の円を切り抜いて作る袖。袖つけからフレアが生じる。動きがあり、優雅な印象になるのが特徴。

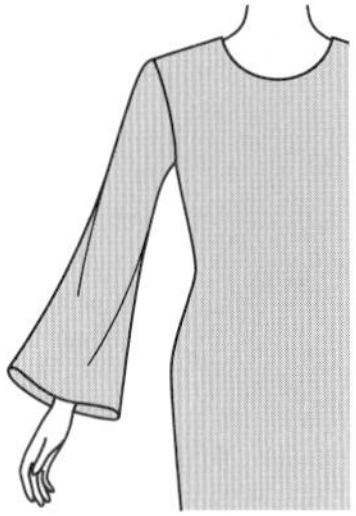

マンダリン・スリーブ
mandarin sleeve

袖口に向かって緩やかに広がっていく袖。名称は中国清朝時代の役人である官吏（マンダリン）の制服に由来。袖口の外側にスリットが入ったものもある。ドレスやワンピースに見られる。

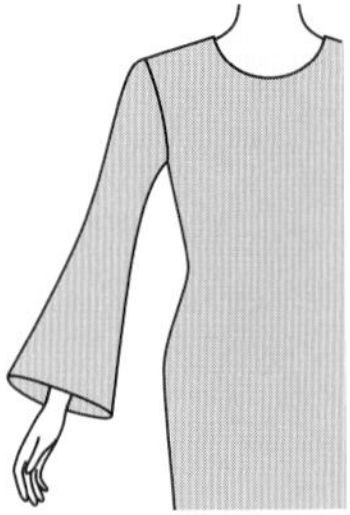

パゴダ・スリーブ
pagoda sleeve

パゴダは「東洋の仏塔」のこと。この形に似た、袖の上部が細く、ひじのあたりから袖口に向かうにつれて広がった袖のこと。1850年代に女性の間で流行した。同ファネル・スリーブ

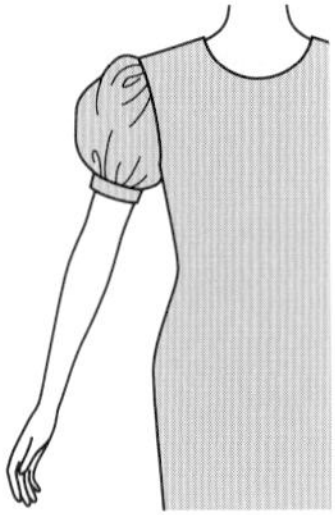

パフ・スリーブ
puff sleeve

パフは「膨らませる、膨らみ」の意味で、袖山や袖口にギャザーやタックを入れて、膨らみを出した袖。半袖などの短いものが多い。胴部や腕を細く見せる効果とかわいらしい印象が特徴。

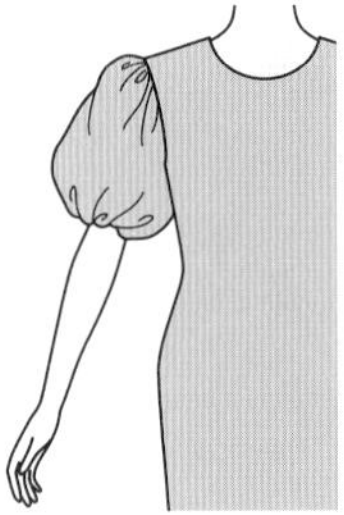

バルーン・スリーブ
balloon sleeve

袖山と袖口にギャザーを寄せる、袖口を内側からひもや短い裏地をつけて吊るなどで、風船のように膨らませた袖。五分袖が多く、袖口はやや内側に入り込んで、膨らみを強調させる。

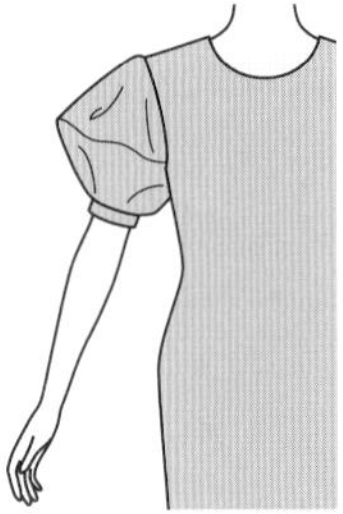

ランタン・スリーブ
lantern sleeve

ランタンは「ちょうちん」という意味で、ちょうちんのように底部に向かって膨らみ、底ですぼまる形の、短めの袖。袖つけではほとんど膨らまさず、フレアで広げる。同ちょうちん袖

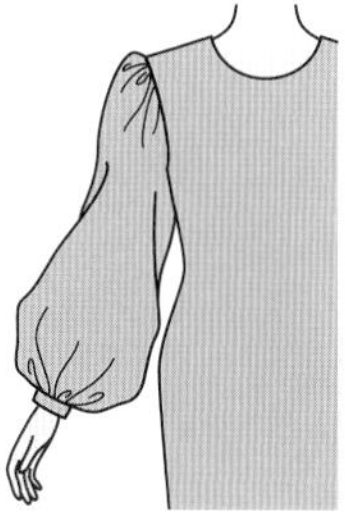

ブッファン・スリーブ
bouffant sleeve

ブッファンは「ふっくらとした」という意味で、大きくふっくら膨らませた袖。袖山や袖口にギャザーやタックを入れて膨らみを出すパフ・スリーブの一種で、袖丈が長いものをいう。

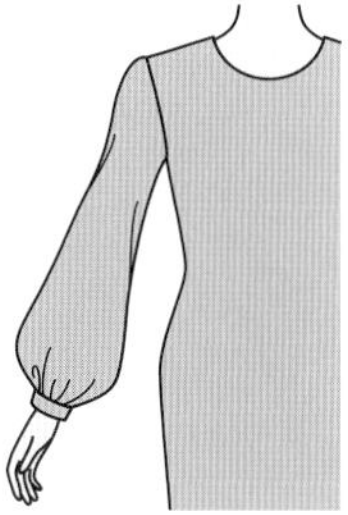

ビショップ・スリーブ
bishop sleeve

長袖で、ギャザーを入れた袖口に向かってふんわりと膨らませ、袖口をカフスでとめて細くした袖。ビショップはキリスト教会の高級聖職者のことで、彼らが着用した僧服の袖に由来する。

MEMO

袖丈

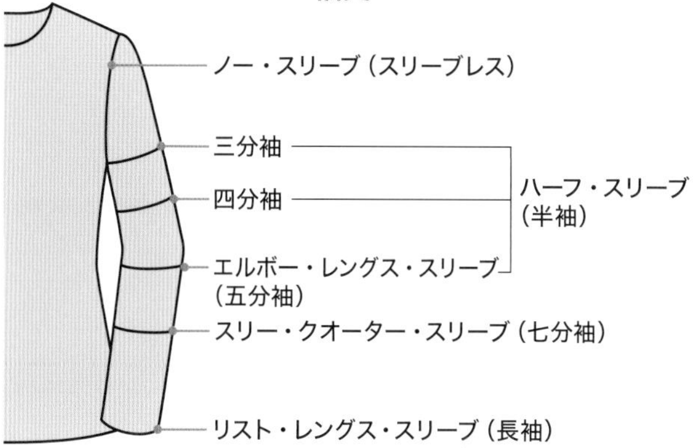

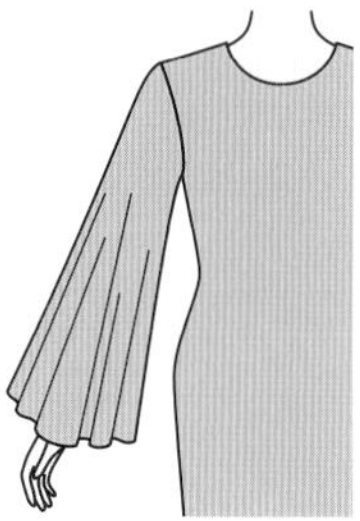

ウイングド・スリーブ
winged sleeve

肩から袖口までゆったりと流れるラインの長袖で、袖口が広いのが特徴。ウイング（翼）を連想させることからこう呼ばれる。天使の絵によく見られることからエンジェル・スリーブとも。

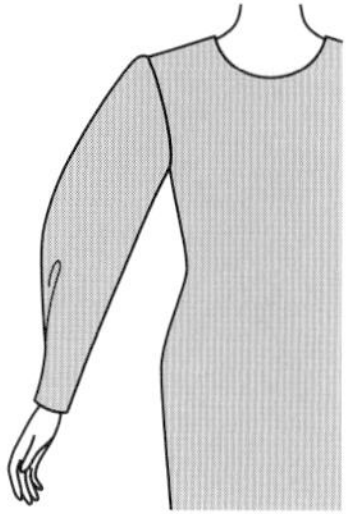

クレセント・スリーブ
crescent sleeve

クレセントは「三日月」という意味。長めの袖で、袖の内側はまっすぐで、外側が丸く膨らみ、三日月のような形でボリュームがあるのが特徴。シャツやニット類などによく見られる。

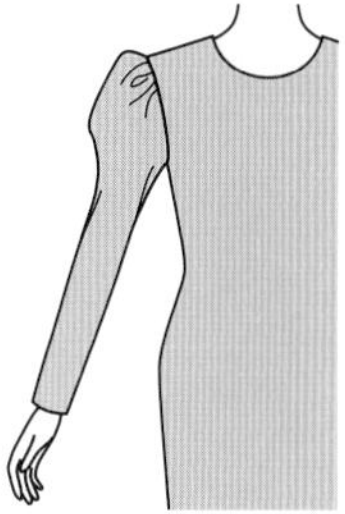

チキンレッグ・スリーブ
chicken-leg sleeve

袖山にギャザーを入れるなどして袖の上部、とくに袖山部分をふんわりと大きく膨らませ、ひじから袖口にかけて細くなった袖。名称は形が鶏の脚（チキンレッグ）に似ていることに由来。

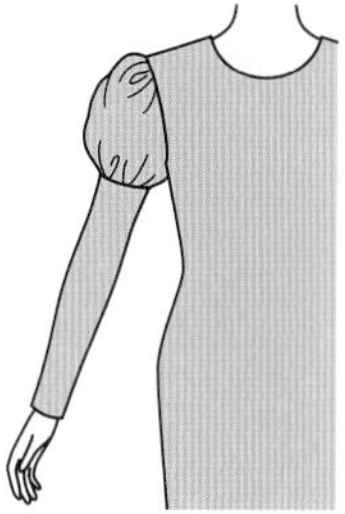

ジュリエット・スリーブ
Juliet sleeve

シェイクスピアの『ロミオとジュリエット』のヒロイン、ジュリエットの衣装にちなんだ名称の長袖。ごく短めのパフ・スリーブと、腕にぴったりと沿う手首までの部分からなる。

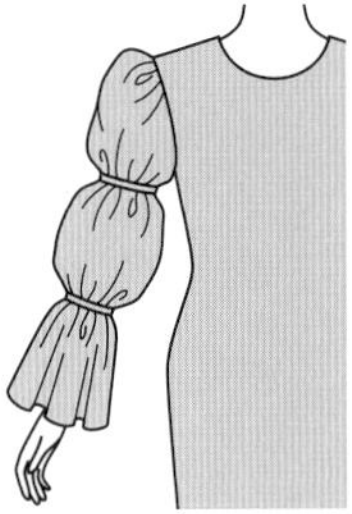

マメルーク・スリーブ
mameluke sleeve

膨らんだ袖を段々に分けた袖。ゴムやバンド、リボンで分けることでギャザーが入り、ふんわりと膨らむ。名はナポレオンが対戦したエジプトのマメルーク（マムルーク）軍の装いに由来。

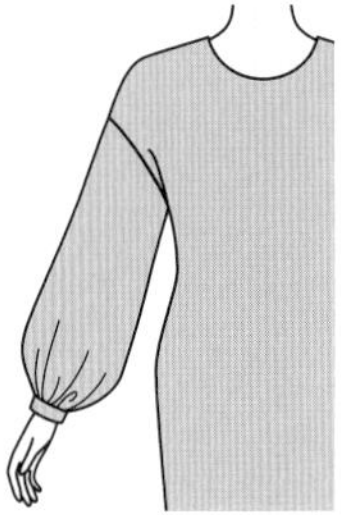

ペザント・スリーブ
peasant sleeve

ペザントは「農民」の意で、ヨーロッパの農民の衣服に見られた袖。直線裁ちの袖つけにつけられ、袖山がなく、袖下も直線裁ち。袖口はひもを通したり、ギャザーを寄せたりして絞る。

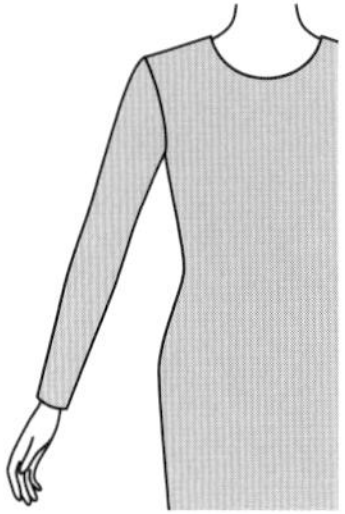

シース・スリーブ
sheath sleeve

シースは「刀剣の鞘（さや）」の意味で、鞘のように細く、腕にぴったりとした袖のこと。ワンピースなどに見られる。本来は長袖だが、五分袖もある。袖の部分がレースであることも多い。

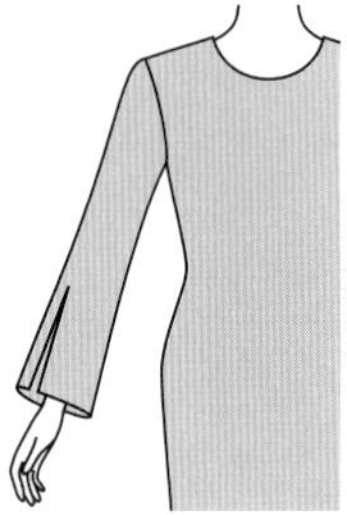

スラッシュ・スリーブ
slashed sleeve

袖口にスラッシュ（切り込み）の入った袖。マンダリン・スリーブなどがある。袖部分の縦の切り込みから下の裏地を装飾的に見せた袖を、スパニッシュ・スリーブという。

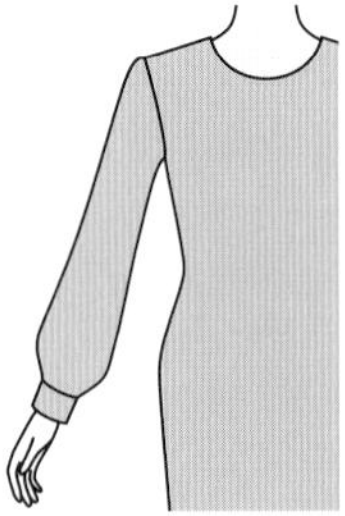

カフ・スリーブ
cuffed sleeve

袖口にカフスがつく袖の総称。カフスは手首や腕を巻くようにつけられる、袖口部分のバンド状のもので、袖先をとめたり、デザインのポイントとして使われたりする。同カフド・スリーブ

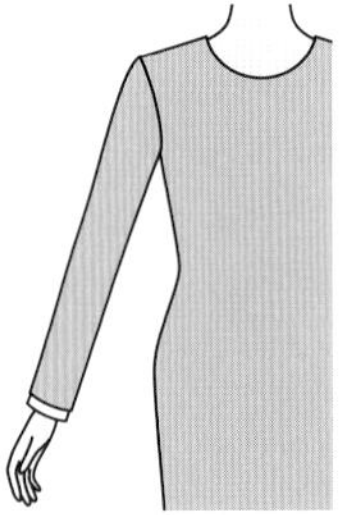

ダブル・スリーブ
double sleeve

２枚重ねた袖。内側の袖は長く、細めに仕立て、外側の袖は広く、袖口から内側の袖を見せる。または、外側には透ける素材を使うこともある。どちらも、華やかな効果を生む。

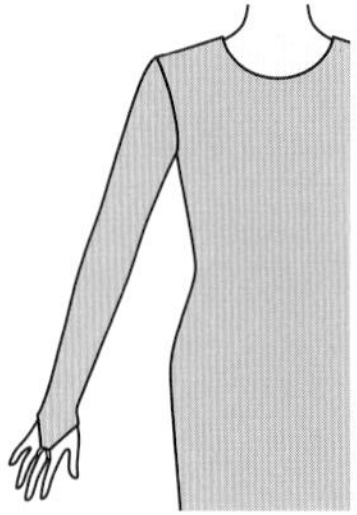

ポインティド・スリーブ
pointed sleeve

袖丈が長く、袖口が三角形にとがり、手の甲にかかる袖。先端に中指を通してとめるためのループがついている。ポインティドは「とがった」の意。ウエディング・ドレスなどに見られる。

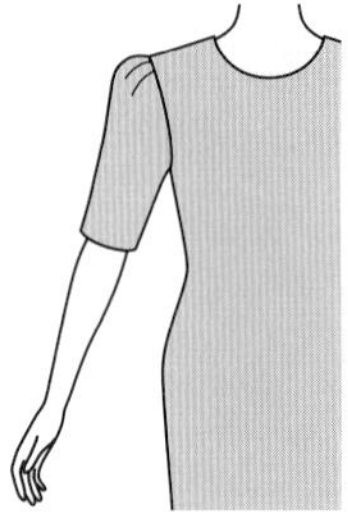

タックト・スリーブ
tucked sleeve

袖山にタックをとった袖。ギャザーやプリーツと並び、パフ・スリーブを作る手法のひとつ。ギャザーよりもボリュームをたっぷり出すことができ、タックの角度によって形を変えられる。

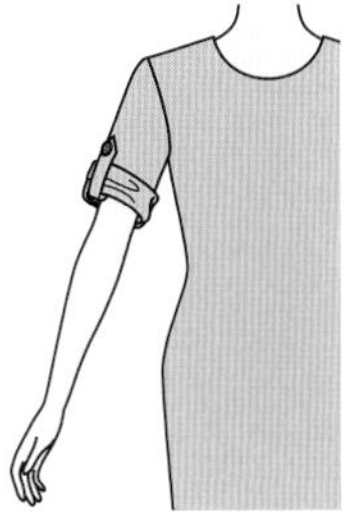

ロールアップ・スリーブ
roll-up sleeve

ロールアップは袖口などを巻き上げたデザイン、また着こなしのことで、巻き上げた袖。巻き上げた袖をとめつけるボタンやタブがついた袖も含める。カジュアルな印象の衣服に見られる。

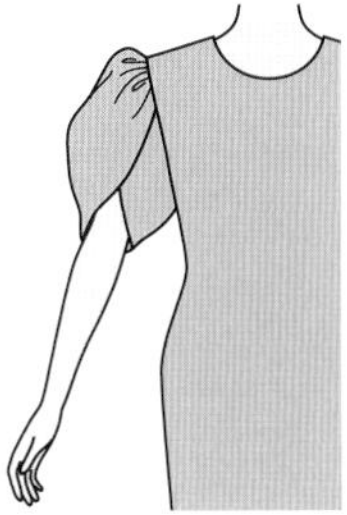

チューリップ・スリーブ
tulip sleeve

袖山が前袖と後ろ袖の２枚で、この２枚の袖がチューリップの花弁のように腕を包んだ短い袖のこと。袖が立体的になり、華やかな印象を与える。同ペタル・スリーブ、ラップト・スリーブ

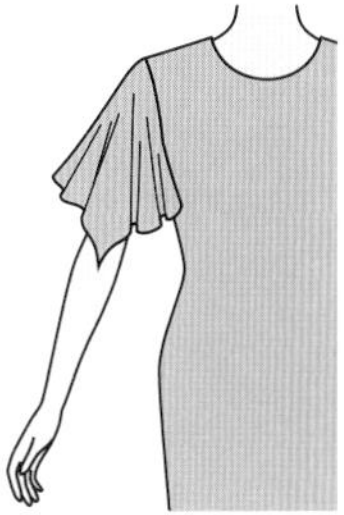

ハンカチーフ・スリーブ
handkerchief sleeve

正方形の布（ハンカチーフ）の中央をつまんで肩先から垂れ掛けたときのように、四角形の角が垂れ下がっている袖。動きのあるデザインで、ドレープ性のある生地を使うと効果的である。

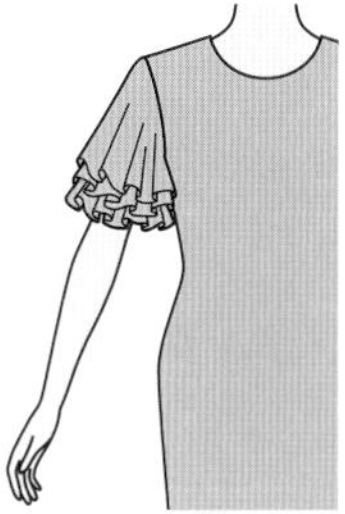

ティアード・スリーブ
tiered sleeve

ティアードは「段々になった」という意味で、外側から内側に向かって、徐々に長くなる何枚かの袖を重ねた袖。袖山にギャザーやフレアを入れ、動きやボリュームを出すことが多い。

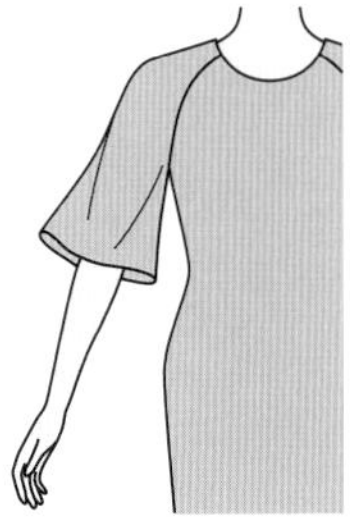

ケープ・スリーブ
cape sleeve

肩から袖口までがひと続きで、袖口に向かってケープのようにゆったりと広がる袖のこと。五分袖など短めが多い。ラグラン・スリーブやヨークの裁ち出しによって作られる。

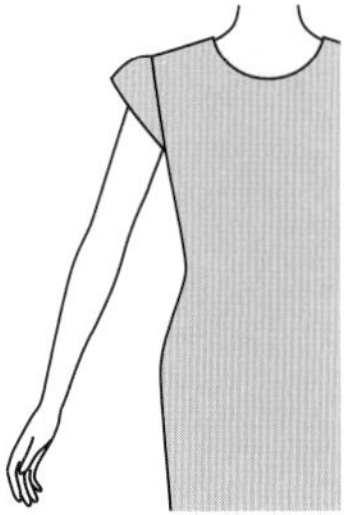

キャップ・スリーブ
cap sleeve

肩先にキャップ（帽子）をかぶせたように見える、肩先を覆う程度の短い袖。袖山のみで、袖下がないのが特徴である。袖山をギャザーなどで膨らませたり、フレアを入れたりする。

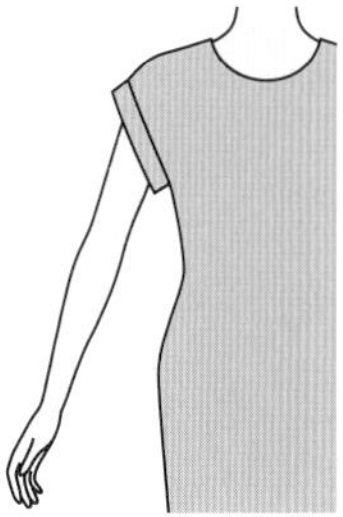

バンド・スリーブ
band sleeve

身頃から裁ち出したごく短い袖口に、ベルトのような細長い布を縫いつけて、肩や腕の上部分を覆う袖。袖口が立体的になり、肩や腕のあたりをきれいに見せることができる。

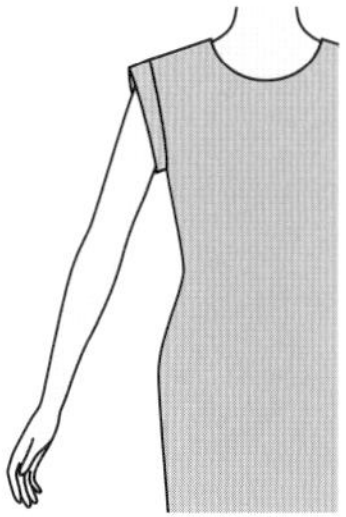

アームレット
armlet

本来は「上腕につける腕輪、腕飾り」という意味。転じて、腕輪のような極めて短い袖をさす。肩先で数cmほどしかなく、脇下ではほとんどなくなるような短さが特徴である。

18 袖口

cuff

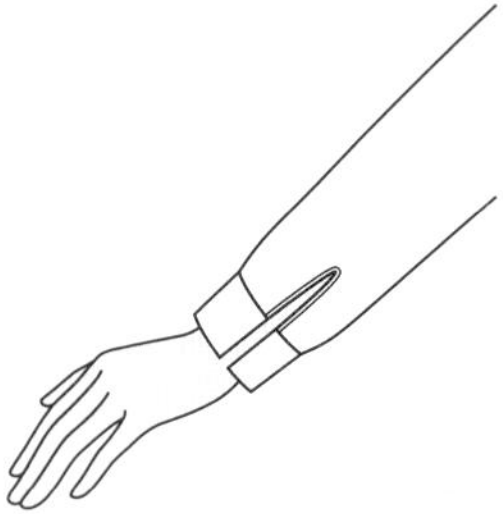

オープン・カフス
open cuff

長めの袖で、スリットなどが入って開いたカフス。袖口が広がり、手首のあたりを細く見せる効果がある。折り返して裏を見せるもの、袖丈を変えられるものもある。[同]スリット・カフス

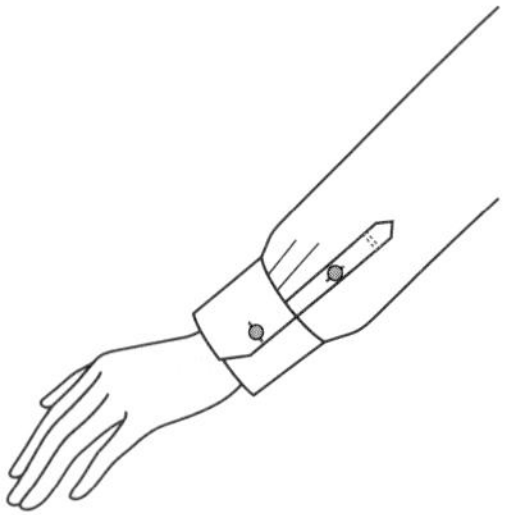

ノッチト・カフス
notched cuff

シングル・カフスの一種で、重ねた表側の角を三角形に切りとったカフスをさす。シャツの袖に多く見られる。角がめくれることがなく、すっきりとした印象を与える。

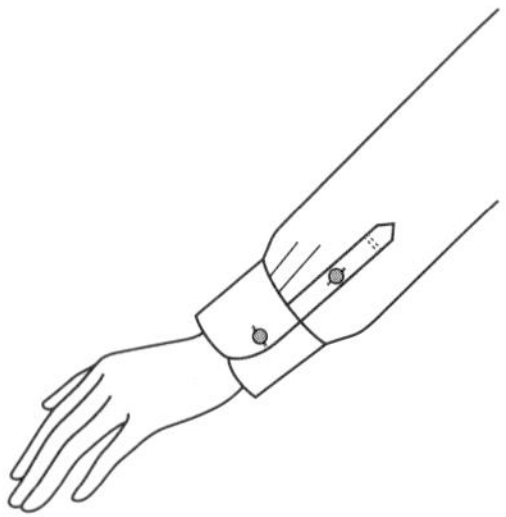

ラウンド・カフス
round cuff

角を丸くカットした袖口で、もっとも一般的とされる。丸みの大きさで小丸、中丸、大丸があり、カフスの幅も変わる。小丸が一般的で、大丸はより柔らかい印象を与える。

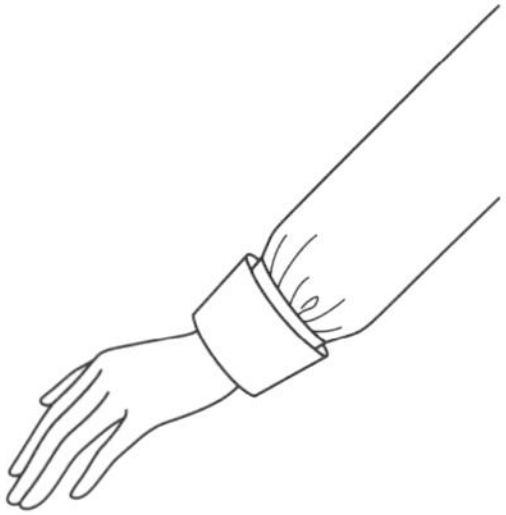

ダブル・ターンオフ・カフス
double turn-off cuff

幅広に仕立てて半分に折り返したカフスで、折り返した部分が、ひじ方向に向かってハの字形に広がっている形。ハの字形の広がりを出すために、折り返しの位置で切り返す場合もある。

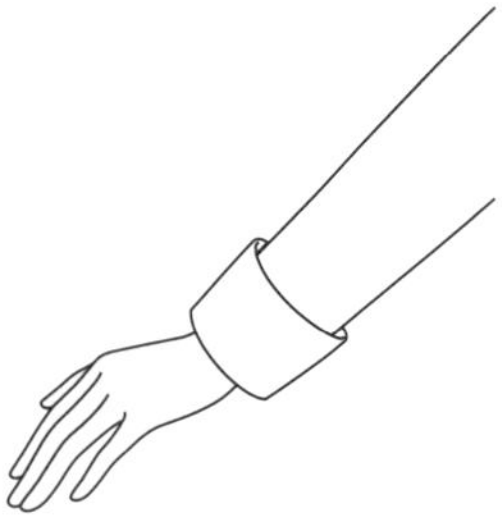

ロールド・カフス
rolled cuff

折り返したカフスをいう。カフスの部分に別布を縫いつけ、袖とは異なる色や柄になり、デザインのアクセントになっているものもある。シャツやジャケットなどに用いられる。

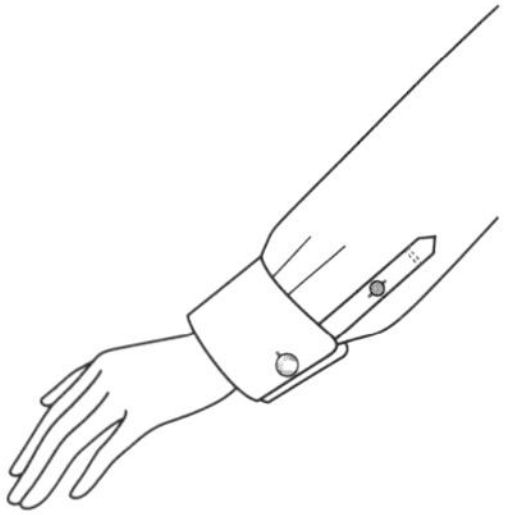

リンク・カフス
link cuff

カフ・リンクス（カフス・ボタン）でとめて着るカフス。折り返して二重にしてとめるダブル・カフス、カフ・リンクスでもボタンでもとめられるコンバーティブル・カフスなどがある。

MEMO

コート・カフス

コートに用いるカフス。厚手の生地が多いコートは袖とカフスを別々に作り、カフスを袖先にかぶせて縫いつける場合が多い。袖先を折り返して作る場合もある。スリーブ・カフスともいう。

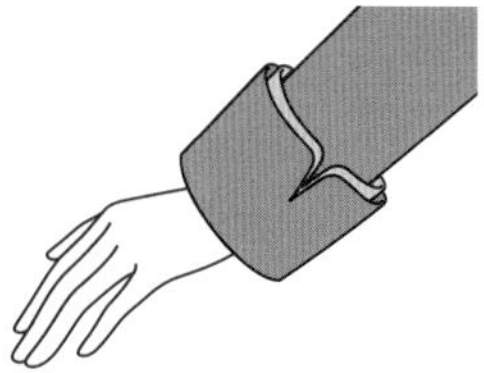

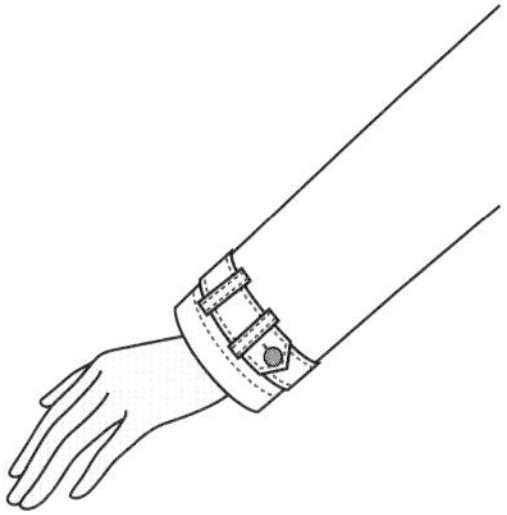

ストラップ・カフス
strapped cuff

バックルやボタンで調節するひも（ストラップ）やベルトがついたカフス。本来は雨風が入るのを防ぐためだが、現在では多くは装飾用。トレンチ・コートやブラウスなどに用いられる。

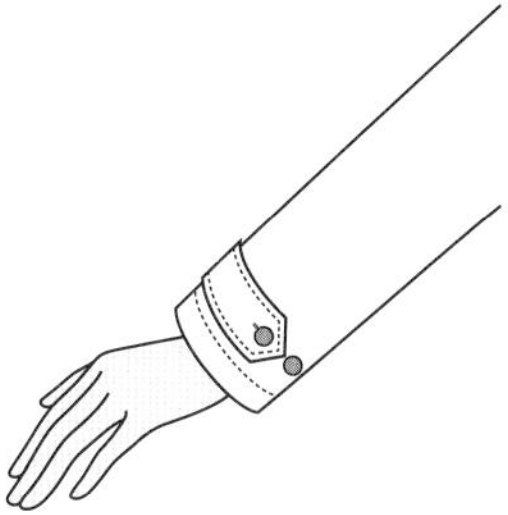

タブ・カフス
tab cuff

タブは衣服などの部分につける垂れ飾りのことで、タブのついたカフス。ボタンやバックルで袖口の幅を調節できるもの、装飾用のものなどがある。ジャケットやコートなどに用いられる。

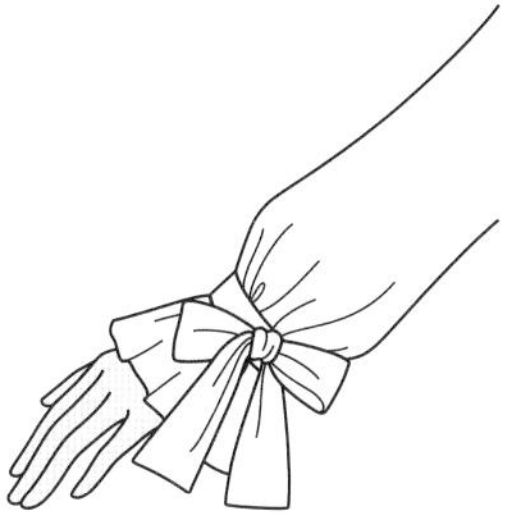

リボン・カフス
ribbon cuff

袖につけられたリボンで結んでとめるカフス、またそれに似せたカフス。結び方によって袖口の大きさを調節できる。リボンは袖と同じ生地を使用したものが多い。

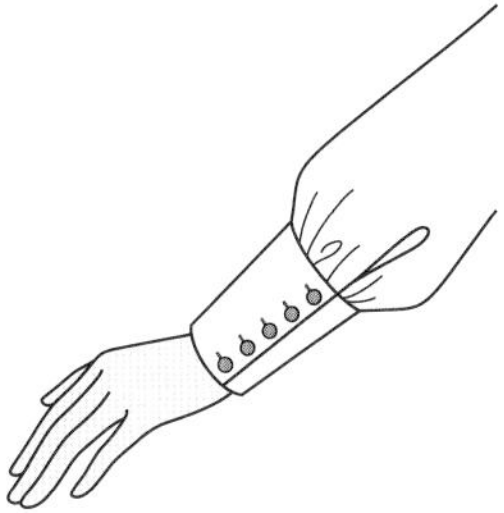

ボタンド・カフス
buttoned cuff

ボタンでとめるように作られたカフス。くるみボタンなどの、装飾性のあるボタンをカフスに直線的に並べてとめる。ドレッシーなブラウスなどに用いられ、デザインのポイントになる。

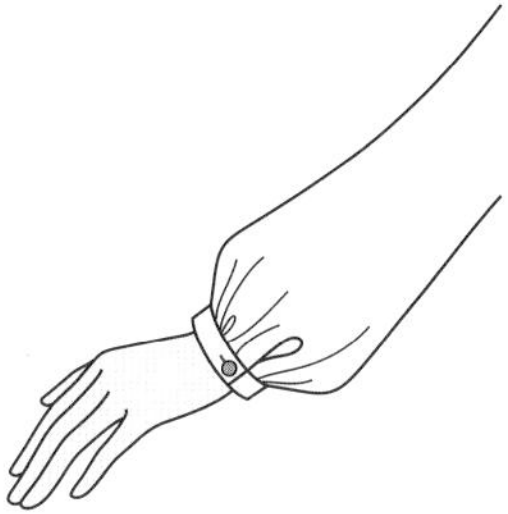

バンド・カフス
band cuff

細めの幅のバンド状のカフス。パフ・スリーブやギャザーを寄せた袖口、また、バンド・カラーのシャツの袖などに用いられる。ふんわりと柔らかい印象を与える。同カフ・バンド

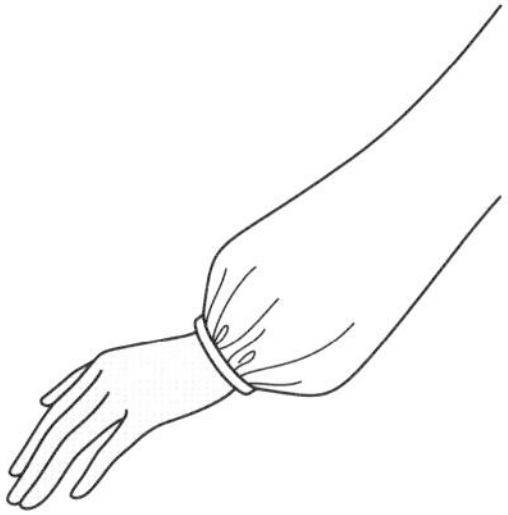

パイピング・カフス
piping cuff

袖口をバイアス布などで細く縁どって始末したもの。ギャザーなどで膨らんだ袖の始末として用いられることが多い。パイピングは玉縁（たまぶち）ともいい、デザイン上のポイントと補強を兼ねる。

MEMO

袖口の折り返し

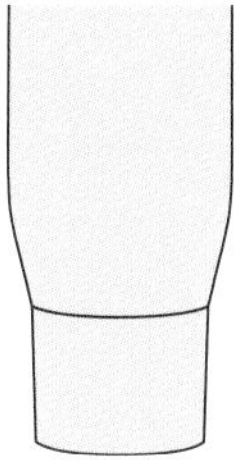

ストレート・カフス

袖からカフスまでが直線的な筒状のもの。また、ギャザーを寄せた袖口を幅広の布でまとめたもの。

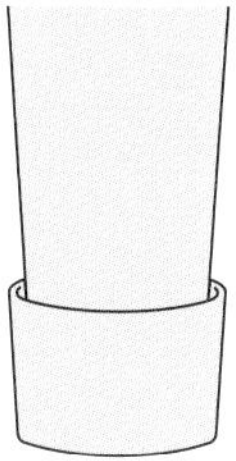

ターンアップ・カフス

折り返し式のカフスの総称。また、ダブル・カフスの別名のひとつでもある。

袖口 cuff

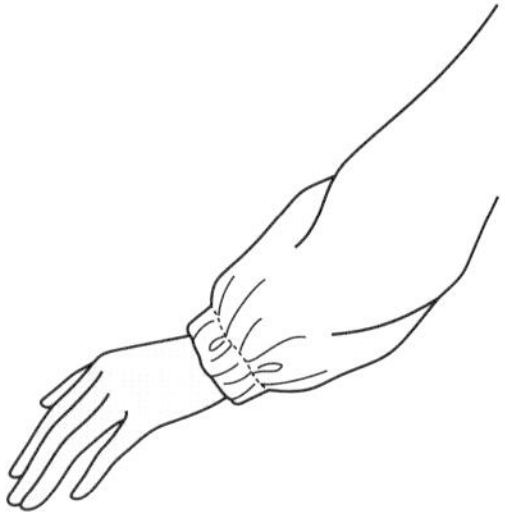

ウインド・カフス
wind cuff

袖先を手首にぴったり添わせるため、ゴムなどを入れたカフス。防風性や防寒性、袖の長さの調節などの機能性が高いため、運転やスポーツ時の上着のほか、ブルゾンなどに用いられる。

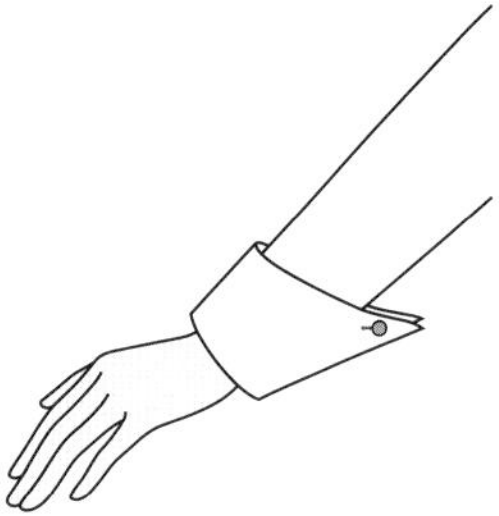

ポインティド・カフス
pointed cuff

折り返してボタンでとめたカフスの両端が外側に広がり、先がとがって少し跳ね上がった形の折り返しカフス。翼のように広がった形であることから、ウイングド・カフスともいう。

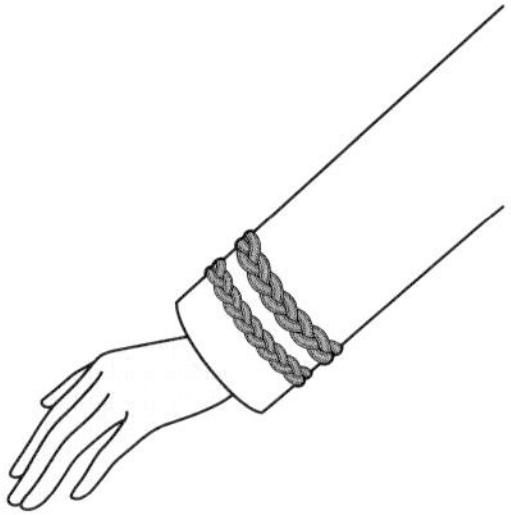

コーディド・カフス
corded cuffs

コード（よりひも、組みひも）を装飾的に、または袖口の補強などの目的でとりつけたカフス。重みが出るため、ある程度の厚みのある生地を使うコートやジャケットなどによく見られる。

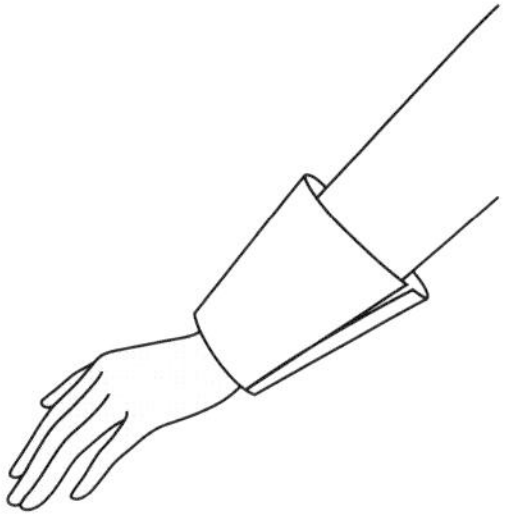

ガントレット・カフス
gauntlet cuff

ガントレットは金属や革で作られた手袋で、中世の騎士の武具のひとつ。この形にならい、手首からひじに向かって広がっていく折り返しのカフスをさす。ボタンなどの装飾も見られる。

MEMO

ニッティド・カフス

ニット製のカフスの総称。ニットには伸縮性があり、ボタンで開閉する必要がないため、着脱が容易。作業服やスポーツウエアからスポーティーなシャツやジャンパーまで、幅広く用いられる。

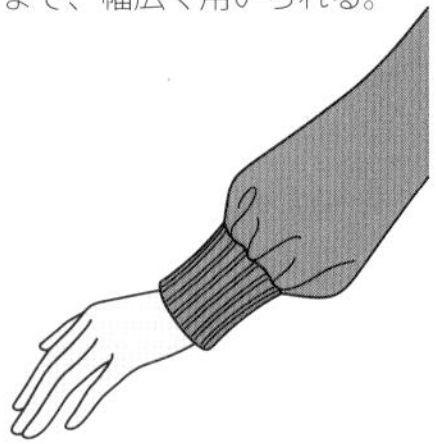

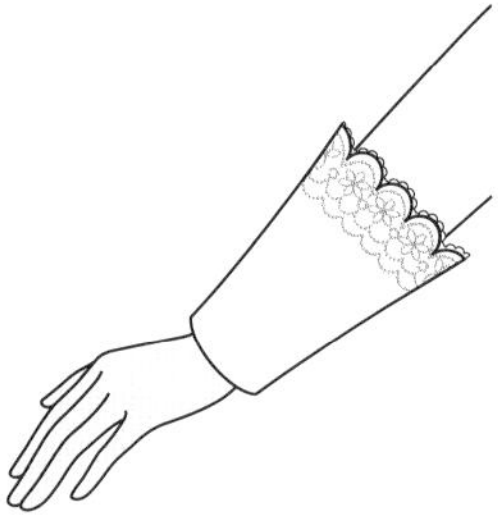

キャバリア・カフス
cavalier cuff

キャバリアは騎士のことで、とくに17世紀の騎士の服装に見られるカフスの形。幅広の折り返しカフスで、折り返ったカフスは手首からひじに向かって広がり、縁がレースで飾られる。

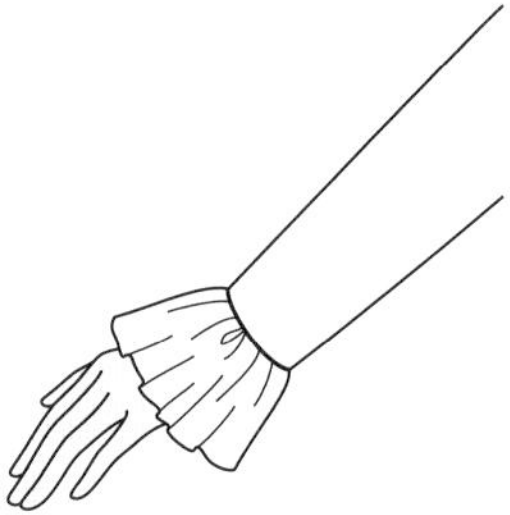

エクステンション・カフス
extension cuff

エクステンションは「伸長、延長」の意味。袖口にとりつけられた折り返さないカフスで、先のほうがフレアやギャザーで大きく広がっている形。布を二重にした華やかなものもある。

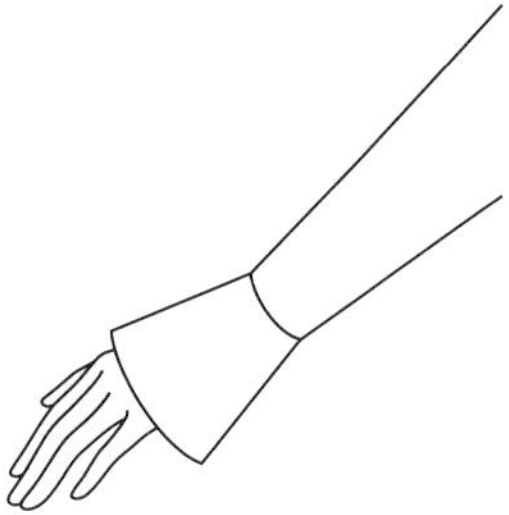

ベル・シェイプド・カフス
bell shaped cuff

ベル・シェイプドは「釣鐘形の」という意味。袖の途中から袖口に向かって釣鐘のように広がった形をいう。大きく広げたものや、布を重ねて華やかにしたものもある。

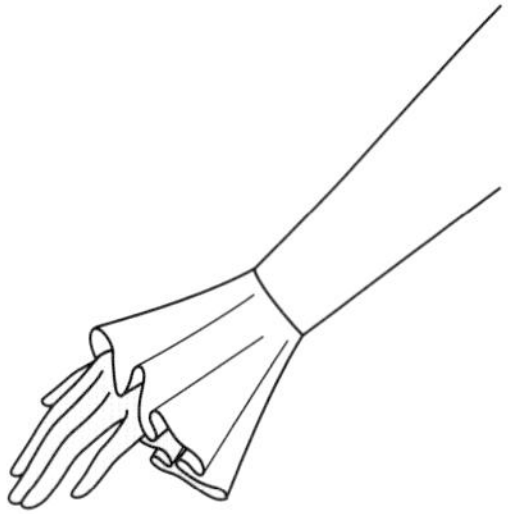

サーキュラー・カフス
circular cuff

サーキュラーは「円形」の意味で、丸く裁つことによってカフスの形状がフレアになったもの。細身の袖先につけることが多い。ワンピースやブラウスなどに使われ、華やかな印象になる。

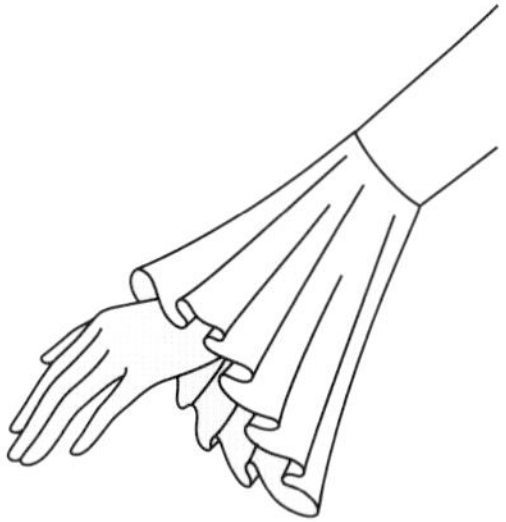

リスト・フォール
wrist fall

フォールは「滝」という意味で、滝のように流れるフリルがついたカフス。レースやチュール、柔らかい布地を用い、袖の途中で切り替わって大きくつけられたものが多い。

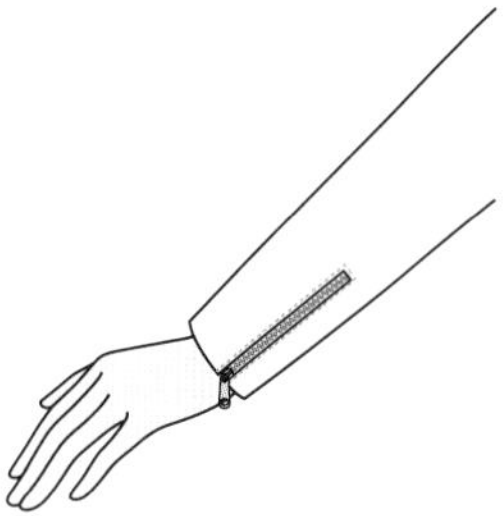

ジップド・カフス
zipped cuff

外側にファスナーがついたカフス。ファスナーを開けると腕を通しやすくなり、また、袖口に変化をつけることができる。ジャケットやニットなど、カジュアルな衣服に多く用いられる。

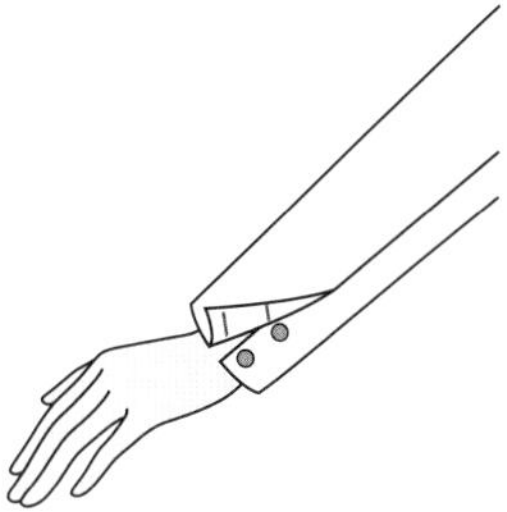

リムーバブル・カフス
removable cuff

リムーバブルは「とり外しできる」の意で、ボタンでとめたり外したりできるカフス。まくりやすく、医者が着たことからドクター・カフスとも呼ぶ。ボタンはイミテーションのことも。

フィッティド・カフス
fitted cuff

袖の途中から袖口に向かって細くぴったりとフィットしたカフス。カフス部分の幅が広いものが多く、ボタンでとめるもの、リブ編みになっているものなどがある。シャツなどに使われる。

プチ・カフス
petit cuff

プチは「小さい」という意味。袖丈の短い袖につける、幅の狭い、小さなカフス。繊細で控えめな印象が特徴である。薄地のブラウスやワンピース、ドレスなどによく見られる。

MEMO

シングル・カフスとダブル・カフス

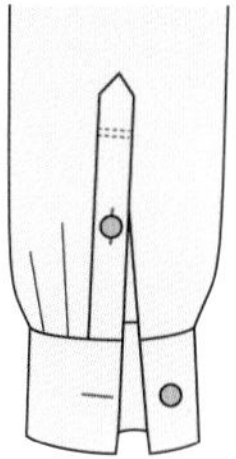

シングル・カフス

折り返しのない一重の袖口。ボタンどめになっているものが一般的である。

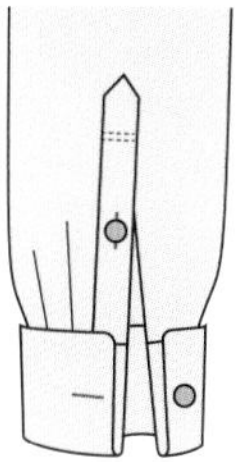

ダブル・カフス

通常の2倍の幅に仕立てた袖口。半分に折り返して二重にし、カフス・ボタンでとめて着る。

本やマンガから生まれた用語

バスター・ブラウン・カラー

首に沿い、糊づけされた、幅広で衿先が丸い衿をいう。アメリカで連載されたマンガ、『バスター・ブラウン』の主人公にちなんだ名称。当初は男児にとり入れられたが、女児や婦人にも普及した。

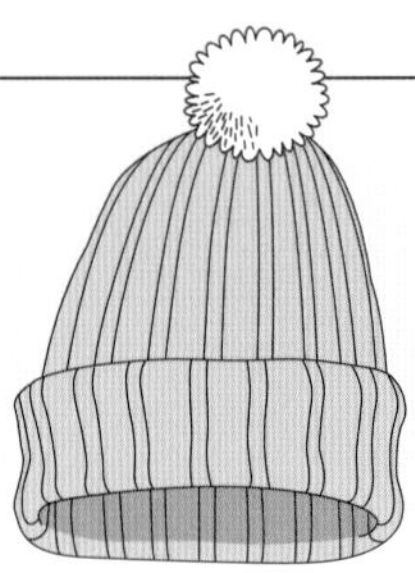

正ちゃん帽

毛糸製で頭頂部に毛糸のポンポン飾りがついた、キャップ型の帽子をさす。1923年ごろに登場したマンガ、『正ちゃんの冒険』の主人公がかぶっていた帽子が人気となり、その後広まった。

メリー・ジェーン

かかとが低く、ストラップでとめて履く靴。もとは黒のエナメル地で子ども向けのものが多かったが、現在はさまざまな色、素材で作られる。アメリカのマンガ『バスター・ブラウン』の主人公の妹の名前にちなむ。

ケイト・グリーナウェー・コスチューム

イギリスの絵本作家である、ケイト・グリーナウェーの作品に描かれた少女の服に由来する。体の自然なラインに沿ったハイ・ウエストのドレスやボンネットなどが特徴。リバティ社からも販売された。

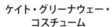

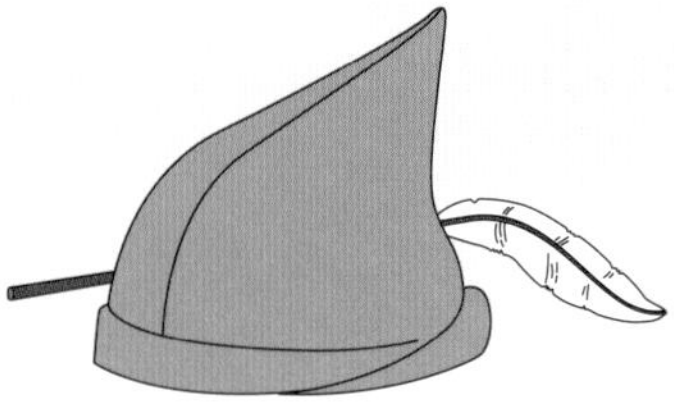

ロビン・フッド・ハット

イギリスの伝説上の英雄、ロビン・フッドの、想像上の帽子。山部が後ろに寄った先端のとがった形で、縁を後ろに向かって幅広く折り返し、やや目深にかぶる。大きな鳥の羽根がつくのが特徴。

ギブソン・ガール・スタイル

アメリカのイラストレーター、チャールズ・ダナ・ギブソンが1900年代に描いた女性の服装。当時流行していたS字型シルエットの保守性と、男性のワイシャツ風のシャツ・ブラウス、ネクタイなど、男子服への好みや無装飾などの進歩的要素をあわせ持つ。

ピーター・パン・カラー

ジェームス・M・バリー原作の本、『ピーター・パン』の主人公、ピーター・パンの彫像（イギリスのケンジントン公園）に見られる服装に由来する衿。フラット・カラーの一種。

ロリータ・ルック

少女のようにあどけなくかわいらしいファッション。中年の詩人が12歳の美少女の愛のとりこになるという、アメリカの作家ウラジミール・ナボコフの小説、『ロリータ』に由来する。

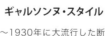

ギャルソンヌ・スタイル

1925〜1930年に大流行した断髪スタイル。現代のボーイッシュ・ボブにあたる。ギャルソンヌは1922年に発表されたフランスの作家、ヴィクトール・マルグリットの同名の小説に由来し、「男の子のような女の子」という意味の造語。

19 ポケット pocket

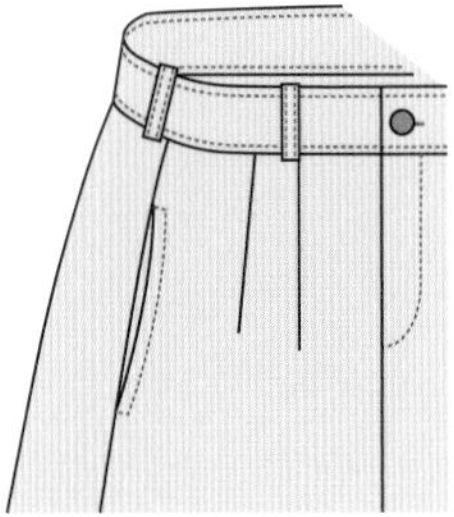

シーム・ポケット
seam pocket

シームは「縫い目」という意味。身頃の切り替え、スカートやパンツの脇縫いの縫い目を利用して作ったポケット。ポケットが外から見えないため、衣服のデザインを妨げない。同縦隠し

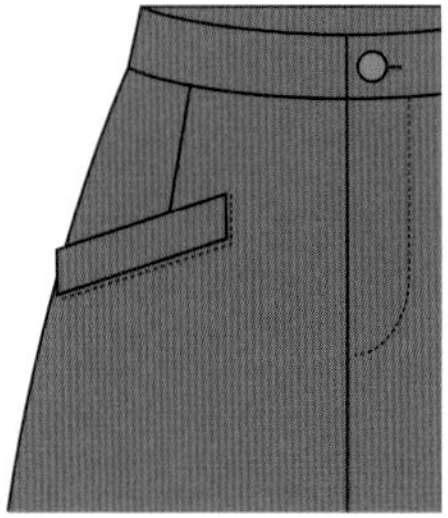

スタンド・ポケット
stand pocket

切りポケットの一種で、箱ポケットのように、ポケットの口布が身頃の上に縫いつけられ、上向きに立っているように見えるポケットをいう。ジャケットの胸ポケットなどに用いられる。

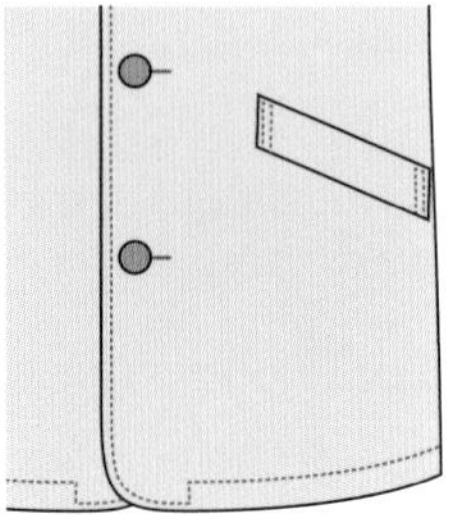

スラッシュ・ポケット
slash pocket

スラッシュは「切り込みを入れた」という意味で、切り込みを入れてポケット口を作り、裏側に袋をとりつけるポケットの総称。同ウエルト・ポケット、貫通ポケット、裁ち目ポケット

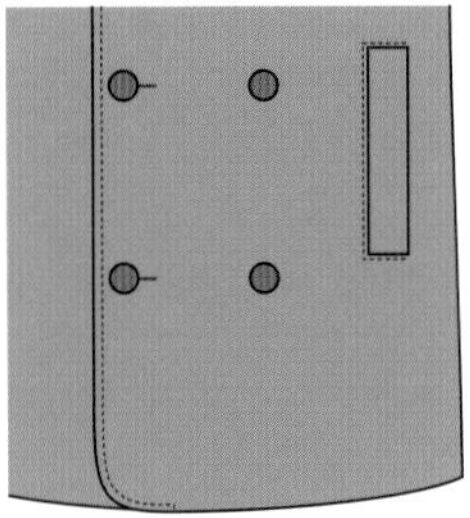

バーティカル・ポケット
vertical pocket

バーティカルは「垂直の」という意味。ポケット口が縦の切りポケットや、脇の縫い目を縫い残してポケット口にしたものをさす。コートやパンツなどのサイド・ポケットに多い。

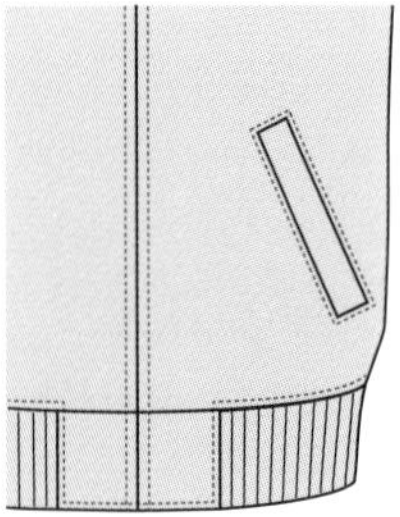

スラント・ポケット
slant pocket

スラントは「斜め」という意味で、斜めにつけられたポケットの総称。ポケット口が斜めで、手の出し入れがしやすく、また、腰まわりを細く見せる。同オブリーク・ポケット

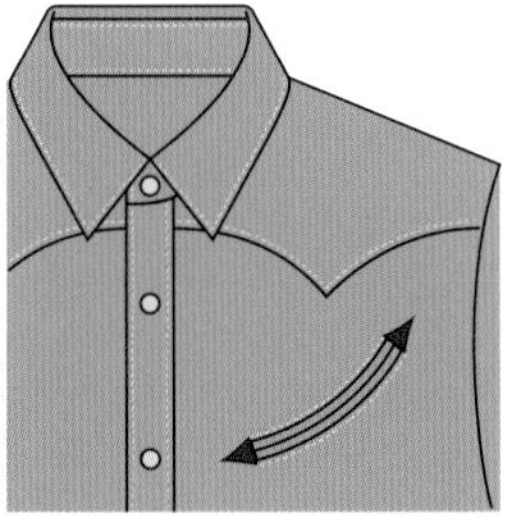

クレセント・シェイプ・ポケット
crescent shape pocket

クレセントは「三日月」の意で、切り口が三日月の形のようにカーブしたポケット。ポケット口が広く、手の出し入れがしやすい。パンツの脇などにも用いられる。同クレセント・ポケット

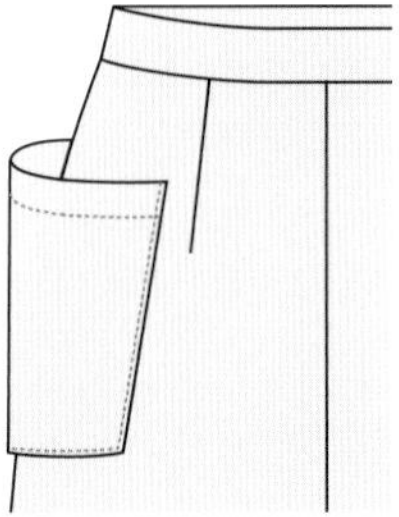

スタン・ダウト・ポケット
stand out pocket

スタン・ダウトには「目立つ」という意味があり、貼りつけ式のポケットの口が衣服のシルエットに沿わずに、表面から突き出した立体的なポケット。スカートやジャケットに用いられる。

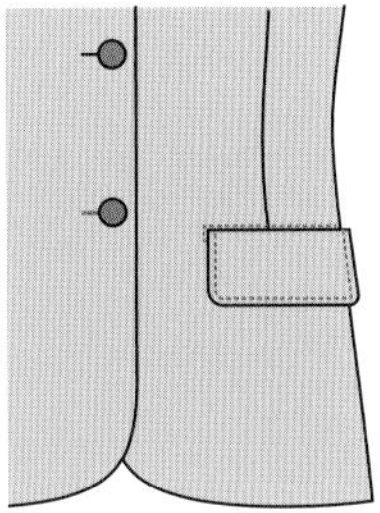

フラップ・ポケット
flap pocket

ポケット口に元来は雨よけのふた（フラップ、雨ぶた）のついたもの。身頃から裁ち出されたものや、別に作って折り返すものなど、デザインは多様。
同 雨ぶた隠し、雨ぶたポケット

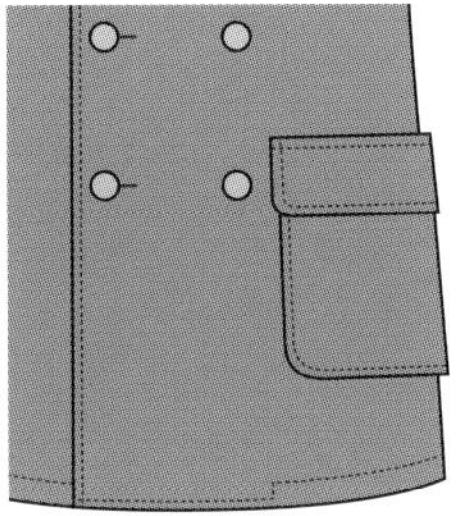

エンベロープ・ポケット
envelope pocket

エンベロープは「封筒」という意味で、ふた（フラップ）つきの貼りつけポケット（パッチ・ポケット）。まれにふたがつかないこともある。同 パッチ・アンド・フラップ・ポケット

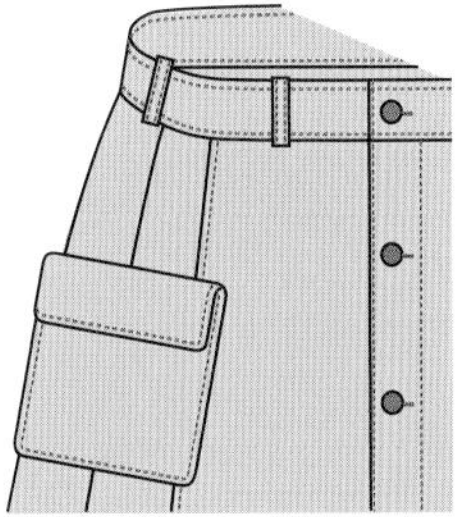

ターン・バック・ポケット
turn back pocket

貼りつけポケット（パッチ・ポケット）の一種で、ポケット状にした布の上部を折り返した（ターン・バック）もの。折り返しの部分がフラップ（雨ぶた）のように見えるのが特徴。

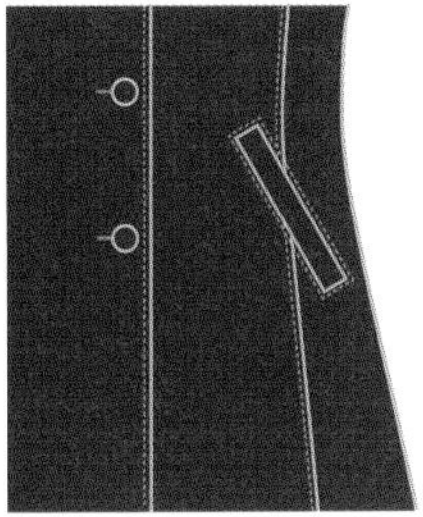

玉縁ポケット
たまぶちぽけっと

ポケットの切り口を玉縁で飾ったポケットの総称。玉縁は布端の始末の方法のひとつで、バイアス地で細い縁どりを施すことをいう。同 パイピング・ポケット、フレンチ・ポケット

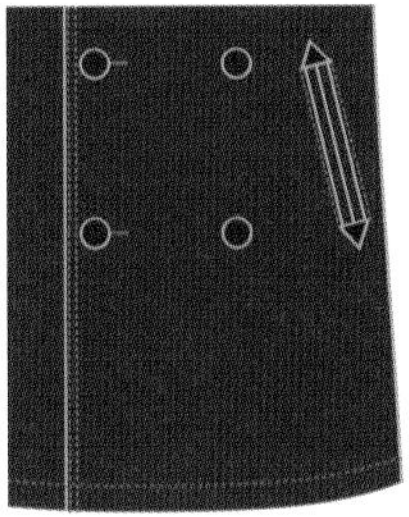

剣玉縁ポケット
けんたまぶちぽけっと

玉縁ポケットの一種。ポケットの切り口において、両側に玉縁を施した両玉縁の両端を三角形にしてとがらせたポケットのこと。ジャケットやコートなどに用いられる。同 京玉縁ポケット

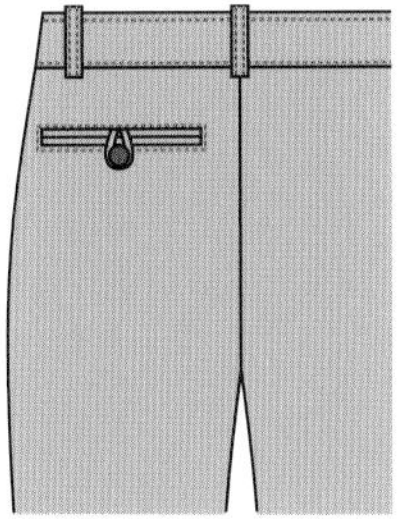

フロッグ・ポケット
frog pocket

玉縁に仕上げたポケット口の上側にループを縫い込み、下側につけたボタンにループを掛けてとめる仕様のポケット。フロッグは装飾的な結びひものついたループと球形のとめ具の一種。

MEMO

ポケットのつけ方

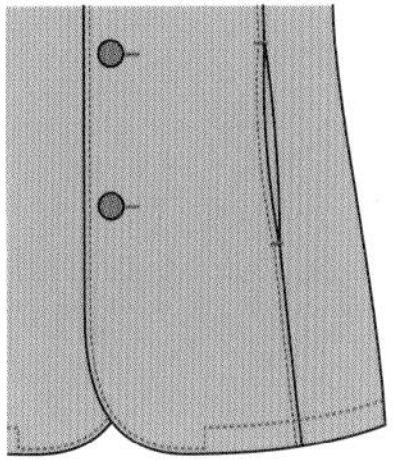

セットイン・ポケット

衣服を切り込んだり、縫い目を縫い残したりして、その内側につけたポケットの総称。

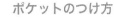

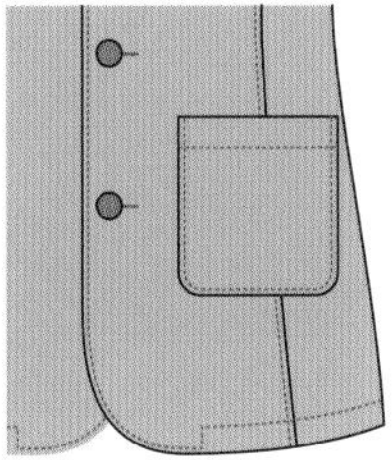

パッチ・ポケット

衣服とは別に作ったポケットを、その衣服の表面に縫いつけたもの。貼りつけポケットともいう。

ポケット pocket

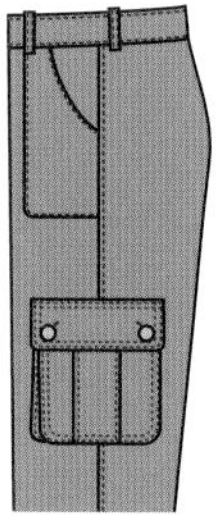

カーゴ・ポケット
cargo pocket

カーゴは「貨物」という意味で、荷物を運搬する作業員などがはくカーゴ・パンツのポケットをさす。ひざ付近にとりつけられ、まちやプリーツ、ボタンつきの雨ぶたがつく。

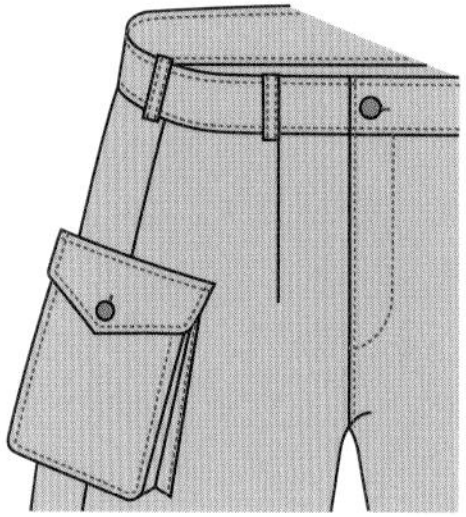

アコーディオン・ポケット
accordion pocket

ポケットの両脇と底に細い畳みひだをまちとして入れたパッチ・ポケット。まちがアコーディオンの蛇腹に似ているのが由来。同ガセット・ポケット、風琴ポケット、ベローズ・ポケット

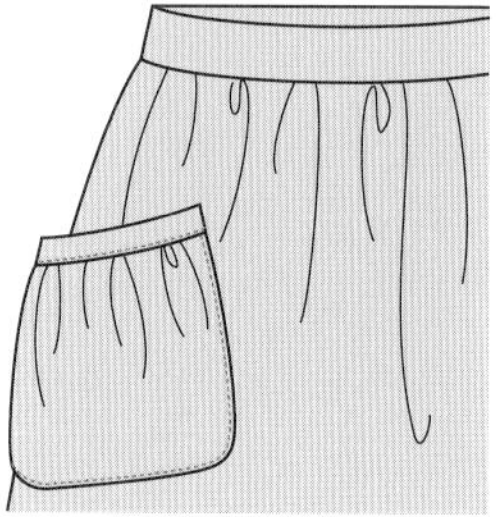

パウチ・ポケット
pouch pocket

パウチは「小袋」という意味で、貼りつけ式のポケット。底にまちをつけて膨らませたものもある。ポケットではないが、巾着形の小さな袋をさすこともある。同ポーチ・ポケット

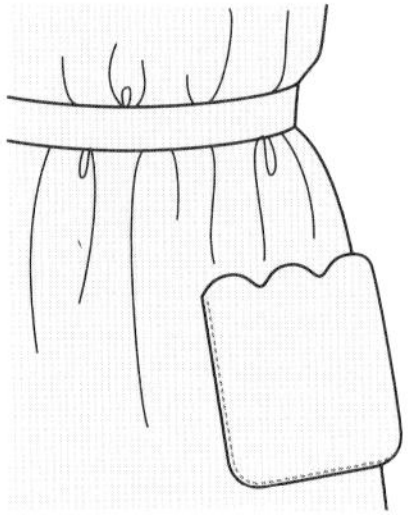

スカラップ・ポケット
scallop pocket

スカラップは「ホタテ貝の貝殻」という意味で、貝殻を並べたような波型模様を意味し、フラップの縁や切り口がスカラップになっているポケットをさす。かわいらしい印象が特徴である。

プリーティド・ポケット
pleated pocket

プリーツをとったポケット。貼りつけポケットの中央にプリーツをとり、容量を大きくしたものが多い。フラップがついてボタンでとめるタイプもある。カジュアルな衣服に用いられる。

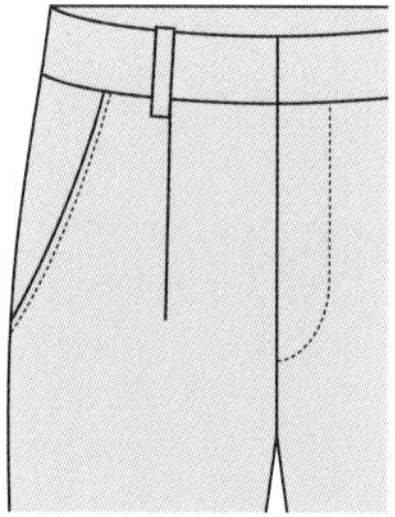

フォワード・セット・ポケット
forward set pocket

パンツの脇に斜めにつけられたポケット。ポケット口の上端が前方に寄った前傾型であるのが特徴。スーツのパンツにも見られるが、バーティカル・ポケットに比べるとカジュアルな印象。

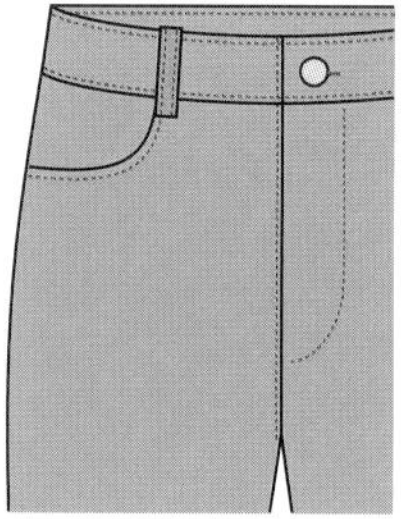

ウエスタン・ポケット
Western pocket

アメリカ西部のカウボーイがはくパンツの、両サイドについたポケット。斜めL字形のポケット口が特徴。腰を体にフィットさせるため、脇の縫い目線を開けずに前寄りにつけている。

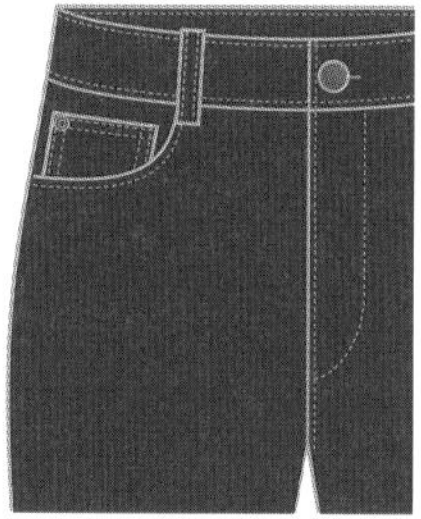

コイン・ポケット
coin pocket

パンツの右前部、または内側につけられる小さなポケット。懐中時計を入れるためのウォッチ・ポケットが、腕時計の普及に伴い、コイン入れに転じた。ジーンズなどに多く見られる。

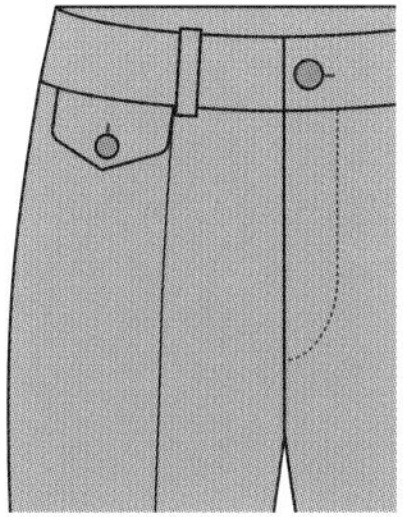

ウォッチ・ポケット
watch pocket

パンツの右前部につける小さなポケット。もともと懐中時計を収納するためにつけられたことによる名称。現在では装飾的な要素が強い。同フォブ・ポケット

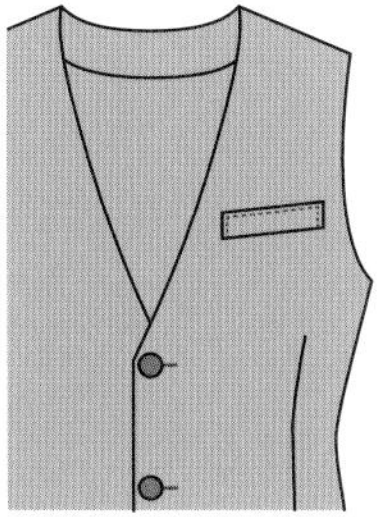

ウォッチ・ウェルト・ポケット
watch welt pocket

スリーピースなどのベストの胸につく小さな箱ポケット（ウエルト・ポケット）をいう。本来は懐中時計を入れるためのポケットであったことが名称の由来。

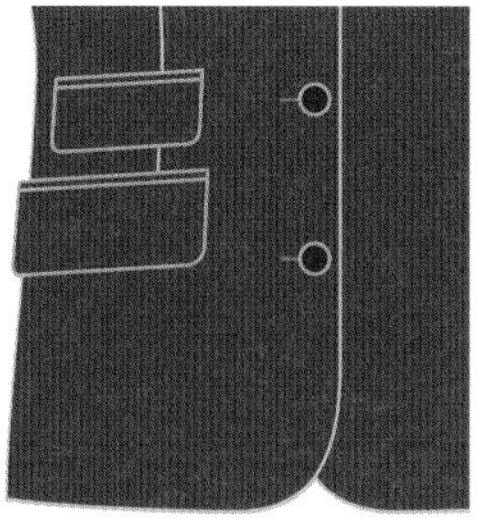

チケット・ポケット
ticket pocket

背広の右のフラップ・ポケットの上につける、切符や小銭などの小さなもの用のポケット。英国調のスーツに多く見られる。小銭は英語でチェンジであることからチェンジ・ポケットとも。

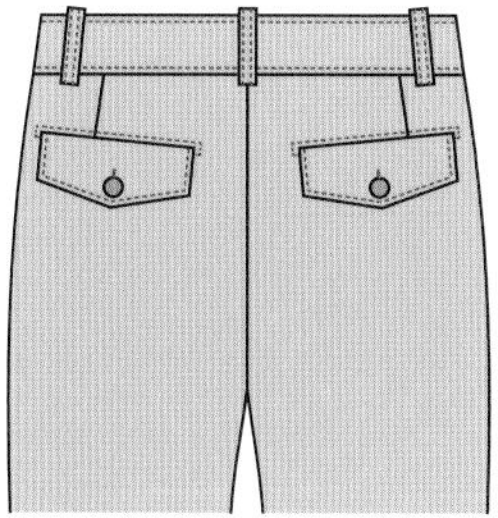

ピストル・ポケット
pistol pocket

パンツのヒップ部分についた、もとはピストルの携行用として作られたポケット。ボタンのついた雨ぶたつきなのが特徴である。同鉄砲隠し、フラップト・ヒップ・ポケット

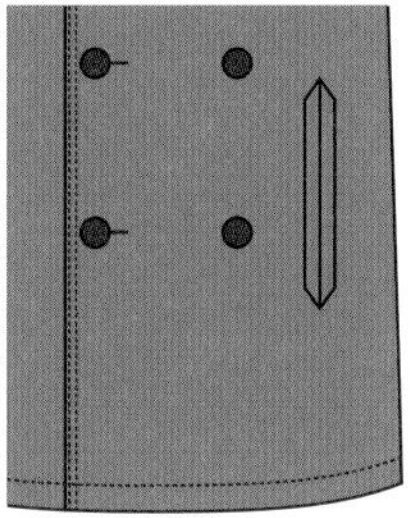

マフ・ポケット
muff pocket

筒状の防寒用アクセサリーであるマフに着想したポケットで、上着の両端にある縦形の口から腹部の中心に向かって手を入れられるようになったもの。同ハンド・ウォーマー・ポケット

カンガルー・ポケット
kangaroo pocket

腹部につけた、大きめのパッチ・ポケット。上開きのタイプ、両サイドが開いたタイプなどがある。カンガルーの腹部を思わせることからの名称。マフ・ポケットと呼ぶこともある。

MEMO

ポケットの位置

ブレスト・ポケット

胸（ブレスト）にあり、チーフや筆記具などを入れる。婦人服ではチェスト・ポケットという。

ウエスト・ポケット

ジャケットやコートの腰脇につけられたポケット。左右両方、あるいは片方だけにつけられる。

ヒップ・ポケット

ヒップ部分につく。品物の落下防止にボタンどめや、ボタンつきのフラップをつけたものもある。

20 プリーツ

pleat

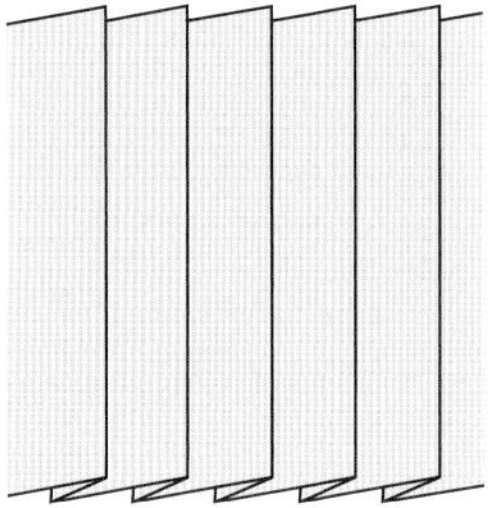

車ひだ

くるまひだ

同一方向に向かって折られたプリーツをさす。通常、幅が一定で落ち着いた印象を与えるため、女学生の制服のスカートなどにも多く見られる。同追い掛けひだ、片折り返しひだ

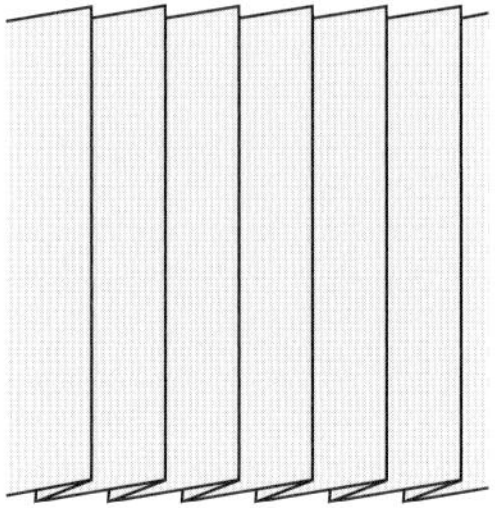

ナイフ・プリーツ

knife pleat

片方向に畳み、強くプレスをかけた、比較的細めのプリーツ。ひだ山がナイフの刃のように鋭いことから、この名称がつけられた。女学生の制服のスカートなどにも多く見られる。

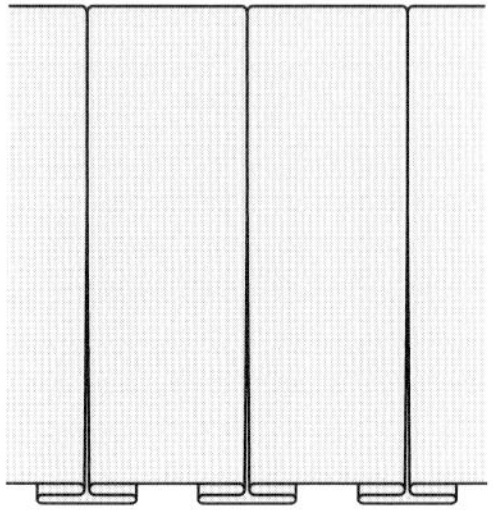

ボックス・プリーツ

box pleat

表側は両端にひだの折り目があり、裏側はひだの折り目がつき合わせ、つまり、インバーティド・プリーツになっている。スカートのほか、シャツの背面に施されることもある。同箱ひだ

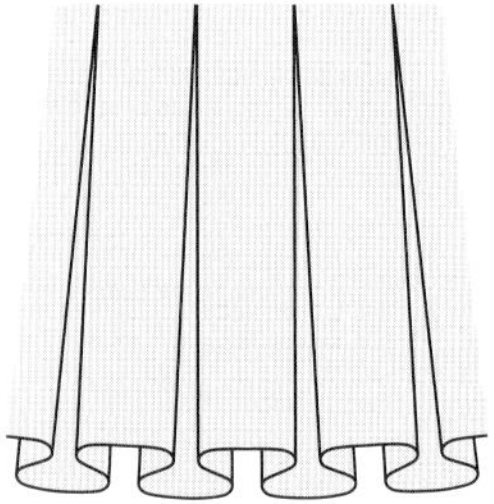

ソフト・プリーツ

soft pleat

畳むだけで、プレスをかけないプリーツ。ひだ山に折り目がないため、柔らかな印象を与える。畳み方はさまざま。スカートのほか、フリルにも見られる。同アンプレスト・プリーツ

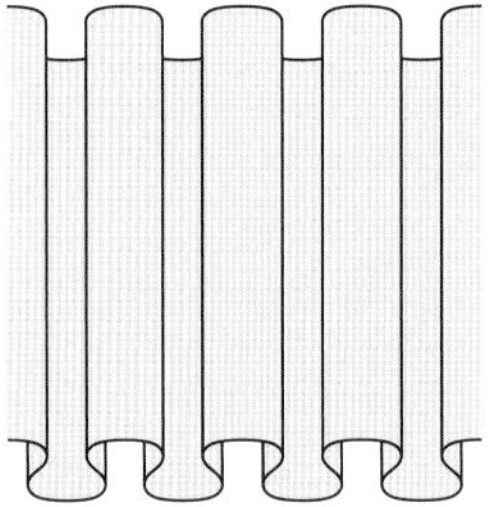

カートリッジ・プリーツ

cartridge pleat

カートリッジは「爆弾筒、薬包」という意味。軍服に装備する弾丸を入れるための弾装ベルトのように、ひだ山をつけない、丸みのある筒状のプリーツをさす。

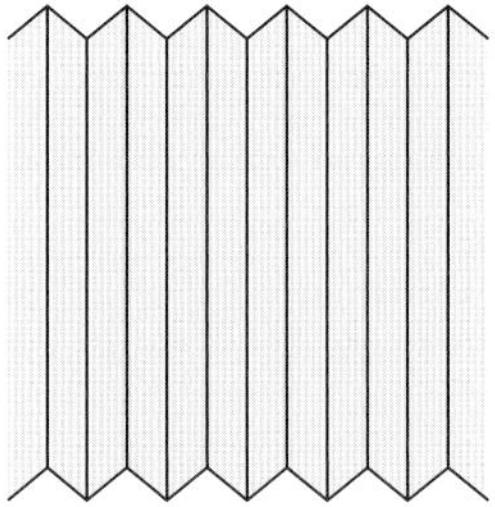

アコーディオン・プリーツ

accordion pleat

楽器のアコーディオンの蛇腹部分のように、表ひだと陰ひだの幅が同一の、細く立体的なプリーツ。プリーツの幅はごく細い場合が多い。同風琴(ふうきん)ひだ、ベローズ・プリーツ

MEMO

ピン・タック

畳んだ布の折り山から1～数mm内側を縫い押さえて作る、細い線状の装飾。薄地のシャツやブラウス、ドレスなどに多く用いる。

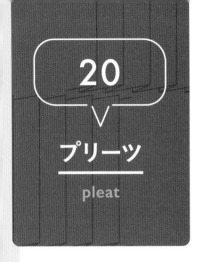

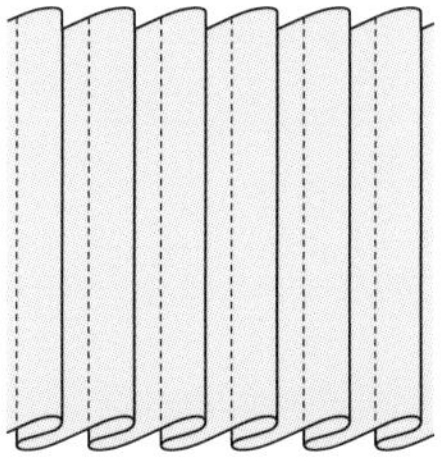

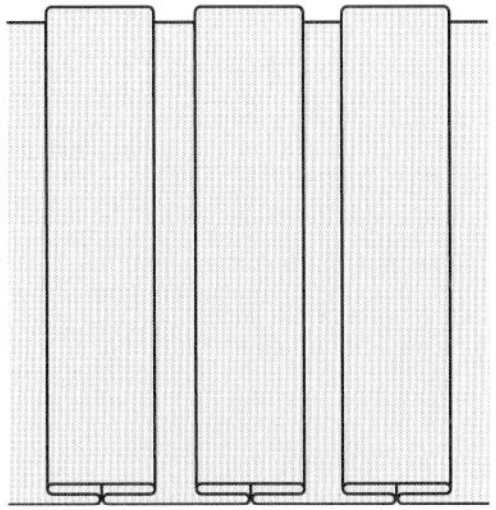

インバーティド・プリーツ
inverted pleat

インバーティドは「逆さにした」という意味で、ボックス・プリーツを裏返した形のプリーツをさす。ひだ山がつき合わせになっているのが特徴である。同拝みひだ、逆ひだ

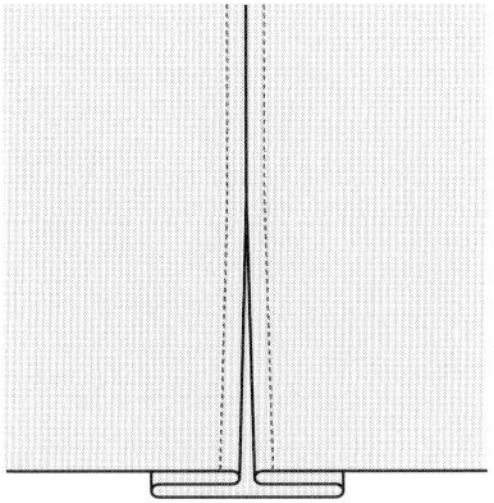

ステッチト・プリーツ
stitched pleat

折り山にステッチを施したプリーツのこと。ステッチには装飾としての効果のほかに、デニムや厚手の生地のひだ山を固定するという目的がある。スカートなどによく見られる技法。

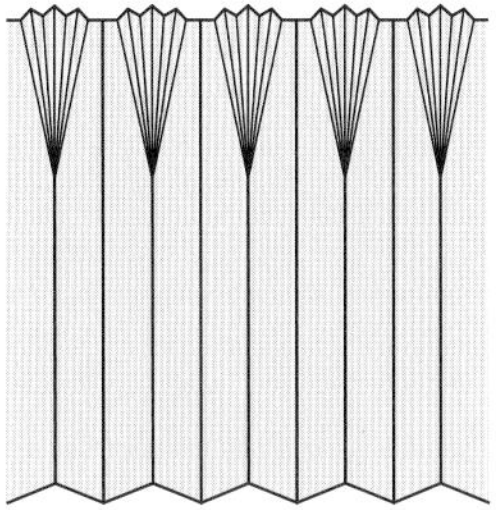

カーブド・プリーツ
curved pleat

プリーツのひだ山の間に、さらに細かいプリーツを入れたもの。カーブド・プリーツによってひだ山がカーブし、腰まわりなどの曲線的なラインにプリーツが沿うようになる。

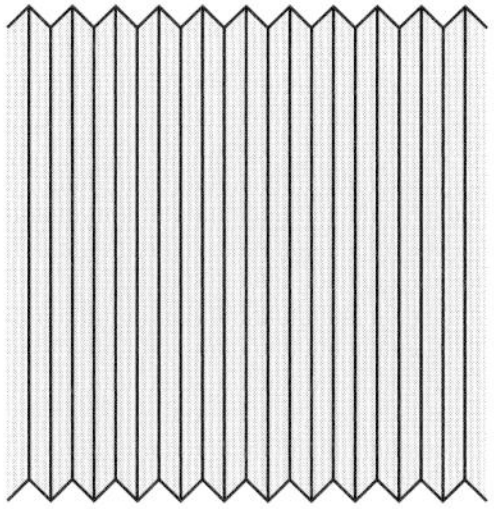

クリスタル・プリーツ
crystal pleat

アコーディオン・プリーツと同様、ひだ山がすべて立った状態のプリーツ。ひだの幅が狭く、折り山がクリスタル（水晶）のようにくっきりと折られていることからこの名称がつけられた。

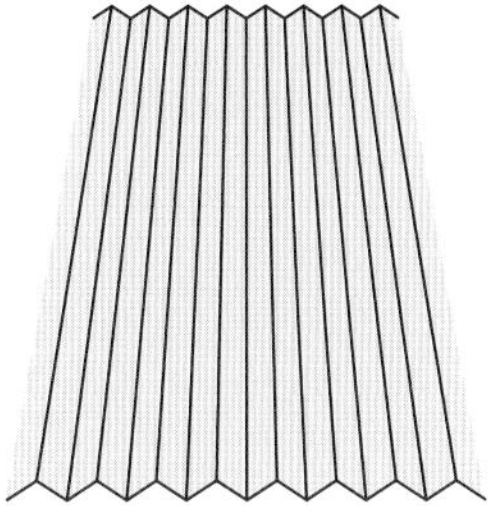

サンバースト・プリーツ
sunburst pleat

サンバーストは「雲間から漏れ出る日光」のことで、上から裾に向かって放射状に広がったプリーツをさす。プリーツの幅は、上は細く、下にいくほど広くなっているのが特徴である。

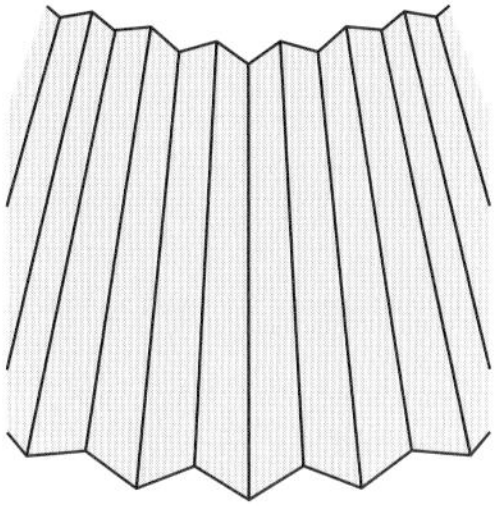

アンブレラ・プリーツ
umbrella pleat

裾広がりの形状を特徴とするプリーツのこと。折り山が立っている様子が、閉じているときの傘に似ていることからこの名がついた。スカートに用いられることが多い。

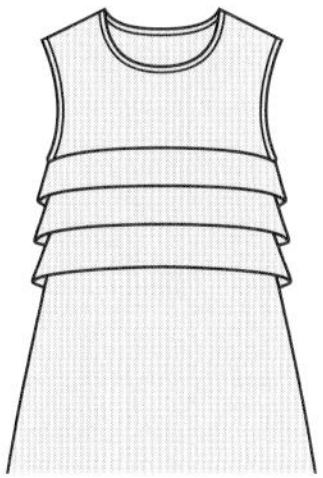

ホリゾンタル・プリーツ
horizontal pleat

ホリゾンタルは「水平な」という意味で、横方向に畳んだプリーツのこと。おもに装飾の目的で用いる。ブラウスやワンピース、ドレスの身頃や袖、スカートの裾などによく見られる。

MEMO

アクション・プリーツ

動作を楽にするために入れるプリーツ。作業着などの袖の後ろ側や両脇、背中線などに入れることが多い。似たものにキック・プリーツがあり、歩きやすくするためにスカートなどに入れる。

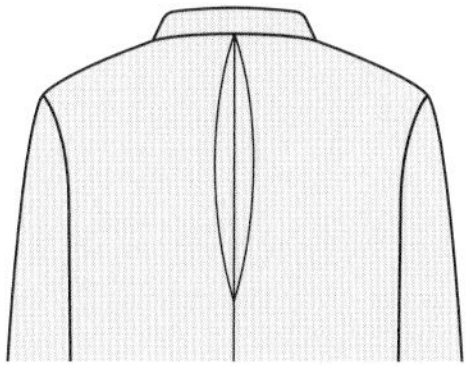

021 バック
back

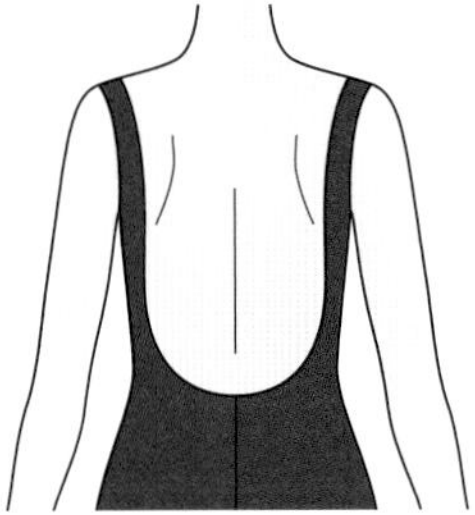

スクープトアウト・バック
scooped-out back

スクープは「すくいとる」という意味。シャベルですくったように、ネックラインからウエスト付近まで大きく開いたバックスタイルのこと。ドレスや水着などによく見られる。

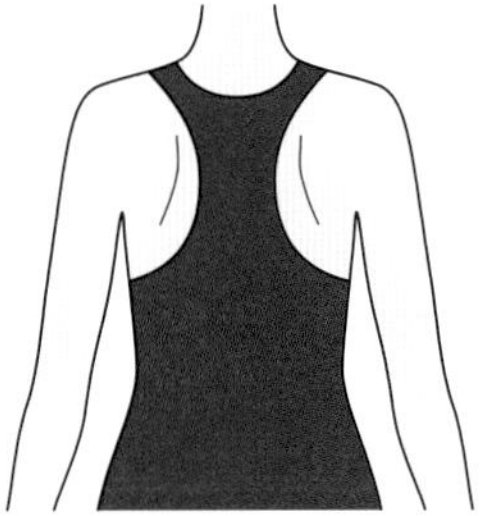

レーシング・バック
racing back

競泳用水着などに見られる背中のデザイン。アームホールを大きくカットし、背中の中央を細くしたもので、ストラップが肩からずり落ちるのを防ぐ。機能性を考慮したデザイン。

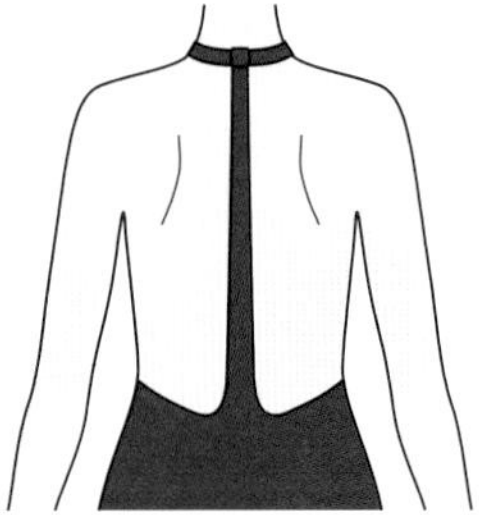

ティーストラップ・バック
T-strap back

背中がT字形になるように配されたストラップがついたバック。首のつけ根の後ろ中心から腰あたりまで、1本のストラップで服を吊った形になる。後ろ側の露出が大きいスタイル。

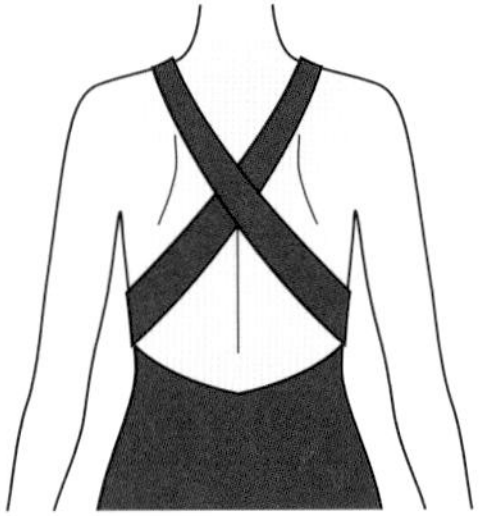

クロス・バック
cross back

ドレスにおいて、大胆に背中を見せるバックスタイルの一種。左右の肩から掛けたストラップを背中で交差させたり、共布の生地をクロスさせたりするデザインもある。

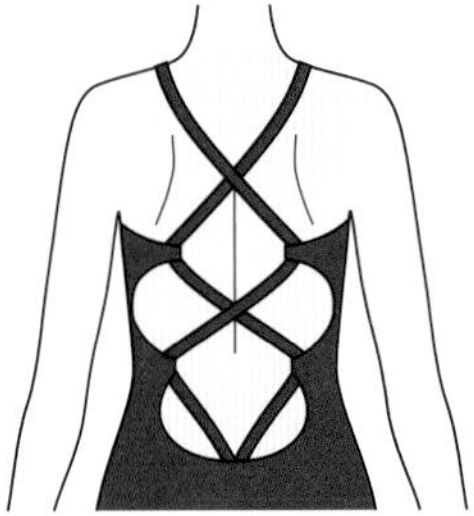

ラティス・バック
lattice back

ラティスは「格子、格子にする」という意味。ラティス・バックは背中の大きく開けた部分を、ひもやテープを格子のように組んで覆うデザイン。ドレスや水着などによく見られる。

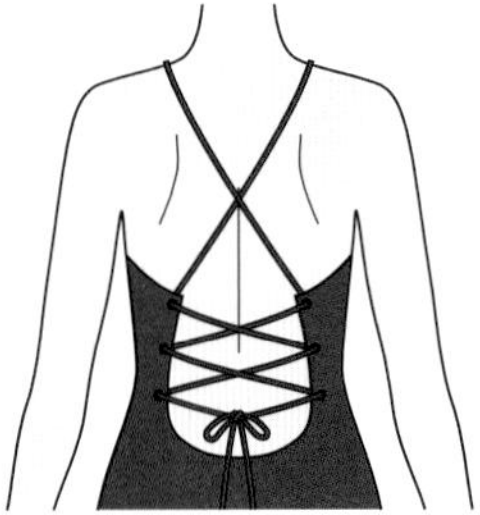

レース・アップ・バック
lace up back

後ろあきをひもで開閉する手法。ヨーロッパの中世末期から男女の服装にはじまるスタイルで、ボタンの普及後は女性のドレスやコルセットなどに残った。現在ではデザインのひとつ。

MEMO

バック・フルネス

フルネスは「たっぷりした」という意味で、後ろ身頃にフレアやギャザー、タックなどをつけて、ボリュームを持たせたデザインをさす。シャツやブラウス、ワンピース、コートなどによく見られる。

22 裾線
hemline

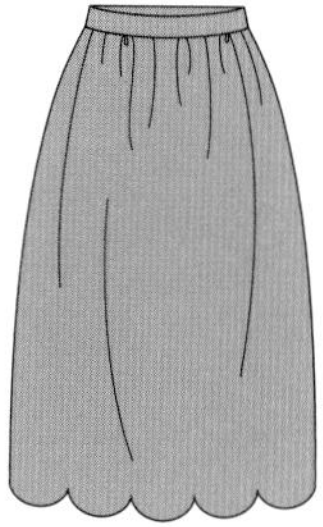

スカラップ・ヘムライン
scallop hemline

スカラップは「ホタテ貝の貝殻」という意味。貝殻を思わせる、弧を並べたような形状の裾線をさす。ギャザーなどの広い裾に用いると、かわいらしく、華やかな印象が生まれる。

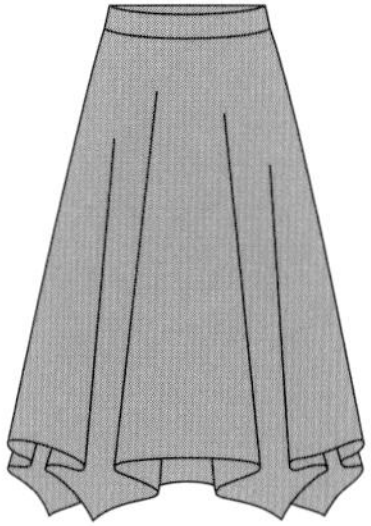

ハンカチーフ・ヘムライン
handkerchief hemline

ハンカチの中央を摘まんで垂らしたときにできるような、ジグザグな裾線のこと。着用者の動きに合わせて生地が揺れることで、軽やかな印象を与える。同ポインティド・ヘムライン

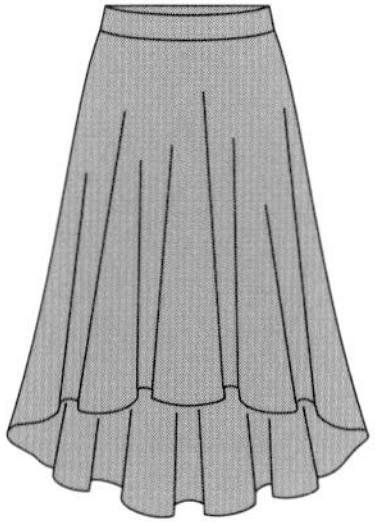

フィッシュテール
fishtail

フィッシュテールは「魚の尾」の意味で、前が短く、後ろが長くなったヘムライン。優美なシルエットで、イブニング・ドレスなど丈の長いドレスに見られる。同マーメイド・ヘムライン

オブリーク・ヘムライン
oblique hemline

オブリークは「斜めの」という意味。水平ではなく、斜めに裁断された、上着やコート、スカートなどの裾線をさす。アシンメトリカルで、動きのあるデザインの手法のひとつ。

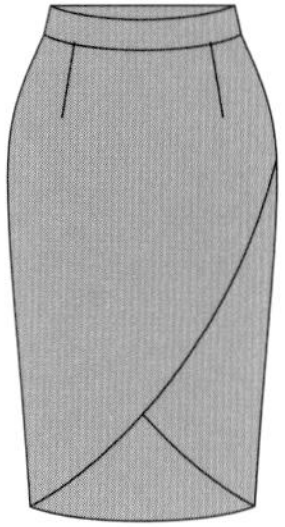

チューリップ・ヘムライン
tulip hemline

チューリップを思わせるの裾線のこと。前スカートを巻きスカートのように左右から深く打ち合わせ、その縁を、チューリップの花弁のようにカットしたものをさす。

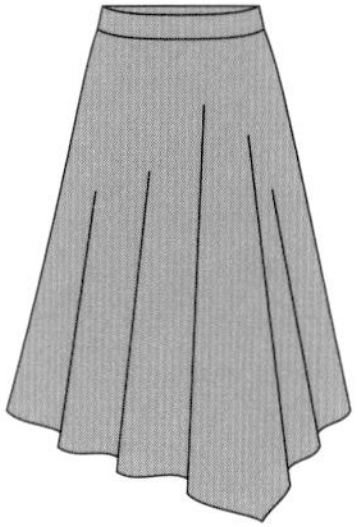

イレギュラー・ヘムライン
irregular hemline

一般的な裾線のように水平ではなく、不規則な裾線の総称。斜めやギザギザ、花弁形などもある。上衣やスカートなど、さまざまなアイテムに見られる。同アンイーブン・ヘムライン

MEMO

トレーン

引き裾ともいい、裾を後ろに長く引きずる部分。ドレスなどのスカートの後ろ裾を延長するか、肩やウエストラインに、別布で仕立ててとりつける。宮廷服やウエディング・ドレスなどに見られる。

パーツ図鑑

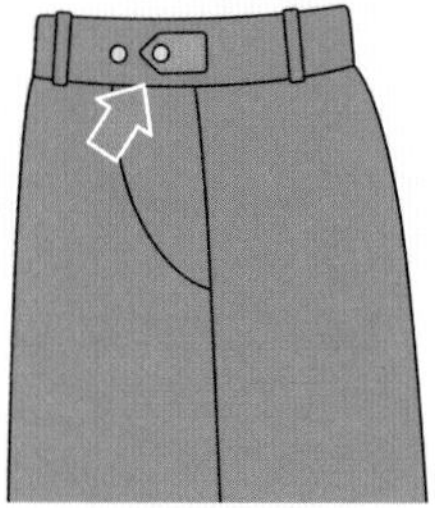

アジャスト・タブ

ベルトのないパンツのウエストやジャンパーの裾などにつける、サイズを調節するための小さなベルトのこと。

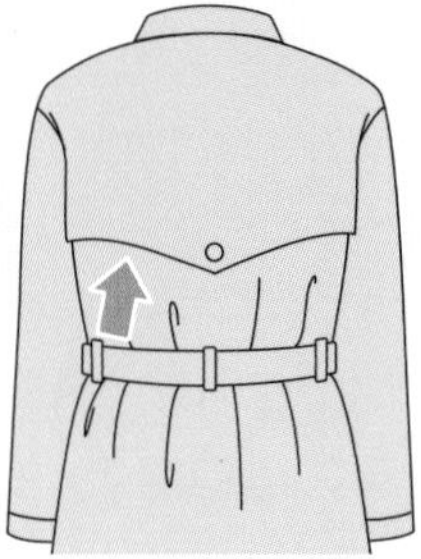

雨よけ

レインコートなどの後ろ上部に見られる、二重になった部分。肩から背中にかけて覆う、ケープのようなものも。

ウインド・スリップ

服の衿元を閉じるための細長い布片で、服の内部への雨風の侵入を防ぐ。フードの首元に使われることもある。

トラウザーズ・バックル

バックルは日本語では尾錠（びじょう）。パンツのウエストの後ろ中央部や脇についているもので、サイズ調節のために使う。

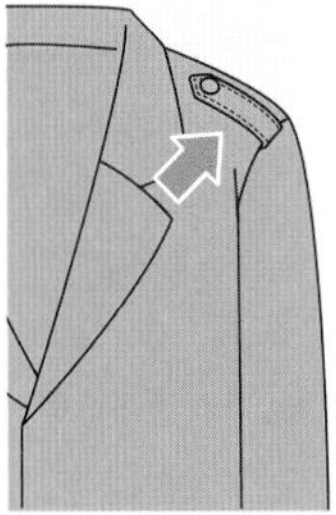

エポーレット

肩章、肩飾りのことで、肩と平行についたタブ状の布片。もともと、兵士の肩あてだったものの名残りとされる。

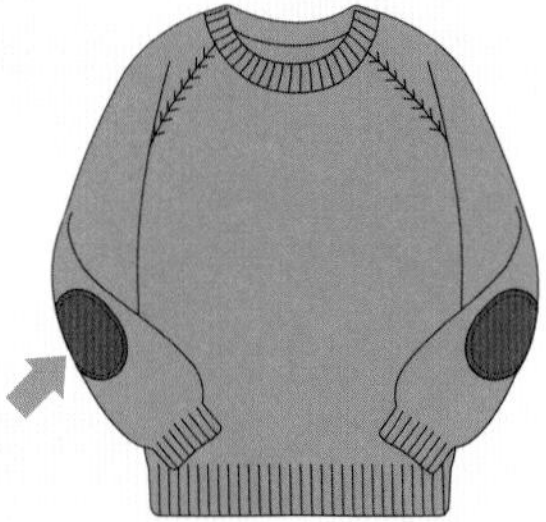

エルボー・パッチ

袖のひじにつけるあて布。布や革などで、ひじ全体を縦長の楕円形でカバーするのが一般的。補強・装飾用。

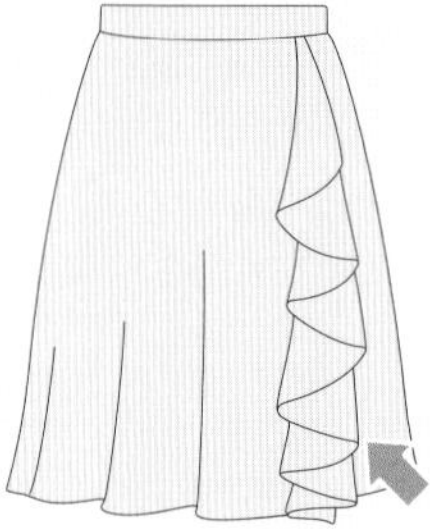

カスケード

本来は「小さな滝」の意味で、スカートの裾やブラウスの衿元などに、滝のように垂れ下がるフリル状の飾り布。

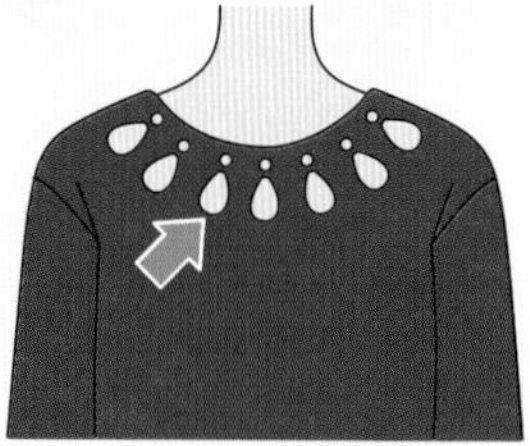

カットアウト

衣服や靴などの一部を切り抜いて、その下地を見せたり、肌を見せたりしてアクセントをつける手法をさす。

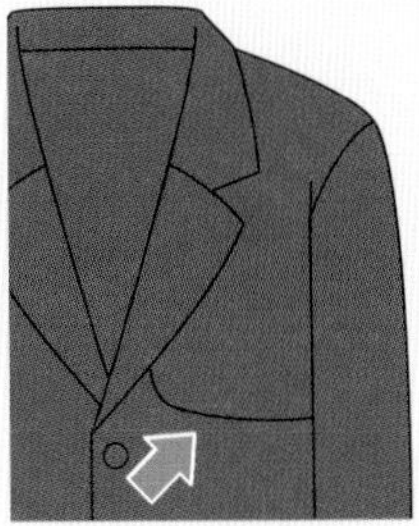

ガン・パッチ

ハンティング・ジャケットなどでよく見られる、肩から胸にかけてつけられたあて布。本来は銃床を支える目的。

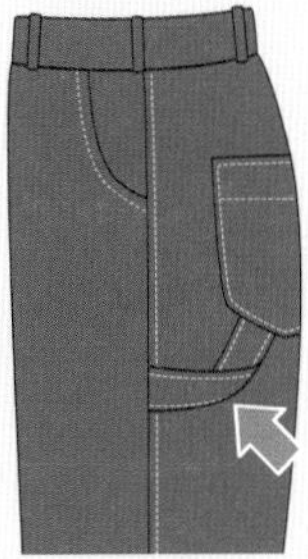

ハンマー・ループ

作業着などのパンツの脇の縫い目やポケットの縫い目を利用してつけられる、ひも環（ループ）のこと。

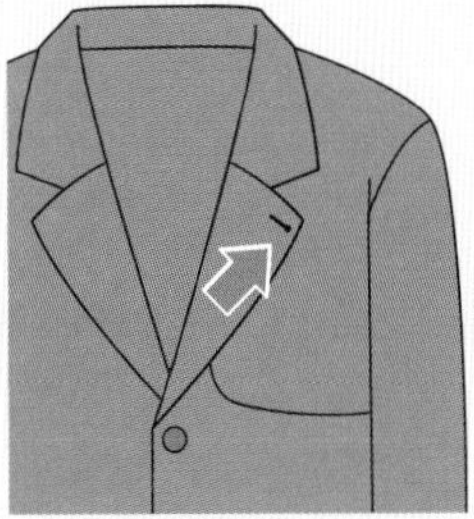

フラワー・ホール

上着の下衿の上端にあるボタンホール。ここに小さな花束をさしたことに由来。現在はステッチだけの場合も。

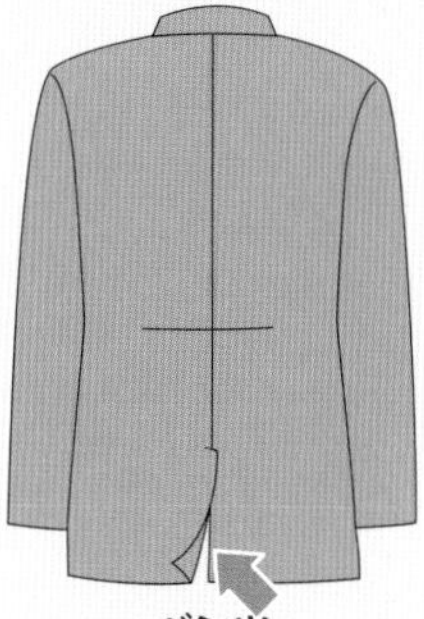

ベンツ

ジャケットやコートなどの裾に入った切れ込み。脇のサイド・ベンツや背中中央のセンター・ベンツなどがある。

ヨーク

身頃の肩や胸、背、スカートの腰などに入れる切り替え。装飾用のほか、体の曲線に服を合わせるために入れる。

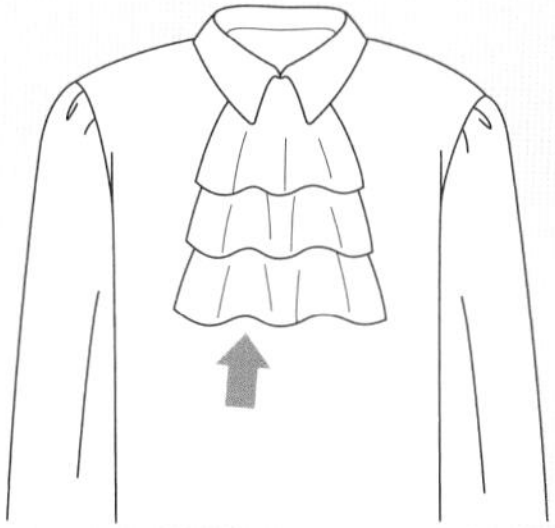

ジャボ

シャツ生地やレース製のフリルの胸飾り。17世紀に男性のシャツの装飾品として誕生。現在ではおもに女性用。

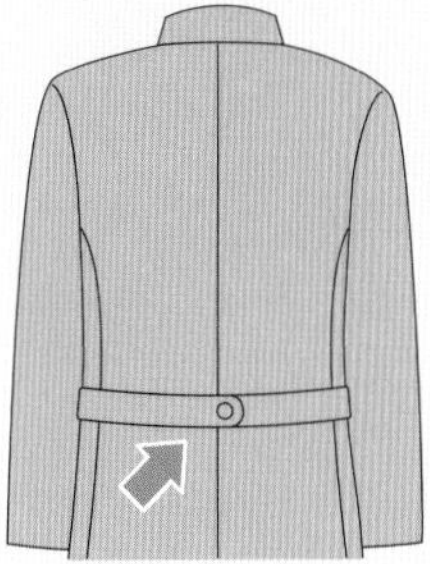

背バンド

背中につけるベルト。後ろ身頃のギャザーを押さえたり、単に装飾としても用いる。バック・ベルトともいう。

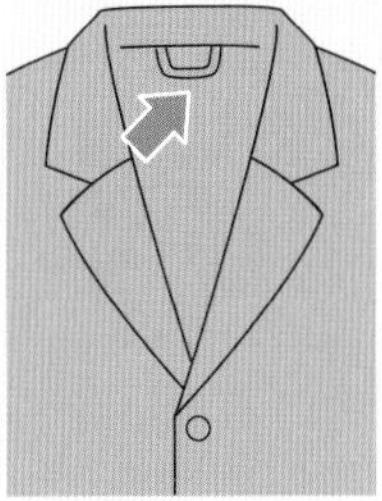

衿吊り

上着などの首の後ろ、衿の内側につける５～６cmの細いひもやくさり。衣服をフックなどに掛けるのに用いる。

PART 3

小物

靴や帽子、バッグなどから、アクセサリーやメガネまで、ファッション小物はさまざま。合わせる小物によって着こなしの雰囲気が変わります。

23 靴❶

shoe

オクスフォード・シューズ
Oxford shoe

くるぶしより下の深さで、ひもつきの靴。紳士用や婦人用、子ども用がある。17世紀中ごろ、イギリスのオクスフォード大学の学生が、長いブーツに反抗して履きはじめたのが由来。

ブラッチャー
Blucher

靴の甲部を両側から包むように、靴ひもを通す穴が開いている靴。名称は1810年に軍靴用に考案したプロイセン軍のブリュッヘル将軍の名前の英語読みから。同外羽根式、ブルーチャー

サドル・シューズ
saddle shoe

オクスフォード・シューズのコンビネーション・シューズ（２色や２素材の組み合わせ）。ひも締め部分にのみ異なる色や素材を使う。この部分がサドル（鞍）の形に見えるのが由来。

コンビネーション・シューズ
combination shoe

２色配色の靴や、２つの異なる素材を組み合わせた靴の総称。代表的なものとして、スペクテーター・シューズやサドル・シューズなどが挙げられる。
同コンビ・シューズ

スペクテーター・シューズ
spectator shoe

つま先と甲の部分に、黒の素材を使った白地のオクスフォード・シューズ。スペクテーターは「観客」という意味で、1920〜1930年代のスポーツ観戦や観光旅行の流行に伴って広まった。

キルティ・タン
kiltie tongue

先端に切り刻みを入れてフリンジ状にし、甲部に折り返した舌革（したかわ）（タン）のついた靴。名称はスコットランドの伝統衣装、キルトのひだに似ていることに由来する。同ショール・タン

ローファー
loafer

スリッポン型の、革または合皮製の靴。容易に着脱できることから、「怠け者」の意味を持つこの名称がつけられた。甲には中央に切れ目の入った細長のベルトがまたがるのが一般的。

タッセル・ローファー
tassel loafer

タッセルは「糸や細ひもなどを束ねて作る房」という意味で、ひもや帯などの先端につける装飾のこと。甲の結びひもの先にタッセルがついているローファーをさす。

ビット・ローファー
bit loafer

甲にまたがる細長いベルトの上に、馬具の一種であるくつわの銜の形をした飾り金具がついたローファーをさす。馬具を扱っていたグッチ社が靴やバッグの飾りに使用して広まった。

スリッポン・シューズ
slip-on shoe

締め具やとめ具を用いず、足を滑り込ませるだけで簡単に履ける靴。甲の履き口にゴムを縫い込んだものもある。機能性とスタイリッシュさを兼ね備えたデザイン。[同]スリッポン

メダリオン・シューズ
medallion shoe

つま先部分に極小の穴を開けて、「メダリオン」と呼ばれる、円形や楕円形を描く飾り模様の技法を施した靴。本来は、穴を開けることで靴の中の湿気を外に出すという通気の目的がある。

ギリー
gillie

甲がU字形に開いて、そこに靴ひもを交差させて締める靴。房飾りつきの靴ひももある。もとは19世紀末にスコットランドで、民族衣装のキルトを着用して競技する際などに履いた。

サイド・エラスティック
side elastic

履き口の脇にゴムなどの伸縮性に富む素材を挿入した靴。伸縮性の素材を目立たないように共革でカバーする。ひもやバックル、ファスナーなどを使わないので着脱が容易で、歩きやすい。

ドクター・シューズ
doctor shoe

医師が病院内で簡易に脱ぎ履きできる靴。つま先からくるぶしの下あたりまでと、かかとが別に仕立てられている。横から見るとV字に切り込みが入っているような形状を特徴とする。

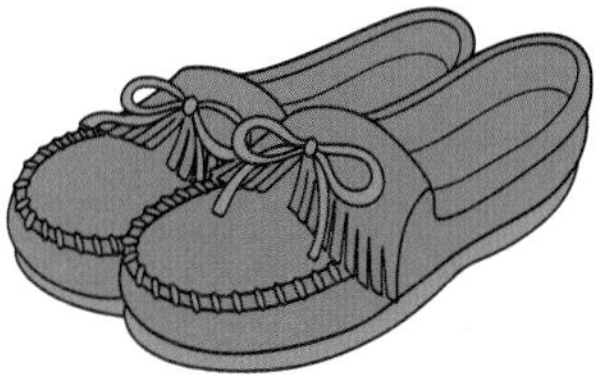

モカシン
moccasin

腰革とU字形の甲革を縫い合わせた単純な形の靴。もともとアメリカ・インディアンが履いていた靴の形状をまねたデザイン。脱ぎ履きが容易で、実用的な靴の定番として高い人気を誇る。

モンク・シューズ
monk shoe

甲のもっとも高い部分を横断するベルトを、甲の高さに合わせてバックルでしっかり締めて履く靴。15世紀ごろにアルプス地方の修道僧（モンク）が考案した履物を原型とする。

プラットフォーム・シューズ
platform shoe

つま先からかかとにかけて、駅のプラットフォームのような均等の厚みのある底がついている靴。身長を高く見せることができる効果もある。同様の底がついたサンダルやブーツもある。

デッキ・シューズ
deck shoe

デッキ（船の甲板）用に作られた靴。滑りにくいゴム底で、甲は防水効果のためにオイルを染み込ませた革や、速乾性のあるキャンバスなどを使う。カジュアルなタウン用にも普及した。

チロリアン・シューズ
Tyrolean shoe

チロル地方の高原で牧童が履いていた靴。または、それに似せた形の靴をさす。厚手の革製で、甲の上部をひもで結ぶ。底まわりにこばが張り出し、ソールには凹凸がある。

MEMO

チップ

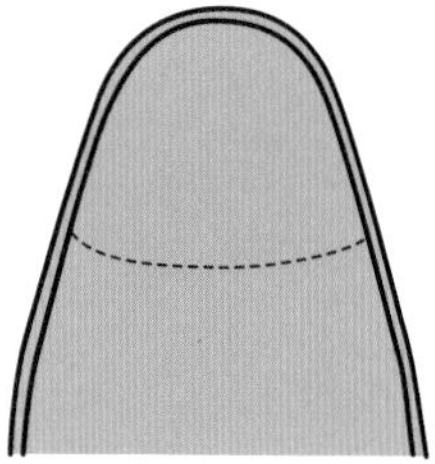

ストレート・チップ

靴のつま先部分のデザインで、つま先を横一文字に切り替えたものをさす。日本では一文字（いちもんじ）ともいう。

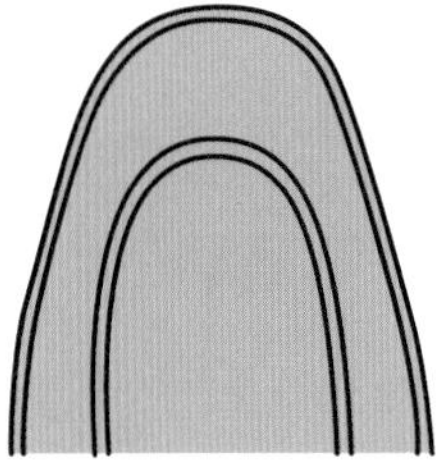

ユー・チップ

靴のつま先部分にU字形の切り替え、またはステッチ飾りのある靴をさす。モカシン飾りともいう。

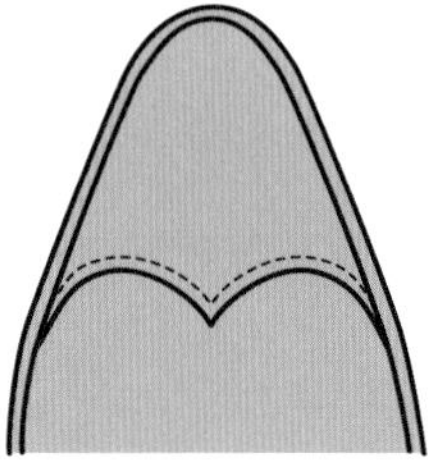

ウイング・チップ

靴のつま先部を鳥の翼を広げたような形に切り替え、飾り縫いや穴飾りを施す。おかめ飾りともいう。

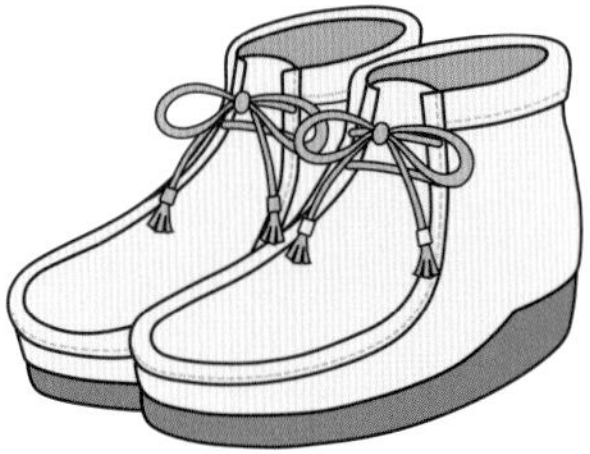

ワラビー
wallaby

モカシンに似ているが、ややハイカットで左右からひもで締めるタイプのカジュアルで実用的な靴。名称は1966年にイギリスのクラークス社から発売されたときの商品名。

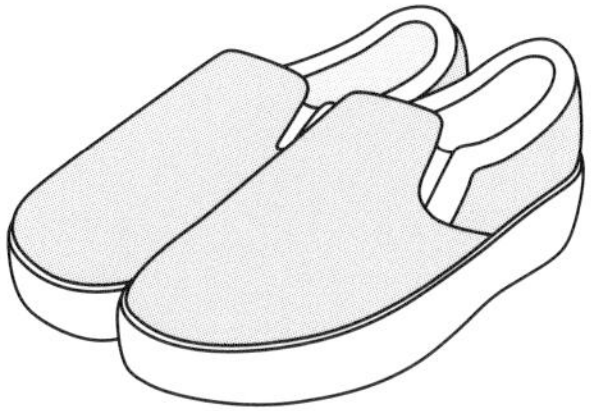

キャンバス・シューズ
canvas shoe

キャンバス地、つまり、麻や綿などの緻密な平織りの丈夫な布、おもに帆布で作られた靴。底にはゴムを使うのが一般的で、カジュアルでスポーティーなのが特徴。同ズック靴、布靴

スニーカー
sneaker

元来は「忍び歩く人」という意味で、甲は布や革製でゴム底のひも靴。ゴム底のために足音がしない。1917年ごろからアメリカで出回り、映画『ウエストサイド物語』を機に日本でも広まった。甲はブラッチャー型（左の絵）とサドル・シューズ型（右の絵）がある。深さはくるぶしより下が一般的だが、長めのハイカット・スニーカーもある。

MEMO

紳士靴の名称

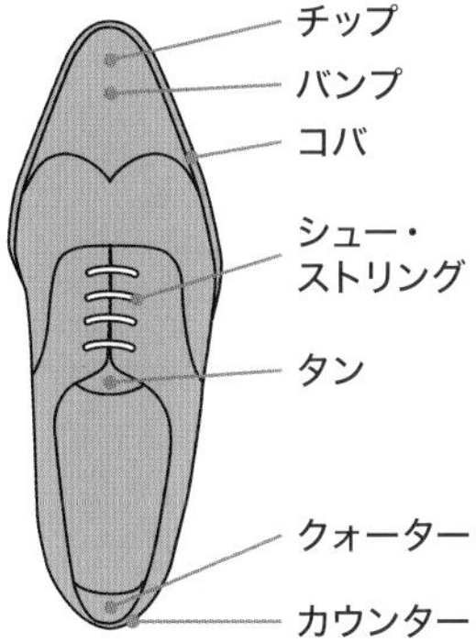

ハイカット・スニーカー
high-cut sneaker

履き口が高く、くるぶし全体を覆う丈があるスニーカー。本来、動きの激しいバスケットボールやダンス用として用いられていたが、21世紀にはタウン用としても広まった。

ランニング・シューズ
running shoe

ランニングやジョギングなどのときに履くスポーツ用の靴。通気性や撥水性などに優れた素材の改良が進み、従来の白黒に限らず、カラフルとなり、また、デザインにも重きが置かれる。

運動靴
うんどうぐつ

運動をするときに履く、機能性に優れた靴の総称。バスケット・シューズやランニング・シューズなど、競技ごとの特殊性を持つものもある。ひも靴、前ゴム靴などのタイプがある。

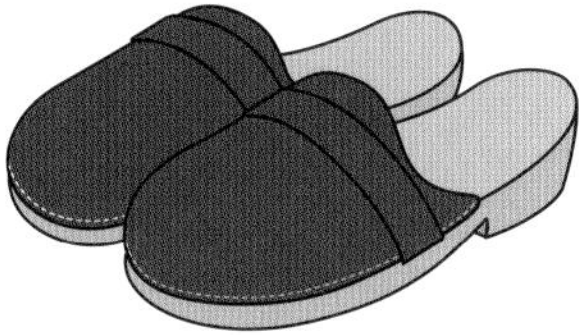

サボ
sabot

木靴の一種。シナノキなどの軽い木のブロックを足が入るようにくり抜いて作られた靴。現代では、木やコルクの底の、かかとのないカジュアルな靴をさすことが多い。

24
靴②
shoe

パンプス
pump

くるぶしの下までの深さの、ひもやベルトなどとめ具のない浅い靴の総称。本来は男性用のダンス靴として作られた。20世紀初頭ごろから女性が履く浅靴にも使われるようになった。

オープン・トウ
open toe

つま先のあいた靴のこと。ハイ・ヒールからフラット・シューズまで幅広く見られる。通気性が高く、おもに夏場やカジュアルなスタイル用。結婚式などのフォーマルな服装には用いない。

MEMO

婦人靴の名称

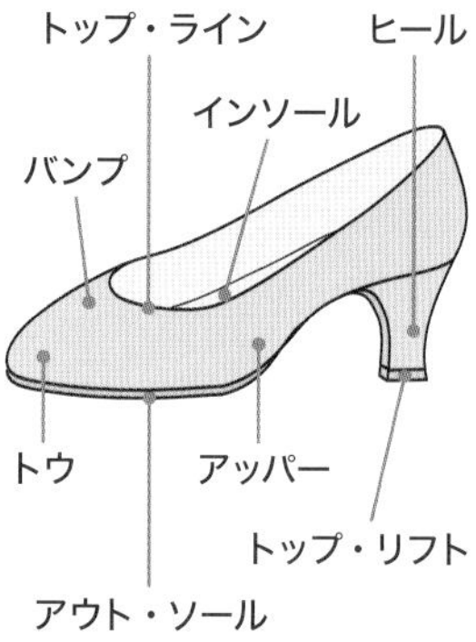

セパレート・パンプス
separate pump

つま先とかかとを覆う部分が分かれたパンプスのこと。側面の開放部分が大きくなる。くるぶしにストラップがつけられたデザインもある。オルセー・パンプスがその代表例。

オルセー・パンプス
orsay pump

サイド・シーム（側革）の内側、または内側と外側の両方にカッティングを施し、足の露出を増やしたパンプス。脱げやすくなるのを防ぐため、足首にストラップがついたものもある。

ストラップ・パンプス
strap pump

甲の部分にベルトやひもなどのストラップがついたパンプスの総称。ストラップは脱げるのを防ぐ効果がある。本来は子ども用で、少女らしさや幼さを感じさせる。

アンクル・ストラップ・パンプス
ankle strap pump

かかと部分にとりつけたストラップを、足首（アンクル）に回して固定するデザインのパンプス。安定感のある履き心地と、足首の細さを強調する効果がある。

クロス・ストラップ・パンプス
cross strap pump

甲のあいた部分に、交差する２本のストラップをつけたパンプス。ストラップはパンプスを足にしっかりと固定してずれるのを防ぐほか、疲れにくくする役目もある。装飾的な効果もある。

バック・ストラップ・シューズ
back strap shoe

かかと部分がなく、足に固定するため、かかとの後部を囲むように革ひもがついている靴。バック・バンド・シューズ、バック・ベルトは和製英語。
同 オープン・バック、スリングバック

ハイカット・パンプス
high-cut pump

甲が深く、履き口が通常のパンプスに比べ、やや反り上がって見える形状のパンプス。ブーティーに似たデザインで、甲の中心に切り込みが入っているものもある。

シューティー
shooty

パンプスの一種。「シューズ」と「ブーティー」を組み合わせた造語で、甲の見える部分が通常のパンプスに比べて狭く、ブーティーよりは浅いパンプスをさす。

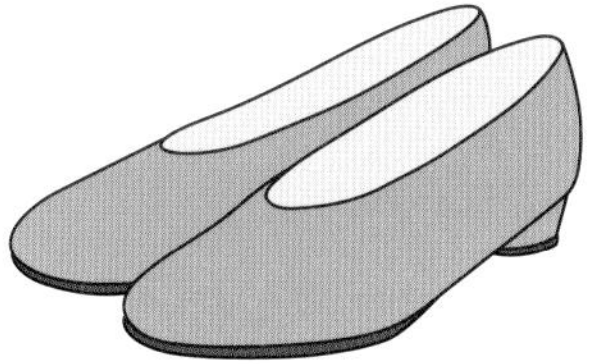

カッター・シューズ
cutter shoe

ヒールが１～２cm程度の高さで、つま先が丸い女性用の靴。パンプス型とモカシン型の２種類を中心に、デザインはさまざま。類似のものとして、サブリナ・シューズが挙げられる。

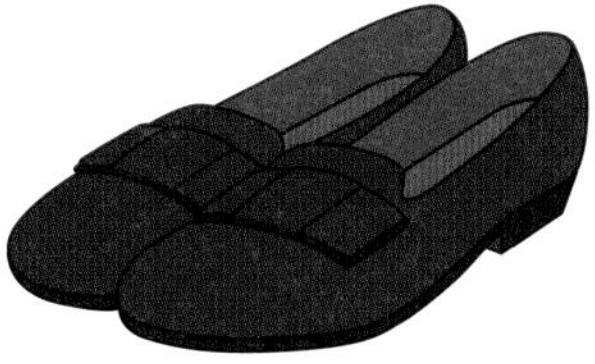

オペラ・シューズ
opera shoe

パンプスの一種。旧来は男性がイブニング・パーティーやオペラ鑑賞などのために着用したが、現在では女性用も普及している。甲の部分にリボンがついたデザインを典型とする。

シャネル・シューズ
Chanel shoe

つま先に地色と異なるトウ・キャップをつけたパンプス。1950年代にファッション・デザイナーのガブリエル・シャネルと靴職人のレイモン・マサロのコラボレーションによって誕生。

MEMO

ヒールの高さ

一般的にハイヒールは７cm以上とされ、スタイルがよく見えるが、長時間の歩行には不向き。一方、ロー・ヒールは３cm以下の低いヒール。婦人靴ではオクスフォードやカジュアル・シューズなどに見られる。

バレエ・シューズ
ballet shoe

バレエ・ダンサー用の、ヒールのない浅い靴。脱げ防止に甲にベルトをつけたり、長いリボンで足首に固定したりする。形をまねたヒールなしや低いヒールつきのタウン用も含む。

ティーストラップ・シューズ
T-strap shoe

甲の部分のストラップがT字になっている女性や子ども用の靴。甲部分が固定されるために機能性が高い。素材は革や合皮、布などさまざま。クラシックな印象を与える。

メリー・ジェーン
Mary jane

やや厚底のストラップ・シューズのこと。光沢のある黒の革製が典型的なデザイン。名称は20世紀初頭のアメリカのマンガの中で、この靴を履いていた登場人物の名前に由来する。

サイド・オープン・シューズ
side open shoe

靴のサイド・シーム部分が開いている靴。履きやすく、通気性が高い。ヒールのついた靴やフラット・シューズなど、多様なデザインが見られる。同オープン・シャンク

MEMO

トウ

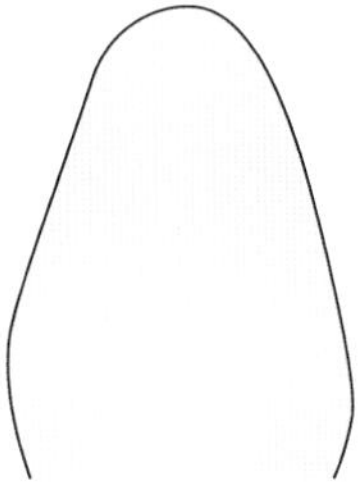

オーバル・トウ

オーバルは「卵形、楕円形」という意味で、卵形のつま先。エッグ・トウともいう。

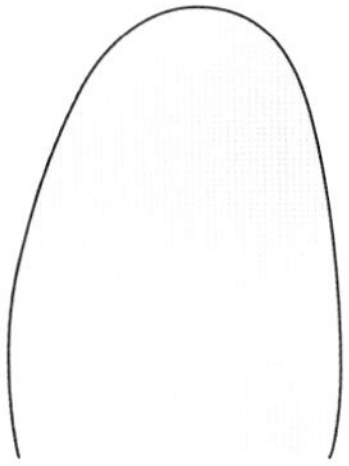

ラウンド・トウ

丸みを帯びたつま先。より丸みの強いものはバルーン・トウと呼んで区別する。

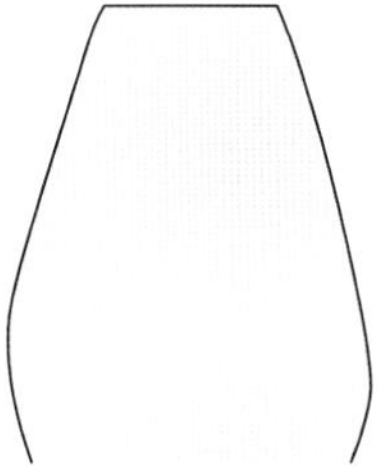

スクエア・トウ

つま先部分が四角くなっているものをさす。フレンチ・トウとも呼ばれる。

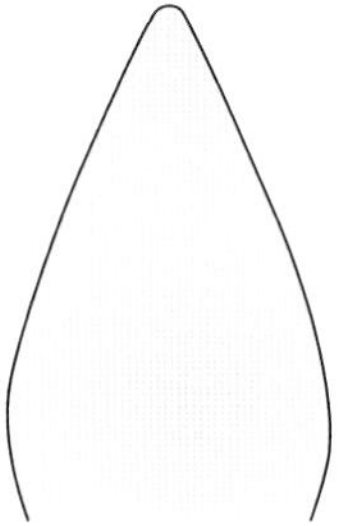

ポインティド・トウ

足幅の中心を頂点に、先端が細くとがったものをさす。実際の足よりも長く作られる。

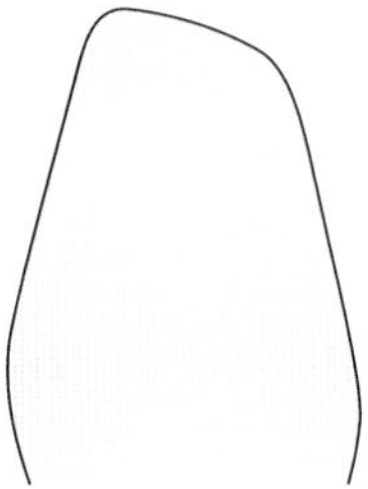

オブリーク・トウ

オブリークは「斜めの」の意味で、親指側から小指にかけて斜めになった形をさす。

MEMO

ヒール

ピン・ヒール

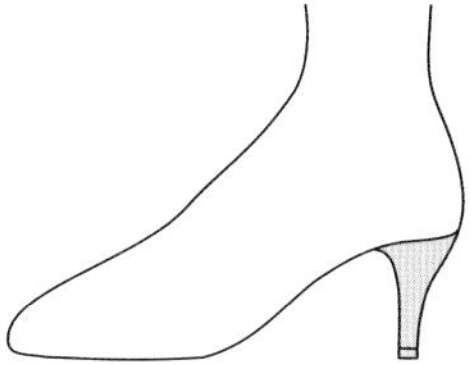

ピン、つまり針の先のように先端の細いハイ・ヒールをさす。不安定だが、女性らしい印象を持つ。スティレット・ヒールともいう（スティレットは「短剣」という意味）。

フレンチ・ヒール

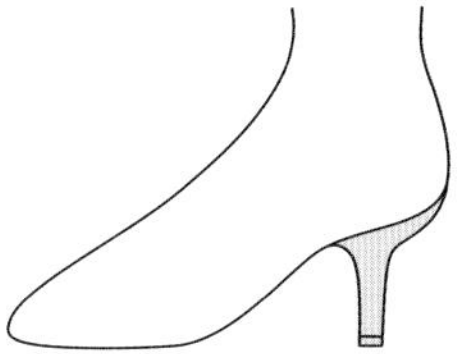

つけ根が太く、接地面に向かって曲線を描きながら細くなっていくヒール。ルイ・ヒールと同じスタイルだが、より高さのあるものをさす。

ルイ・ヒール

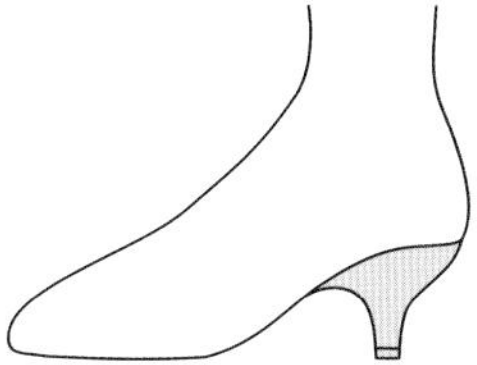

ヒールのつけ根が太く、ヒールの中程に向かってくびれのような曲線を描いて細くなる。高さはおもに５～６cmの中ヒール。ルイ・フィフティーン・ヒールともいう。

フランジ・ヒール

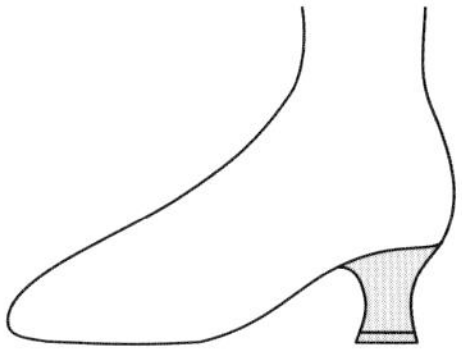

中ヒールで、ヒールの中間が細く、そこから床面に接する面に向かって裾広がりになっているものをさす。フレア・ヒールともいう。

コーン・ヒール

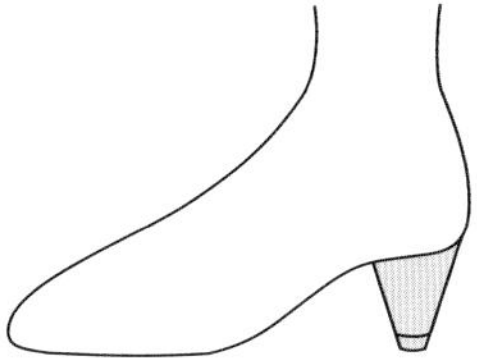

つけ根が太く、先端の接地部が細くとがっているのが特徴。アイスクリームのコーン（円すい状のカップ）の形に似ていることから、こう呼ばれる。

バナナ・ヒール

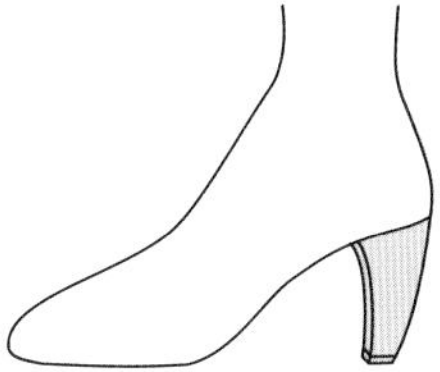

地面につく部分は細めだが、上にいくほどぐっと太くなる。かかとからヒールにかけて、バナナのような曲線になっているのが特徴である。

スタック・ヒール

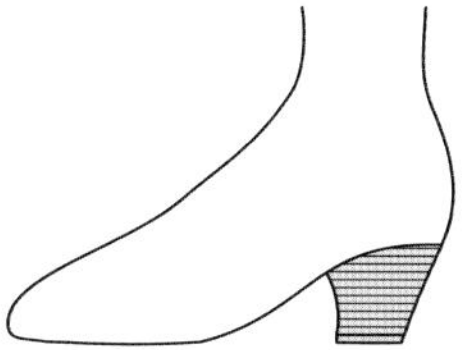

本来は革を積み重ねたヒールで、ヒール外観の横縞模様が特徴的。現在ではプリントで模様をつけたものもある。スタックト・ヒール、ビルトアップ・ヒールともいう。

ウェッジ・ヒール

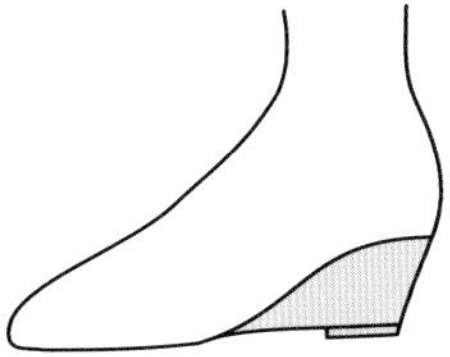

ウェッジは「くさび」という意味で、くさび形のヒールをさす。安定感が特徴で、一般的にはカジュアル用とされる。ウェッジ・ソール、船底形ヒールともいう。

フラット・ヒール

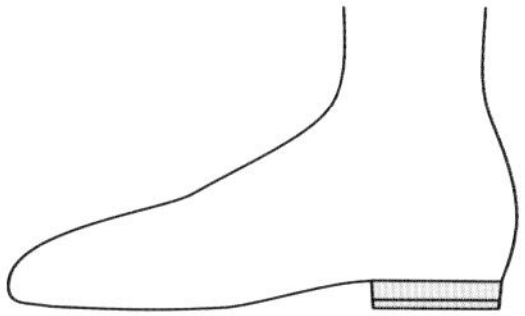

革１枚、あるいは１～1.5cm前後の厚みの、平たいヒールをさす。地面につく面積が大きいため、安定感があるのが特徴で、実用的といえる。

25
ブーツ
boot

デザート・ブーツ
desert boot

2～3対の鳩目のひもつきで、くるぶしの上までかぶる丈のラバー・ソール・ブーツ。デザートは「砂漠」の意味で、砂が入らないよう、頑丈に縫製されていることからこの名がついた。

チャッカ・ブーツ
chukka boot

くるぶし丈で、ひも締めのブーツ。つま先が丸く、2～3対の鳩目穴が開けられている。もともとポロ選手からはじまったとされ、スポーツやカジュアルな装いに適した靴とされる。

レース・アップ・ブーツ
lace up boot

レースは「ひも」という意味で、ひもで締め上げて履くブーツのこと。ひもを通す穴は、靴の正面か側面のどちらかについている。同編み上げ靴、レースド・ブーツ

ゴア・ブーツ
gored boot

履き口の内外両側にU字やV字のゴムのまちが入ったブーツ。着脱が容易で機能性に優れる。ロンドンのチェルシー地区の音楽家が履いたことから、チェルシー・ブーツともいう。

ブーティー
bootee

くるぶしの下からすぐ上あたりまでの丈のブーツ。男性用では履き口にまちやジッパーがついたものなどがある。女性用ではハイ・ヒールや、履き口がボアなどで装飾されたものもある。

ジョッパー・ブーツ
jodhpur boot

つま先が細く、くるぶしを覆う丈で、足首を革ひもでとめて履くブーツ。1920年代に乗馬用のブーツとして登場し、第二次世界大戦時には飛行用のブーツとしても採用された。

モンキー・ブーツ
monkey boot

ワーク・ブーツの一種。または、それをもとにデザインされたブーツ。ひも締めで、くるぶし丈のショート・ブーツ。高所での作業時に着用されていたことから、この名がついたとされる。

キャバリア・ブーツ
cavalier boot

キャバリアとは騎士のこと。17世紀に騎士が着用した、または、そのデザインを模したブーツで、履き口が大きく広がった形状なのが特徴である。同バケット・トップ

ペコス・ブーツ
Pecos boot

つま先が丸く、ふくらはぎの中ほどまでの丈のブーツ。履き口の外側や内側にプル・ストラップがついている。名称は、アメリカ南部のペコス川流域で農業用に履かれていたことに由来。

ジョッキー・ブーツ
jockey boot

ひざ下までの丈のブーツ。履き口上部に色違いの革の折り返しがついているのが特徴。房飾りがつくこともある。もともと競馬の騎手（ジョッキー）が履いたことから、この名称がついた。

ウエスタン・ブーツ
Western boot

落馬防止用の後部から前方へ傾斜したヒール、つま先部分や側面のキルティングやステッチ模様が特徴。アメリカ西部のカウボーイの作業用ブーツをヒントにした。同カウボーイ・ブーツ

コンバット・ブーツ
combat boot

コンバットは「戦闘」の意。元来は戦闘用の深いブーツで、長時間の歩行に耐える厚底、高い防水性、丈夫さなどが特徴。編み上げが一般的。革や繊維素材で、底は革や合成ゴムを用いる。

エンジニア・ブーツ
engineer boot

元来はエンジニアが作業時に履いた安全靴の一種で、そのデザインを模したブーツをさす。厚底で、つま先部分に足の保護用カップがはめ込まれ、履き口を絞めるためのベルトがつく。

ワーク・ブーツ
work boot

作業用のブーツのこと。素材は厚手の革で、くるぶしより深い編み上げ靴。底は合成ゴムで凹凸があるものが多い。現代では作業用に限らず、カジュアルな装いにもとり入れられる。

MEMO

ロンドン・ブーツ

1970年代にロンドンの若者の間で流行した、高いヒールとやや厚めの底の男性用ブーツ。丈はふくらはぎに届かない程度のものが多い。明るい色や模様をペイントしたものもよく見られた。

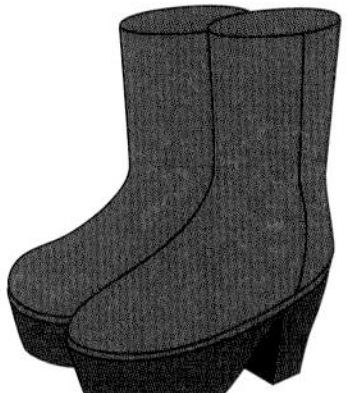

ブーツ boot

マウンテン・ブーツ
mountain boot

登山用靴で、多くは足首までのハイ・カット型のひも靴タイプ。耐久性や防水性、防寒性、クッション性などに優れ、トレッキング・シューズより厳しい環境用。近年はタウン用にも普及。

ハンティング・ブーツ
hunting boot

元来は狩猟用のブーツ。ゴム製の厚底つきで、ひも締めの半長靴タイプが多い。防水性、保温性、ブッシュからの足・脚部の保護、動きやすさ、フィット性などが考慮されている。

ウェリントン・ブーツ
Wellington boot

革またはゴム製のひざ丈のブーツ。ヒールが低いのが特徴のひとつで、日本では長靴やゴム長などとも呼ばれる。名称は、愛用していたイギリスのウェリントン将軍の名前に由来する。

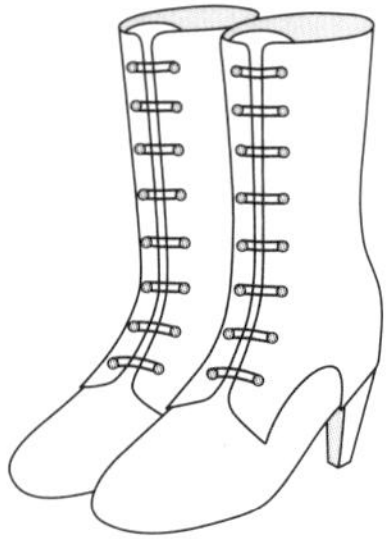

ナポレオン・ブーツ
Napoleon boot

元来は履き口が前上がりにウェーブしたひざ丈ブーツ。ナポレオン１世が兵士用にデザインした。日本ではひざ下より短い丈で、左右に並んだ金具にひもをかけて絞めるタイプもさす。

ムートン・ブーツ
mouton boot

子羊のなめし革であるムートンを使用して作られたブーツ。保温性に優れ、また、軽量であることが特徴。冬のカジュアルな装いのアイテムとして広く普及している。

カントリー・ブーツ
country boot

足首より上までが十分に隠れる丈の革のブーツ。ウィング・チップなどの多彩な穴飾りが特徴。19世紀末に、イギリスの上流階級が狩りなどアウトドアに出かけたときのブーツが起源。

ボタン・ブーツ
button boot

複数のボタンでとめ上げるブーツ。19世紀から20世紀初頭にかけて、欧米を中心に流行。男女ともに着用し、くるぶしまでの短い丈やふくらはぎの下あたりまでの長さのものもある。

リング・ブーツ
ring boot

作業靴の一種。足首に巻いたベルトを靴の側面についているリング状のバックルにとめるデザインが特徴。脇に伸縮性のある生地を差し込む（サイド・ゴア）タイプが多い。

ストレッチ・ブーツ
stretch boot

裏にストレッチ性のある素材を張り合わせた、本革や合成皮革で作られたブーツ。足部・脚部にフィットしながら、ファスナーやひもなどのあきなしで着脱ができる。

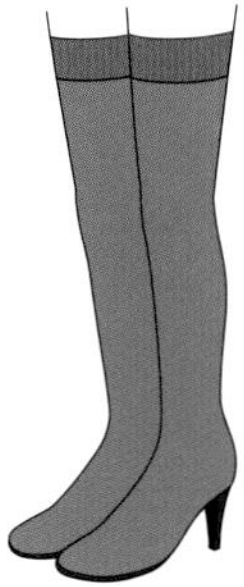

ストッキング・ブーツ
stocking boot

ストッキングのように脚にぴったりつく、長く、ときにはひざより高い位置まで届くブーツ。柔らかい薄手の革や伸縮性のある素材を使う。ミニ・スカートなどに合わせる。

ソックス・ブーツ
socks boot

ニットのソックスに底とヒールをつけたような形のブーツで、履き口はゴム編み。アンクル・ブーツ程度の長さのものが多い。あきはなく、ソックスの感覚で着脱ができる。

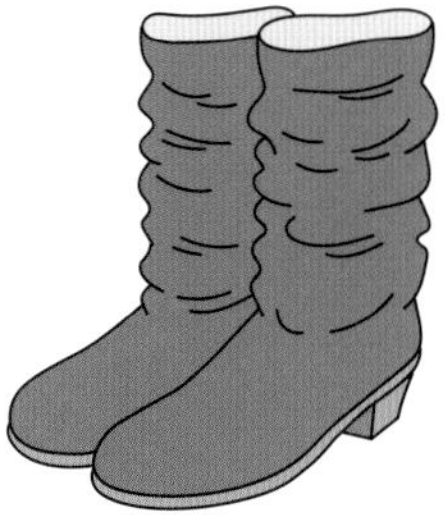

バギー・ブーツ
baggy boot

筒型で足の形にフィットしないブーツで、ゆったりとした形状であるのが特徴。バギーは「ぶかぶかの」という意味である。同ルーズ・フィット・ブーツ、ルーズ・ブーツ

MEMO

ブーツの丈による名称

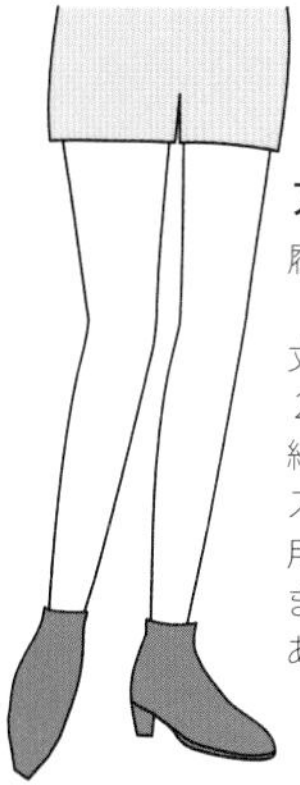

アンクル・ブーツ
履き口がくるぶし（アンクル）までの丈のブーツ。ひもを2～3鳩目に通して結ぶタイプや、ファスナーやバックルを用いたものなど、さまざまなデザインがある。

ハーフ・ブーツ
筒部分がふくらはぎの中間くらいまであるブーツで、半長靴のこと。キャバリエ・ブーツ、ジョッパー・ブーツ、ウェリントン・ブーツなどがハーフ・ブーツに含まれる。

ニー・ハイ・ブーツ
深さがひざあたりまであるブーツで、材料にソフトな革を用いる。日本ではロング・ブーツともいう。ミニ・スカートの流行とともに女性用として広まった。

サイ・ハイ・ブーツ
サイは「太もも」という意味で、丈が太ももの位置まである長いブーツをさす。サイ・ブーツ、サイ・レングス・ブーツも同じ。柔らかで伸縮性のある素材を用いることが多い。

26

サンダル

sandal

アンクル・ストラップ・サンダル

ankle strap sandal

ソール部分を足にしっかり固定するために、足首に巻くストラップがとりつけられたサンダル。革や合皮製のものが多く、多様なデザインが展開されている。

ティーストラップ・サンダル

T-strap sandal

足首と甲をとめるストラップがＴ字形になっているサンダル。カジュアルなフラット・タイプからドレスアップの場面にふさわしいヒール・タイプのものまで、さまざまなデザインがある。

レース・アップ・サンダル

lace up sandal

ひもを交互に編み上げて履くサンダル。この場合のひもは、ソールを足に固定させるための機能性とともに、装飾も兼ねている。シンプル、かつ、華奢な印象を与えるデザイン。

グラディエーター・サンダル

gladiator sandal

古代ローマの剣闘士（英語のグラディエーター）が履いた軍靴である、カリガを模したサンダル。肋骨のように組み合わされたストラップを特徴とする。同ボーン・サンダル

グルカ・サンダル

Gurkha sandal

甲の部分が革のベルトを編み込んだような形状のサンダル。グルカは19世紀の旧イギリス領インドの兵士のことで、彼らが履いていたサンダルを模してデザインされたものをさす。

プラットフォーム・サンダル

platform sandal

駅のプラットフォームを思わせる厚底がついたサンダル。土踏まずの部分が下駄のようにえぐられたものも含む。日本では1970年代に流行し、1990年代に再び人気を博した。

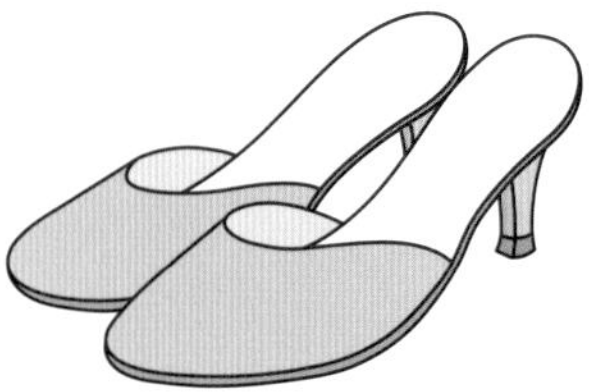

ミュール

mule

足を滑り込ませて履くスリッパ型サンダルで、かかとを固定するストラップがない、つっかけタイプ。ヨーロッパで室内履きとして誕生し、18世紀にはハイ・ヒールのものも現れた。

ヘップ・サンダル
hep sandal

つま先の開いた、ウェッジ・ヒールのミュールのこと。女優のオードリー・ヘップバーンが履いていたことから、ヘップバーン・サンダルを略してこの名称がついた。

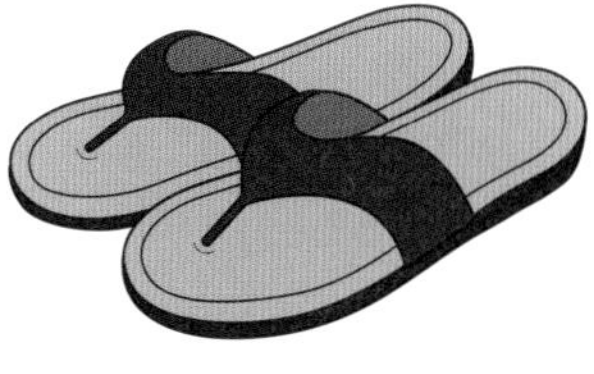

トング
thong

草履のような鼻緒がついたサンダルのこと。トングは「鼻緒」の意味であることから、この名がついた。元来はリゾート用であったが、今ではタウン用としても履かれる。

スリングバック・トング
sling-back thong

スリング・バッグは「かかと部分にベルトがついた」の意味で、さらに、つま先部分にトング（鼻緒）がついているものをさす。トングによって足が前方に滑るのを防ぎ、安定感がある。

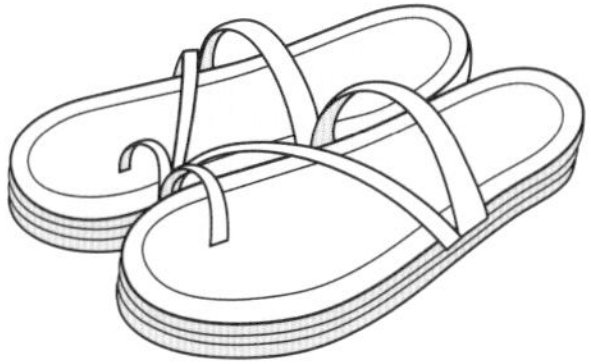

トウ・ループ・サンダル
toe loop sandal

サンダルの一種。つま先と甲の部分にループがついていて、つま先のループに親指を入れて履く。ヒールがあるタイプやフラットなものなど、さまざまなデザインがある。

スポーツ・サンダル
sport sandal

クッション性の高い厚底で、ストラップによって足をしっかり支えるサンダル。歩きにくく、滑りやすい山や川岸などのハイキングに対応。機能性とスタイリッシュな外観でタウン用にも。

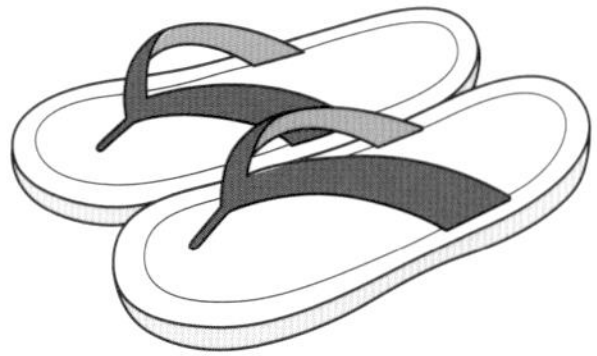

ビーチ・サンダル
beach sandal

海浜用の鼻緒がついたゴム製のサンダルで、素足に履く。1952年にアメリカのデザイナー、レイ・パスティンと日本の内外ゴムの技術者、生田庄太郎が開発した。同フリップ・フロップス

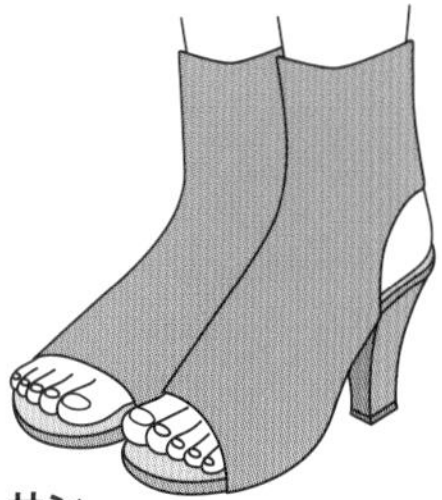

ブーサン
ぶーさん

つま先やかかとが開いた、ブーツのようなサンダル。ブーツとサンダルを掛け合わせたようなデザインであることから、形態の特徴が名称となった。甲の部分がひも締めになったものも。

MEMO

エスパドリーユ

フランスのピレネー山脈起源の履物。靴底にエスパルト草の繊維を編み込んでいたことから命名された。現在は甲にキャンバス地、靴底にジュート麻のロープ・ソールを用いる。夏のリゾートなどで用いられ、カジュアルな印象。

27 帽子

hat

センター・クリース
center crease

山部分の中央にくぼみがある帽子。日本語では中折れ帽と呼ばれる。つばが狭く、広幅のリボンを巻いた柔らかいフェルト製のものが一般的である。同ソフト帽、中折れ帽、ホンブルグ

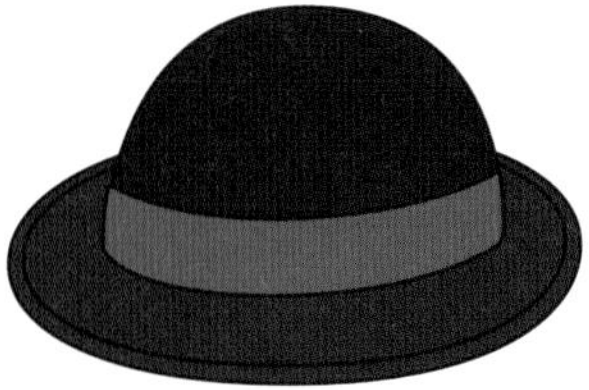

ボーラー
bowler

丸みのある頭頂部と端が巻き上がったつばを持つ、硬いフェルト製の帽子。色は黒を基本とする。1860年ごろに帽子屋のウィリアム・ボーラーが考案した。同山高帽

スナップ・ブリム
snap brim

水平より下がっている幅広のつば（ブリム）のついた帽子のこと。つばの縁に弾力があり、自由に折り曲げて角度を調整するなど、成形してかぶることができる。同ソフト・ハット

ブルトン
Breton

前つばがそり上がり、 後部が深く下がった形を特徴とするフェルト製の女性用の帽子。フランスのブルターニュ地方の農民がかぶっていた帽子に由来する。同ブレトン

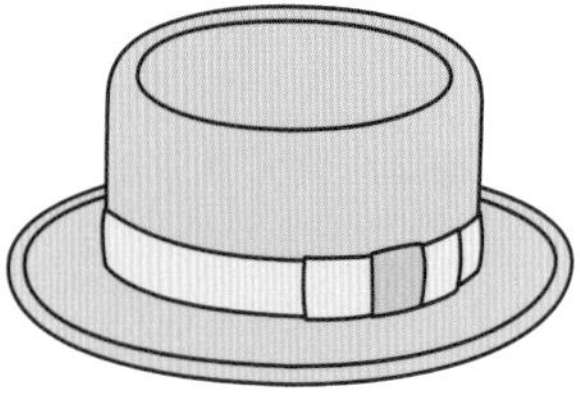

ポーク・パイ
pork pie

フェルト製の男女用で、ポークパイのようにへりが少し盛り上がった、低めの円筒形の帽子。クラウン（帽子の山の部分）の縁がある。クラウンのつけ根にリボンを巻くのが一般的である。

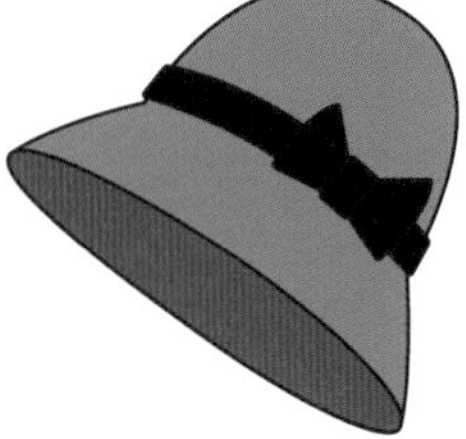

クロシュ
cloche

クロシュは「鐘」という意味の仏語で、釣鐘形の帽子をさす。山部分は頭に沿って深く、狭い下向きのつばを眉の位置まで引き下ろしてかぶる。1920年代に流行した。

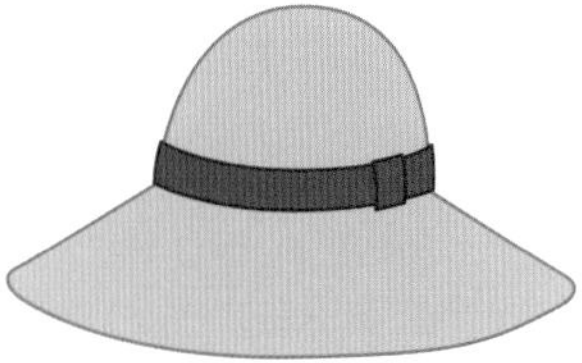

カプリーヌ
capeline

柔らかくて幅広のつばがついた帽子。山部分は頭に密着するスカルキャップ型のものが多い。多くは薄手の布製、または、麦わら製である。同キャプリン

スラウチ・ハット
slouch hat

幅広のつばを持つ、カプリーヌ型の帽子。前でつばを下側に折って、顔にかげりを出すようにかぶる。女優のグレタ・ガルボが愛用したことから、ガルボ・ハットとも呼ばれる。

シルク・ハット
silk hat

山部分は円筒形で、頭頂部は平たく、狭いつばの両サイドがそっている男性用帽子。絹の光沢のあるプラッシュ（ビロードの一種）製。現代では男性の正装用とされる。同トップ・ハット

チロリアン・ハット
Tyrolean hat

オーストリアのチロル地方で生まれた、後方のつばを折り返してかぶるノェルト帽。色は元来はオリーブ・グリーンだが、現在は多様。側面に羽根や房を飾る。同アルパイン・ハット

テンガロン・ハット
ten-gallon hat

山部分が高く、広いつばの両側が巻き上がった形の帽子。アメリカのカウボーイが愛用した。水を10ガロンも汲めるといった形容から、こう呼ばれる。同ステットソン

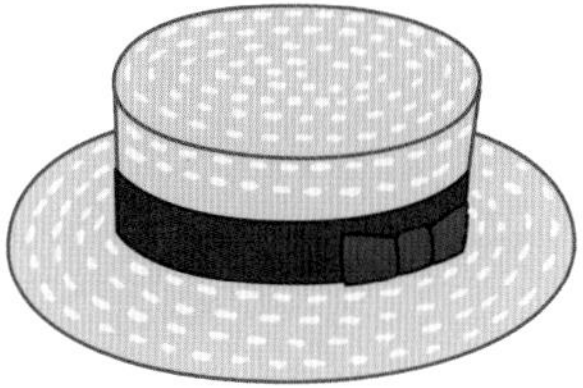

カノティエ
canotier

浅い筒形で頭頂部が平らな山部分に、水平なつばのついたストロー・ハット。日本ではカンカン帽という。もとはボートを漕ぐ人がかぶっていたことから、ボーターとも呼ばれる。

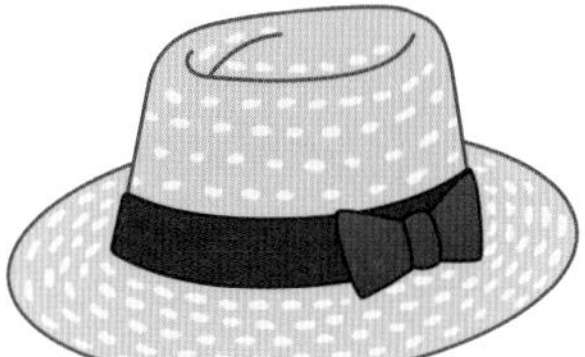

パナマ・ハット
panama hat

熱帯植物のパナマ草の若葉を細く割き、編んで作られた帽子。弾力や光沢、耐久性に優れている。元来、南米の植民地の農民がかぶっていたが、現在では高級品として高い人気を誇る。

ベルジェール・ハット
bergère hat

低い山部分に柔らかい幅広のつばがついた、女性用のストロー・ハット。あごの下でひもを結んでかぶる。ベルジェールは「羊飼いの娘」という意味。同ミルクメイド・ハット

ハットとキャップ

ハットはクラウン(山部分)とブリム（縁、つば）のついた帽子の総称で、フランス語でシャポーという。一方、キャップはフィットした頭部のみの帽子、あるいは、目びさしがついている帽子をさし、19世紀以降、スポーツとともに男性の間に広まった。ブリムがあるかどうかで、ハットかキャップかを区別する。

ガウチョ・ハット
gaucho hat

山部分が頭頂部に向かってやや細くなり、つばの幅が広い形の帽子のこと。南アメリカの草原地帯、とくにアルゼンチンのカウボーイ（ガウチョ）がかぶっていたことからこの名がついた。

ソンブレロ
sombrero

スペインやメキシコ、アメリカ西南部で用いられた、広いつばと、頭頂部に向けて細くとがった高い山部を特徴とする帽子。農民は麦わら製、富裕層はフェルト製のものを着用した。

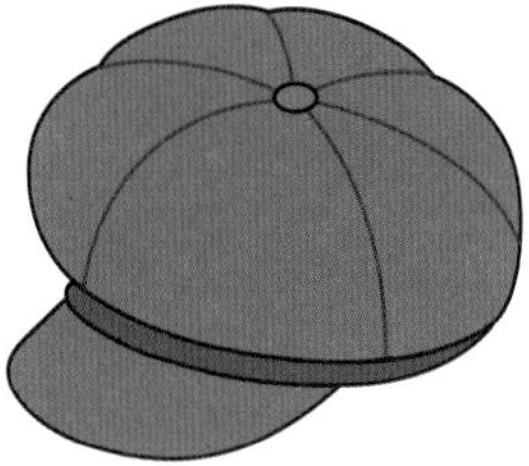

カスケット
casquette

大きめの目びさしがつき、山部に大きくゆとりを持たせた帽子。ハンチングの一種で、本来は男性が狩猟のときに着用した。現在では男女ともに同様の形のものを着用する。同キャスケット

ハンチング
hunting

６枚ないし８枚はぎの丸天井に、目びさしのついた帽子。日本語の鳥撃ち帽で、正式名称はハンティング・キャップ。１枚布で作られる場合はハンティング・ベレーという。

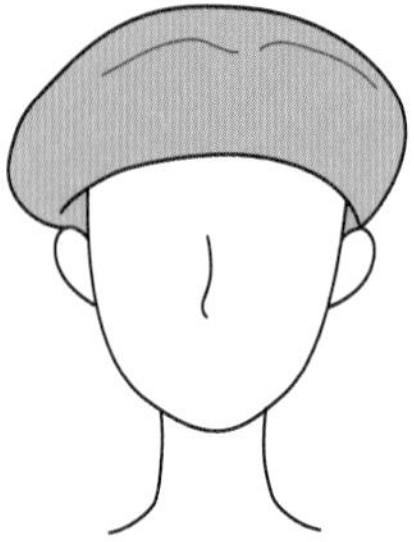

ベレー
beret

つばがなく、丸く平らな山部分だけの帽子の総称。かぶり口が内側にすぼまり、頭にフィットする。スペイン北部のバスク地方で農民がかぶっていたバスク・ベレーが起源とされる。

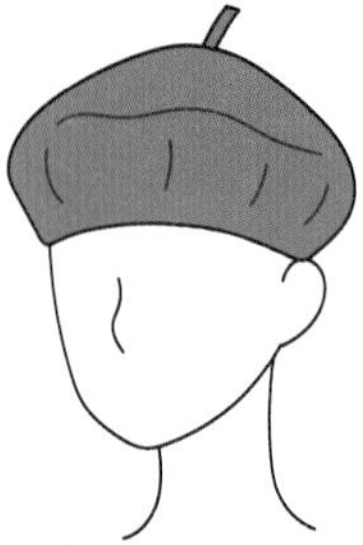

バスク・ベレー
Basque beret

スペイン北部のバスク地方で農民がかぶっていた帽子で、ベレーの原型とされる。かぶり口が頭にフィットするよう内側にすぼまり、丸く平らな山部分の天井に小さな突起がついている。

タモシャンター
tam-o'-shanter

大きなベレー型で、頭頂部にポンポンや房、ひもなどを飾った帽子。スコットランドの民族衣装の一部。縞の毛織物を何枚かに切り、つぎ合わせることで独特の模様が表れる。同タミー

サウウェスター
sou'wester

サウスウェスターは「南西風」の意。風雨を防ぐための帽子で、６枚はぎの山、後ろに長く張り出したつば、あごどめのひもが特徴。防水性の高い布が用いられる。同スリッカー・ハット

バケット・ハット
bucket hat

バケツを伏せたような、円すい台形の山部にブリムがついた帽子。素材によってはカジュアルなスタイルやスポーティーなスタイル、改まったスタイルにもなる。

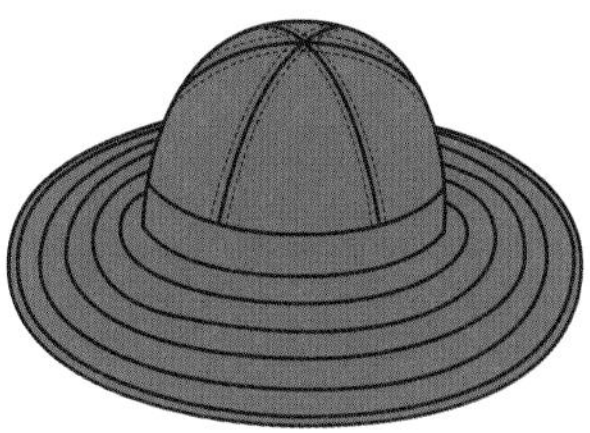

ファティーグ・ハット
fatigue hat

ファティーグは軍隊用語で「雑役」という意味。もとは米兵の野外作業用の帽子で、６枚はぎの丸い頭部につばがついた帽子。丈夫なツイル素材で作られ、色はアーミー・グリーンが多い。

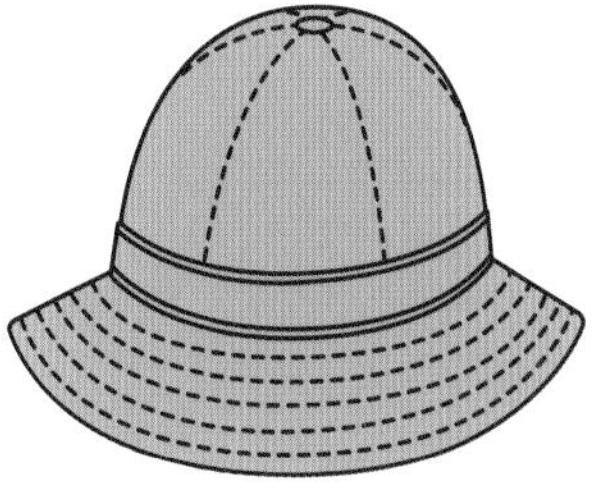

クルー・ハット
crew hat

６枚または８枚はぎの丸形の山部分に、多数のステッチを施したつばのついた帽子。コットンやリネン製が多い。名称は船員（クルー）がかぶったことに由来。同キャンポベロ・ハット

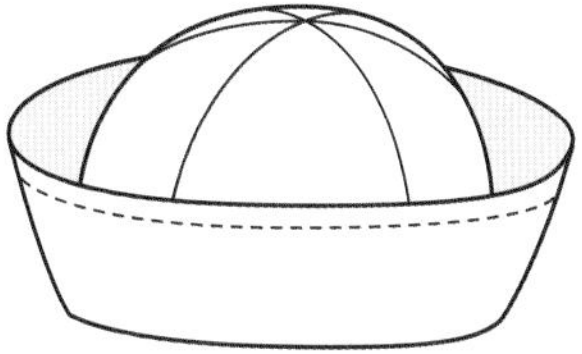

ゴブ・ハット
gob hat

６枚はぎの山部分と、上にそり返ったつばのついた帽子で、白い布製が一般的。ゴブはこの帽子を制服の一部としたアメリカ海軍の水兵を意味する俗語。同ホワイト・ハット

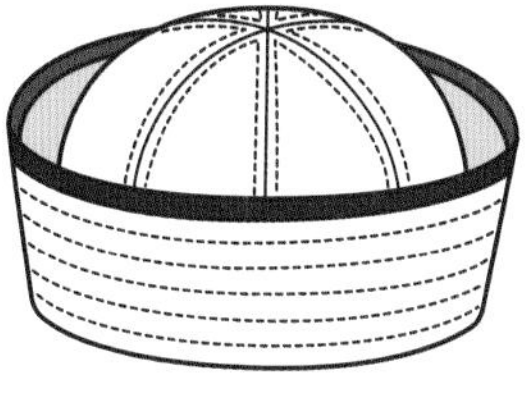

セーラー・ハット
sailor hat

セーラー（水兵）がかぶった帽子、または、そのデザインを模した帽子。つばの全体を折り返してかぶる小型の帽子と、山部が平らなストロー・ハットの２種類がある。

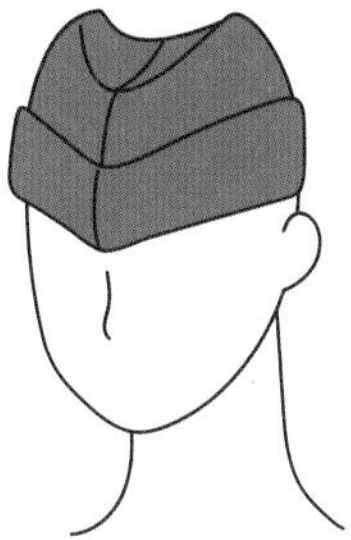

オーバーシーズ・キャップ
overseas cap

アメリカ軍の兵士が海外派兵勤務の際に着用した帽子。色はアーミー・グリーンで、形は携帯に便利なように目びさしがなく、縦に平たく折り畳める。同ＧＩキャップ

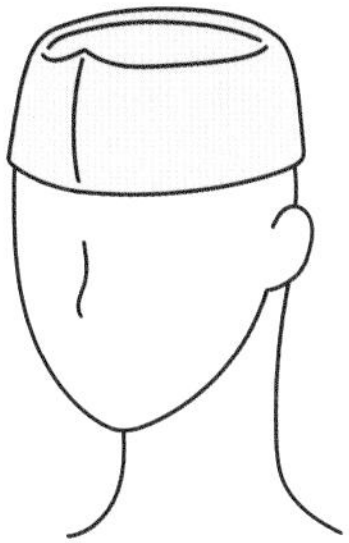

ネルー・キャップ
Nehru cap

つばのない、頭頂部が平らな円筒形の帽子で、おもにインドの富裕層が着用する。名称はインドの初代首相、ジャワハーラル・ネルーが愛用したことに由来する。

ジョッキー・キャップ
jockey cap

競馬騎手が頭部の保護用にかぶるヘルメット型の丸い帽子、または、この形をまねた帽子。目びさしは長めで、山部分は少し深さがあるのが特徴。レース用の場合はあごひもがつく。

帽子 hat

ベースボール・キャップ
baseball cap

目びさしつきの、6枚つぎで作る半球形のキャップ。野球選手やチーム・スタッフのユニフォームの一部、また、これをまねた帽子。頭頂にボタンがつく。同野球帽

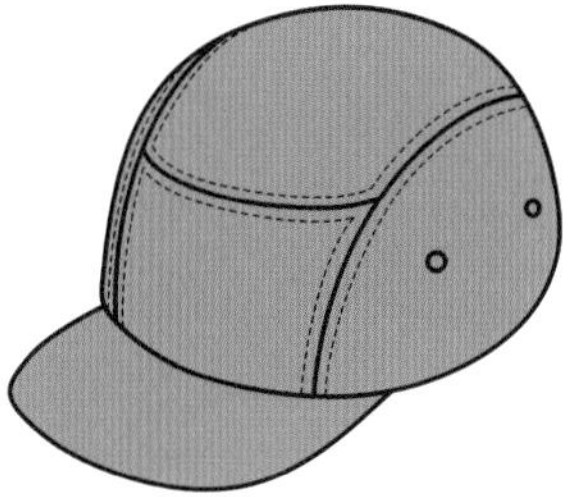

ジェット・キャップ
jet cap

山部分が5枚の生地をつぎ合わせて作られた帽子。ひさしの幅はやや広い。山の左右には鳩目が開けられていて、通気をよくする役目を果たしている。同ファイブ・パネル

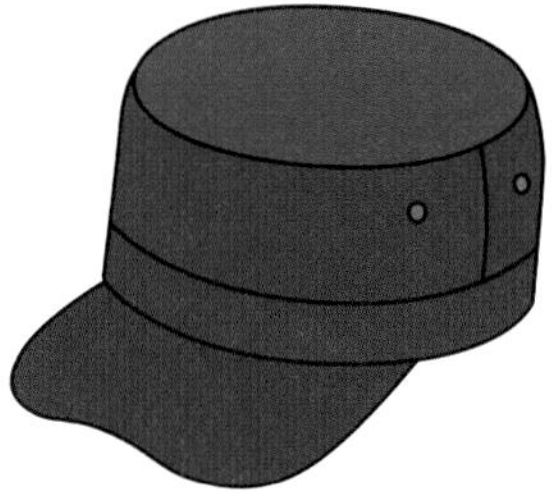

ワーク・キャップ
work cap

円筒形のクラウンに目びさしのついた、丈夫な布製のキャップ。1900年代初頭のアメリカで鉄道作業員用に登場。愛用したフランス元大統領の名を冠し、ドゴール・キャップともいう。

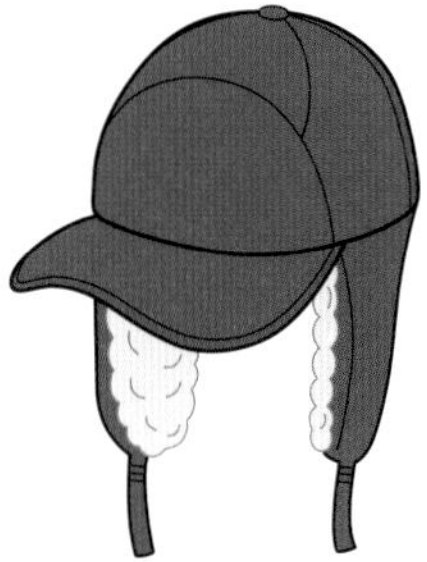

フライト・キャップ
flight cap

パイロットが操縦時に防寒・防風用にかぶる、耳あてつきのキャップ。バイクなどの運転時にも着用。現在では耳あてに毛皮などを使った女性用も。同トラッパー、パイロット・キャップ

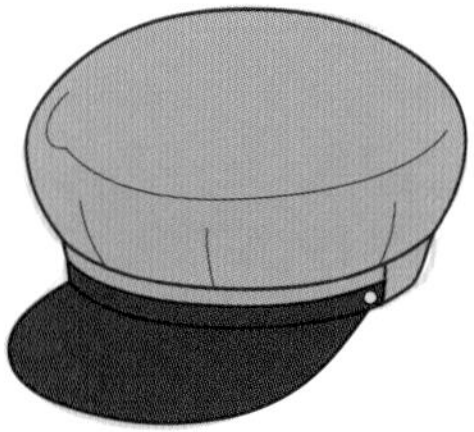

マリン・キャップ
marine cap

マリンは「海の、海軍の」などの意味で、ヨーロッパの船員や漁師からはじまった帽子。柔らかな布製のキャップで、しっかりしたへりと硬い目びさしがつく。形は学生帽に似ている。

シャーロック
Sherlock

前後に目びさしがあり、耳あてがついた帽子。耳あては頭頂部にリボンやひもでとめる。推理小説『シャーロック・ホームズ』の主人公のトレードマーク。同鹿撃ち帽、ディアストーカー

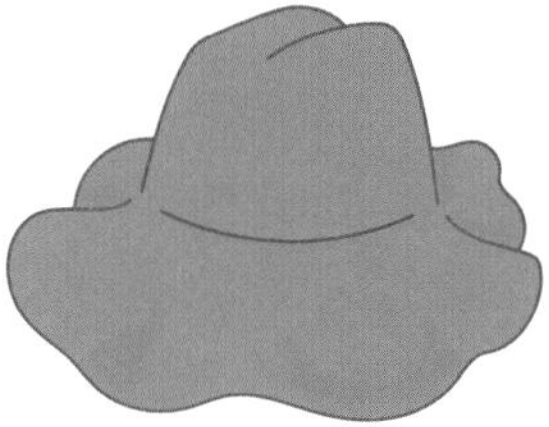

フロッピー・ハット
floppy hat

フロッピーは「垂れ下がる」という意味で、広い円形のブリムを持つ帽子。柔らかなフェルトなどで作られ、ブリムが波打ち、やや垂れるものも多い。優雅な印象を持つのが特徴である。

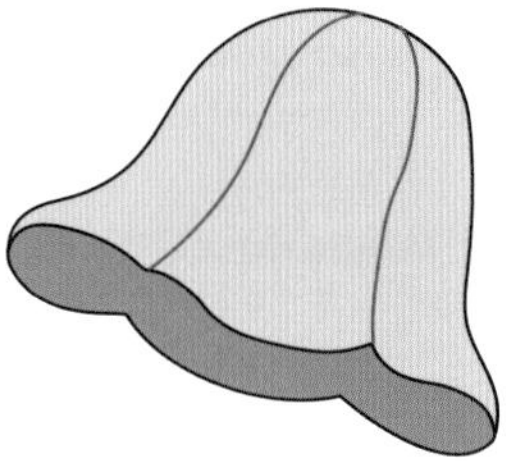

チューリップ・ハット
tulip hat

縦に6枚のパーツを縫い合わせて、チューリップの花を伏せたような形の布製の帽子。縁と山部は続いている。カジュアル・ファッションによくとり入れられる。同プレッピー・ハット

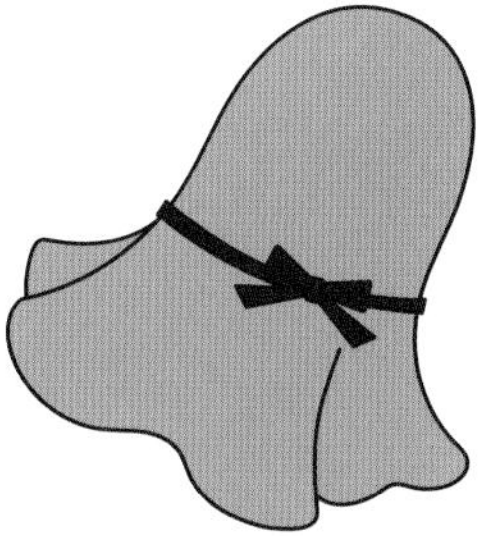

クラッシュ・ハット
crush hat

クラッシュは「押しつぶす」の意味。畳んでも型崩れしない柔らかい素材で作られた帽子の総称。山部分が折り畳めるオペラ・ハットや、携帯に便利な畳むことのできる登山帽などがある。

ケープ・ハット
cape hat

後頭部から衿足にかけての部分を覆う長い縁がついた帽子。後ろ部分だけに長い布をつけたものもある。この縁や布がケープを思わせることが名前の由来。後ろの部分は日焼け防止用。

ピルボックス
pillbox

山部分が浅い円筒形でつばのない帽子。形状が丸薬入れ（ピルボックス）に似ていることが名称の由来。1950年代にクリストバル・バレンシアガによって流行。同ベルボーイ・ハット

トーク
toque

円筒形で、つばのない女性用の帽子。縁を折り返すこともある。羽根やベールで飾られることが多い。15世紀のフランスで着用されはじめ、当初は男女ともに使用した。

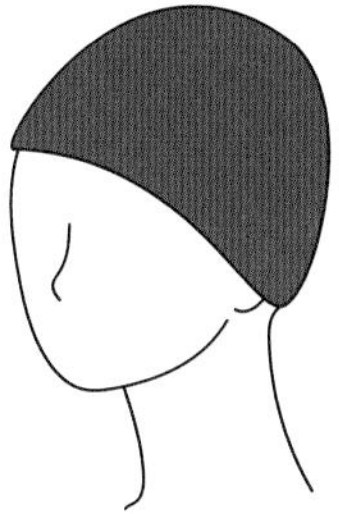

カロ
calot

つばがない、頭に沿った形の山部分のみの半球状の帽子。聖職者が着用することでも知られている。また、円筒に近い形の軍用の帽子もさす。同カロット、スカルキャップ

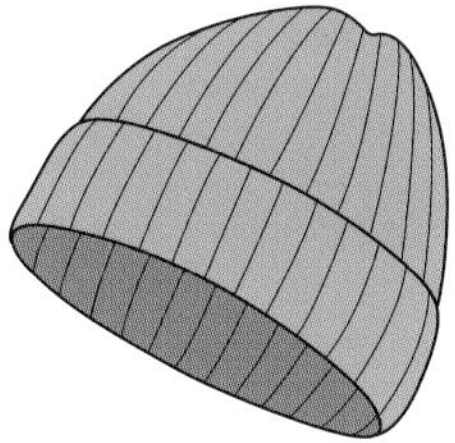

ワッチ
watch

毛糸で編まれた、頭にぴったりと合ったキャップ。ワッチは「見守る、観察する」という意味で、船員などが海を観察する際の防寒・防風用帽子から生まれたとされている。

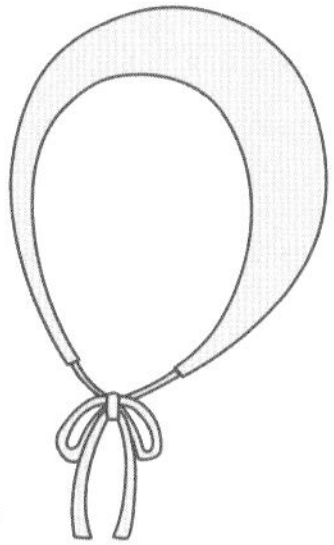

ビギン
biggin

あごひもつきの、頭に沿った頭巾型の幼児用帽子。名称はベルギーのローマ・カトリック教会のベギン修道女の頭巾に由来。イギリスではナイト・キャップのことをさす。同ビゴネット

ボンネット
bonnet

頭の後ろから頭頂部を覆うように包み、あごの下で、顔の輪郭を縁どるようにひもで結んでかぶる帽子。柔らかい布や毛糸、麦わらなどでできていて、おもに女性や子ども用。同ボネ

人名に由来する用語

バリモア・カラー

折り返り部分が大きく、前の衿先が長くとがったカラー。1920年代から30年代に活躍したアメリカの映画俳優ジョン・バリモアにちなむ。彼自身は台衿のボタンを外して着ることもあった。

ガルボ・ハット

縁の広い帽子。名称は女優のグレタ・ガルボ（1905～1990年）が縁の一部を折り返し、顔に陰影が生まれるようにやや角度をつけてかぶったことにちなむ。スラウチ・ハットとも。

ノヴァック・バッグ

2005年にアレキサンダー・マックイーンが、1950年代に活躍した映画女優キム・ノヴァックをイメージしてデザインしたバッグ。２本の持ち手、縦に回したベルト、革使いが特徴である。

ラバリエール

薄手の黒絹を使った、大きな蝶結びのネクタイ。名称は、男性のネクタイをとり入れた、ルイ14世の愛妾ラバリエールに由来する。19世紀半ばに、おもに芸術家の間で流行した。

ケリー・バッグ

1930年代にエルメス社が作ったバッグ。名称は故モナコ王妃のグレース・ケリーが妊娠中のおなかをこのバッグで隠したことから。台形、ベルトと錠で締めるかぶせぶたなどが特徴。

アイゼンハワー・ジャケット

ウエスト丈のジャケットで、オープン・カラー、雨ぶたつきのパッチ・ポケット、比翼仕立(ひよくじた)ての前立てが特徴。名称は連合軍総司令官、アイゼンハワー元帥に由来する。

ベロニカ・レイク

アメリカの映画女優ベロニカ・レイク（1922～1973）のトレードマークの髪型。左寄りの位置で分けたプラチナ・ブロンドの髪を、顔の右半分を隠すように垂らす。

ポンパドール

頭頂部で髪全体をひとつのシニョンにまとめた髪型。ひっつめずに、ふっくらとまとめる。18世紀中期と19世紀末に流行。名称はルイ15世の寵姫、ポンパドール夫人に由来。

ピーター・トムソン・ドレス

アメリカ海軍のテーラー出身のピーター・トムソンが、水兵の制服をもとにデザインしたドレス。セーラー・カラー、動きやすいよう胸の切り替えから裾までプリーツ、ウエストのベルトが特徴。

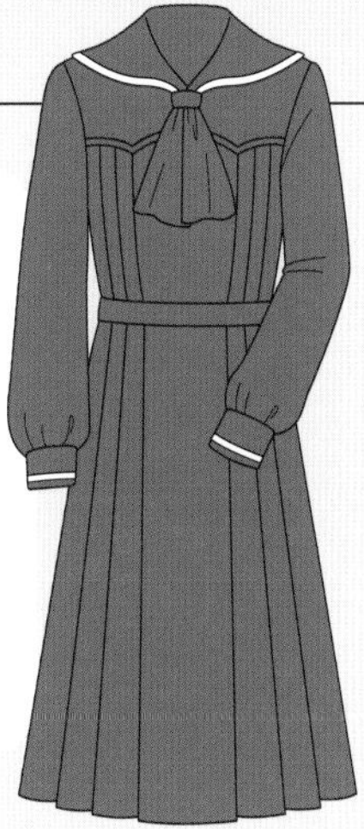

ネルー・ジャケット

インドの独立運動を指導し、初代首相を務めたジャワハーラル・ネルーが着て、1960年代に広まったジャケット。細身のシルエットにボタンどめのシングルブレスト、スタンド・カラーが特徴。

モンゴメリー・ベレー

かぶり口の縁どりのリボンで、背部で多少のサイズ調節ができるベレー帽。第二次世界大戦中にイギリス軍のモンゴメリー指揮官が愛用し、のちにミュージシャンが広めた。

ロイドメガネ

1920年代に活躍したアメリカの喜劇映画の俳優、ハロルド・ロイド（1893～1971年）が1920年代に愛用したメガネ。べっ甲やセルロイド製の、太めで丸い形のフレームが特徴。

サブリナ・シューズ

映画『麗しのサブリナ』で、オードリー・ヘップバーン演じるヒロインのサブリナが、黒いトップスと七分丈のパンツに合わせて履いた靴。スリッポン型のフラット・シューズ。

ガリバルディ・シャツ

イタリアの愛国者ガリバルディと仲間が着た赤いシャツの影響を受けて、1860年代に流行したシャツ、またはブラウス。袖口をギャザーで絞った幅広い袖、途中までの前あき。

28 バッグ
bag

ボストン・バッグ
Boston bag

布や革などの柔らかな材料製、２本の持ち手つき、長方形の底、ファスナー開閉の旅行用手さげバッグをさす。アメリカのボストン大学の学生が用いたことが名称の由来。同ボストン

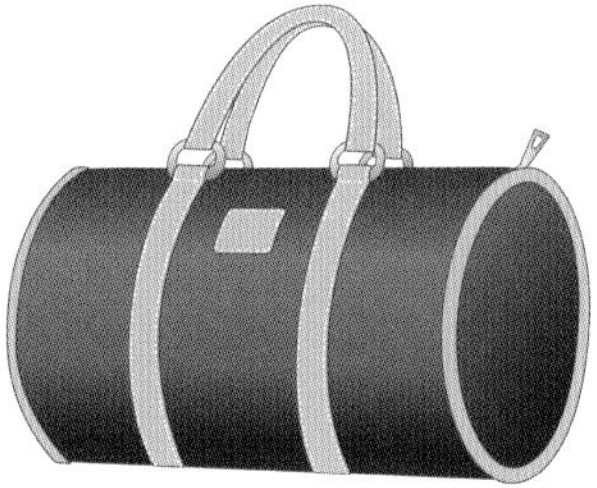

バレル・バッグ
barrel bag

バレルは「樽」の意味で、円筒形を横に倒した形に１本または２本の持ち手をつけたバッグをさす。円筒形の上部や側面にあきがつき、おもにファスナーで開閉する。カジュアル用に多い。

ドクターズ・バッグ
doctor's bag

医者の往診用バッグ。真鍮（しんちゅう）製のカギ、丈夫な持ち手、大きなまちが特徴的。口が大きく開き、中身の出し入れが容易。現在ではビジネス・バッグや旅行用カバンにもとり入れられる。

ブリーフケース
briefcase

ビジネス・バッグの一種。ブリーフは「時間が短い、簡素な」という意味。書類などを入れて持ち運ぶ、持ち手のついた、まちつきの薄型バッグ。ビジネスマンのアクセサリーでもある。

サッチェル・バッグ
satchel bag

本来はイギリスの伝統的通学用手さげカバンで、背負い用ベルトがついているものが多い。最近では男女の日常用として、また、小さめの旅行カバンなどとしても使われる。同サッチェル

リセ・サック
lycée sac

リセはフランスの公立高等中学校のことで、その女生徒が用いる通学用カバン。２本の肩ひもによる背負い式だが、さげ手もつき、手さげにもなる。便利さから一般にも普及している。

ブガッティ
Bugatti

エルメス社が1923年に販売を開始したバッグの登録商標名で、自動車旅行用のバッグ。さげ手と大きなファスナー開きが特徴。もとはボリードだったが、同名の車があることから改名。

テリーヌ・バッグ
terrine bag

底が平らになった半円形のバッグ。ファスナーで大きく開く口と丈夫な持ち手が特徴である。フランス料理のテリーヌを作るときの型に似ていることが名称の由来とされる。

ケリー・バッグ
Kelly bag

故モナコ王妃グレース・ケリーの名を冠した、エルメス社製バッグの登録商標名。台形でまちつき、持ち手は１本。短いかぶせぶたをベルトと錠でとめ、革製ケース入りのカギが下がる。

バーキン
Birkin

イギリス人女優ジェーン・バーキンの名を冠した、エルメス社製バッグの登録商標名。大型の長方形、２本の持ち手、しなやかさ、収納力が特徴で、ベルトと鍵つきのかぶせぶたが特徴。

ハットボックス
hatbox

ハットボックスは「帽子の形崩れを防ぐための収納・運搬用の円筒形の箱」の意味で、この形の本体に持ち手をつけたバッグ。1950～1960年代に流行した。実用性よりはおしゃれ重視型。

エンベロープ・バッグ
envelope bag

エンベロープは「封筒」という意味。洋封筒のように、長方形の長辺に沿って開いた口を覆うための、大きめのかぶせぶたのあるバッグのこと。持ち手があるものと、抱えるタイプがある。

シャネル・バッグ
Chanel bag

ガブリエル・シャネルがデザインした、キルティングを施した革製のバッグ。金のチェーンに革のベルトを通したひも、シャネル・マークの金具が特徴的。

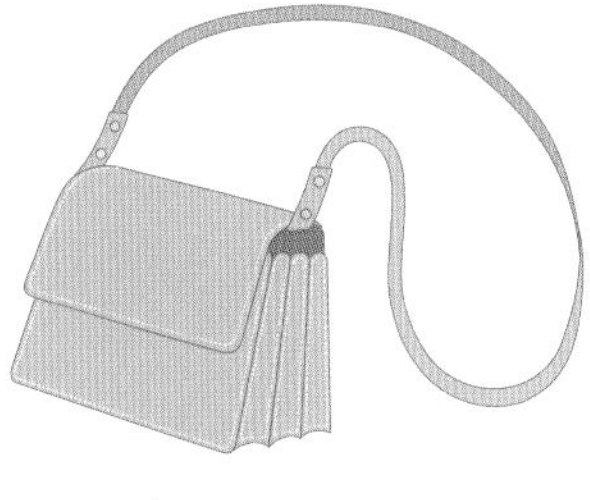

アコーディオン・バッグ
accordion bag

脇や底がアコーディオンの蛇腹のような構造になっていて、中身のボリュームによって、厚さを調節することができるバッグの総称。ハンドバッグ、書類用カバンなどに見られる。

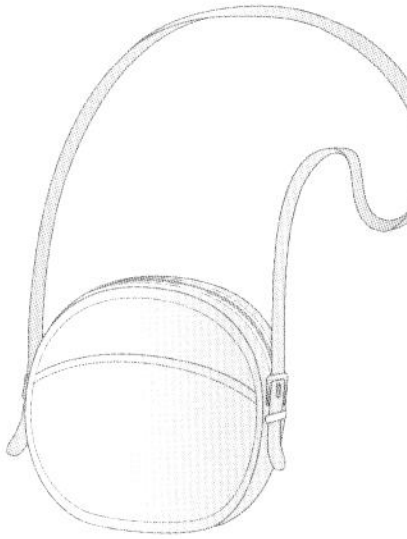

キャンティーン・バッグ
canteen bag

キャンティーンは「水筒」という意味で、水筒に似た薄型の円筒形バッグ。肩掛けのひもつきが一般的。革製のおしゃれ用から、撥水・防水加工された布製まである。同サークル・バッグ

バケツ・バッグ
bucket bag

バケツのように、上部で広がった円筒型の本体に、1～2本の持ち手をつけたバッグの総称。口が大きく開くため、品物の出し入れが容易。飛び出し防止用にベルトを渡すものもある。

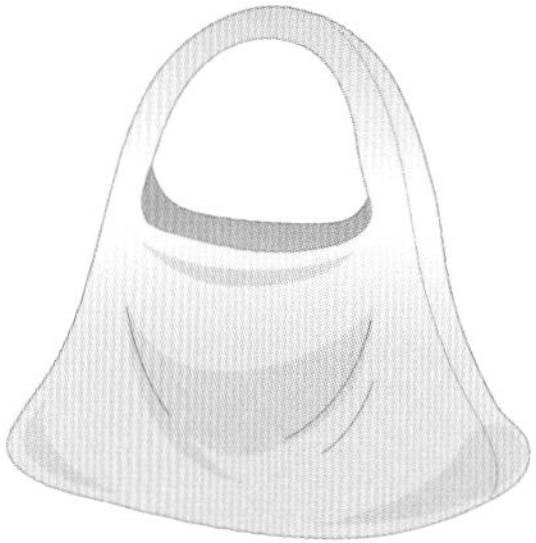

ホーボー・バッグ
hobo bag

上辺が三日月型のバッグ。ホーボーは19世紀末から20世紀初頭の世界的不景気の時代、職を求めて渡り歩いたアメリカの労働者。彼らが持っていたバッグに似ているのが、名称の由来。

バニティ・バッグ
vanity bag

バニティは「虚栄、うぬぼれ」などの意味。化粧品や道具を入れる小型のバッグをバニティ・ケースと呼ぶが、とくにファスナーで開閉するものをバニティ・バッグと呼んで区別する。

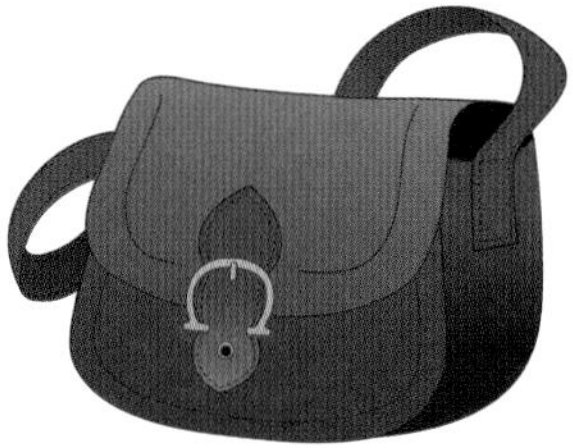

サドル・バッグ
saddle bag

馬の鞍につけるバッグ、また、それに似た形のハンドバッグやショルダー・バッグ。丸みを帯びた底部、タブつきの大きなふたが特徴。自転車の後ろのシートの左右につけるバッグもさす。

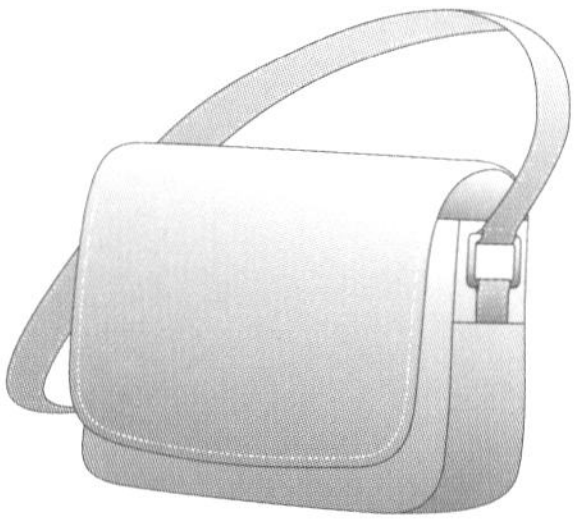

メッセンジャー・バッグ
messenger bag

郵便配達人のバッグに着想を得たショルダー・バッグ。横長でかぶせぶたがつき、肩から斜めに掛けて着用する。おもな素材はナイロンで、かぶせぶたがとり外しできるものもある。

トート・バッグ
tote bag

トートは「背負ったりして運ぶ」という意味。上部の口が開き、両面からさげ手がついた、まちつきのバッグの総称。もとはキャンプで氷を運ぶために用いられた。

ピロー・バッグ
pillow bag

ピローは「枕」の意味で、長方形の本体に持ち手をつけたバッグ。中身を入れると枕のように緩く膨らむことが名称の由来。単純な構造で、中身の形に対応しやすく、容量が大きい。

グラニー・バッグ
granny bag

グラニーは「おばあちゃん」を意味する幼児語。高齢女性を思わせる、布製の手さげや肩掛けひもつきのバッグのこと。容量が大きめで、ギャザーやタックを入れているものもある。

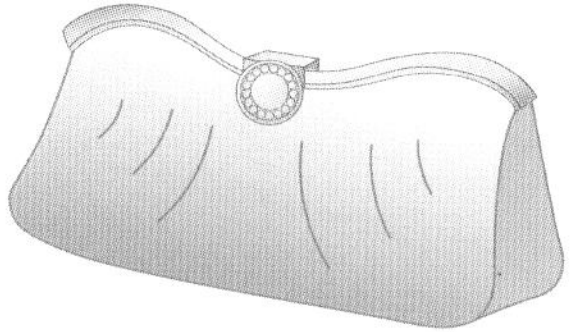

カクテル・バッグ
cocktail bag

カジュアルなパーティーである、カクテル・パーティーに出席する際に持つバッグ。手さげタイプや抱えタイプがあり、ドレスなどに合わせる。比較的小型で、装飾的なものが多い。

ビーズ・バッグ
bead bag

ビーズ刺繍を施したり、ビーズを編み込んだりしたバッグの総称。ビーズ刺繍は19世紀半ばにフランスで普及し、以降、装飾的なバッグにとり入れられた。夜会用などによく見られる。

ケニア・バッグ
Kenya bag

おもにアフリカのケニアで天然麻を使って編まれたかごバッグで、アフリカ調の模様が編み込まれている。街やリゾートなどで、カジュアル・ファッションの一部として用いる。

メルカド・バッグ
mercado bag

メキシコのオアハカ州などで生まれた、リサイクル・プラスチックのひもを手で組んで作るかごバッグのこと。モダンな色使いや幾何学的デザインで、人気を集めている。

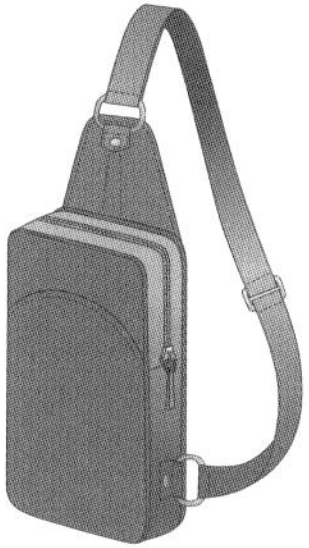

ボディ・バッグ
ぼでぃ・ばっぐ

斜め掛けのショルダー・バッグのベルトを短縮し、体に密着させたバッグ。サイクリングやウォーキングなどの際に少量の携行品を入れるのに用いる。英語では「死体を入れる袋」の意味。

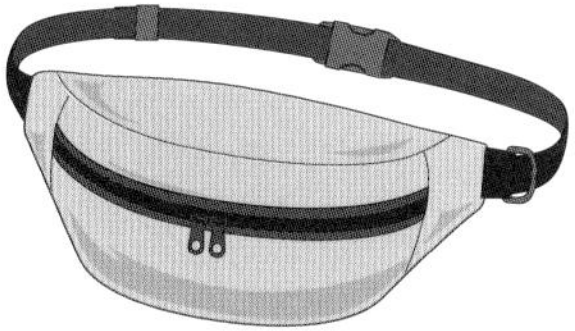

ウエスト・バッグ
waist bag

小さめのバッグとベルトが一体化したもので、ベルトを締めて腰に装着することができる。また、こういったタイプのバッグをさす。同ウエスト・ポーチ

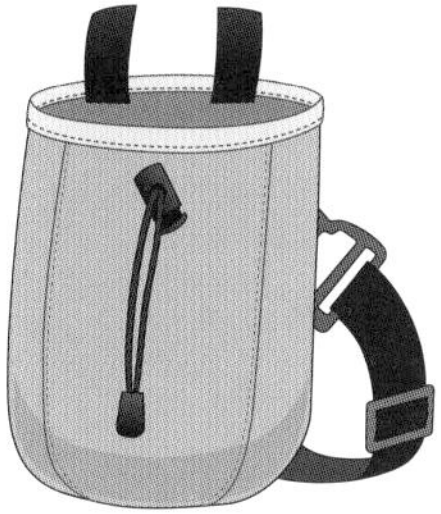

チョーク・バッグ
chalk bag

もとはロッククライマーが滑り止め用の粉（チョーク）を入れて、腰にさげた小型のバッグ。ベルト・ループやベルトに通して、腰につけるタイプが一般的である。

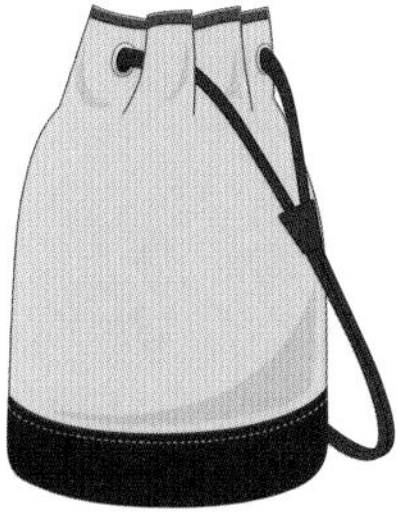

ボン・サック
bon sac

ボンは「優れた、よい」などの意味の仏語。巾着式に絞って開閉する口のひもが底につながり、持ち手を兼ねる縦長の筒形バッグ。やや大型で、肩に掛けて用いることが多い。

デイパック
でいぱっく

日帰り旅行用の小型のリュックサックで、とくに固有の特徴はない。現在では両手が自由になる便利さから、日帰り旅行に限らず、日常のさまざまな場面で用いられる。和製英語。

ナップサック
knapsack

ナップは「ごく少量の食料」という意味。ハイキングなどに用いる、巾着袋型の簡易で比較的小型のリュックサックをさす。口を絞って閉じるひもが、肩ひもの役割を兼ねることが多い。

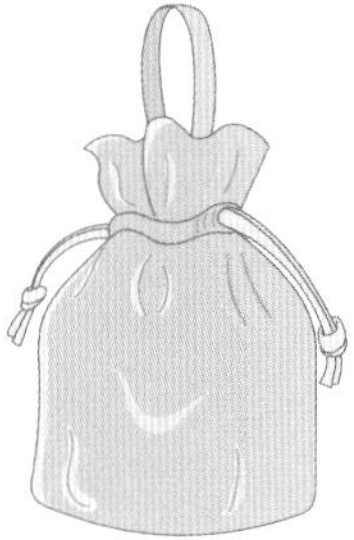

巾着型バッグ
きんちゃくがたばっぐ

巾着は口に通したひもを絞って開閉する、多くは布製の袋物で、口が巾着式になっているバッグ。口を締めるひもが手さげひもを兼ねるものと、手さげ用のひもが別についたものがある。

東袋
あずまぶくろ

縦横比が３：１の布を２カ所縫い合わせて作る平らな袋で、端を結んで持ち手とする。江戸時代末期に庶民の間で生まれたとされる。現在はエコ・バッグとしても人気がある。

アタッシェ・ケース
attaché case

アタッシェは「大使（公使）館員」という意味。彼らが持ちはじめた、薄くて大きな箱形の手さげカバンをさす。1960～1980年代にビジネスマンの間で流行した。

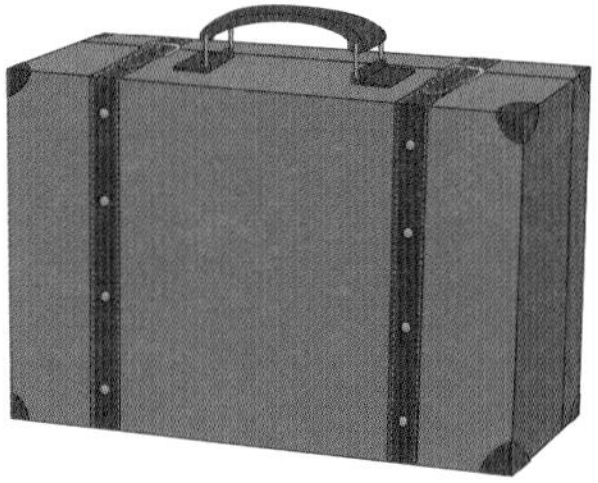

トランク
trunk

大きな箱形のカバンで、おもに旅行用として用いられる。素材は革や合成樹脂、金属などで、丈夫なものが多い。トランクは「木の幹」という意味で、もとは木製だった。

キャリー・バッグ
carry bag

キャリーは「運ぶ、携える」といった意味。移動に便利なように、底にローラーをつけたバッグのこと。バッグを引きやすいよう、持ち手が伸び縮みするものが多い。

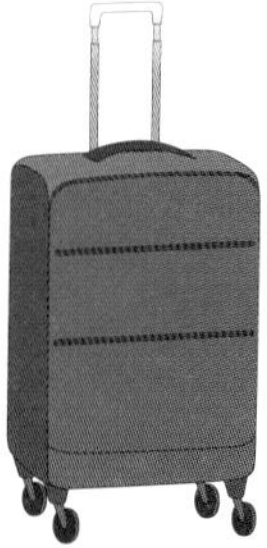

ピギー・ケース
piggy case

ピギーは「子豚」のこと。飛行機の機内に持ち込めるよう、大きさや重量を規格内に収めた、小型の旅行用スーツケースをさす。軽量で、キャスターと持ち手がつき、運びやすい。

MEMO

バッグのタイプ

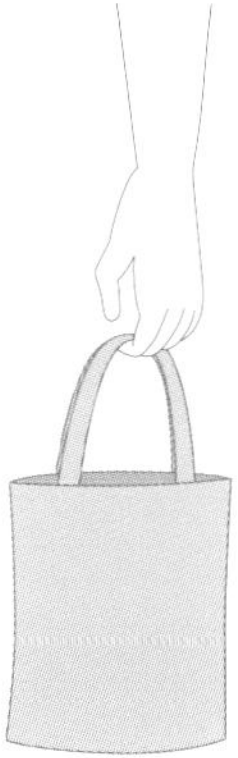

ハンドバッグ
手さげつきのバッグ。18世紀末の、薄地のほっそりしたドレスの流行の折に、ポケットがつけられなくなったことから登場。19世紀後期に女性の外出や旅行の機会が増えて、種類が豊富になった。

ショルダー・バッグ
長いベルト状のひもなどで、肩から吊り下げられるようになったバッグの総称。ベルト状の部分はとり外したり、長さを調節したりできるものもある。単にショルダーともいう。

クラッチ・バッグ
手に抱えるタイプのバッグの総称。通常はさげ手はないが、イブニング・パーティーなどで用いるタイプには、ストラップや金のくさりなどがついているものも見られる。

ツー・ウェー・バッグ
２種類以上備えられた持ち手や背負いひもを使い分けて、ハンドバッグやショルダー・バッグ、リュックサックなどの複数の使い方ができるバッグ。リセ・サックはその一例。

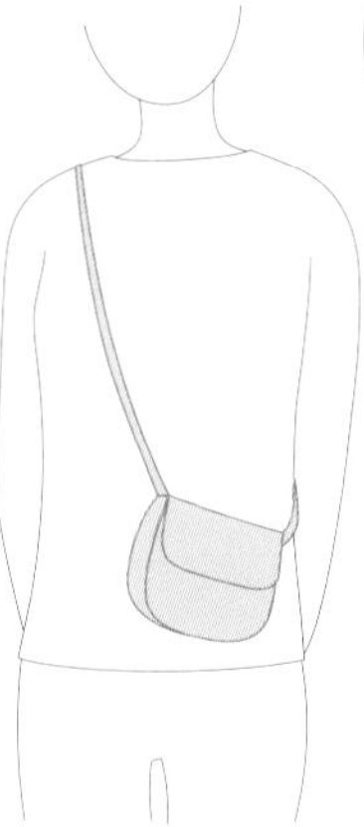

ポシェット
本来は「ポケット」の意味の仏語で、限られた身のまわり品のみを入れて携行する、ごく小ぶりのバックをさす。ショルダーや斜め掛け、手さげ型などタイプはさまざま。

ブレスレット・バッグ
持ち手がブレスレット（腕輪）のように手首にはめられるようになった、小型のバッグをさす。実用よりはアクセサリー的な要素が大きいものが多い。

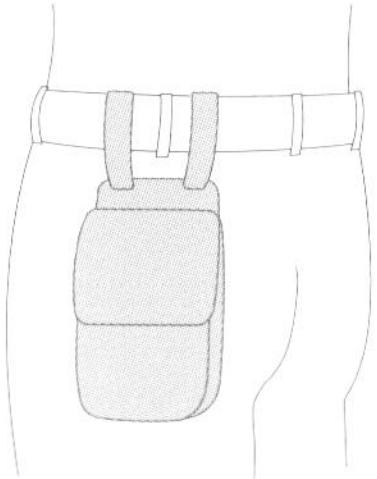

ベルト・バッグ
服のベルトに専用のストラップなどでとりつけて使う小型バッグ。ポケット同様、小物を入れる。すでにベルトのついたバッグはウエスト・バッグと呼んで区別する。

29
ベルト
belt

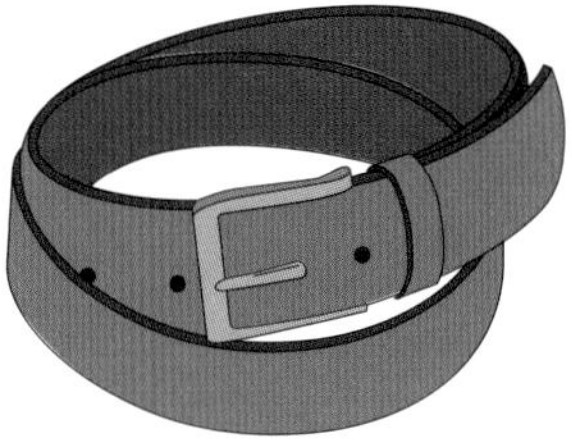

ベルト
belt

洋服の上から用いる帯やひもの総称。洋服の固定やおしゃれに用いる。多くはスカートやパンツのウエストの調整用で、両端を結んだり、ボタンやバックルで閉めたりする。同バンド

メッシュ・ベルト
mesh belt

革や合成皮革を細く裁断して作ったひもを組んで作った本体に、バックルをつけたベルト。装飾性があり、普段用として人気。金属のメッシュ製のベルトはメタル・メッシュ・ベルト。

スタッズ・ベルト
studs belt

スタッズは飾り鋲のことで、スタッズ装飾が施された革のベルトをさす。ウエスタン・スタイルのアイテムのひとつであり、パンク・ファッションでも重要なアイテムとなっている。

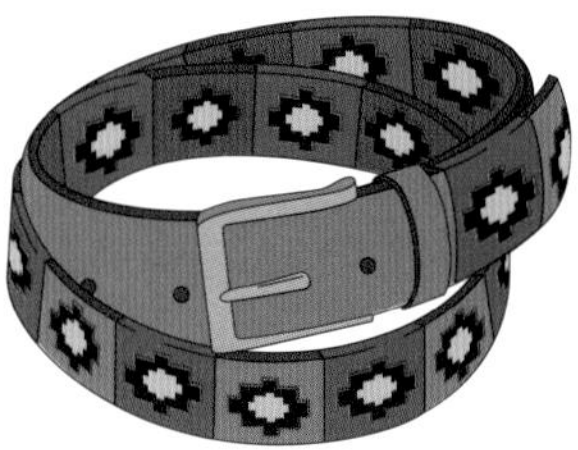

ガウチョ・ベルト
gaucho belt

ガウチョは南米草原地帯のカウボーイのこと。彼らの装いに見られる、硬貨のような円形の金属や、円形に裁断した革片を配したベルトをさす。ワイルドで、民族的な雰囲気が特徴である。

リング・ベルト
ring belt

端につけた２個の金属のリングで締めたり、長さを調節したりするベルト。バックルの場合のような穴がない。素材は革やグログラン・リボン、キャンバス地など。俗称ガチャ・ベルト。

ビット・ベルト
bit belt

ビットは「くつわ（馬の口につける棒状の道具）」のこと。前につけたくつわ型の金属の部分で開閉する。この金属は装飾も兼ねる。グッチ社の定番デザイン。同ホース・ビット・ベルト

MEMO

ロープ

ウエストなどに巻く、縄や丸ひも状の組みひも、芯を入れた布のひもをさす。太さや素材は多様で、自然な印象があり、結び方によって表現の幅が広がる。ストリングともいう。

オビ・サッシュ
obi sash

着物の帯のように幅の広いベルト。19世紀末に着物がヨーロッパに伝えられ、その後、幅広のベルトをオビ・サッシュとも呼ぶようになった。夜会服などに見られる。同オビ・ベルト

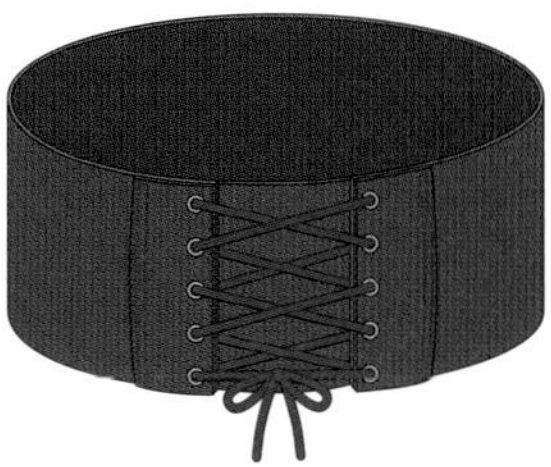

シンチ・ベルト
cinch belt

幅の広いベルトで、ひも締めやバックル、複数の尾錠（びじょう）などでとめる。脇が体の線に沿ってくびれる形になっているものもある。シンチは馬の腹帯のことで、形が似ていることから。同シンチ

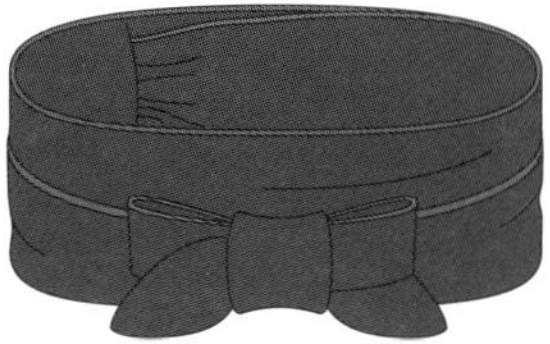

サッシュ・ベルト
sash belt

サッシュは「帯、飾り帯」の意味で、サッシュ・ベルトは腰に巻く帯や飾り帯をさす。比較的幅広で、柔らかい布地で作られ、とめ具なしで結ぶか、簡素なバックルを用いる。同サッシュ

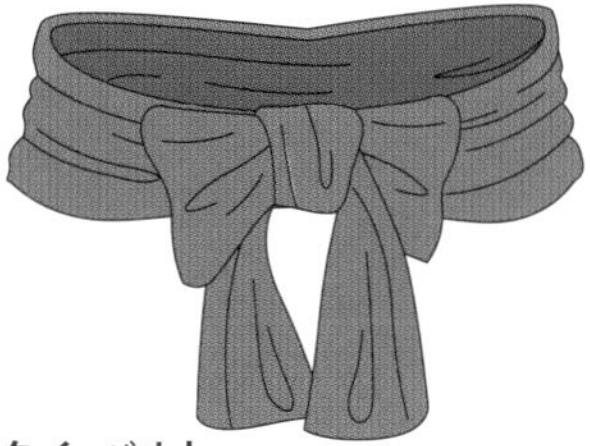

タイ・ベルト
tie belt

タイは「結ぶ」という意味。バックルなどのとめ具を使わず、結ぶだけでとめるベルトの総称。丸ひも、平ひも、幅広のサッシュなど多様で、結び方の工夫で装いのアクセントにもなる。

リボン・ベルト
ribbon belt

縞柄の、畝織（うねおり）などの丈夫な織物のベルト。片側に２個のリング、またはバックルをつけてウエスト幅を調整する。反対側は革でほつれ止め加工をしたものが多い。カジュアル・ウエア用。

マクラメ・ベルト
macramè belt

マクラメは布端の糸を結んで構成する装飾として発生し、その後、布から独立して糸やひもを結ぶ装飾として発達。この技法で作られた、実用性よりは装飾性のほうが高いベルトをさす。

チェーン・ベルト
chain belt

くさり状のベルト。さまざまな種類や用い方がある。1960年代後半にヒップボーン・スカートやパンツの流行とともに人気を集めた。とくにパンク・ファッションでは需要なアイテム。

サスペンダー・ベルト
suspender belt

肩からさげて用いる、吊りひものこと。金具や素材そのものの伸縮性によって長さの調節が可能となる。クリップやボタンを使い、下半身のパンツやスカートなどにとめて吊る。

30 靴下

sock

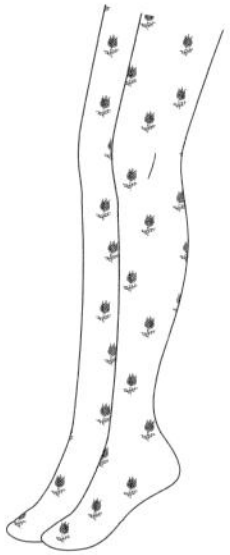

アート・ストッキング

art stocking

脚部を中心に花柄やドット、幾何学模様、入れ墨風模様、絵画風模様など、多色のプリントが施されたストッキング。ミニ・スカートやショート・パンツと組み合わせる。同アート・タイツ

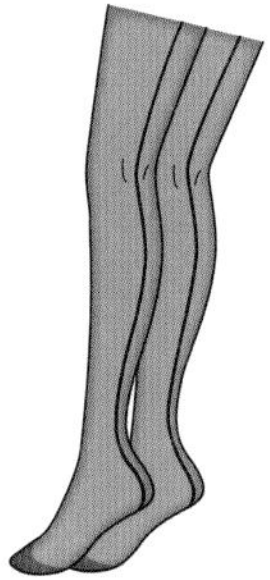

バック・シーム・ストッキング

back seam stocking

脚部の後ろ中心に縦の縫い目のあるストッキング。縫い目のないシームレス・ストッキングの製造技術が開発された1950年以降も、日本では消費者の要望が高く、縫い目をつけて販売。

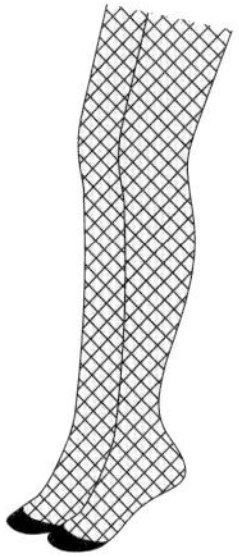

網タイツ

あみたいつ

ネットで作られたタイツ。1枚のネットを筒状に縫い上げる技法と、あらかじめ筒状に編む技法の2通りがある。レースのような透かし編みになっているのが特徴。同ラッセル・タイツ

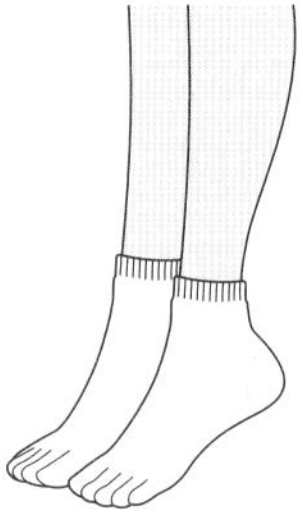

五本指ソックス

ごほんゆびそっくす

指先が5本に分かれた靴下。保温性に優れ、また、外反母趾や水虫などの治療用にも活用される。健康志向グッズのひとつ。20世紀末期ごろから広まった。同トウ・ソックス

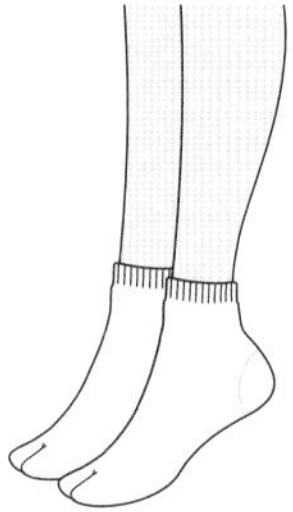

足袋ソックス

たびそっくす

足の親指を入れる部分と、人差し指から小指までをまとめて入れる部分に分けられたソックス。指を圧迫から解放する健康志向商品として考案されて、定着した。

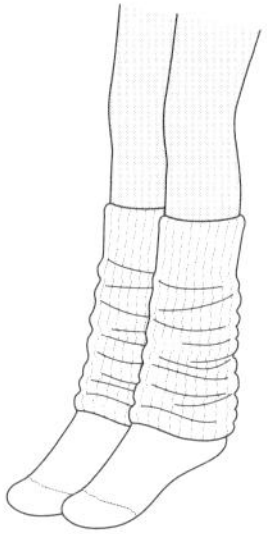

ルーズ・ソックス

loose sock

太い綿糸で広幅に編まれ、足首でたるませてはくソックス。エアロビクス用として誕生し、アメリカで1980年代に広まり、日本では1993年ごろから女子高生の間で流行した。

レッグ・ウォーマー

leg warmer

保温性を目的とした、ふくらはぎから足首までを覆う、おもにニット製の筒。ダンサーらの稽古着のアイテムであったが、1970年代にパリ・コレクションに登場し、広く一般に普及。

フット・カバー
foot cover

甲の半ば付近まで、または、それより浅いソックス。指と足裏、かかとのみを覆うのが特徴。ストッキングなどをはかず、パンプスなどの浅い靴を履くときに使う。同フット・ソックス

トウ・カバー
toe cover

つま先のみカバーするはきもの。裏側に、つま先や足全体の負担を軽減するクッションつきのものもある。素足にサンダルやミュールを履く際、蒸れるのを防ぐために用いることが多い。

MEMO

靴下の丈による名称

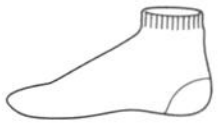

スニーカー・イン

くるぶしまでの部分を覆う浅い靴下。スニーカーを履く際に、履き口から靴下が見えないようにデザインされた。ソックレット、アンクレットとも呼ぶ。

アンクル・ソックス

足首（アンクル）が十分に隠れる丈の短い靴下。または、はき口を足首の部分で二つ折りにしてはくスタイルをいう。

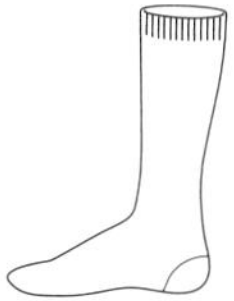

クルー・ソックス

丈の短い靴下。船乗り（クルー）やボート・チームのメンバーらが好んではいていたのが、名称の由来。

スリー・クォーター・ソックス

すね（ひざからくるぶしまで）の4分の3の長さのソックス。クルー・ソックスよりは丈が長く、ハイ・ソックスよりやや短い。

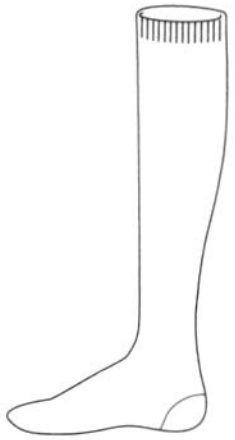

ハイ・ソックス

ひざ下までの靴下。1960年代のミニ・スカートの流行に合わせて人気を博した。ニー・ソックス、ショート・ホーズ、ソケットゥともいう。

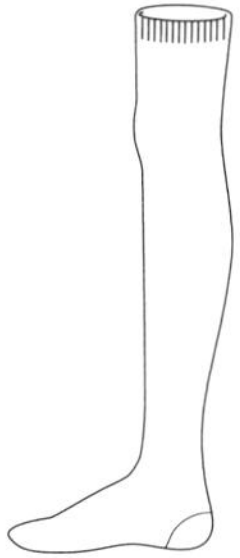

オーバー・ニー・ソックス

ひざ上までの丈の長い靴下。はき口のゴム部分がひざ頭より上にくるものをさす。ロー・ハイともいう。

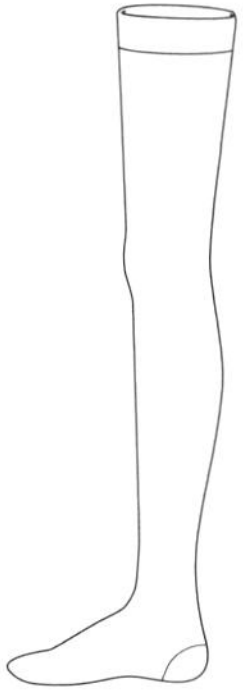

サイ・ハイ・ソックス

サイは「太もも」という意味で、丈が太ももの位置まである長い靴下をさす。

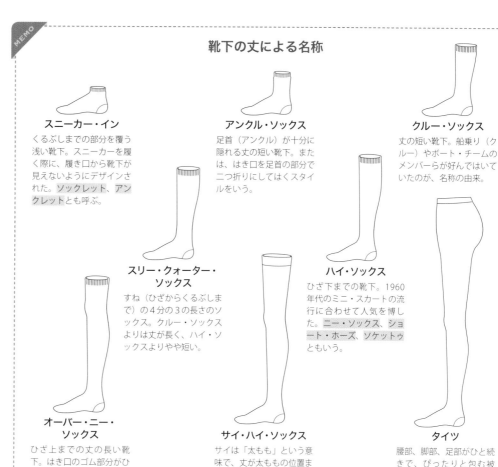

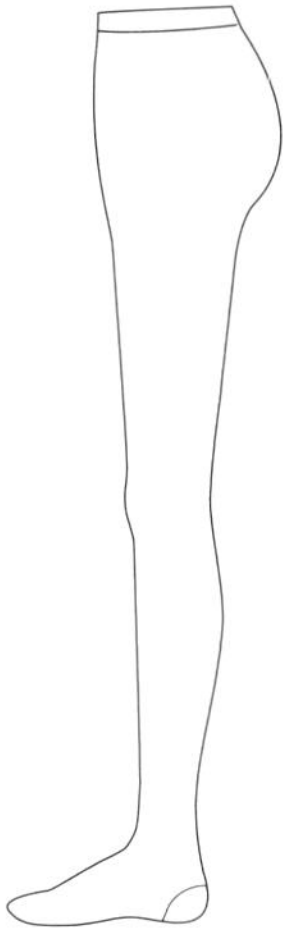

タイツ

腰部、脚部、足部がひと続きで、ぴったりと包む被服。イギリスではパンティ・ストッキングもさす。

31 手袋 glove

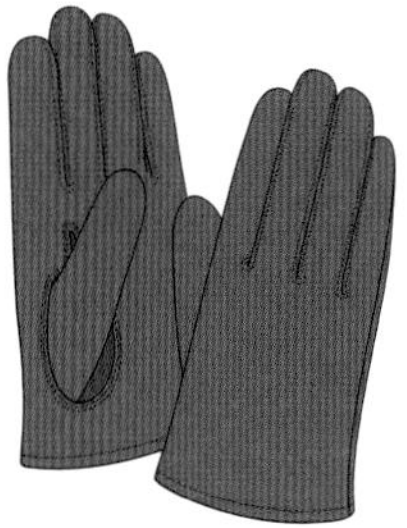

ショーティー
shorty

手首よりわずかに長い程度の、短い手袋。ボタンやベルトなし、または、ボタン1個でとめるものなどがある。保温の目的よりはおしゃれ用とされる。同ドローイング・グラブ

カッタウト・グラブ
cutout glove

手の甲や指の部分を切りとった手袋。手や指を動かしやすいようにデザインされている。スポーツ時に使用されることが多い。同アクション・グラブ、ドライビング・グラブ

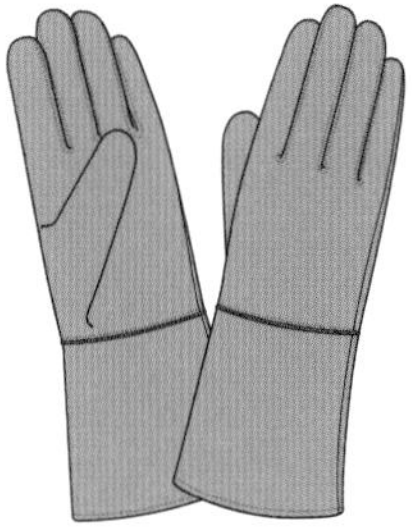

ガントレット
gauntlet

手首から先が長く、手首を境に口に向かってやや広がる手袋。もとは中世のナイトが戦いの際に手首と手を保護する目的で使用したもので、近世以降は装飾的となった。同ガントリー

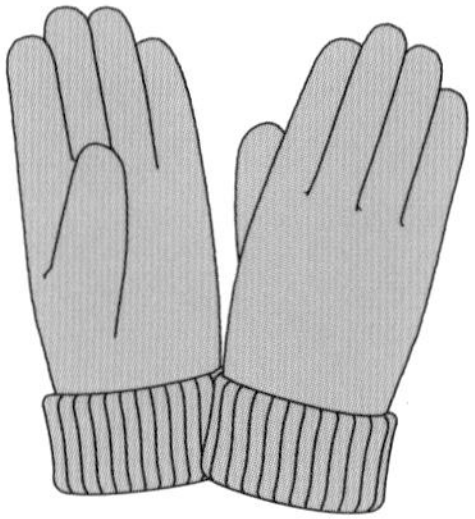

ニット・グラブ
knit glove

毛糸や絹糸、綿糸などで編んだ手袋の総称。伸縮性に富む編物は、手袋の製作技術として古代エジプト時代末期から活用され、中世の教会の儀式用手袋として伝わり、一般へと普及した。

レース・グラブ
lace glove

手編み、または機械編みで作られたレースの手袋。とくに夏の装いやイブニング・ドレスなどに合わせて使われる。白や黒のものが多いが、その他の色もある。

デミグラブ
demi-glove

デミは「半分の、中途半端な」という意味の仏語で、指の途中までを覆う手袋をさす。作業用の機能的なもの、レース製の装飾的なものなどがある。同ハーフ・ミット

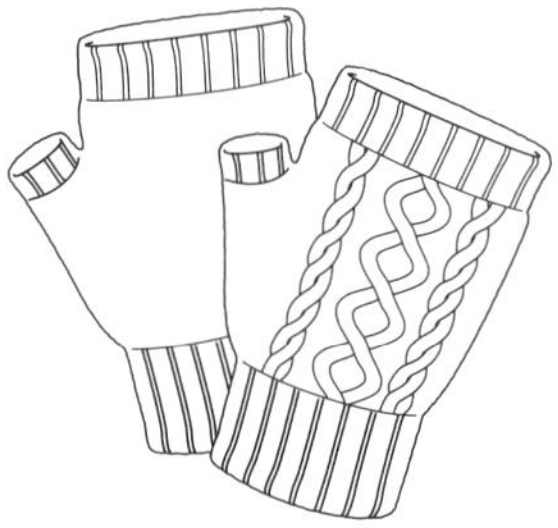

フィンガーレス・グラブ
fingerless glove

指の第2関節までの手袋で、指先の使いやすさが特徴。長さは手首付近までのものと、ひじ丈の長いものがある。指のつけ根の下までの手袋は、フィンガーレス・ミトンと呼んで区別する。

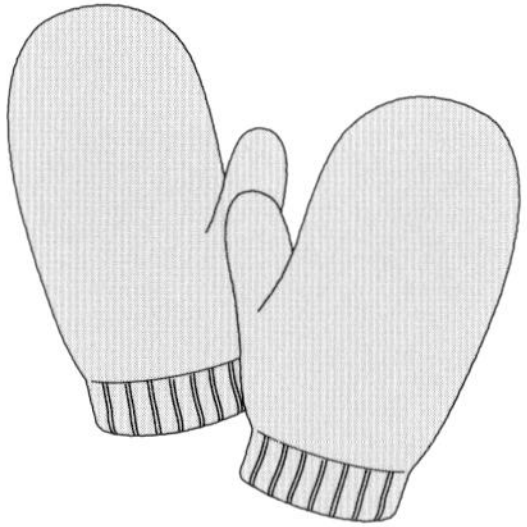

ミトン
mitten

親指とその他４本の指に分かれている手袋。歴史は古く、古代エジプト末期のコプト時代の編物のミトンが残されている。毛糸や絹糸の編物のほか、布やネット、革製品もある。同ミテン

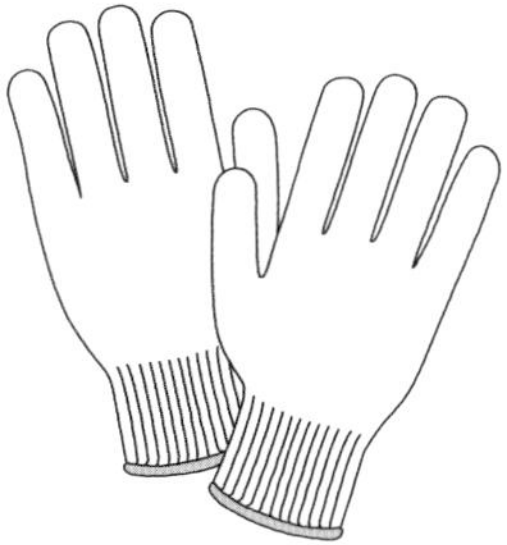

軍手
ぐんて

軍隊の隊員がはめるものとして作られたが、今日では一般にも広がり、作業時に用いるアイテムとして定番化。着用時の作業効率を上げるため、手のひらに樹脂加工が施されたものもある。

ロング・グラブ
long glove

ひじ近くまで届く丈の手袋。手首丈よりは長く、アーム・ロングよりは短い。袖なしか短い袖のイブニング・ドレスやカクテル・ドレス、昼間の正装などに合わせる。

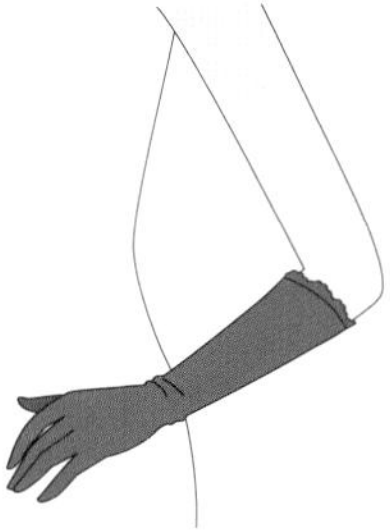

アーム・ロング
arm long

袖なしや、短い袖のドレスに合わせて着用する、ひじあたりまでの長い手袋。素材は革やサテンなど、ドレスに合わせて選ぶ。同エルボー・グラブ、パス・クード

オペラ・グラブ
opera glove

ひじよりも長い丈の手袋。オペラ観劇に代表されるような夜の社交の場面で、イブニング・ドレスなどの袖なしの服に合わせて着ける。19世紀初頭にはじまった慣習とされる。

ブーツ・グラブ
boot type glove

履き口の広がったブーツに似た、手の入れ口が大きく広がった長手袋。手の入れ口付近の緩みで、少しずり落ちてできるドレープが特徴である。同ブーツ・タイプ・グラブ

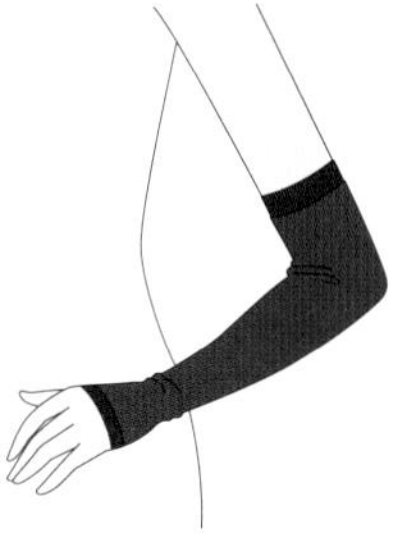

アーム・カバー
arm cover

筒状に縫い上げた布の上下に、ゴムを通したもの。事務員や芸術家などが袖の汚れ防止に使った。現在では、日よけ防止や防寒用のおもにニット製品で、手の甲や指まで覆うものもある。

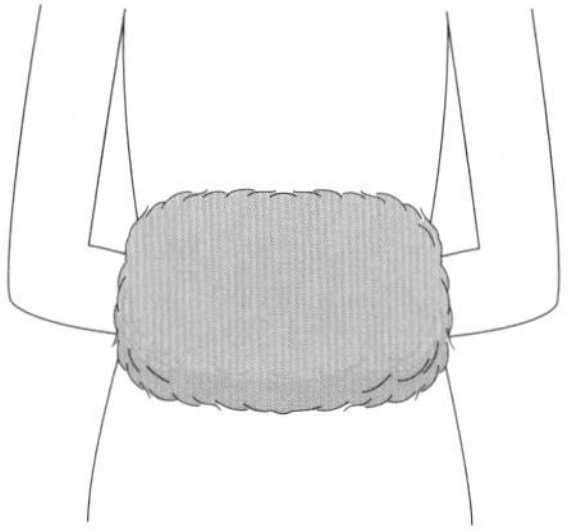

マフ
muff

筒状の、防寒用のアクセサリーで、筒の両側から左右の手を入れる。材料は毛皮や羽毛のほか、毛織物やベルベットなども用いる。18世紀までは男女に、19世紀には女性の間で流行。

下着

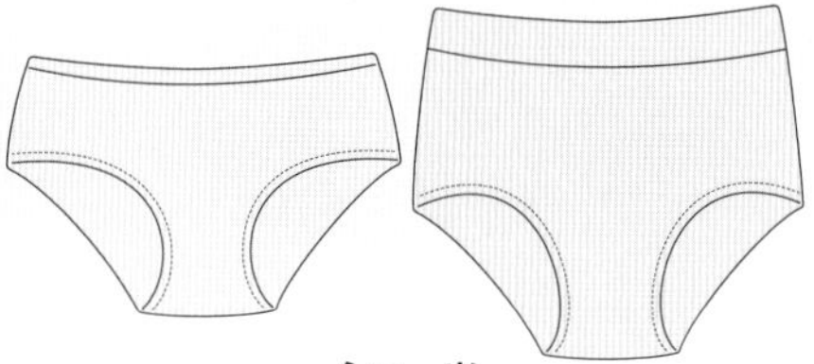

ショーツ

女性用下ばき。パンティとも呼ぶ。股下の長さはロングからショートまでさまざま。ウエストラインの高低にもバリエーションがある。

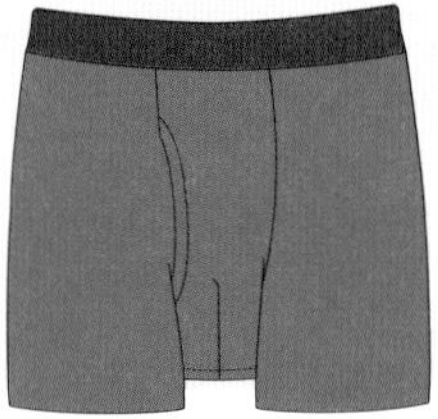

ブリーフ（ボクサー）

男性用下ばき。股下のある半ズボン型で、ウエストには幅広のゴムをつける。前あきはボタンなどのとめ具を使わず、まちを深く重ねる。

トランクス

男性用下ばき。ショート・パンツ型で、ウエストに幅広のゴムを通す。現代ではボクシングなどのスポーツ用や、女性用も普及している。

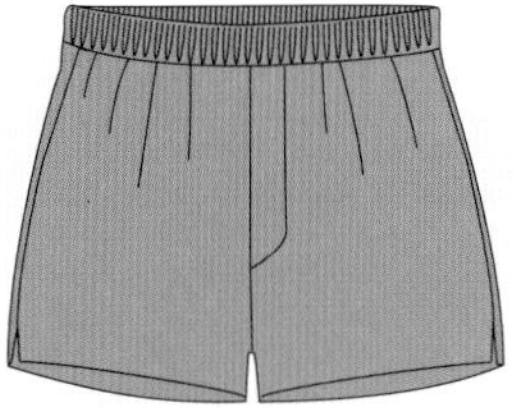

ブリーフ（ビキニ）

男性用下ばき。股下がなく、女性の水着のビキニのように、ウエストラインに届かない浅い裁断で、前にあきがない。

ブリーフ（スタンダード）

男性用下ばき。股下がなく、体にフィットするものをさす。前あきはボタンなどのとめ具を使わず、まちを深く重ねるタイプが多い。

ガードル

体形補正下着。ショーツの上から着け、ウエストからヒップ、あるいは大腿部までを整える。パンティ・ストッキングの普及以前は裾に靴下吊りがあった。

ペチコート

スカートの下にはくスカート状の下着。滑りをよくする、透けるのを防ぐ、保温するなどの役割を持つ。丈はさまざま。

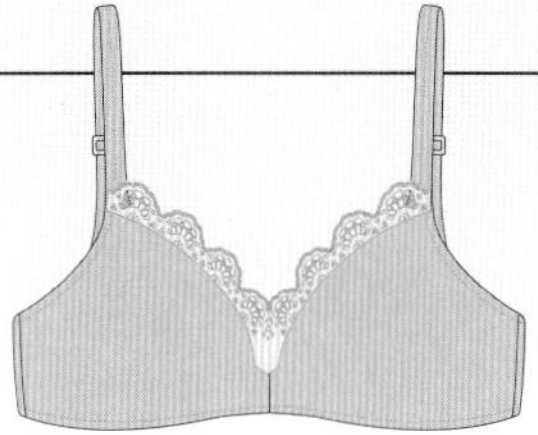

ブラジャー

胸部の形を整え、固定するファンデーション。「胸衣」を意味する仏語のブラシエールのなまりとされる。20世紀に入って一般に普及した。

ボディスーツ

体形補正下着のひとつで、ブラジャーとガードルをつないだもの。米語ではボディ・ブリーファー、英語ではボディ・シェイパーという。

アンダーシャツ

吸湿・保温などの目的で、上半身に着ける肌着。男性は素肌に、女性はブラジャーの上に着ける。ネックラインは丸首やV字型、U字型など。

ランニング・シャツ

男性用のアンダーシャツの一種で、衿ぐり、袖ぐりが大きく開き、肩幅がごく狭いものをさす。もとはスポーツ選手が着た。英語ではベスト。

ステテコ

男性用のふくらはぎあたりまでの丈のパンツ型の下着。着物やパンツの滑りをよくする。現代では夏の家庭着としても一般的である。

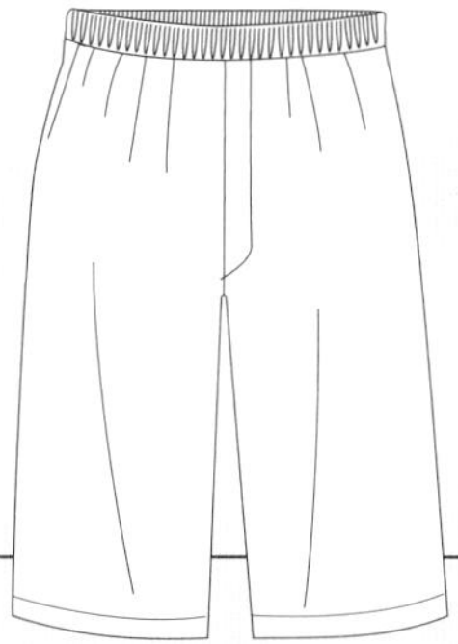

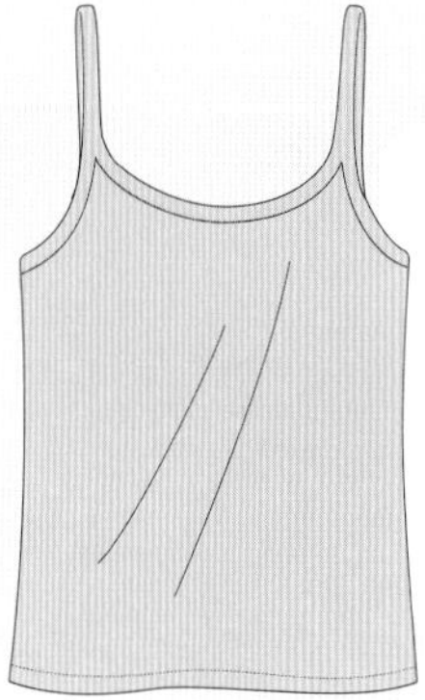

キャミソール

ひもで肩から吊って着る上半身用の女性用下着。19世紀のコルセットを隠すために着たコルセット・カバーが原型。表着にすることもある。

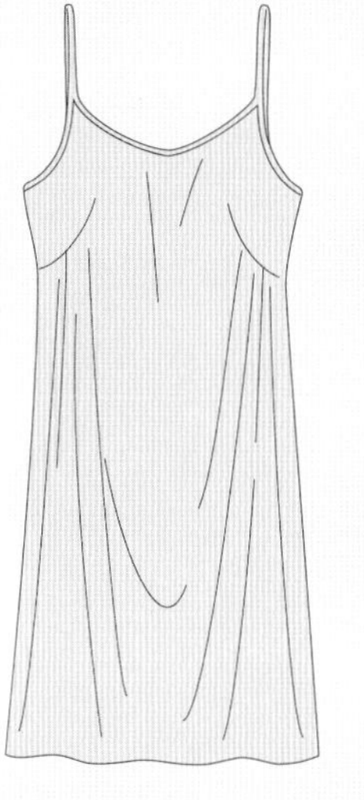

スリップ

滑りをよくする、透けるのを防ぐなどの目的で、おもにスカートをはくときに着ける、女性用のワンピース型の下着。肩ひもで吊るタイプが多い。

32 ショール、スカーフ

shawl,scarf

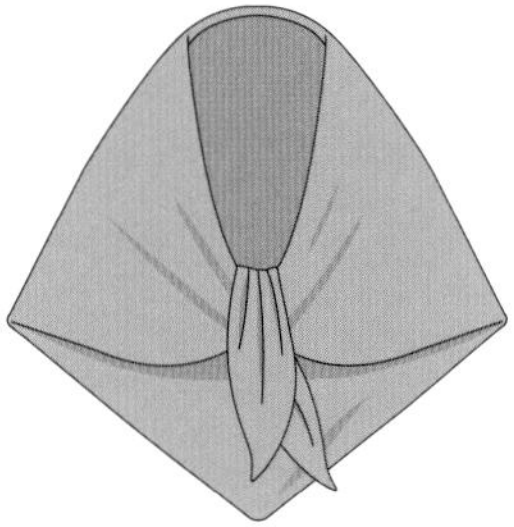

ショール
shawl

ウールや綿などで作られる肩掛けで、防寒や装飾を目的に用いられる。正方形や正方形に近い長方形で、対角線で三角形に畳んで用いることが多い。ペルシャ語のシャールが語源とされる。

ストール
stole

ウールや絹、レース、毛糸などで作られた、細長い肩掛け。防寒や装飾を目的に用いる。古代ローマ時代に女性が着用した緩やかな衣装、ストラに由来するとされる。同エトール

マフラー
muffler

長方形の衿巻きのこと。防寒用に用いられ、ウールやカシミア、絹などで作られる。幅の狭いほうの両端にフリンジがつくものもある。基本的にマフラーはストールの半分の幅とされる。

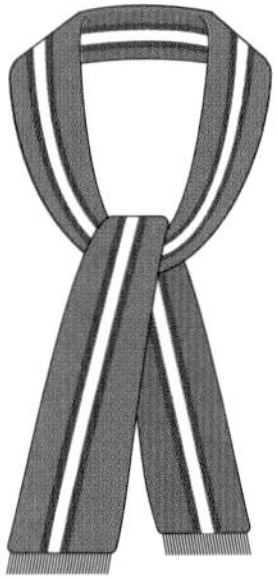

シックス・フッター
six footer

長さが６フィート（約183cm）の細長いマフラー。長さを半分に折り、輪に片方の端を通して巻くことが多い。乗馬の際に用いられたことから、ハッキング・マフラーとも呼ばれる。

ネック・ウォーマー
neck warmer

首用の防寒小物。伸縮性のあるニット製が多いが、毛皮製などもある。首の長さくらいの丈で筒状のものが多く、頭からかぶって着ける。肩までカバーする長さのものもある。

ティペット
tippet

古くは、中世の男女の衣服の袖口などにぶら下がる細い帯状の装飾をさした。19世紀以降、毛皮やウール地で作られた、小型の女性用ケープをさすようになった。

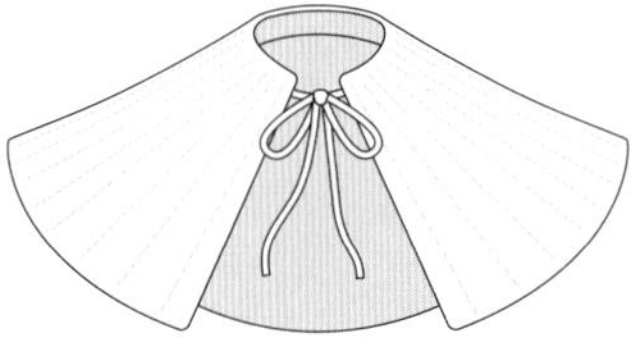

ケープレット
capelet

肩までの短い小型のケープで、おもに首まわりの保温用、または、装飾用に着用する。ワンピースやジャケット、コートなどの上に重ねる。同ショルダー・ケープ

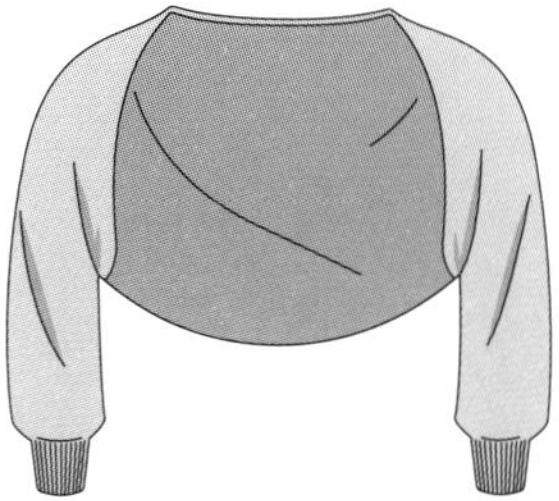

マーガレット
まーがれっと

両端にゴム編みなどで袖口をつけた肩掛け。手で押さえなくても滑り落ちず、羽織りやすいのが特徴。マーガレットは日本語で、名称の由来は不明である。同シュラグ

スカーフ
scarf

正方形や長方形、三角形の薄い布地。素材にはシルクのほか、レースや化繊が用いられる。首に巻く、頭を覆うなどが多かったが、ベルト代わりに腰に巻いたり、バッグに結んだりもする。

ネッカチーフ
neckerchief

首に巻く正方形の布で、小型のスカーフのようなもの。素材にはシルクをはじめ、レーヨンなどの化繊が用いられ、無地も柄物もある。三角形に畳んで、頭にかぶることもある。

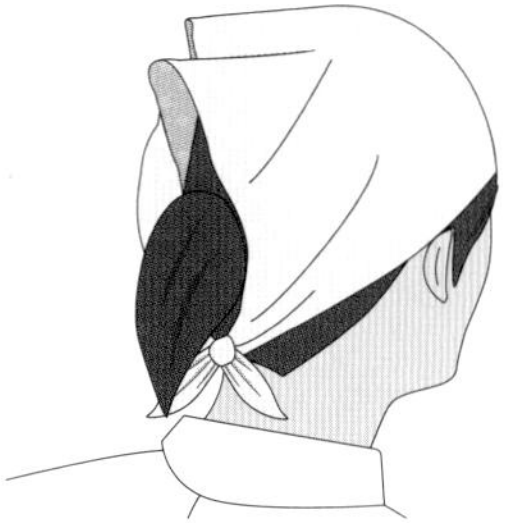

バブーシュカ
babushka

ロシア語で「おばあさん」という意味で、頭にかぶる布。三角形の布、または、三角形に畳んだ正方形の布をかぶり、両端を前あご下で結ぶか、三角巾状に後ろに回してうなじで結ぶ。

MEMO

ポケットチーフの飾り方

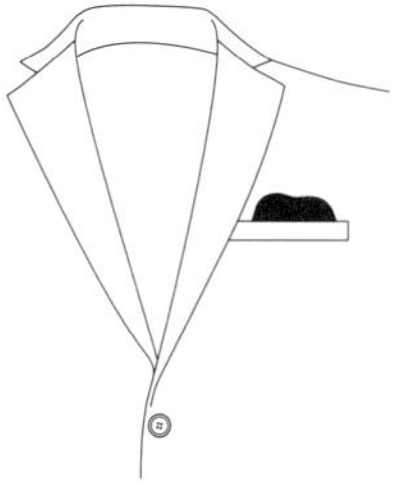

パフト・スタイル
パフトは「膨らんだ」の意味で、チーフの真ん中をつまんでポケットにさし、ふんわりとさせる。イギリスではもっとも伝統的。

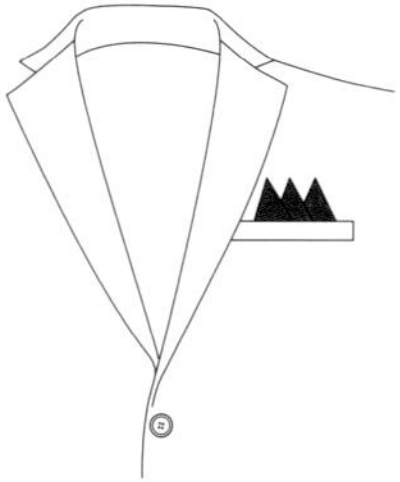

スリー・ピーク・フォールド
胸ポケットの口から三角形の頂点が3つ見えるようにしたもので、フォーマルな着こなしに適する。単にスリー・ピークともいう。

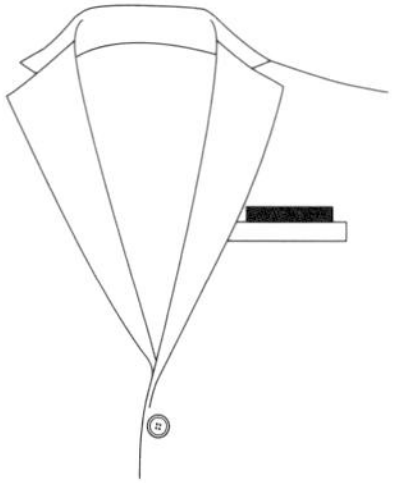

ティービー・フォールド
チーフが水平で、フォーマルな印象。アメリカのテレビキャスターに見られたことが名称の由来。スクエア・フォールドともいう。

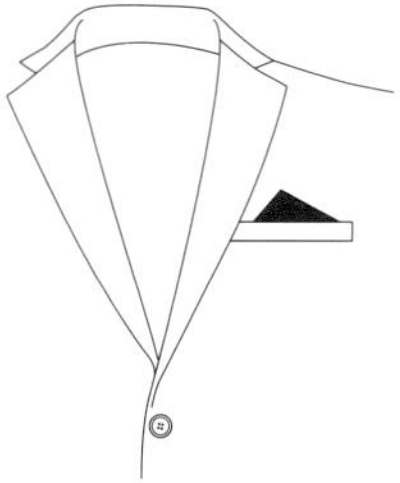

トライアンギュラー・フォールド
三角に折り畳んだポケットチーフの一角をポケット口から見せるもの。控えめで落ち着いた印象があり、幅広い場面で用いられる。

33 タイ
tie

ダービー・タイ
derby tie

現在一般的な、先端が剣先のようにとがった形のネクタイをさす。名称はイギリスのダービー競馬の生みの親とされるダービー卿に由来する。同幅タイ、フォーインハンド・タイ

レジメンタル・タイ
regimental tie

レジメンタルはイギリスの連隊のこと。この連隊の旗の柄である縞柄をとり入れたネクタイで、トラディショナル・タイプの典型とされる。紺地にえんじや緑の斜め縞が代表的。

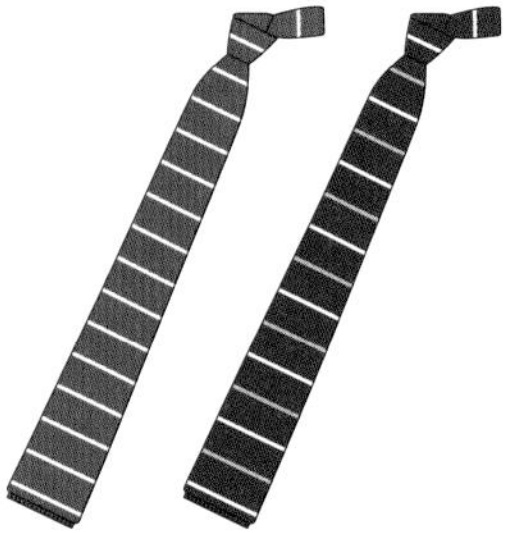

ニッティド・タイ
knitted tie

糸で編み上げたネクタイ。素材は絹や綿がある。織物製のネクタイに比べて伸縮性があり、締めつけ感が少ないのが特徴。カジュアルなスタイルに用いることが多い。同ニット・タイ

MEMO

タイの形

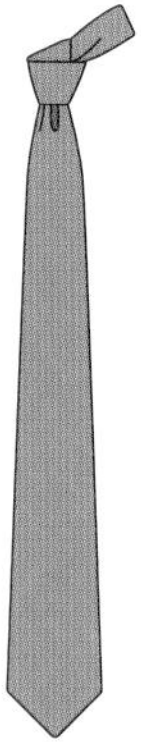

レギュラー・タイ

大剣（表側に出る側の先端部分）の幅が7.5〜8.5cmのネクタイ。もっとも一般的。

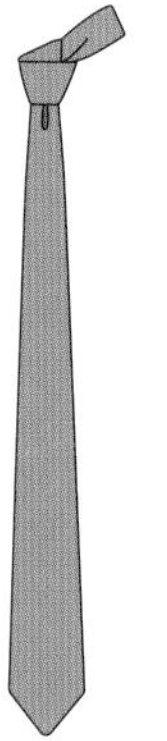

ナロー・タイ

大剣の幅が4.0〜7.0cm。すっきりして見え、ややカジュアル。

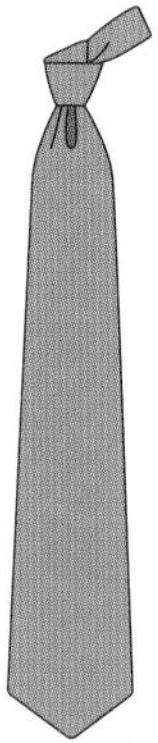

ワイド・タイ

大剣の幅が9.0cm以上のネクタイ。存在感があり、個性的な印象。

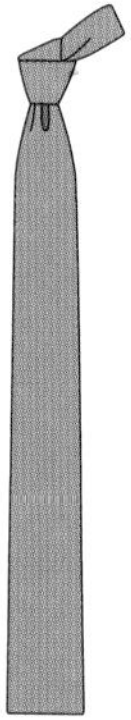

スクエア・タイ

大剣の端が水平にカットされているネクタイ。ニッティド・タイに多いタイプ。

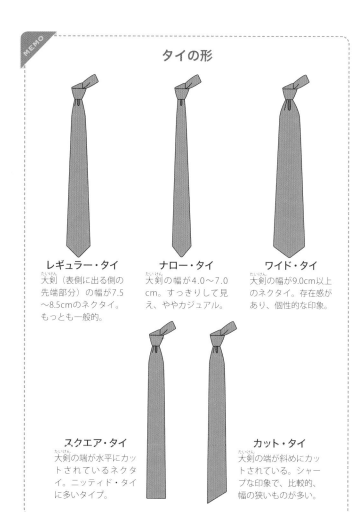

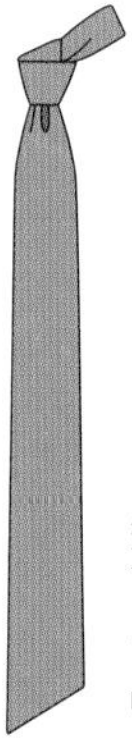

カット・タイ

大剣の端が斜めにカットされている。シャープな印象で、比較的、幅の狭いものが多い。

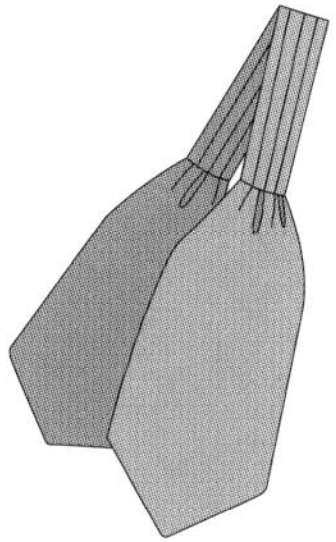

アスコット・タイ
Ascot tie

ロンドン近郊のアスコット競馬場にはじまったネクタイ。スカーフを軽く結んだようなソフトな印象で、無地のほかに、ストライプやペーズリーなどの柄物も多く、華やかな印象が特徴。

ボー・タイ
bow tie

ボーは「蝶結び」のことで、蝶結びのネクタイ。19世紀には日中の日常の服装にも用いたが、現在では礼装が中心となっている。ホワイト・タイは正礼装、ブラック・タイは準礼装用。

クロス・タイ
くろす・たい

日本での略称で、正しくはクロスオーバー・タイ。リボン状の布の端を首元でクロスさせ、交点をピンでとめたネクタイ。素材はグログラン・リボンやサテンなどで、礼装時に見られる。

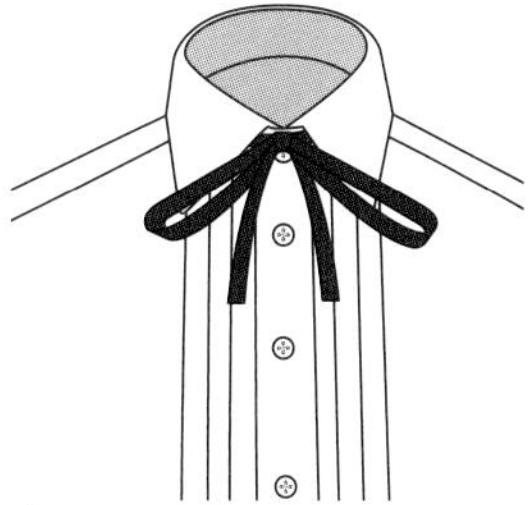

リボン・タイ
ribbon tie

細幅で長い、リボン状のネクタイ。金具でとめるか、それ自体を結ぶ。ネクタイの両端を長く、ときには20～30cm垂らしてアクセントにすることも。女子学生の制服にも見られる。

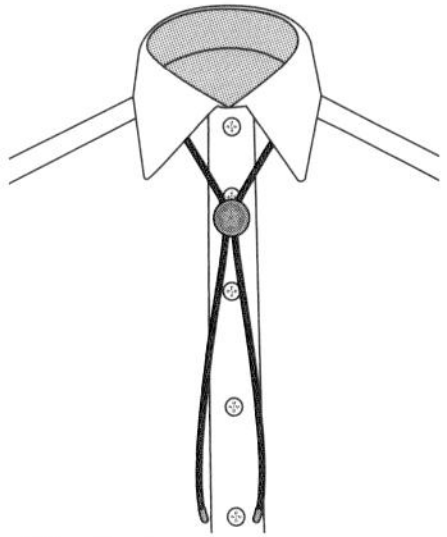

コード・タイ
cord tie

前で蝶結びにして用いる、細いひも状のネクタイ。蝶結びにせず、ひもを通す穴の開いた装飾品でとめるものもある。同ウエスタン・タイ、パーキー・ボー

MEMO

蝶ネクタイの形

スクエア・エンド・ボー

両端が角型に仕立てられている蝶ネクタイの総称。ポインティド・エンド・ボーの対語。

ポインティド・エンド・ボー

両端が剣形に仕立てられている蝶ネクタイ。着けると、左右にとがった剣先が見えるのが特徴である。

クラブ・ボー

結び目の中心から両端まで、ほぼ同幅に仕立てられた幅の狭い蝶ネクタイをさす。

34

アクセサリー

accessory

ソリテール・リング
solitaire ring

ソリテールは「単独の」という意で、転じて「ダイヤモンド単石の指輪」の意の仏語。細いリングに立て爪でダイヤモンドなどの宝石をセッティングしたもので、婚約指輪に多く見られる。

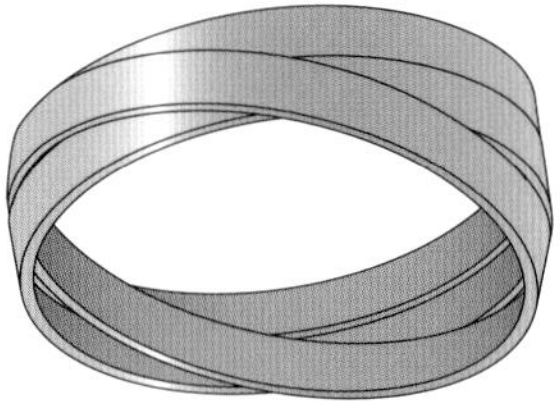

トリニティ・リング
trinity ring

３連リングのひとつで、トリニティは「三位一体」という意味。1924年に詩人のジャン・コクトーがデザインした、３つの輪がからまったタイプの指輪をさす。カルティエ社の商品名。

エタニティ・リング
eternity ring

全周、または半周に同サイズのダイヤモンドがついた指輪。エタニティは「永遠の」の意で、ダイヤモンドの円環が永遠の愛の象徴とされる。同オール・ストーン・チャンネル・セット

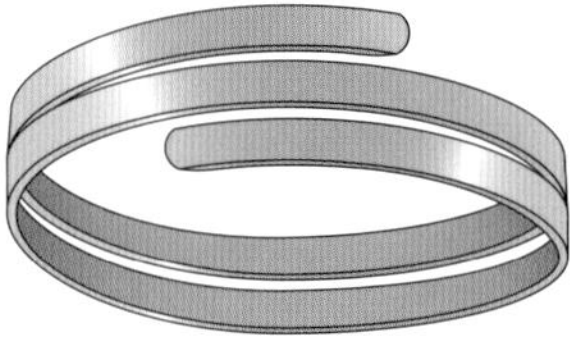

スパイラル・リング
spiral ring

らせん（スパイラル）状に複数回、指に巻きつける形状の指輪。彫金や宝石の埋め込み、チャームなどをつけるデザイン、また、ヘビや植物のツタを想起させるデザインなどもある。

チャーム・リング
charm ring

チャームは「お守り、お守りとして下げた装身具」という意味で、チャームやそれを思わせるような小さな装飾品を吊り下げた指輪をさす。手指の運動につれて動きが生まれる。

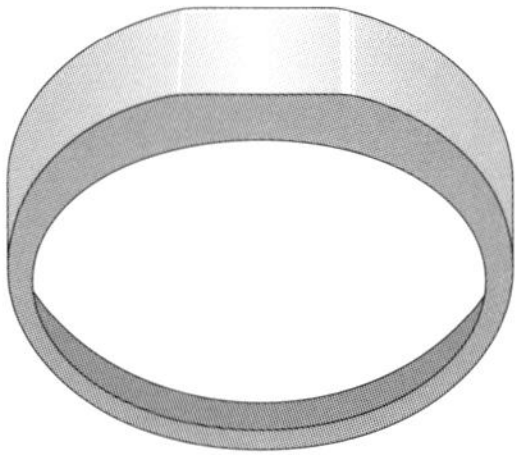

印台
いんだい

元来、印章（はんこ）の機能を持った、指輪の形をとり入れたもの。この形をとり入れた、石や装飾などがついていない、上部が平らな指輪をさす。同シグネット・リング

ブレスレット
bracelet

腕輪、手かせ、手錠の意。ラテン語の「腕のためのもの」を意味するブラッキアーレから発展した語。ファッションでは、手首や腕を飾るさまざまな材料の、輪状のくさりやバンドの総称。

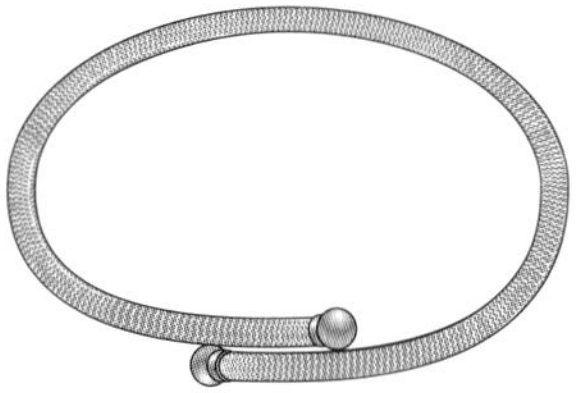

フレキシブル・ブレスレット
flexible bracelet

ブレスレットの一種。材料や構造によって輪に弾力性や伸縮性を持たせるのが特徴。開閉装置なしで着脱ができて、しかも、抜け落ちることのない、金属製のブレスレットをさす。

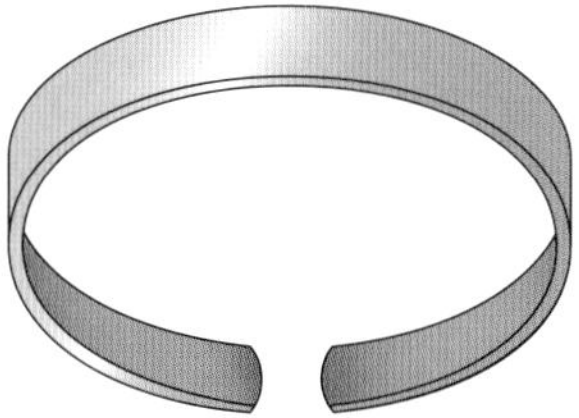

バングル
bangle

ブレスレットの一種。金属板や木、象牙、角などの硬質な素材で作られた、やや幅広の輪状の固定的なタイプの腕輪をさす。チェーンのように手首で揺れる柔軟なタイプとは表情が異なる。

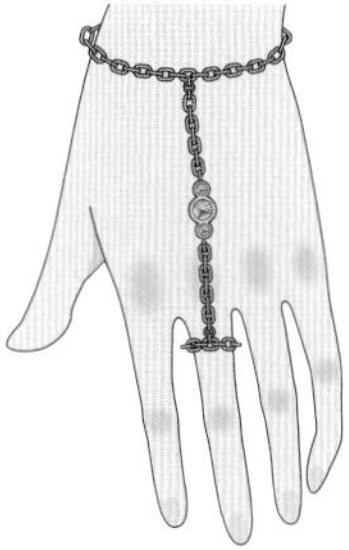

スレーブ・ブレスレット
slave bracelet

もとは奴隷をつなぐくさりに連結するための小さな輪がついたブレスレット。現代では指輪とくさりを連結したものが多い。ゴシック・ファッションの特徴的アイテムのひとつとされる。

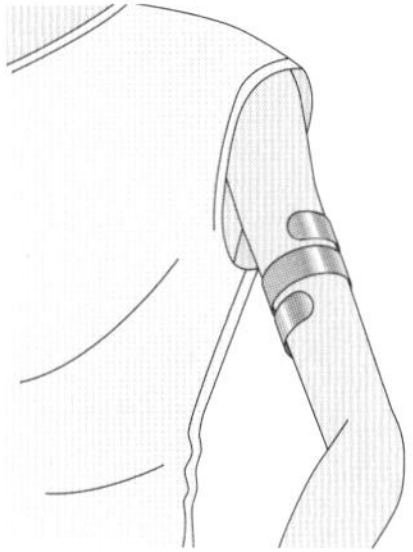

アームレット
armlet

上腕部につける腕輪で、手首やその周辺につけるブレスレットと区別される。古代より装身具のひとつとして存在した。現代ではスリーブレスのドレスなどの際に使われる。

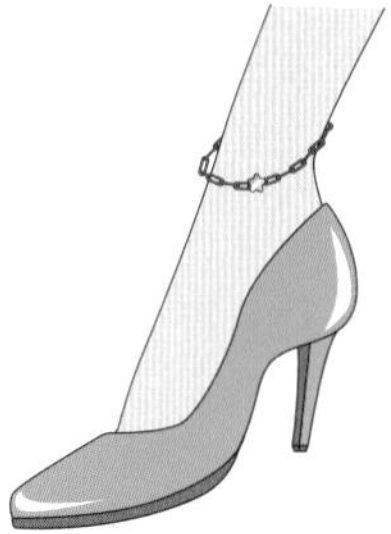

アンクレット
anklet

輪、もしくはチェーンの、足首につける装身具。古代エジプトから見られ、日本の古墳時代にも存在した。南アジア諸国では頻繁に使用される。同アンクル・ブレスレット、レグレット

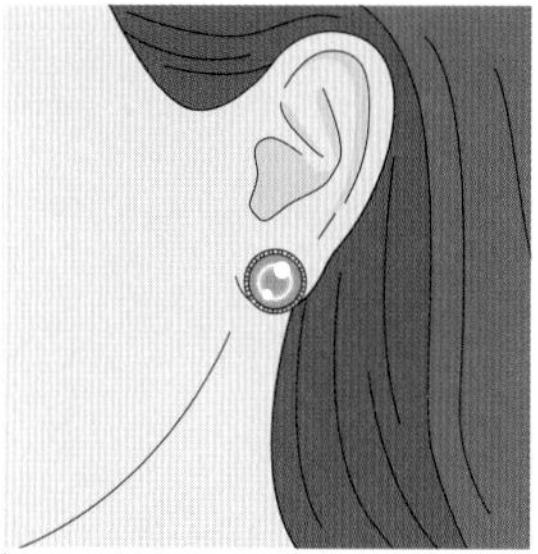

ボタン・イヤリング
button earring

耳たぶにボタンをつけたように、ねじを使ってぴったりととめるイヤリング。耳たぶからぶら下がるタイプのイヤドロップの対語。同イヤ・クリップ、イヤ・ボタン、クリップ・オン

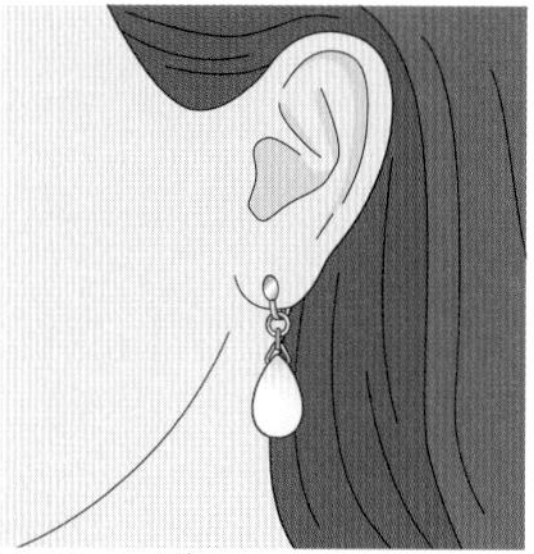

イヤドロップ
eardrop

ペンダントつきのイヤリング。しずくの意を持つドロップの名の通り、耳たぶからしずくなどが垂れ下がるように装飾がとりつけられたもの。やや動きがあるのが特徴である。

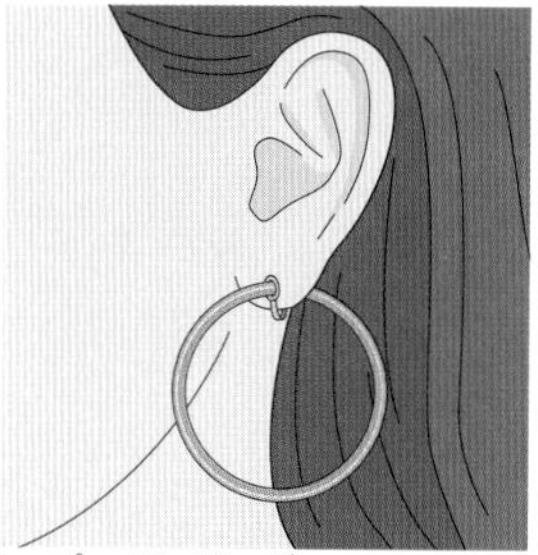

フープ・イヤリング
hoop earring

輪型のイヤリング（耳飾り）の総称。耳飾りの原型のひとつで、民族服の一部としても多く見られる。大きいものは前に突き出て、印象が強くなる。ピアス式とねじでとめるタイプがある。

タッセル・イヤリング
tassel earring

タッセルは細いくさりや淡水パールのロープなどを束ねた、房状の装飾。タッセルが垂れ下がるデザインのイヤリングの総称である。ボリューム感と動きがあり、目を引くことが多い。

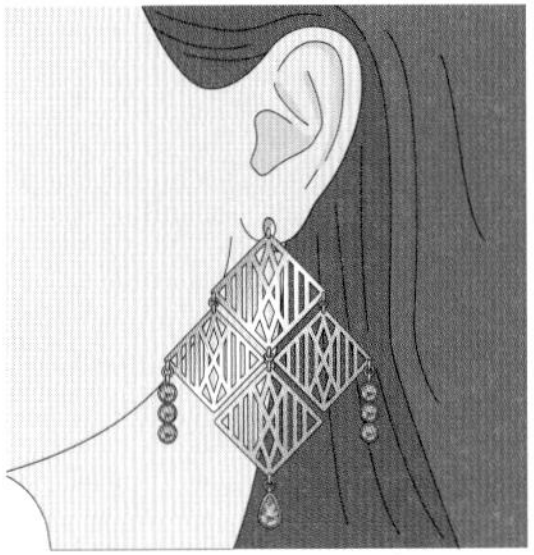

シャンデリア・イヤリング
chandelier earring

シャンデリアのように、大きな垂れ下がる装飾がついたイヤリング。豪華で華やかな印象があり、揺れ動くために、目を引きつけるのが特徴。パーティーなどに多く用いられる。

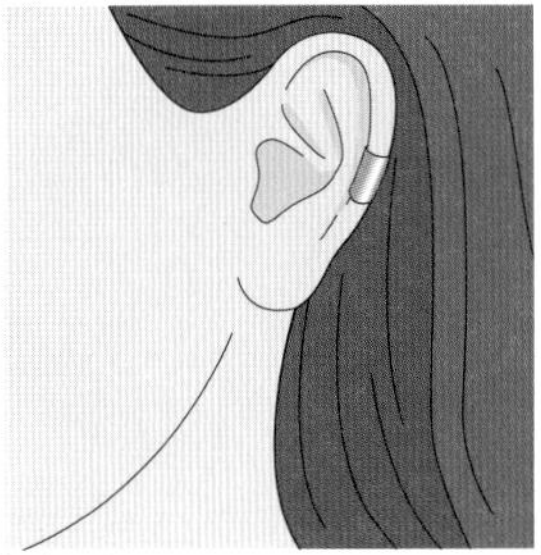

バグ・ドレーユ
bague d'oreille

バグは仏語で「指輪」、オレーユは「耳」の意。切れ目のある輪状の金具で、耳たぶの縁から中間部分までをくるむようにとりつける耳飾り。ピアス型のイヤリングに見えることもある。

ブローチ
brooch

衣服にピンなどでとりつけ、胸元や衿元を整えて飾るアクセサリーをさす。古代から存在し、ボタンが衣服のとめ合わせの道具となるまでは実用を兼ねてとり入れられた。

ペンダント・ネックレス
pendant necklace

ペンダントは「垂れ下がった」という意味の形容詞から変化した語で、垂れ飾りの総称。ペンダントがついたネックレスをさし、ワンポイントの効果がある。

ロザリオ
rosario

本来はローマ・カトリック教会の信者が使う、祈りのためのネックレス状の用具。ビーズを通したくさりに十字架のペンダントが下げられている。同クロス・ペンダント

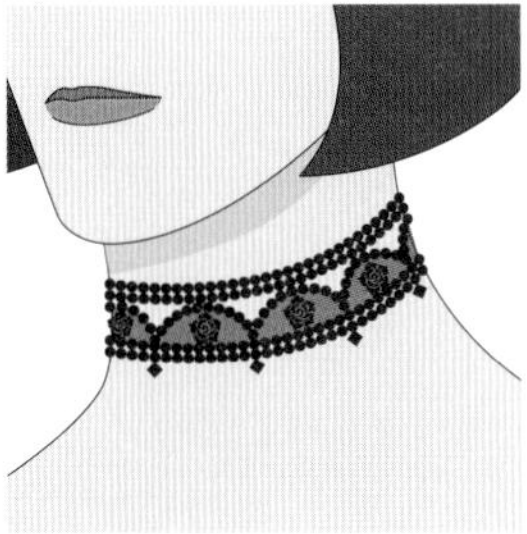

ドッグ・カラー
dog collar

「犬の首輪」の意味で、首元にぴったりと沿わせたネックレス。幅広のタイプが多い。幅広のリボンのほかに、金属製、ビーズ製、ペンダントつきのものなどもある。同カラー、チョーカー

ビブ・ネックレス
bib necklace

ビブは「胸あて、よだれ掛け」。胸あてのように前部分が幅広く作られ、首まわりから胸元にかけての広範囲を装飾する首飾り。イブニング・ドレスなどに合わせる豪華なものが多い。

ハット・ピン
hat pin

帽子を髪に固定するための長いピン。帽子の上から刺し、髪の毛をすくって、再び帽子の表に先端を出して用いる。ピンの頭に装飾品をつけたものが多く、おしゃれのポイントとなる。

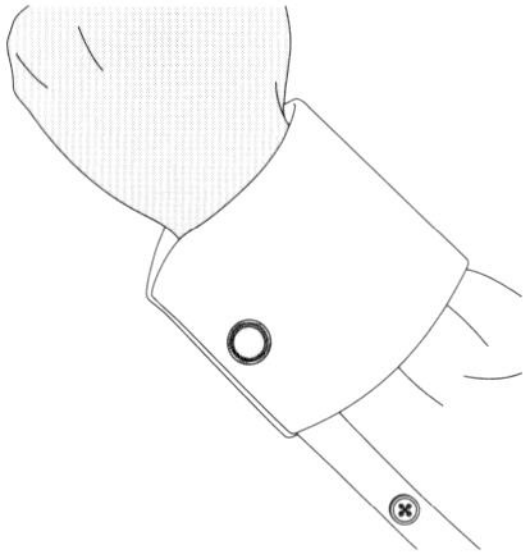

カフ・リンクス
cuff links

シャツのカフスをとめる装飾品。表に見せる装飾的なボタンを、反対側から、ボタンに連結させたとめ具を使ってとめる。カフスの両側にボタン穴が必要。同カフスボタン、カフ・ボタン

タイ・タック
tie tuck

ネクタイの垂れ下がる部分をシャツにとめて固定するためのアクセサリー。頭部に装飾を施した短いピンをネクタイの上から刺してとめ、くさりをつけてシャツのボタンにかける。

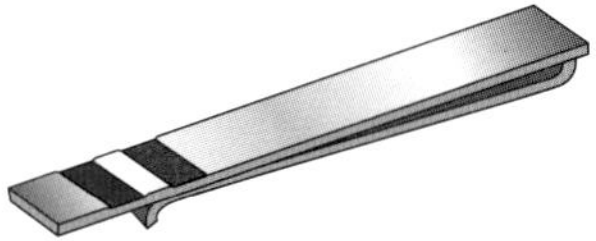

タイ・バー
tie bar

ネクタイの垂れ下がる部分をシャツにとめて固定するためのアクセサリー。細長い棒状のクリップで、ネクタイとシャツの前端とを挟んで用いる。同タイピン

MEMO

首飾りの長さによる名称

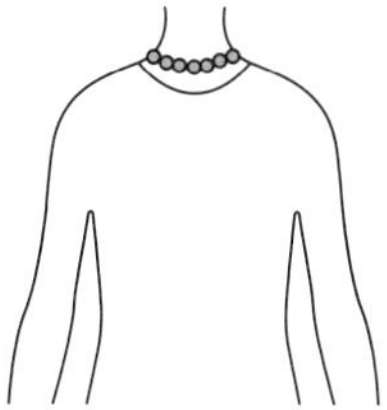

チョーカー

チョークは「窒息させる」という意味を持ち、首にぴったりフィットする長さの首飾り。窮屈なネクタイやスカーフもさす。

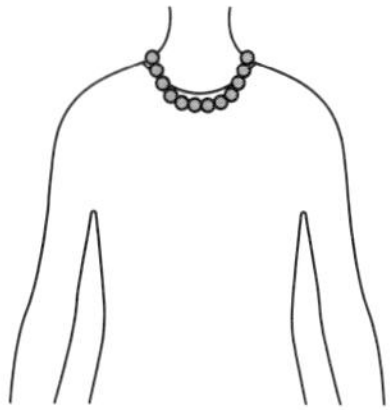

プリンセス

首のつけ根の少し外側を回る長さで、41cmのもの。ネックレスのもっとも定番となる長さ。名称の由来は不明とされる。

マチネ・レングス

マチネは午後の時間帯のオペラや音楽会などのことで、昼間のフォーマル用ネックレスの長さ。長さは21インチ（約53.5cm）。

オペラ・レングス

オペラや音楽会など、夜の時間帯のフォーマルシーンのための、多くは華やかな装い用。長さは通常28インチ（約71cm）。

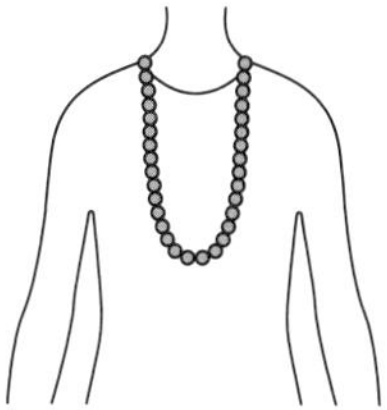

ロープ

オペラ・レングスを越える長さで、多くは約107cm。二連としても使える。142cmを超えるとロング・ロープとなる。

35

髪飾り

hair ornament

ティアラ
tiara

宝石をちりばめた小型の冠で、多くは女性用。前頭部の中央から後方に向かって低くなる形が特徴。今日では王族女性の盛装、または、ウエディング・ベールの固定用に用いたりする。

カチューシャ
Katyusha

片方の耳から額に沿って反対側の耳まで渡す、細い帯状の装飾品。プラスチックやワイヤーなど、弾力のある材料を用いる。名称はトルストイの小説、『復活』の女主人公の名前にちなむ。

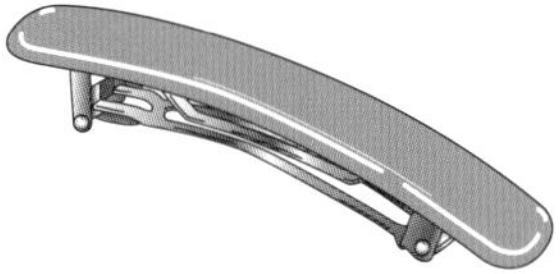

バレッタ
barrette

「小さな棒」という意味の仏語で、髪どめの一種。細長い土台の表面には装飾が、裏側にはバネのついた金具がとりつけられている。仏語ではバレットと発音する。同ヘア・スライド

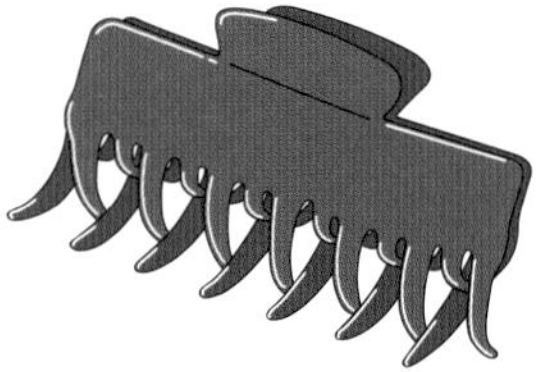

バンス・クリップ
ばんす・くりっぷ

内側に粗いくし歯がついた髪どめ用のクリップ。長い髪の毛を束ねたり、その先を巻き上げたりして、多彩に、しっかり固定することで、簡単にアップの髪型を作ることができる。

デコレーション・コーム
でこれーしょん・こーむ

飾りつきのくし、または、くし型の髪飾りを意味する和製英語。木や象牙、べっ甲、プラスチックなどの材料に彫刻や貴金属、宝石、真珠、七宝などの装飾を加える。

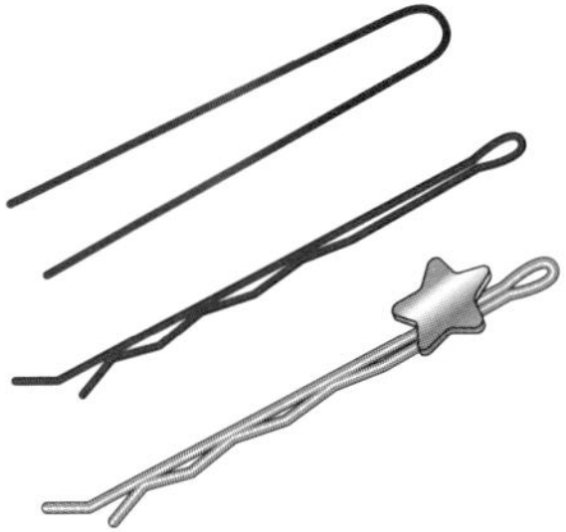

ヘアピン
hairpin

毛髪をとめる、まとめる、セットする、装飾するなど、多様な用途を持つピン。古くは単なる先細り型の棒状のものだったが、現代はU字型の開いたタイプとバネの効いたタイプがある。

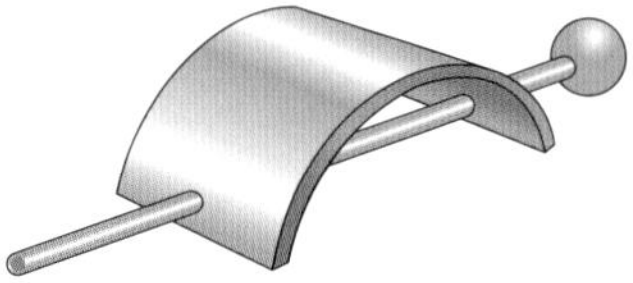

マジェステ
majesty

かんざし型のヘア・アクセサリーのひとつ。髪の毛の束を表側から押さえ、下側から棒状、または、かんざし状の部品で固定する。ポニーテールの結び目などにも使う。

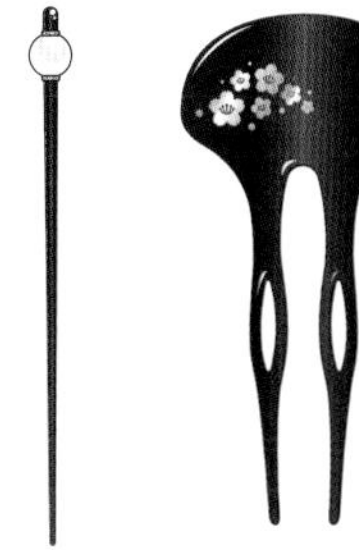

かんざし
簪

日本の伝統的な髪飾りで、「かみさし」が転じた語。金銀や象牙、べっ甲などの細い棒で、結い上げた髪に挿したり、髪を巻きつけたりする。明治以降、洋髪用には二本歯型も好まれる。

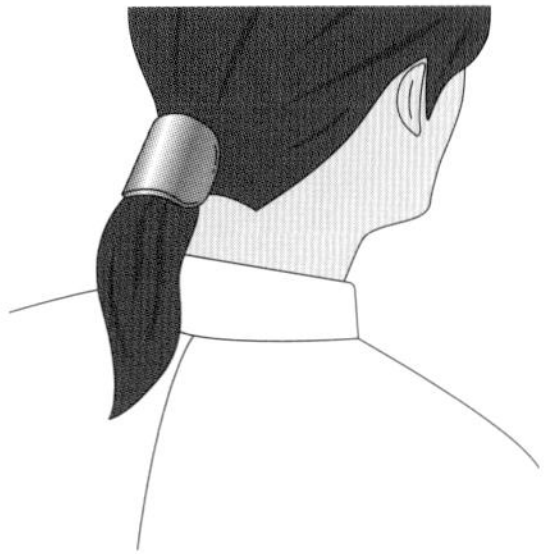

ポニーテール・ホルダー
ponytail holder

ポニーテールは髪の毛全体を、あるいは前髪以外の全体を頭の高い位置でひとつに束ね、その先を尻尾のように垂らすヘアスタイル。ポニーテール・ホルダーは束ねた根元を覆い装飾する。

ヘアゴム
rubber band

髪を束ねるための輪ゴム。直径２～８cm程度の輪ゴムを柔らかな繊維でくるんだもの。色やテクスチャーのバリエーションは豊富で、髪のアレンジに手軽に使われる。比較的安価である。

シュシュ
chouchou

髪を束ねるアクセサリーで、布を筒状にしてゴムを通し、丸い輪にしたもの。シュシュは「かわいい」という意味の仏語だが、この名称が発生した由来は不明である。

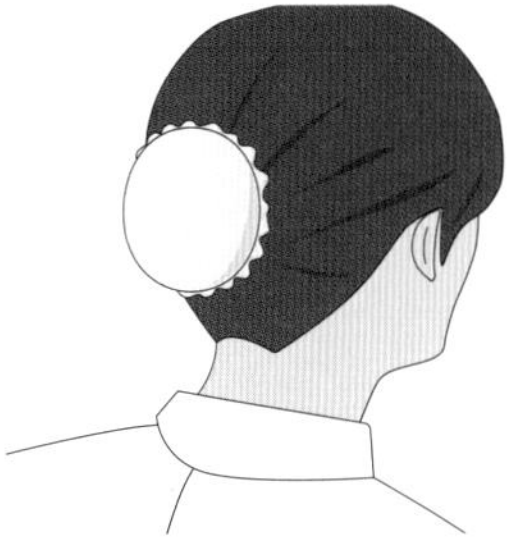

シニョン・キャップ
chignon cap

シニョンは「髷」の意味で、髷を覆うようにつける比較的小さな帽子。カクテル・パーティーなどに用いられる。近年、髷を包み込む、おもに布やチュール、ネットなどのカバーもさす。

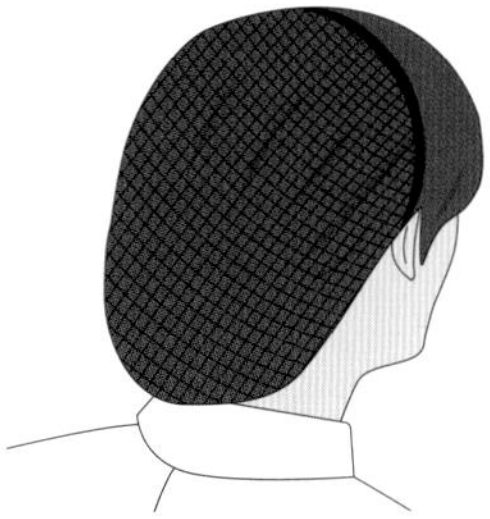

スヌード
snood

元来はスコットランドの未婚女性の、後頭部からうなじにかけての髪をまとめるための袋状のネット帽をいう。1940年代に流行した。近年、筒状のネック・ウォーマーのこともさす。

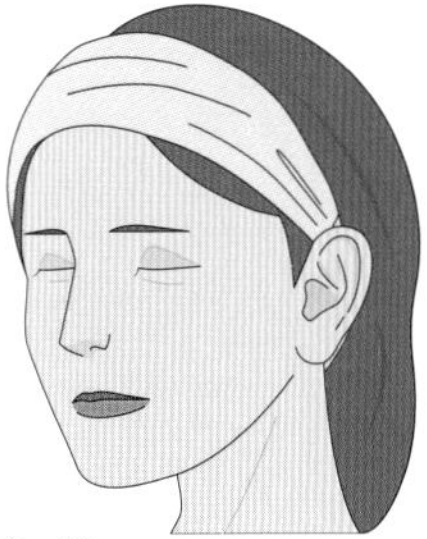

ヘアバンド
hairband

顔のまわりの毛髪を後ろに送るための弧状や輪状のバンド。ゴムや金属などの弾力性・伸縮性のある材料で作られる。表面を布などで覆い、装飾を施す場合も多い。

MEMO

フェロニール

宝石などの装飾をつけた細いくさりやリボンで、額の中央につける。東洋に起源を持ち、ルネサンス期にイタリアやフランスの女性の間で、額を広く見せる髪型とともに流行した。

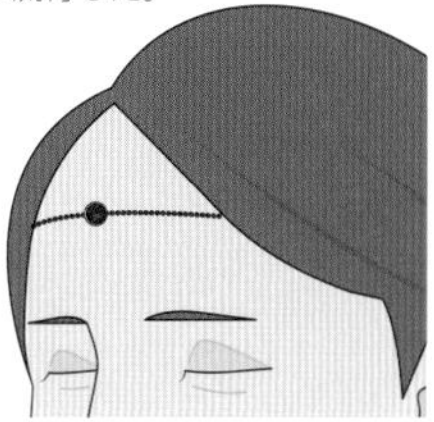

36 メガネ
glass

ウェリントン・モデル
Wellington model

角が少し丸みを帯び、上辺がやや広めの台形のレンズ、および縁。ウェリントンはイギリスの軍人・政治家のアーサー・ウェルズリー・ウェリントンにちなむとされる。

オクスフォード・モデル
Oxford model

上辺がわずかに広めの台形のレンズ、および縁。ウェリントン・モデルに近いが、縁の幅がより広めで角張っている。堅実そうな、やや硬い印象が強い。同角型ボストン

ボストン・モデル
Boston model

全体に丸みを帯び、丸に近い逆三角形型のレンズ、および縁。落ち着いた、柔らかな雰囲気で、知的な印象もある。アメリカのボストン発祥との説があるが、不詳。

レキシントン・シェイプ
Lexington shape

上辺が下辺よりやや広い角型で、角にわずかに丸みがある、上辺のみが太めのフレーム。上にウェートがあるデザインが特徴で、角ばった印象がある。

フォクシー・モデル
foxy model

フォクシーは「キツネのような」という意味で、目尻がつり上がった形のメガネ・フレームをさす。目じりが上がったクイーン・モデルに似ている。同フォックス・モデル

クイーン・モデル
queen model

両端がとがって目尻が釣り上がった形の、派手な色のメガネ。ベネチアのハーレクィンの仮装のマスクをヒントにデザインされた。同ハーリクィン・モデル

エイビエーター・グラス
aviator glass

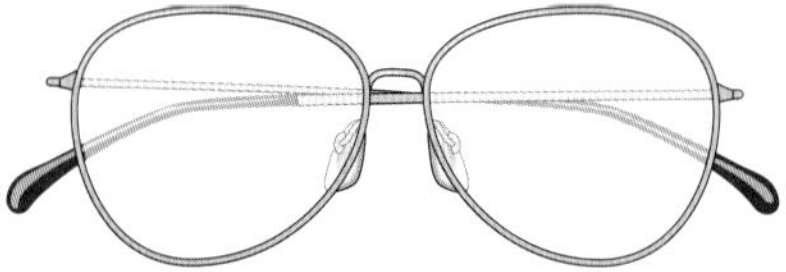

エイビエーターは「飛行家」という意味で、飛行機の操縦用に開発された。逆三角形で、頂点が両脇に寄った形が特徴である。同ティアドロップ、レイバン・クラシック

ラウンド
round

丸形で、メガネの歴史の中でもっとも古いタイプ。両メガネではロイドメガネが代名詞になっている。片メガネ、手持ちメガネなども丸形が一般的。柔らかい印象が特徴。

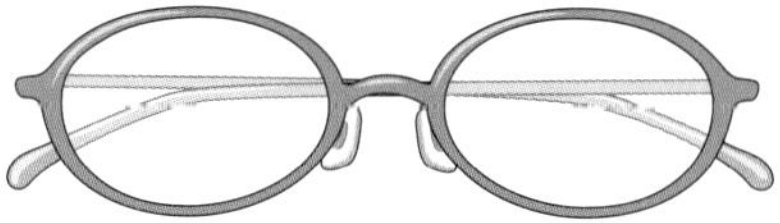

オブロング
oblong

横に長い楕円形のレンズ、および縁。柔らかい印象が特徴で、幅広の縁のものはとくに女性に好まれる。細いメタル・フレームは知的なイメージ。同オーバル・シェイプ

スクエア
square

「角型、四角形」の意味。幅や高さはさまざまで、角にやや丸みをつけたタイプも含まれる。高さがある場合は、安定感や重厚感、威厳などがあり、硬さや威圧感が生じる。

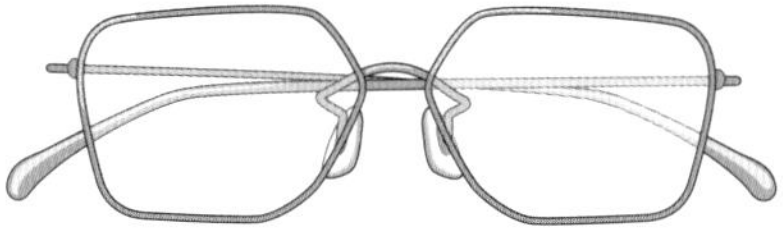

ペンタゴン
pentagon

「五角形」という意味。目尻側は鼻に沿ってかすかに膨らみながらほぼ垂直に作られ、目頭側では、ほおの線に沿って、下方に幅が狭くなる。角と曲線が融合したデザイン。

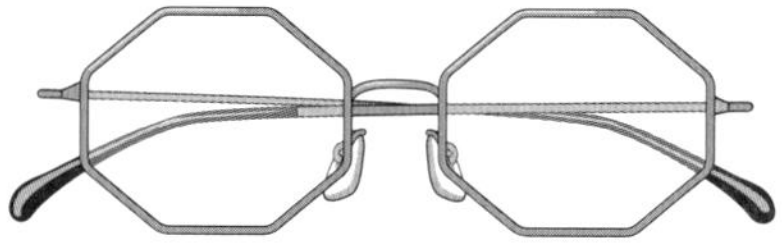

オクタゴン
octagon

「八角形」という意味で、左右に広い長方形の四隅を、大きく切りとった形のレンズ、および縁をさす。顔の輪郭を問わず、だれでも似合いやすい。レトロな印象も与える。

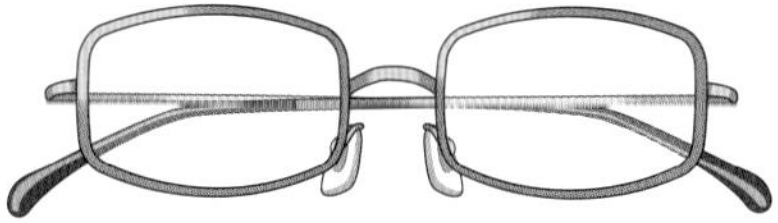

バレル
barrel

バレルは「樽」の意味で、左右のラインが平行で、上下のラインがそれぞれ上下にやや膨らむ曲線で囲まれ、樽形に見えるレンズやフレームの形。柔らかな印象がある。

ハーフグラス
half-glass

半月形をした、小さめのメガネ。もとは読書用のメガネで、老眼用のものが多い。上や下だけでなく、全体にフレームがある場合は、ハーフムーン・グラスと呼ぶ。

ロイドメガネ
ろいどめがね

メガネの一種で、べっ甲やセルロイドで作られた、縁が太めの丸い形をしているのが特徴。アメリカの喜劇俳優ハロルド・ロイドが愛用したことにより名づけられた。

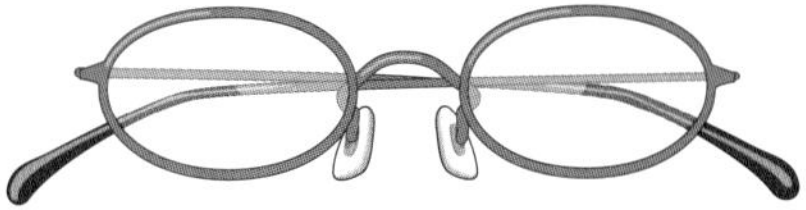

グラニー・グラス
granny glass

グラニーは「おばあちゃん」を意味する幼児語。古い時代の高齢女性がかけているようなイメージを抱かせる、鼻の先にのった、縁なしや銀縁などの小型のメガネをさす。

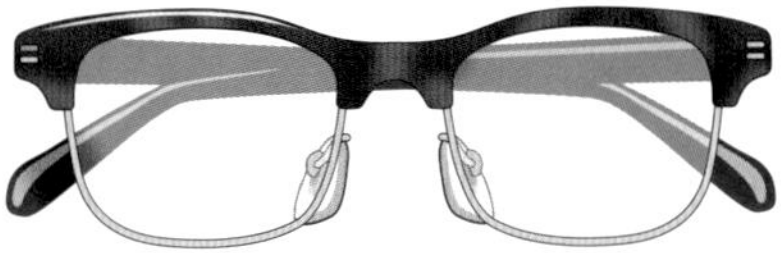

サーモント
sirmont

縁の上辺を太く強調したメガネ。多くは上辺にセルなどを使い、ほかの部分は金属を用いる。1950年代に眉を濃く見せるため、アメリカの軍人モント氏用に考案された。

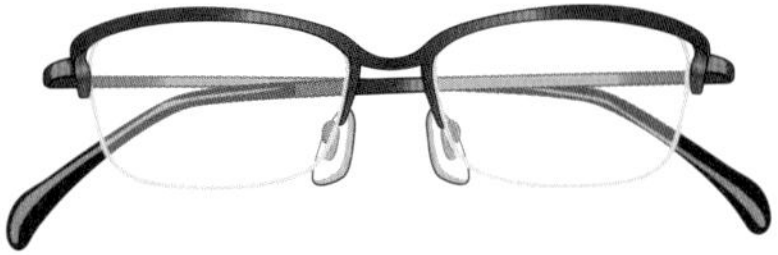

ハーフ・リム
half rim

リムは「レンズの縁」の意味で、上半分のみの縁をさす。米語では「縁が半分ない」という意味で、ハーフ・リムレスという。全体をとり囲む縁に比べて軽やかな印象。

アンダー・リム
under rim

リムは「レンズの縁」で、フレームと同じ。レンズの下側半分とサイドのみでレンズを固定する縁。老眼鏡などに多く見られる。同アンダー・フレーム、トップ・リムレス

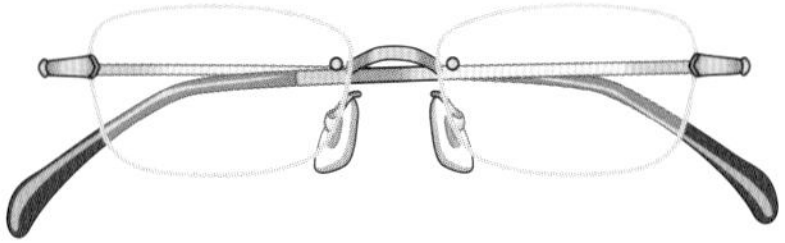

リムレス・グラス
rimless glass

リムは「レンズの縁」の意味で、縁のないメガネ。耳にかけるつるとレンズをつなぐブリッジを、ねじを使ってレンズに直接とりつける。同ツー・ポイント、縁なしメガネ

バイカー・シェード
biker shade

サイクリングや競輪用の、ブリッジとリムが一体化したタイプや一眼タイプのサングラス。ヘルメットのかぶりやすさ、昼夜に対応できるレンズなどの工夫が見られる。

バタフライ
butterfly

広げた蝶の羽のように、外側で大きく広がる形のメガネ。顔の中心から離れた部分まで覆う面積が大きいため、陽射しをよけるサングラスなどに多く見られる。

サングラス
sunglass

太陽光から目を守るために作られたメガネで、基本的には度の入らないカラーレンズを使う。一般的にレンズの色が緑のものは夏の海山用、茶色のものは街用とされる。

ローニエット
lorgnette

つるがなく、１本の長い柄のついたメガネ。メガネをかけるのを避けた時代に、観劇や読書のために使ったのがはじまり。同じスタイルで柄が短いものをローグノンと呼んで区別する。

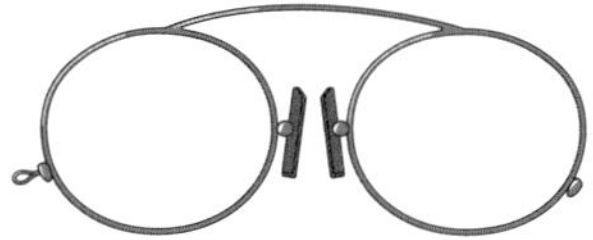

パンスネ
pince-nez

パンスは「挟む」、ネは「鼻」の意味。耳にかけるためのつるがなく、鼻にかけるブリッジに弾性のあるものなどを使って固定する。19世紀から20世紀初期に人気があった。同鼻メガネ

MEMO

メガネのフレーム

メタル
金属製のフレーム。金や銀、プラチナなどの貴金属、弾力性のあるステンレスなどに加え、近年では軽量で強度の高いチタンやその合金にも人気がある。メッキ加工が施されるものも多い。

セル
プラスチック製のフレーム。初期のプラスティック、セルロイドが使われたため、この名称が残っている。丈夫さと多様な造形が可能なため、現在ではメタルと並び、フレームの中心的材料となっている。

コンビネーション
金属やプラスチックなどの複数の材料を組み合わせて作られたフレーム。重量やフィット性などの機能性をはじめ、デザインや価格などの面でバラエティを広げることができる。略してコンビともいう。

フォーマル・ウエア

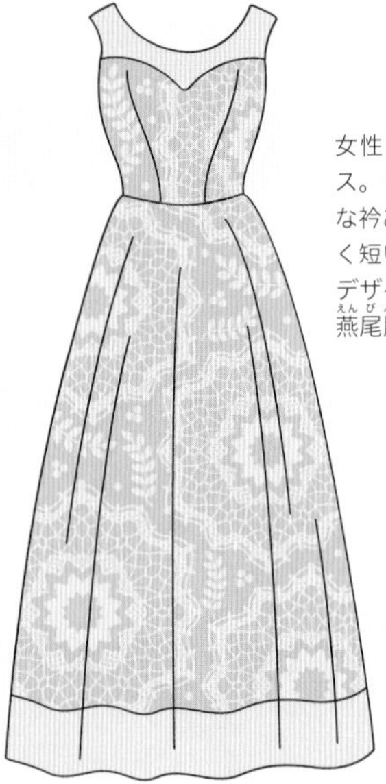

イブニング・ドレス

女性の夜の第一正装用のドレス。くるぶしが隠れる丈、大きな衿あき、袖なし、ないしはごく短い半袖で、全体的に豪華なデザインが多い。格式は男性の燕尾服に相当する。

カクテル・ドレス

女性の、夕方の比較的カジュアルなカクテル・パーティー用のドレス。イブニング・ドレスに比べて、丈や衿あきのデザインなどは自由度が高い。格式は男性のタキシードに相当する。

アフタヌーン・ドレス

女性の、日中の訪問や会合などの外出に着る服装をさし、ワンピース・ドレス、スーツなども含む。19世紀の正式な訪問は午後に行う慣習から生まれた名称。デザインに定めはない。

ウエディング・ドレス

結婚式に花嫁が着るドレス。色は欧米では19世紀後期に白が定着し、その伝統が現在も続いている。床丈が一般的で、長く引きずる丈もある。頭からかける白いベールと組み合わせる。

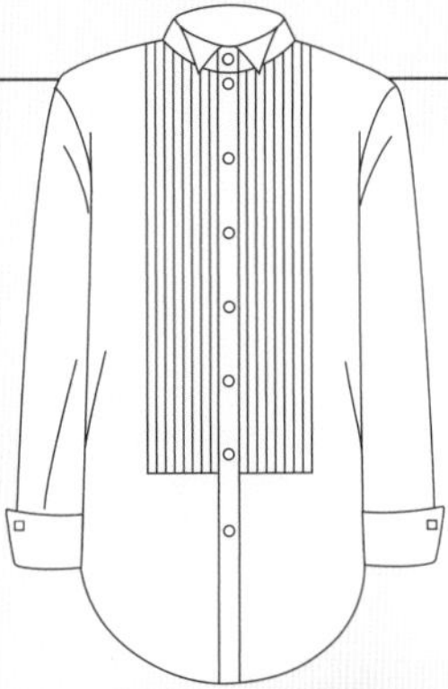

ドレス・シャツ

固く糊づけした胸あて（和名はイカ胸）、ウイング・カラー、ダブル・カフスつきの白いシャツ。袖口はカフ・リンクでとめる。燕尾服やモーニング・コート、タキシードの下に着る。

燕尾服

男性の夜の第一正装用上着。前はウエストライン丈、後ろのみひざ丈で２つに割れるのが特徴。おもに黒で、側章つきの同色のパンツと白のピケか絹のベスト、白いタイを組ませる。

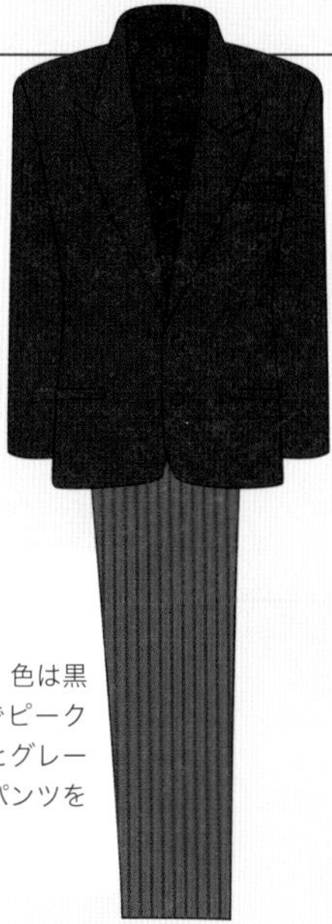

ディレクターズ・スーツ

男性用の昼間の準礼装のひとつ。色は黒の、おもにシングルブレストでピークト・ラペルのジャケットに、黒とグレーの細縞の、裾に折り返しのないパンツを組み合わせる。

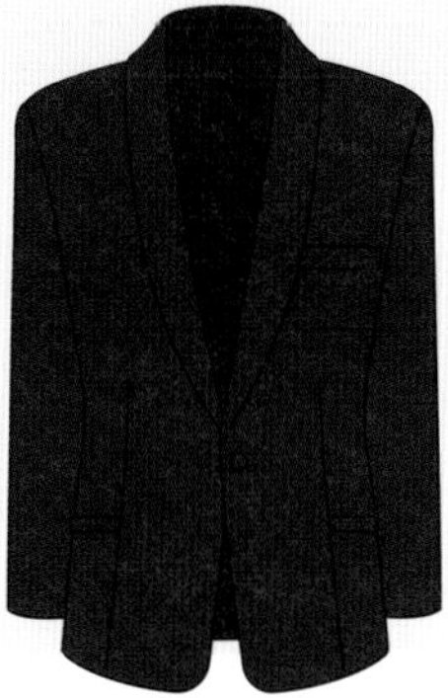

タキシード

男性の夜の準礼装用のジャケット。黒を基本とし、シングルブレストにショール・カラー。側章つきの黒のパンツと黒のタイを組ませる。ディナー・ジャケットとも呼ぶ。

モーニング・コート

男性の昼間の正装用の上着。裾が前から後ろにかけて斜めに切りとられているのが特徴である。共布かグレーのベスト、ストライプのパンツ、黒のストライプかグレーの無地のタイを組ませる。

メス・ジャケット

メスは海軍の食堂であるメス・ルームで、晩餐服として着用されたジャケット。燕尾服の尾部分を切りとった形で、ウエスト丈、白、金ボタンが特徴。夏の略礼装のひとつ。

PART 4

ルック、民族服、歴史服

これまでに流行してきたファッションのスタイルをはじめ、世界各地の民族服、そして、過去に見られた歴史服には特色があります。

37

ルック

look

アイビー・ルック
Ivy look

ボタン・ダウン・シャツやブレザー、コットン・パンツ、ローファーなどを組み合わせたカジュアル・スタイル。アメリカ東部の名門８大学によるフットボール・リーグであるアイビー・リーグに由来する。日本では1950〜60年代に流行した。

プレッピー
preppie

プレップはアメリカの大学進学準備教育をする寄宿制の私立高校、プレップ・スクールの略称で、裕福な家庭の男子生徒をさす俗称。やや崩したアイビー・ルックで、ノー・ネクタイ、ジーンズ、エンブレムつきブレザー、ジャンパーなどがメイン・アイテム。

モッズ・ルック
mods look

モッズはモダーンズの略。ロンドンのデザイナー、ジョン・ステファンが1950年代中期から1960年代初めにかけて、カーナビー・ストリートのショップで販売した服が代表。花柄のネクタイに柄物やフリルのシャツ、細身のジャケットなどが特徴。

フレンチ・カジュアル
French casual

フランス風カジュアル・スタイルのこと。パリの女学生などに見られる、流行を適度にとり入れた小粋なファッションを意味する。パリの既製服ブランド、アニエス・ベーに代表されるスタイル。同フレカジ

マリン・ルック
marine look

マリンは「海の、海軍の」という意味。水兵服に特徴的な紺と白の配色、セーラー・カラー、ボーダー柄などをとり入れたスタイルをさす。イヴ・サンローランが1962年の初コレクションで発表し、流行となった。

サファリ・ルック
safari look

サファリ（アフリカでの狩猟旅行）に着るサファリ・ジャケットやサファリ・パンツの特徴をとり入れたスタイル。実用的で、ポケットが多くついているものが多い。1968年の春夏コレクションで、イヴ・サンローランが発表して広まった。

エスニック・ルック
ethnic look

エスニックは「民族の」という意味で、ファッションでは「欧米人にとっての異民族的な、異国的な」を意味する。アフリカや中近東、南米、日本を含むアジアなどの民族服をデザイン・ソースにした、素朴で土着的なスタイル。

ギャルソンヌ・スタイル
garçonne style

ギャルソンヌは「少年のような若い女性」という意味。1922年のフランスの話題小説のタイトルに用いられた造語。1920年代に流行したボーイッシュなスタイルで、短い髪、クロシュ帽、ロー・ウエストでストレート・ラインの服、ひざ丈のスカートなどを特徴とした。

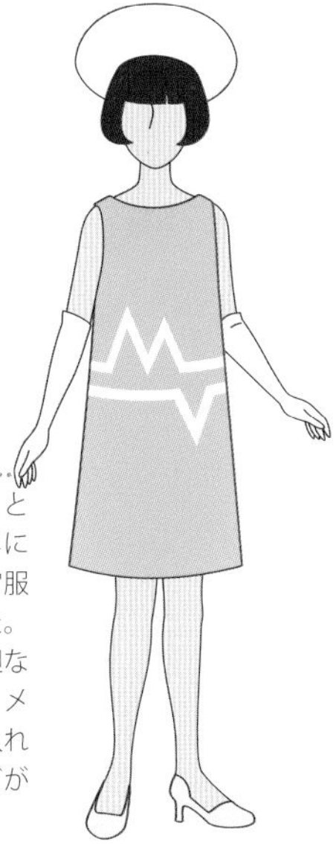

コスモコール・ルック
cosmocorps look

コスモコールは「宇宙服」という意味の仏語。1966年にピエール・カルダンが宇宙服に触発されてデザインした。ヘルメット型の帽子、大胆なカッティングや幾何学柄、メタリック素材などをとり入れたミニ丈のワンピースなどが特徴とされる。

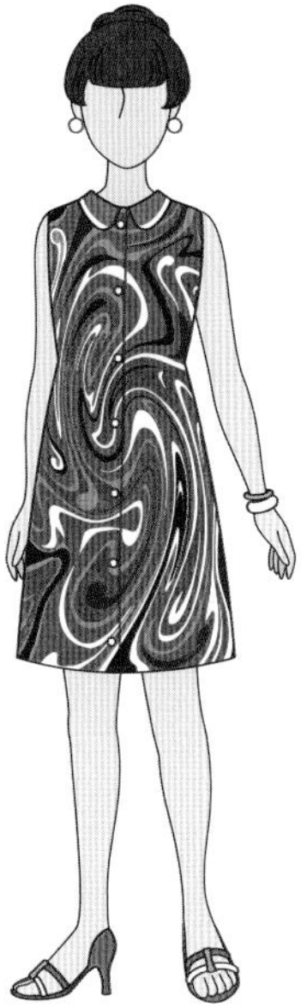

サイケデリック・ファッション
psychedelic fashion

サイケデリックはLSDという薬品の服用によって起こる幻覚症状をさす。この幻覚に特徴的な原色や蛍光色、曲線などを視覚化したプリントなどをとり入れた、1960年代後半のファッション。

ニュー・ルック
New Look

クリスチャン・ディオールが1947年に発表した作品。なで肩と強調されたウエスト、たっぷり広がったスカートが特徴。第二次世界大戦の終戦直後とは思えない華やかさが注目され、アメリカの雑誌『ハーパース・バザー』誌が命名した。

モンドリアン・ルック
Mondrian look

イヴ・サンローランが1965年の秋冬コレクションで発表した作品。オランダの抽象画家、モンドリアンの1921年の作品『コンポジション』を、そのままミニ・ドレスにとり入れたもの。

ミリタリー・ルック
military look

軍服や戦闘服の機能的・活動的な雰囲気や、位階などを表す肩章、ブレード、金ボタンなどの細部をとり入れた、男女に見られるスタイルをさす。肩を張らせることも多い。迷彩模様やカーキ色なども含まれる。

グランジ・ルック
grunge look

グランジは「汚い」などの意味のアメリカの俗語。1980年代の、シアトルのグランジ・ロックのミュージシャンの装いが起源とされる。古びて汚れたような古着風が特徴。90年代に多くのデザイナーが作品にとり入れた。

パンク・ファッション
punk fashion

1970年代の後期、ロンドンのキングス・ロードにマルコム・マクラーレンとヴィヴィアン・ウエストウッドが展開していたショップを中心に、パンク・ロック音楽と関わりながら流行した。反体制ファッションの一種で、安全ピンや垂らしたチェーン、引き裂きのあるパンツ、釘つきの首輪などが特徴とされる。

ロックンロール・ファッション
rock'-n'-roll fashion

ロックンロールは1950年代に流行した、黒人のリズム&ブルースから生まれたポピュラー音楽。この音楽やダンスを愛好する若者のファッションをさす。男性は革のジャンパーにリーゼント・ヘア、女性はサーキュラー・スカートにポニーテールが特徴。

ヒッピー・スタイル
hippie style

ヒッピーの自然回帰などの傾向を表したファッション。男女ともに長髪。手作りと天然素材志向、パッチワークやフリンジ、花柄プリントのドレス、ジーンズ、裸足にサンダル履きなどが特徴とされる。

ジプシー・ルック
gypsy look

ヨーロッパを中心に放浪する移動民族、ロマ族の服装やイメージをとり入れたファッション。女性では裾幅の広いスカートにショールやストール、男性ではサッシュ・ベルトなどを使うのが特徴。

フォークロア・ルック
folklore look

民俗衣装や民俗的なデザインをモチーフにした、ヨーロッパ各地の田舎に見られるような素朴なスタイル。鮮やかな原色を使った刺繍なども多い。イヴ・サンローランや高田賢三の1970年代のコレクションに代表される。

ペザント・ルック
peasant look

ペザントは「農民」という意味。とくにロシアを含むヨーロッパの農民の服装を連想させる民俗的なスタイルをさす。1970年代半ばに高田賢三やイヴ・サンローランがコレクションで発表し、流行となった。

グラニー・ルック
granny look

グラニーは「おばあちゃん」を意味する幼児語。素朴な手作り感覚の、古風なイメージのファッションに対して用いる。キルト・ワーク、綿レース、共布のフリルなどを使ったロマンティックな農村の女性風スタイルのこと。

ラスタファリアン・スタイル
Rastafarian style

ラスタファリアンは、ジャマイカを中心に黒人のアフリカへの回帰を唱える集団で、レゲエなどの音楽でも知られる。ラスタ帽というニット帽や、エチオピアの旗色である赤と黄、緑を使うのが特徴。

レイヤード・ルック
layered look

重ね着のこと。本来はあまり表に見せない、内側に着た衣服を、衿や袖、裾などからあえてのぞかせる着方をさす。1970年ごろから、旧習を破って創造性を求めようとする若者たちの間に広まり、その後、定着した。

日本独自のルック

太陽族

石原慎太郎の『太陽の季節』を原作にした映画の中の、石原裕次郎のルック。サングラスにアロハ・シャツ、慎太郎カットなどをまねた若者をさす。柄物のショート・パンツをとり入れた女性も含む。

カラス族

1980年代に出現した、全身黒づくめの服装をした人々をさす。1982年にパリでヨウジ・ヤマモトとコム・デ・ギャルソンが発表した、ほとんど黒一色に統一されたコレクションの影響による。

竹の子族

東京の原宿で日曜日の歩行者天国の路上を舞台に、奇抜なファッションで踊っていた若者の集団。1979年に現れ、歩行者天国が中止される1998年まで続いた。名称は衣装を売っていた店名から。

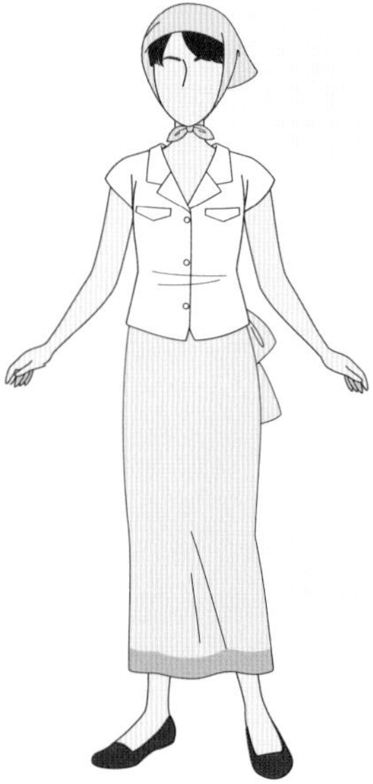

みゆき族

1964年の春から夏に見られた、銀座のみゆき通りをたまり場とした若者たち。男性はやや崩したアイビー・ルック、女性は三角に折ったスカーフ、長いスカート、ローヒールの靴などを身につけた。

ニュートラ

ニュー・トラディショナルの略語。当時、日常の服装に定着したジーンズを退け、アイビー・ルックの感覚をとり入れた。1975年前後から、女子大学生など若い女性を中心に流行した。

ハマトラ

横浜トラディショナルの略語。横浜元町付近の女学生にはじまる、ニュートラの分派である。横浜元町の商店、フクゾーのシャツ、キタムラのバッグ、ミハマの靴などの商品を身につけた。

テクノ・ファッション

テクノは1980年代にはじまった、シンセサイザーなどの電子工学機器を用いる音楽。ここから生まれたファッションで、ビビッドでポップな色使いやスタイリングが特徴。テクノ・カットも含まれる。

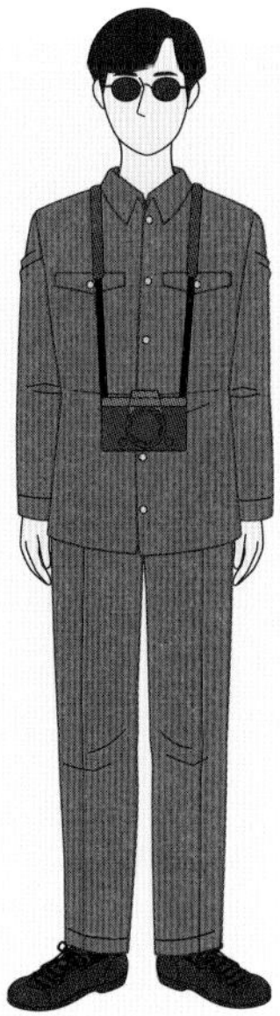

ゴシック・アンド・ロリータ

ゴシックは中世ヨーロッパを題材とした怪奇小説風の、黒を中心としたスタイル。ロリータはナボコフの小説を思わせる、19世紀少女ファッション風のスタイルをさす。両方をあわせ持つのが特徴である。

渋カジ

1988～1991年に東京の高校の比較的裕福な家庭の生徒から発生。ストレート・ジーンズ、ローファーやショート・ブーツ、ブレザーやフライト・ジャケットなどと、強いブランド志向が特徴。

38

民族服❶

National costume

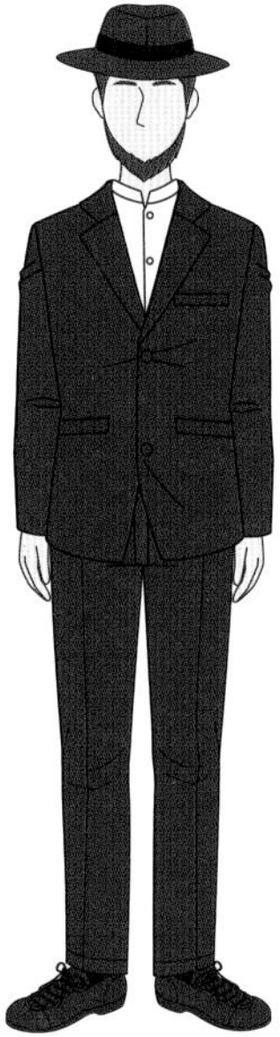

アーミッシュ・コスチューム

Amish costume

アメリカ北東部に住むキリスト教の一派、アーミッシュの服装。男性は黒のジャケットにパンツ、つばのある帽子、女性は黒の上衣、ギャザー・スカート、ボンネットからなる簡素で古風なスタイル。ジャケットやシャツ、パンツなどの服に、とめるための金具を一切使わず、ひもで結ぶのが特徴である。

チロリアン・コスチューム

Tyrolean costume

オーストリア西部と北イタリアにかけてのチロル地方の衣装。男性はシャツに革の吊りパンツ、羽根飾りのついたチロリアン・ハットをかぶる。女性はブラウスにひも締めの胴衣、ギャザー・スカート、エプロンを組み合わせる。

スコティッシュ・ハイランド・コスチューム

Scottish Highland costume

スコットランドの高地地方の男性の服装。タータン地のキルト（巻きスカート）をはき、スポーラン（皮革製の袋）を吊り下げ、グレンガリーという帽子をかぶるのが特徴である。盛装では、キルトと同じ生地の肩掛けをブローチでとめる。

ポンチョ

poncho

長方形の布の中央に穴を開けて頭を通し、前後左右に布を垂らして体を覆う伝統的外衣。世界中に発生した貫頭衣の典型とされる。南米のインディアンが着ていた。現代では、これをヒントにしたさまざまな男女用の外衣をさす。

チャケタ

chaqueta

チャケタはスペイン語で「ジャケット」という意味。ペルーで着られる、丈の短いボレロ風の伝統的ジャケットで、女性用。厚手の毛織物を用い、体にぴったりと合った裁断が特徴で、華やかな色彩の刺繍を施したものが多い。

ウィピル
huipil

メキシコの男女やグアテマラのマヤ系民族の女性が着るゆったりした上衣。長方形の布を2～３枚並べて縫い合わせ、中央に頭を通す穴を開け、脇は腕を通す部分を残して縫い閉じる。村ごとに異なる刺繍が特徴。

ポリェラ
pollera

中南米の女性の民族服のひとつ。裾幅の広いスカートのことで、原色を使用した鮮やかな色彩を持つものが多く、幾重にも重ね着をすることもある。元来は村ごとの模様を織り込んだ生地を使用した。同ポジェラ

ダーンドル
dirndl

アルプスのチロル地方の女性の衣装。1918年のオーストリア帝国崩壊後、各地で民族意識が高まった中で形成された。ぴったりと体に沿った胴衣にギャザー・スカートをはき、エプロンをつける。

スクマーン
Sukman

ブルガリアの女性の民族服のひとつで、ワンピース型衣服。袖ありと袖なしがある。ウール地で黒が多く、多色の刺繍やアップリケの装飾が施される。下に着るブラウスの刺繍を見せるため、前の衿ぐりはＵ字型なのが特徴。

サラファン
Sarafan

ロシア北部の女性の伝統的な民族服のひとつ。肩ひもで吊って着るワンピース型の衣服で、ジャンパー・スカートに似ている。日常着から晴れ着まで用途はさまざま。ロシアの民族服、ルバシカ（ブラウスの一種）の上に着る。

ソロチカ
solochika

ウクライナの女性のブラウス。衿元や袖、裾に刺繍が施されている。手刺繍で花や鳥を表す。ラグラン型のゆったりした袖つけで、衿元に通したひもで整えて着用する。スカート（チョルガなど）、ベスト（ユプカコルセツ）を組み合わせ、花の帽子をかぶる。

ルバシカ
Rubashka

ロシアの民族服で、男性のブラウスまたはスモック風の上着。細いスタンド・カラーとカフス、前あきのデザインが特徴。衿や前あき、袖などにはテープ状の装飾がつく。ウクライナの農民服ルバーハが原型とされる。同ルパシカ

コルト
kolt

ラップランド地域（フィンランドとその周辺）の先住民族である、サーミの伝統的民族服。フェルト地で、華やかな刺繍を施したテープの装飾が特徴。男性用は腰を覆う丈の上着、女性用はワンピース・ドレス型である。同ガクティ

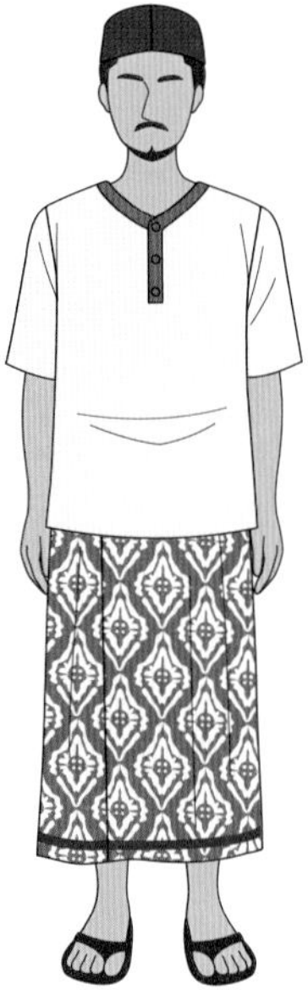

サロン
sarong

インドネシアやマレー半島、セイロン島の、男女用の民族服。大型の布を筒状に縫い合わせたもので、ウエストに巻きつけ、余った分はひだをとりながらウエストに挟み込む。華やかな文様のバティック（ろうけつ染めの更紗の綿布）を用いることが多い。

シン
sinh

ラオスの女性の伝統的腰布。筒状の布を体にぴったりと合わせ、余った部分は腰に重ねて巻く。生地は多くが草木染めの糸の手織り。スアーと呼ばれるブラウスと合わせる。儀式のときには男性が着ることもある。

エンジー
eingyi

ミャンマーの女性の伝統的な衣装のひとつで、元来は衿のないオーバー・ブラウス風の上衣。丈の長い筒形のスカート、ロンジーと合わせて着る。素材は絹や化繊、レースなどで、透ける薄布で作られることが多い。現在はさまざまな衿つきもある。

カイン・パンジャン
kain pandjang

インドネシアのジャワ島で、男女ともに着用する巻きスカート。バティック（ろうけつ染めの更紗の綿布）などの一枚布を腰に巻き、前でひだをとる。カインは「布」、パンジャンは「長い」という意味。長袖で前あきの上衣、カバヤを合わせる。

スアー
sya

タイの女性の民族服のひとつで、身頃、袖がともにタイトで、前あきの薄手のブラウス。チャイニーズ・カラー、または衿なしの丸首。丈が約1m、幅が約2mの薄手の布を筒状にした巻きスカート、パー・シンと組み合わせる。同ブラウ

クワン・アオ
cuan ao

ベトナムの女性用伝統衣装で、ゆったりした長いパンツ（クワン・ザイ）と丈長の上衣（アオ・ザイ）の組み合わせ。中国の清の服装の影響を受けて18世紀に成立した。上衣の両脇にある深いスリットとチャイナ・カラーが特徴である。

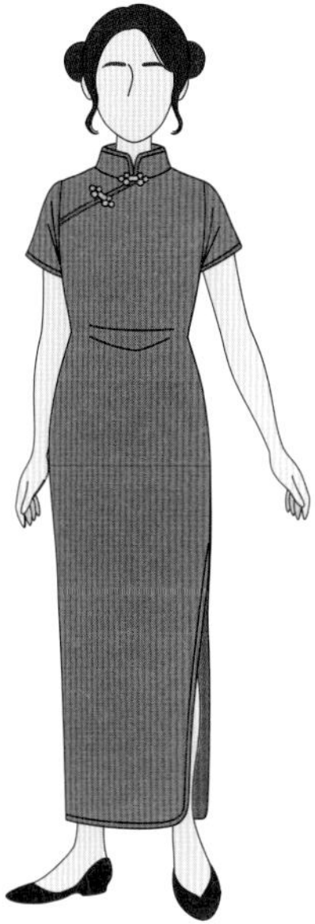

チーパオ
ちーぱお

清朝時代の満州族女性から受け継いだ、中国女性のワンピース型のドレス。洋服の影響を受けて体に沿った細身のシルエットに変わった。スタンド・カラー、両裾の長いスリットなどが特徴。左右非対称の打ち合わせ、ひもを組んだチャイナ・ボタンも特徴である。同チャイナ・ドレス、チョンサン

人民服
じんみんふく

1949年の中華人民共和国が成立した当初、広く男性国民が着用した上着とパンツの組み合わせ。色はカーキや濃紺、グレーなどが一般的。上着は折り返しのある詰め衿で、ボタンどめ。鄧小平政権の市場経済導入後の1980年代以降、激減した。

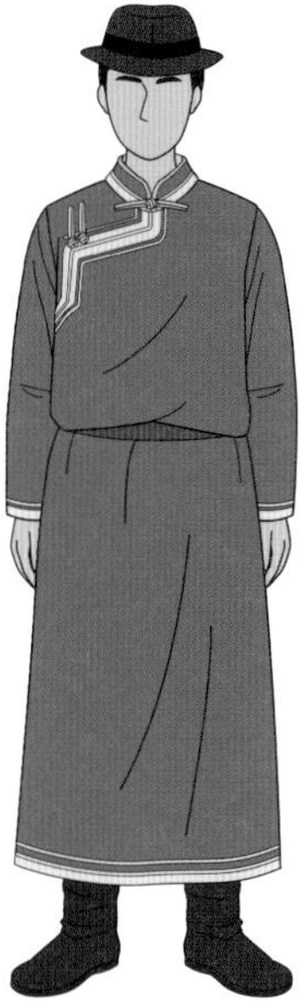

デール
deel

モンゴルや中国の内モンゴル自治区の、モンゴル族の男女の民族服のひとつ。立ち衿で左に打ち合わせがある絹やナイロンでできた、丈の長い上着。冬用は毛皮の裏つきや綿入れもある。チャイナ・ドレスのルーツとされている。

チマ・チョゴリ
ちま・ちょごり

朝鮮半島の女性の民族服のひとつ。ひだを畳んだ巻きスカート状の裳であるチマを胸高に着つけて、チョゴリという丈の短い筒袖の上衣と組み合わせる。裾がたっぷりと広がり、華やかな印象なのが特徴である。

ゴー
Gho

ブータンの男性の上衣。袷仕立てで筒袖、和服のような前の打ち合わせと衿が特徴。紬や綿織物などを用いる。内側にぴったりしたシャツ、テュゴを着る。礼装などでは、上にストール状の布、カムニを掛ける。

キラ
kira

ブータンの女性の民族服。幅4cmほどの紋織物をつぎ合わせた1枚の布を、長いドレスのように体に巻きつける。両肩をコマ（ブローチ）でとめ、ケラ（細い帯）を締める。上にテュゴ（上着）を重ねて着て、ラチュー（肩掛け）をかけるため、キラはスカートのように見える。

サリー
sari

インドなど南アジアのヒンドゥー教徒の女性が着る伝統衣装。通常、幅1mで長さ5～11mほどの布を、腰から肩にかけて巻きつけて着る。内側にチョリ（ブラウス）とペチコートを着ける。

クルタ
kurta

長袖で、途中まで前あき、チュニック丈のシャツ型の上衣。パキスタン北部からインド北部パンジャブ地方までの、イスラム文化の中で伝えられた。パンツとのセットは、パジャマの起源とされる。男性用は長く、女性用はウエスト丈で袖なし。

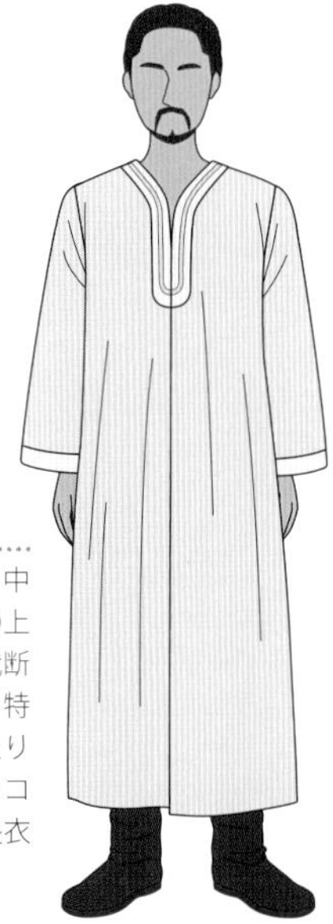

カフタン
caftan

トルコや中央アジアなど、中東諸国に見られる男性用の上着。丈が長く、ほぼ直線裁断で、長袖、前あきなのが特徴。帯を巻いたり羽織ったりと着方はさまざま。モロッコなどで着られる女性用の長衣をさすこともある。

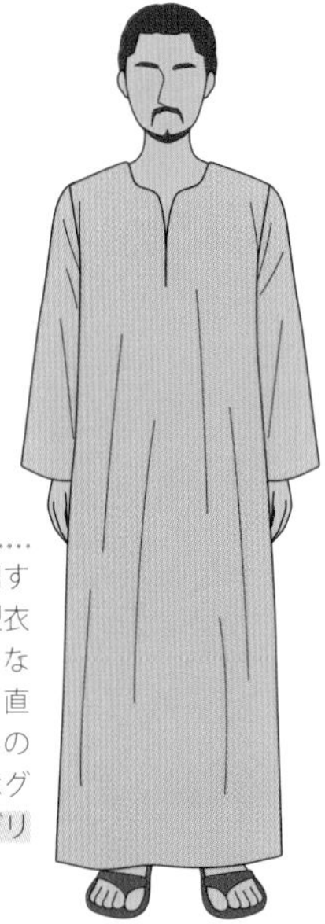

ガラビア
gillibiya

アラビア語圏の男女が着用する、木綿製のワンピース型衣服。筒形の長袖で、衿はなく、頭からかぶって着る。直線裁断でゆったりしているのが特徴。夏場は白、冬場はグレーなどの濃色が多い。ガリビアとも発音する。

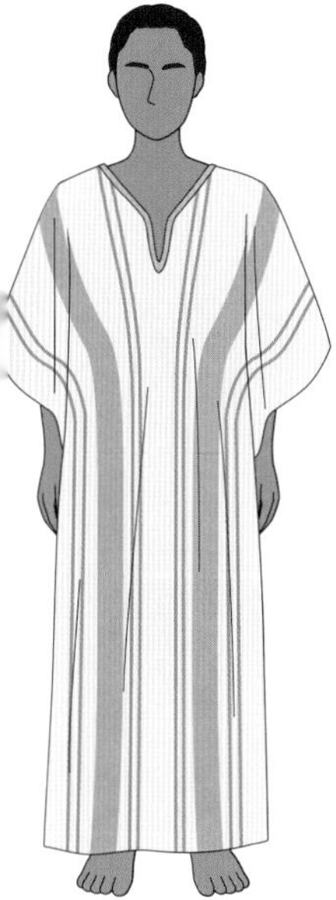

ブブ
boubou

マリやセネガルなどアフリカ大陸西部や中部の諸国の、男女用の大型の貫頭衣。長方形の木綿やキャメル、ウールの生地の中央に縦に切れ目を入れ、切れ目に頭を通して、前後に垂らす。脇は縫わずに開けたままにしておくのが一般的だが、裾近くを縫い合わせることもある。

ケンテ
kente

ガーナの男性の晴れ着。イギリスからの独立を記念して誕生した。手織りの鮮やかな色彩の、紋様入りの細長い綿布をつなぎ合わせて1枚の大きな布にしたもの。体に袈裟掛けにして巻きつける。

ジェラバ
djellaba

モロッコの男性にはじまり、北アフリカの男女が身につけるフードつきの丈の長いコート。無地や縞で、比較的目の粗い毛織物のものが多い。頭からかぶる型の衣服で、途中までの前あき、両脇裾のスリットが特徴である。

チャドル
chador

イスラム教徒の女性が外出時に着用する伝統的な衣服。女性は人前で髪や肌を露出せず、体の線を隠すというイスラムの教えに従い、全身をチャドルで覆う。アフガニスタンではチャドリ、パキスタンではブルカと呼ばれる。

ソーブ
thobe

ペルシャ湾南・西側沿岸のカタール、サウジアラビアなどの国々の男性が着るシャツ型衣服。おもに白い木綿生地で作られ、足首が隠れる丈、衿つき、長袖なのが特徴。国によっては、デスターシャ、ガンドーラなどと呼ばれる。

アイヌ服
あいぬふく

アイヌ民族の男女の伝統的衣服。厚司と呼ばれる衣服が代表で、オヒョウやシナノキ、イラクサなどの樹皮の繊維で作られた布で仕立てられる。切伏（アップリケの一種）や刺繍で独特の模様を表す。アイヌ語で衣服をアミップと呼び、「われらが着るもの」という意味を持つ。同アミップ

39

民族服②

National costume

ターブーシュ
tarboosh

エジプトやトルコなどイスラム教徒の男性の、高い円すい台形の帽子。赤いフェルト製で、黒や空色の絹の房がつく。ターバンやベール、スカーフなどで覆うことも。同トルコ帽、フェズ

グレンガリー
glengary

スコットランド、ハイランド地方の軍隊の制服の一部として生まれた、毛織物製のキャップ。前から後ろにかけて中折れになっている。縁どりのリボンの先が後ろで長く垂れ下がる。

コワフ
coiffe

本来は麻製のかぶりもの全般をさす仏語。現代では、白いレース地や麻布で作られた民族的な帽子や頭飾り。フランスのおもにブルターニュやノルマンディ、アルザス地方で着用される。

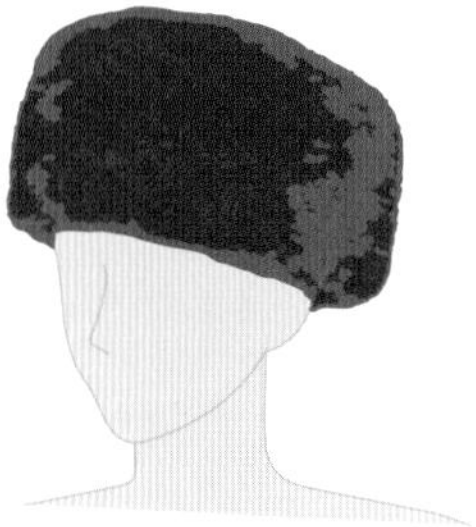

ウシャーンカ
Ushanka

ロシアの伝統的な耳あてつきの、毛皮製の帽子。ソビエト時代の戦争において軍帽として採用され、極寒に耐える軍用として他国にも広まった。現在は耳あてなしのものも多い。同ロシア帽

ケフィエ
keffiyeh

アラブの男性が頭にかぶるスカーフ状の布。無地か碁盤模様で、アガールという輪でとめる。アガールは羊の毛でできた二重の黒いひもや、ラクダの毛に金銀糸を巻いたものをいう。

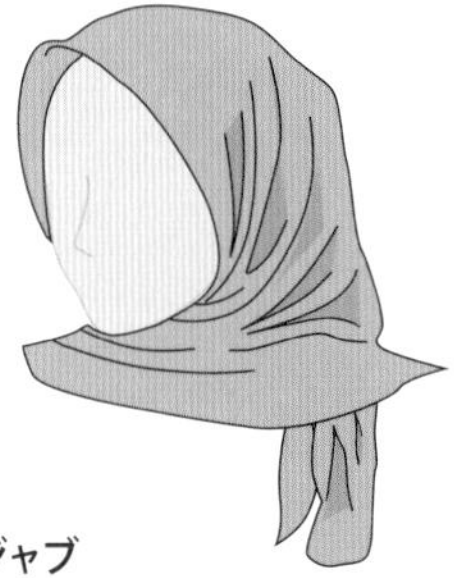

ヘジャブ
hijab

イスラム教徒の女性が用いる、頭部を隠すベール。イスラム教国では女性が髪を見せることを厳しく禁じ、とくにイランでは、ヘジャブを着けないと厳しい罰則が科せられる。同ヒジャブ

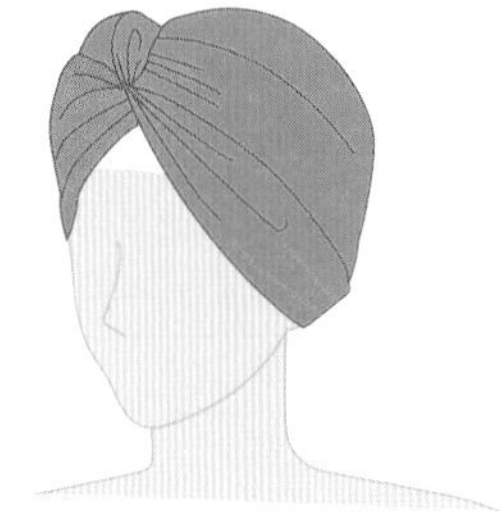

ターバン
turban

インド人やイスラム教徒の男性が頭に巻く長い麻や木綿、絹製の一枚布のかぶりもの。熱をよけたり、風による髪の乱れを防いだりするほか、宗派や階級、職業を表すという目的もある。

パグリー
puggaree

ヒンズー教徒のターバンの一種。捺染（なっせん）模様や縞の木綿、絹の細長い布で、暑さよけのヘルメットや麦わら帽の山部に巻く。長さが数十mにおよぶものもあり、後ろに垂らして日よけにする。

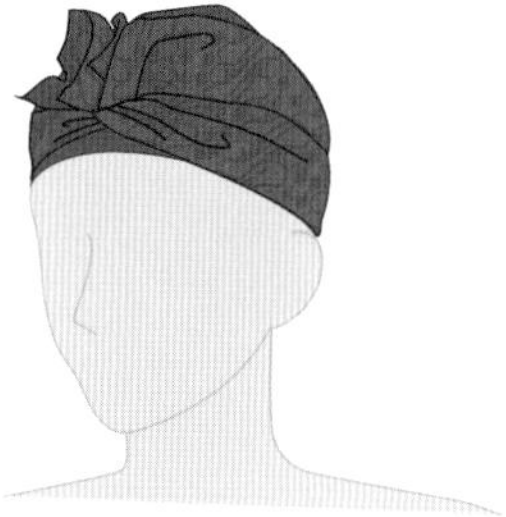

カイン・ケパラ
kain kepala

カインは「布」、ケパラは「頭」という意味で、インドネシアの男性が頭に巻く布のこと。インドネシア名産のろうけつ染めの綿布、バティックを用いる。装飾と日よけを兼ねる。

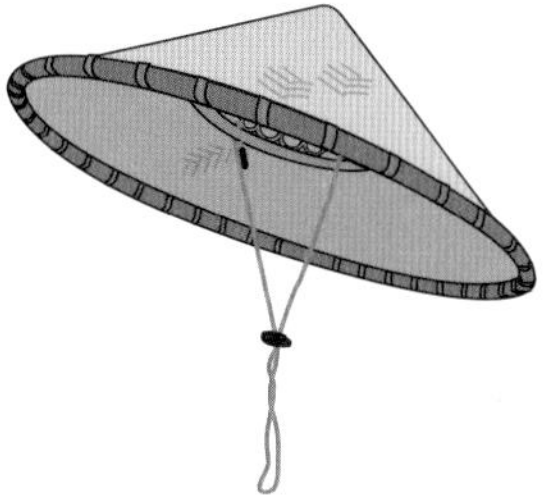

クーリー・ハット
coolie hat

山から縁までが円すい形に続いている帽子。クーリー（中国語で「苦力」）は、19世紀後半の中国下層労働者のことで、彼らが着用したストロー・ハットを起源とする。

ノン・ラ
non la

ベトナムの女性がかぶる、日本のすげ笠に似た形の笠。底辺が開いた円ずい形で、あごひもがついている。元来は日よけ用で、アオザイを着たときにかぶることが多い。同 トンキノア

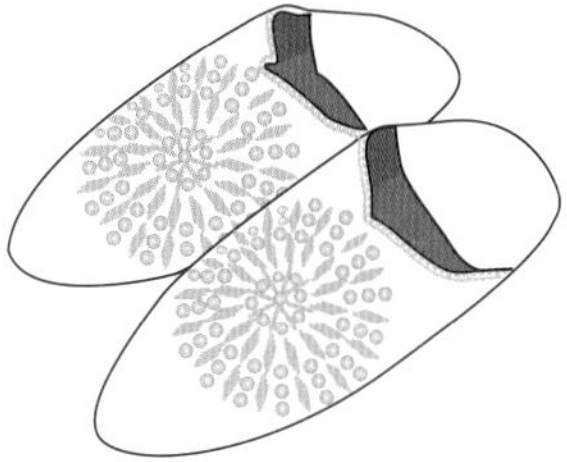

バブーシュ
babouche

トルコおよびモロッコの民族的な履物。革または布製の甲に、金や銀の刺繍、ビーズ模様などが施してある。つま先はとがって、かかと部分を踏んで着用するスリッパ状になっている。

クロンペン
Klompen

オランダの伝統的な木靴で、木をくり抜いて作られる。湿地帯で履くために底が厚く、甲も深い。甲部分には装飾があるものが多い。早く歩くことは難しいが、日常生活に支障はない。

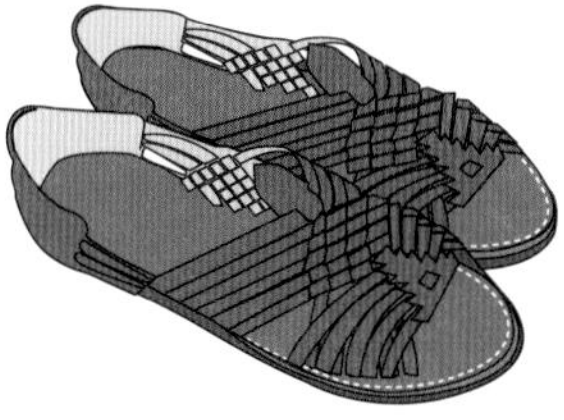

ワラチ
huarache

メキシコの伝統的な履物。革のテープを編んで形成した甲部が特徴的なフラット・サンダル。赤茶色の革を使用したものが代表的である。ヒッピーによって広まり、一般化した。

アルパルハータ
alpargata

おもにスペイン各地で用いる民族的な履物。ジュート麻を編んで形成された靴底に、綿布でできた本体と甲で結ぶためのひもがつき、開放的な印象。フランスのエスパドリーユに似ている。

ブルキナ・バスケット
Burkina basket

半球に近い形のバスケットで、１本のハンドルがつく。名称はガーナのボルガ地方で作られ、ブルキナファソから出荷されることに由来。イネ科の植物であるエレファント・グラスが材料。

スポーラン
sporran

本来は「財布、小袋」の意で、貴重品を入れて腰にさげる袋。多くはスコットランドの民族衣装、キルトを着るときに身に着ける。昼間は革製、夜は毛皮製や動物の形をしたものを用いる。

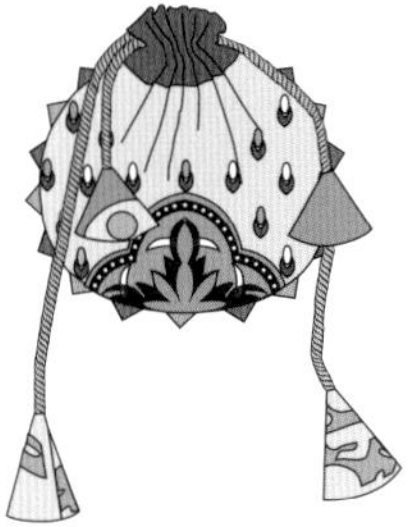

ミチャー
みちゃー

ネパールの女性が用いる財布用小袋。全体に丸い形状で、多色の小さな三角形の布の装飾で縁どられ、開閉用の房２本のひもがつく。ひもの先端にも三角形の飾りがつくのが特徴である。

ダウリ・バッグ
だうり・ばっぐ

インド西部からパキスタン東部にかけての砂漠地域に生まれたバッグの一種。たばこや身のまわりのものを入れる小型の袋。手刺繍やリボン、魔よけのミラーなどの装飾が特徴である。

プラトーク
plateauk

ロシアの伝統的ショールで、大型で厚手の毛織物を使うのが特徴。三角形に折って頭や肩から掛けるなど、使い方は多様。華やかな花模様などをプリントし、まわりをフリンジで縁どる。

カロチャ刺繍
Kalocsai hímzés

ハンガリーの町、カロチャで作られた刺繍。古くは白１色だったが、19世紀後期以降、鮮やかな多色使いになった。サテン・ステッチで花をモチーフにするのが特徴である。

マーグア
まーぐあ

中国、清の時代の男性の服の一種で、パオまたはチョンサン（ともに長衣）の上に着る礼装用の上着。丈や袖が短めで、袖がゆったりし、組みひもで前あきを閉じる。

アオ
あお

中国の漢族の女性が着用する、腰丈くらいのゆったりした上衣（うわぎ）をさす。チャイニーズ・カラーでアシンメトリックな打ち合わせが特徴である。

リーヴィ
liivi

フィンランドの民族服で、女性用のベスト。18世紀からの伝統で、体にぴったり合った裁断、深い衿あき、華やかな手刺繍が特徴。エプロンやスカート、ブラウスなどと組み合わせる。

セルハム
selham

北アフリカのモロッコやその周辺に住むベルベル人の伝統的衣服で、フードつきの大きなマント型外衣。全体に模様を施し、フードの先には房飾り、縁全体にフリンジをつける。

カトリンツア
catrintua

ルーマニアの民族衣装で女性用スカート。多色のウールと綿の混紡糸で、細かな連続模様を織り出した幅の狭い手織り地をはぎ合わせて仕立てられる。地域よって名称が異なることもある。

ガーグラー・スカート
ghagra skirt

インドの女性が着る長いスカート。ウエストにギャザーや細かなプリーツをとったり、三角形に近い台形の布を何十枚もはぎ合わせて仕立てる。裾幅は６m以上のものもある。同 レヘンガ

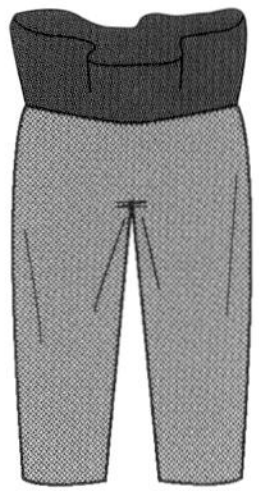

ク
く

中国語で「パンツ」を意味する語。漢族の男女が用いたパンツ状の下衣をさすことが多い。とくに前後が同形で、特徴的なハイ・ウエストの部分をひもで締めてはく。細身で防寒性が高い。

ドーティ
dhoti

インドの男性の伝統衣装で、一枚布でできた腰巻をさす。時代や地方によって着装方法が多少異なり、腰に巻くだけの方法や、布端を股にくぐらせてパンツのように見せる方法などがある。

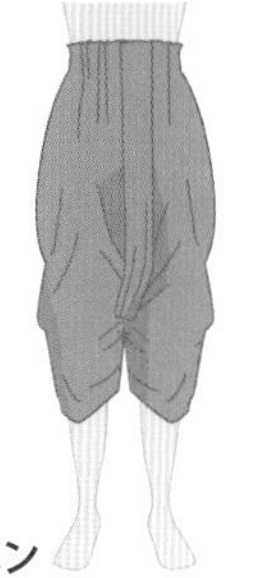

チュンガベン
chungkaben

タイの男女が1941年まで日常的に着用していたパンツ式腰布。スアーという上衣と組み合わせる。天然染料で染めた通風性の高い綿織物が日常用では一般的。パー・チュンガベンの略語。

パレオ
paréo

巻きスカートの一種で、長方形の布を腰に巻きつけるもの。布の大きさによって、丈もさまざまある。南太平洋のタヒチ島など南洋諸島で生まれ、夏のリゾート・ウエアなどに見られる。

40 和服

Japanese clothes

留袖

とめそで

振袖に対する言葉で、身八つ口（袖つけ下の、身ごろの開き）を開けず、袖つけをすべてふさいだ振りのない袖、また、こうした袖がついた小袖。現在では、身八つ口と振りがある、紋付裾模様の礼服用長着をさす。同江戸褄

振袖

ふりそで

中世に子どもの小袖にはじまった、長い丈の袖、また、こうした袖の小袖。未婚女性の間に広まり、現在は未婚女性の第一礼装用長着。袖丈によって大振袖や中振袖がある。綸子や縮緬などの地に友禅染や絞り染め、刺繡、箔押しなどの技術を用いて、華麗な文様を表したものが多い。

訪問着

ほうもんぎ

肩から胸や袖にかけての部分と裾に絵羽模様（縫い目を越えて連続して表される絵画的な模様）を配した長着。既婚・未婚女性の準礼装用。地色や模様が自由で、留袖より華やかなものが多い。

色無地

いろむじ

白生地に黒以外の色に染めた無地の生地、および、その生地で仕立てた長着。応用範囲が広いのが特徴で、紋のないものは平服として、綸子などの地模様のある生地の紋つきのものは準礼装として着ることもできる。

江戸小紋

えどこもん

江戸時代に発達した、日本の伝統工芸である型染めの技法を用いて染めた、極めて微細な小紋。近代的な技術で作られる類似の模様染めと区別するために、昭和30年代にとくに命名された。模様が細かいために、遠目には無地に見える。

小紋
こもん

型紙を用いて布の表面に糊を置き、刷毛で地染めをして、細かな文様を白く染め残す染織技法、および染織品。元来は単色だった。もとは裃の染めの技法であったが、江戸時代に着物用として発達した。

浴衣
ゆかた

夏用の木綿の単衣の着物。古くは湯帷子と称して、入浴時に着た。本来は家着で、襦袢なしで素肌に着て、半幅帯や兵児帯を締め、素足に下駄を履く。中型の藍染や絞り染めなどが伝統的。

男着物
おとこきもの

男性用の長着。基本は女性の長着と同じだが、腰に内揚げ（余分な長さを縫い込むタック）をとって、対丈（おはしょり分を加えない、着丈ちょうどの丈に仕立てること）で、身八つ口（袖つけ下の身ごろの開き）がなく、脇を閉じていることなどが異なる。一般的には角帯を合わせる。

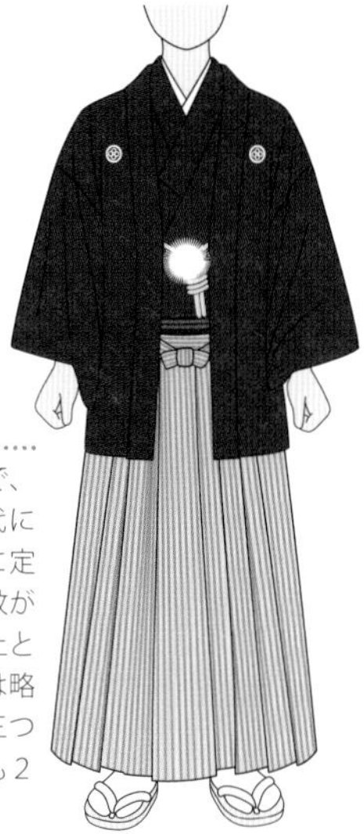

紋付
もんつき

家紋をつけた長着や羽織で、おもに礼装用。明治時代に裃の代わりとして礼服に定められた。染め紋と刺繍紋があり、染め紋のほうが格上となる。背につけた一つ紋は略式で、背と袖にもつけた三つ紋、背と袖、さらに胸にも2つつけた五つ紋がある。

襦袢
じゅばん

和服用の肌着、または下着。元禄時代、町人に奢侈禁止令が相次いだため、目につきにくい襦袢の装飾化が進んだ。素材は綸子が一般的だが、季節によって一越縮緬や楊柳、絽縮緬、紗、麻など多様。基本は長襦袢だが、上下が分かれた二部式襦袢もある。

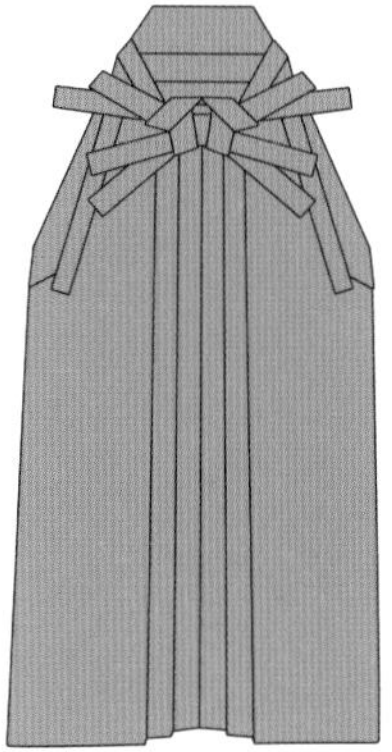

袴
はかま

足を片方ずつ入れるように分かれたパンツ式の衣服。古墳時代以来、男子専用。例外的に平安時代以降の公家女性の装束に含まれる。明治の女学生はスカート形の行灯袴を通学用につけた。

羽織
はおり

長着の上に羽織る衣服。外に折り返す衿は安土桃山時代に伝わった洋服の影響。室町時代は男性の略装。江戸時代に武家もとり入れ、明治以降、紋付は礼装。江戸末期に女性もとり入れた。

袋帯
ふくろおび

文様を織り出した表と無地裏を合わせて、筒状に織られた女帯の一種。二重太鼓や振袖用の飾り結びを締めるときに使う。金糸や銀糸が使われ、豪華な印象なのも特徴のひとつ。

名古屋帯
なごやおび

胴に巻く部分を半幅に、太鼓部分を並幅に仕立てた略式の帯。袋帯を結びやすく、軽くするために考案された。大正7～8年に名古屋女学校の創始者が考案し、普段用の帯として普及。

半幅帯
はんはばおび

女性用帯の一種。通常の帯の幅（約36cm）の半分の幅の帯をさす。普段着や浴衣などに合わせ、帯揚げや帯締めを使わずに、文庫結びや貝の口、一文字結びなどに結ぶ。同四寸帯

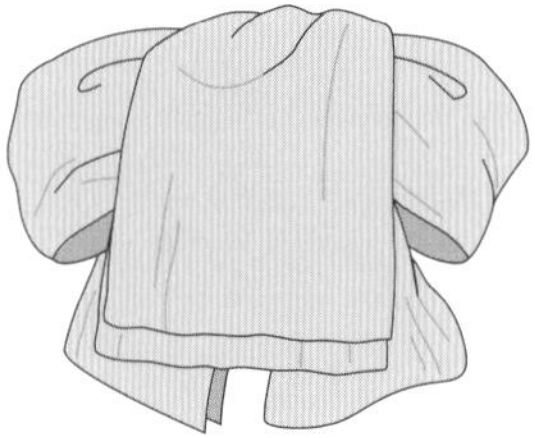

兵児帯
へこおび

大幅（約74cm）もしくは中幅（約50cm）の、縮緬などの柔らかい生地をしごいて細くし、腰に巻いた帯。兵児は「若者」を意味する鹿児島地方の方言。明治時代に若者から広まった。

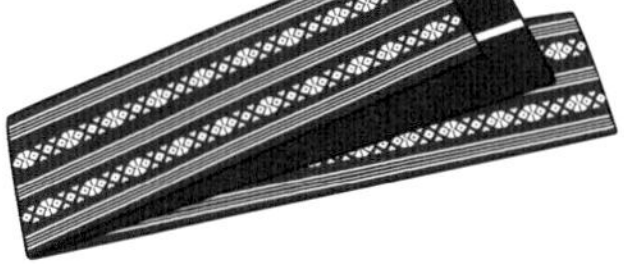

角帯
かくおび

芯を入れて、幅10cmほどに仕立てた男性用の帯。単のほか、袋に織ったものもある。普段着用の兵児帯に比べると、整った印象がある。改まった席にも着用でき、袴下にも用いる。

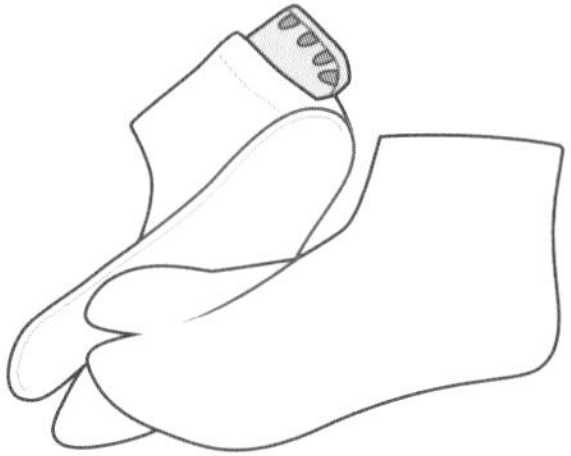

足袋
たび

和装用の足部を包む被服の一種。外出時にはさらに下駄や草履などを履く。白足袋のほか、色足袋や柄足袋もあり、素材は綿のほか、麻や別珍など。コハゼと呼ばれる金具をとめてはく。

草履
ぞうり

一般的な和装の履物のひとつ。わらや竹の皮、菅、イグサなどを編んだ平らな底部に鼻緒をつける。明治以降はゴムやコルクなどの厚い底をつけ、布や革などで覆ったものに代わった。

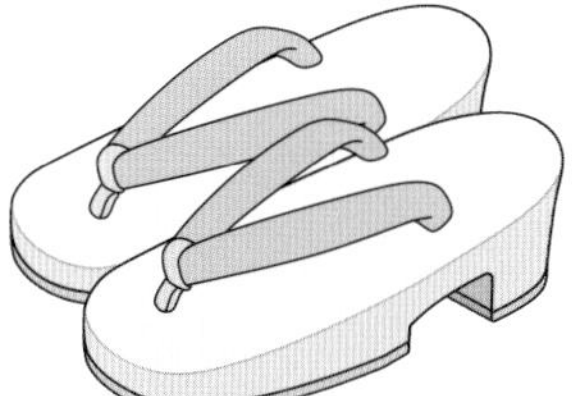

下駄
げた

板で作った底部に地面に接する２枚の歯をつけ、鼻緒で足部に固定する履物。弥生時代に水田の作業用に生まれた。現代では底部と歯を一木から彫り出した、歩きやすいタイプが一般的。

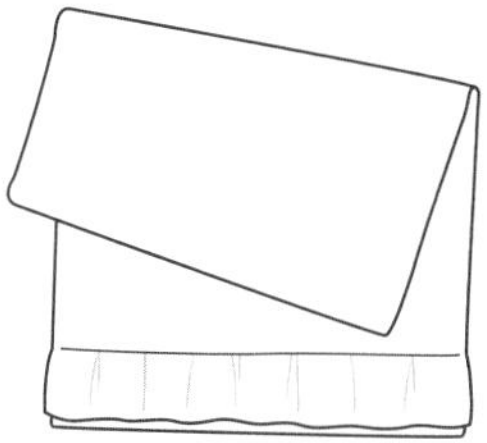

帯揚げ
おびあげ

太鼓結びなどの形を整える道具である、帯枕を包む細長い布。柔らかでしなやかな綸子や縮緬などが好まれる。江戸時代中期以降、帯結びの発展とともに生まれた。

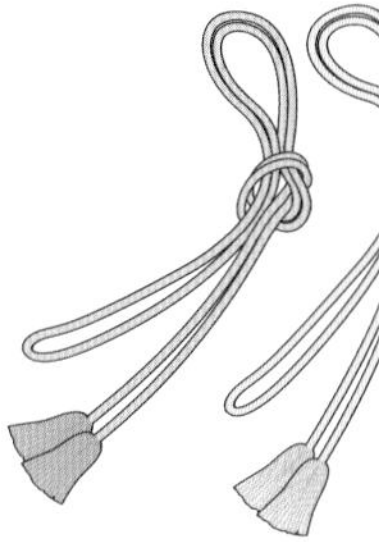

帯締め
おびじめ

女性の帯の結び目を固定するひも。後ろから前に回して、前面のおなかで結ぶ。組みひもと、布を筒状にして中に芯を入れた丸ぐけの２種類がある。古くは帯留めと呼んだ。

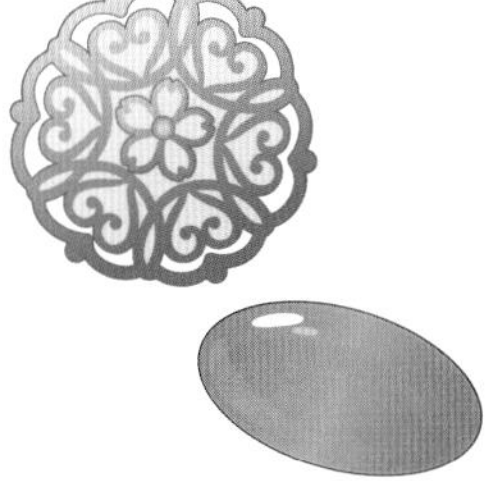

帯留め
おびどめ

古くは帯締めと同義語。明治時代以降は、三分ひも（帯締めの一種）に通して帯の前中央に配置する小型の装飾品をさす。宝石や陶磁器、サンゴ、べっ甲、貴金属などで作られる。

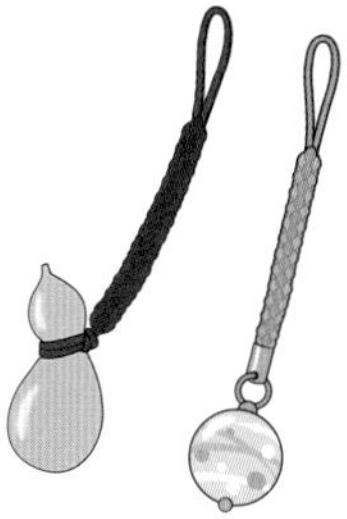

根付
ねつけ

印籠、巾着、たばこ入れなどのひもを帯に挟んだ際の滑り止めに、ひもの先につけた付属品。江戸時代初期から男性の間で流行し、趣味を競い合った。象牙や漆、貴金属など、材料は多様。

和装バッグ
わそうばっぐ

和装に似合うようにデザインされたバッグの総称。多くは手さげ型、または抱え型。フォーマル用には西陣織、佐賀錦などの織物を使ったものが多い。普段用にはかご型、巾着型など多様。

風呂敷
ふろしき

ものを包んで運ぶための正方形の布。通常は１辺が約１mで、大風呂敷は１辺が136cm。江戸時代の銭湯で着替えなどを包み、また、広げてその上で衣服の着脱などをしたのがはじまり。

扇子
せんす

涼をとるために風を送る道具として発生し、当初はうちわ形であったが、奈良時代に開閉できる現代の形になったとされる。男女の威儀を整えるために、和装の正装の際に携える。

日本の近代ファッション

書生

書生は明治初期、人の家に寄食して家事などを手伝った学生をさす。絣の着物にスタンド・カラーのシャツを重ね、袴、下駄、学帽を合わせる。

女学生

明治後期から大正ごろの女学生の通学時の服装。着物に行燈袴（スカート状の袴）をはき、ショート・ブーツか草履を合わせた。髪型は束髪。

モボ

1920年代の欧米の流行を反映した、大正末期から昭和初期の若い男性のスタイル。頭になでつけた髪型、ゆったりしたスーツなどが特徴。

モガ

1920年代の欧米の流行を反映した、大正末期から昭和初期の若い女性のスタイル。ショート・ヘア、ひざ丈のスカート、赤い口紅などが特徴。

サラリーマン

ゆったりとした背広上下、白いワイシャツと普通幅の小柄のネクタイ、メガネ、ソフト帽など、20世紀半ばごろのスタイルをさす。

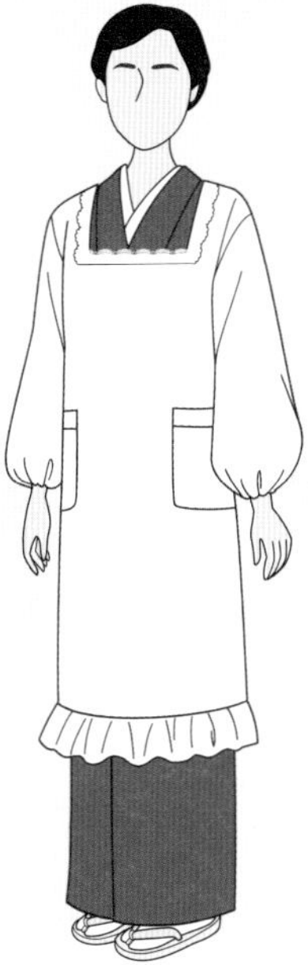

主婦

大正時代末期から1950年代ごろまでの都会の専業主婦像で、着物に割烹着。60年代には洋装が主流となったが、その後イメージとして存続。

女給

女給は明治時代末期から昭和時代初期にかけて、カフェやバー、キャバレーなどで給仕をした女性。着物の上に白いエプロンを着けるスタイル。

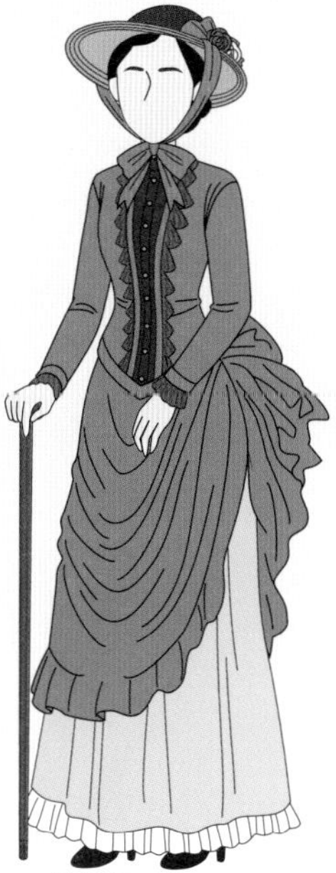

鹿鳴館スタイル

鹿鳴館に集う、おもに女性の洋装スタイルをさす。当時の欧米で流行していた、スカートの後ろ腰を大きく膨らませたバッスル型を特徴とする。

41

西洋歴史服❶

Western historical clothing

シェンティ
shenti

古代エジプトの、男性の細長い帯状の腰布で、腰にスカート状に巻いて着装する。身分により、生地に縞模様や細かなひだを施すのが特徴である。高位の男性はこの上から、薄地でゆったりしたカラシリスを着た。

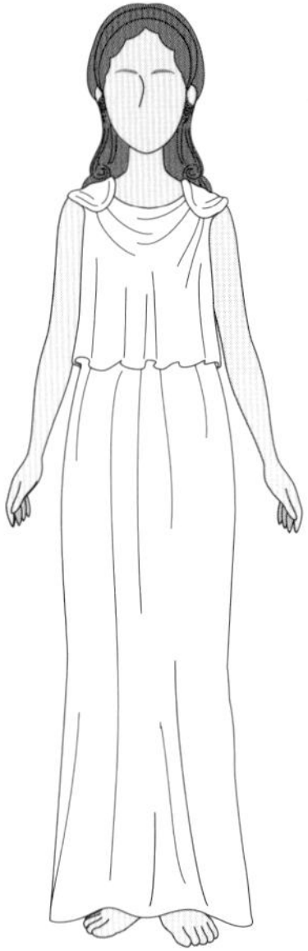

ドーリア式キトン
Doric chiton

古代ギリシャの女性が着た、ワンピース型の衣服の一種。長方形の薄手の毛織物を体の前後にあて、ひもやピンを使って整える。布の上のほうを折り返すことで、オーバー・ブラウスのように見えるのが特徴。同ペプロス

イオニア式キトン
Ionic chiton

古代ギリシャの女性が着た、ワンピース型の衣服の一種。大きな長方形の薄手の亜麻布（リネン）を体の前後にあて、ひもやピンなどを使い、細かなプリーツをとりながら着つける。ウエストの腰ひもは長さ調節にも使う。

ヒマティオン
himation

古代ギリシャの大きな長方形の外衣で、男女とも着用した。素材は麻や毛織物で、日よけや防寒用。一般にはキトンの上にまとったが、男性は素肌に直接身につける場合もあり、着用方法はさまざまであった。

ストラ
stola

古代ローマの女性用の直線的裁断のワンピース・ドレス型の衣服で、トゥニカの上に重ねて着る。ウエストに巻くひもを使って、細かなプリーツを演出し、丈を調節する。古代ギリシャのキトンの影響を受けた。

トゥニカ
tunica

古代ローマの、男女のゆったりとした筒形の衣服。2つ折りにした布を頭と腕を通す部分だけ残して縫い合わせるか、T字形に裁断した布地を用いた。丈の長さや装飾で身分を表した。

トガ
toga

古代ローマの衣服のひとつ。2つ折りにした楕円形、または半楕円形の布で、肩や頭からかけてトゥニカの上に着る。紀元前4世紀以後は、法律によって市民権のある男性に着用が限定された。

ダルマティカ
dalmatica

古代ローマ末期から中世にかけての、緩やかなT字形の衣服。毛織物で仕立てられ、男女ともに着用した。袖幅が広いのが特徴である。名称はダルマティア地方（クロアチア共和国）の民族服であったことに由来する。

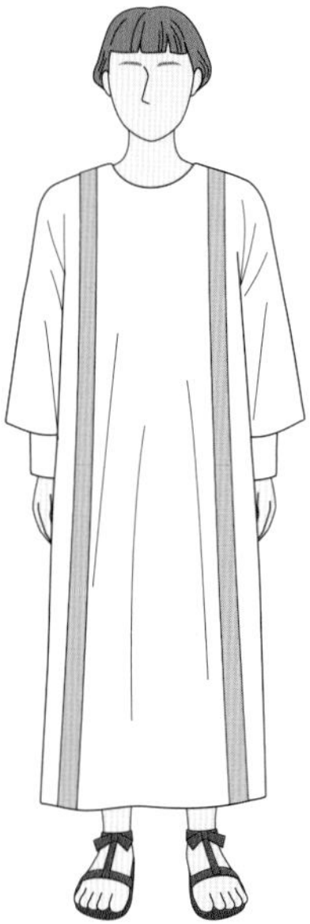

コタルディ
cothardi

「奇抜な上着」の意味の仏語。14～15世紀に見られた、男性の上着と女性の丈の長いドレス。華やかな色使い、紋章のアップリケや刺繍、垂れ布など、多彩な装飾が施されているのが特徴。フランスのゴシック様式を反映した衣服といえる。

プールポワン
pourpoint

14～17世紀半ばまでに見られた、ウエストから腰までの丈の男性の上着。名称はよろいの下に着る上着に施したプールポワン（「キルティング」という意味の仏語）に由来する。時代ごとにデザインは多様。同ダブリット

サーコート
surcoat

中世の男女が着た袖なしの外衣。現代のジャンパー・スカートに似ている。中世後期（13～14世紀）の騎士が金属製のよろいが光るのを防ぐために重ねて着た外衣が、一般に広まった。女性用は脇が大きく開いたものが流行した。同シュルコ

西洋歴史服❶ Western historical clothing

ブリーチズ
breeches

16世紀半ば～18世紀末の男性の、ひざ上からふくらはぎ半ば付近までの長さのパンツ型衣服。16世紀のトランクホーズ、17世紀のラングラーブなど、多様な流行が生まれた。[同]キュロット

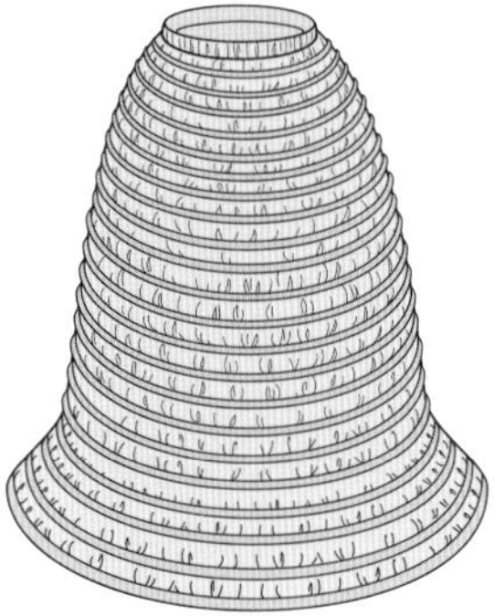

ファージンゲール
farthingale

16世紀半ばから17世紀初頭にかけて流行した、スカートを広げるための女性用アンダー・スカート。木材や針金、鯨骨などの輪を縫い込んだ。釣鐘形やドラム形、円すい形などの形がある。

ホーズ
hoses

14～16世紀の男性の長靴下。15世紀末には腰部も覆うタイツ型に変化した。もとは足や脚に合わせて布で仕立てたが、16世紀以降は徐々に編み物に移行。16世紀半ばにブリーチズとストッキングに分離した。

ジャーキン
jerkin

15世紀半ばから17世紀初期にかけて見られる、ぴったりした、袖なし、または半袖の男性用の胴着。プールポワンよりやや長めで、その上に重ねて着用した。元来は保温用。当時、胴部を強調する傾向によって流行した。

トランクホーズ
trunkhose

16世紀後半から17世紀初頭にかけて流行した、切り株（トランク）型に膨らんだ男性のブリーチズ（ショート・パンツ）。プリーツや縦縞状に細い布をはぎ合わせたりして装飾し、内側に詰め物をした。

ラングラーブ
rhingrave

17世紀半ばに流行した、スカートに見えるほど幅広の、ふくらはぎ半ばの丈の男性用パンツ。裾やウエストに施した大量のリボンによるフリンジの装飾が特徴。名称は考案者のライン伯爵（仏語のラン・グラーブ）に由来。

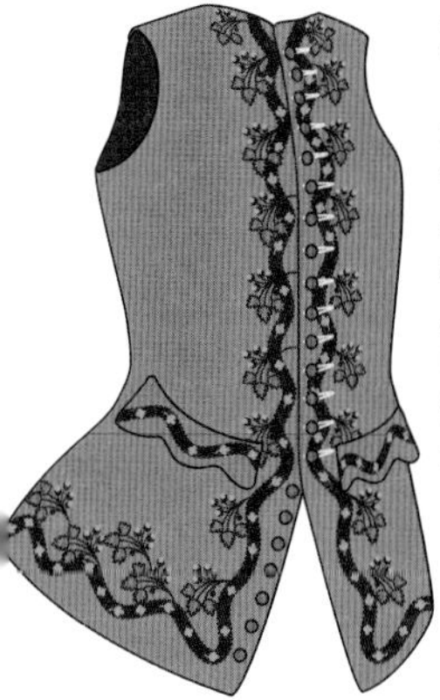

ベスト
veste

1660年代に英仏で軍用から宮廷用として導入された、袖つきの七分丈の男性用上着。上にもう1枚の上着、ジュストコールを重ねるようになり、中間着となった。18世紀半ばに袖がなくなり、丈も短くなって現在に至る。[同]ウエストコート

ジュストコール
justaucorps

「体に密着した」という意味の仏語。17世紀後期〜18世紀初頭にかけて、男性がベストの上に着た七分丈の上着。上半身が細く、腰から下は裾広がりで、前あき、大きく折り返す袖口が特徴。

ワトー・プリーツ
Watteau pleat

18世紀のフランス宮廷女性用の、床丈のドレスの後ろ中央に畳まれたボックス・プリーツ。衿ぐりから裾までゆったり続く。名称はロココ時代を代表する画家、ワトーが好んで描いたことに由来。

ローブ・ア・ラ・フランセーズ
Robe à la française

「フランス式のワンピース・ドレス」の意味の仏語。18世紀の女性の主要な宮廷衣装。前あきで、後ろにワトー・プリーツ、ひじ丈の袖つき。多くは共布のペチコート（スカート）とスタマッカー（胸あて）を合わせて着る。

アビ・ア・ラ・フランセーズ
habit à la française

18世紀の男性用宮廷衣装で、七分丈の上着。前あきで全体にほっそりとして、優美な曲線を描く。裾やポケット、カフスなどに繊細で豪華な刺繍が施され、宝石や七宝などのボタンがつく。

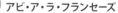

ローブ・ア・ラ・ポロネーズ
Robe à la polonaise

1770年代から18世紀末まで流行した、女性のドレス。スカートを後ろ２カ所で吊り上げ、下にはいたペチコートを見せる。名称は「ポーランド風の」という意味で、同国が1772年に３国に分割されたことにちなむ。

カラコ
caraco

1770年ごろから流行しはじめた、腰が隠れる程度の丈の女性用上着。多くは長袖でウエストが細く、裾広がりのシルエット。中に胸あてや胴着、下にはペチコート（現在のスカート）をつけた。

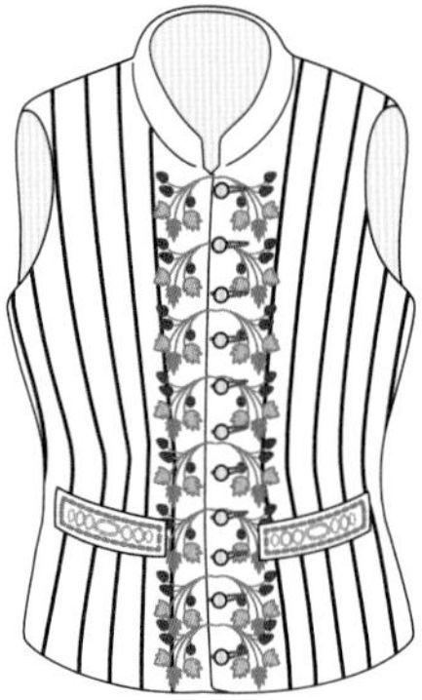

ジレ
gilet

元来は七分丈で袖つきであった男性用ベストが、18世紀の半ば以降、上着の細身化に伴い、ウエストの高さまで短縮され、袖なしになったものをさす。前面には刺しゅうなどの装飾を施したものが多いが、後ろは無地の麻などで簡素に仕立てた。同ベスト

ローブ・ア・ラ・レーヌ
Robe à la reine

「王妃風のドレス」の意味で、これを着た王妃マリー・アントワネットの肖像画が名称の由来。白い薄手の絹や綿、亜麻などで仕立てられた女性用ドレスで、当時の下着のように直線的に裁断されたのが特徴。1780年代に見られた。

テール・コート
tail coat

七分丈の裾を、斜めに、または前側のみ切りとった形の上着の総称で男性用。18世紀後期に乗馬用としてはじまった。斜めに切りとった型の例はモーニング・コート、前側のみを切りとった型の例が燕尾服。それぞれ、19世紀の午前と夜用の上着として定着。

フロック
frock

イギリス生まれの男性用の上着。折り返りの衿、カフスなしの簡素な袖口、七分丈、毛織物仕立てが特徴。当時のフランス・モードに比べて実用的であった。18世紀後期にフランスでも流行し、19世紀の日中用の上着である、フロック・コートに引き継がれた。

アンクロワイヤーブル
Incroyable

「信じられないような、驚くべき」などの意味。フランス革命後の総裁政府時代に現れた、風変わりな服装をした伊達男をさす。犬の垂れ耳のような髪型、二角帽、大きな折り衿のついた上着、窮屈そうなキュロットなどが特徴である。

メルベイユーズ
merveilleuse

「美しい」という意味の形容詞の最上級。フランス革命後の総裁政府時代に、開放的な風潮の中で現れた大胆な服装の女性たちをさす。透き通る薄布のドレス、ショート・ヘア、サンダルなどが特徴とされる。

パンタロン
pantalons

足首丈、またはそれより長いパンツ型の衣服の総称。いわゆるズボンのこと。ヨーロッパ北部に古代より男性用として存在したが、14世紀以降、ホーズやブリーチズの定着によって廃れた。18世紀末に復活して、現在に至る。

同トラウザーズ

スペンサー
spencer

18世紀末から19世紀に見られた、ウエストラインより短い丈の、初期には女性用、ついで男性にも広まった上着。高い折り返しの衿、細い長袖が特徴。名称は最初に着たイギリスのスペンサー伯爵の名前に由来する。

ロマンチック・スタイル
romantic style

ロマン主義の広まった1820年代後半から30年代にかけて流行した男女のスタイル。女性は細いウエスト、なで肩、膨らんだスカートが、男性は体に沿った上着やクラバット（ネクタイ）などが特徴である。

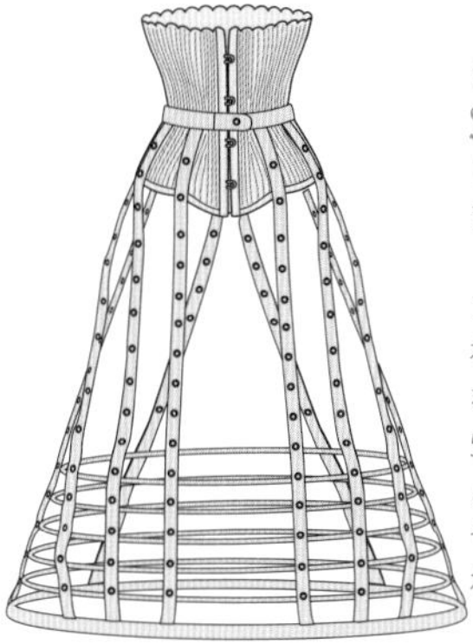

クリノリン
crinoline

1840から1870年ごろまでの、女性のスカートを広く張らせるファンデーション下着。当初は馬毛入りの硬い布を使っていたが、1850年代半ばに軽量化と大型化のため、針金や鯨のひげなどが使われるようになった。

バッスル・スタイル
bustle style

バッスルはスカートの後ろ腰を膨らませるための腰あてや枠状の下着で、これを着けた女性のスタイル。17世紀の末に現れ、19世紀にバッスルと名づけられた。とくに1870〜1880年代に流行し、日本にも鹿鳴館（ろくめいかん）スタイルとして導入された。

42 西洋歴史服❷

Western historical clothing

シャプロン
chaperon

元来は12世紀にはじまる男女の肩を覆う小さなケープつきフード。14世紀以降は、フードの先端を延長して生じた管状の装飾をつけた、上流階級の男性のおしゃれな帽子をさした。

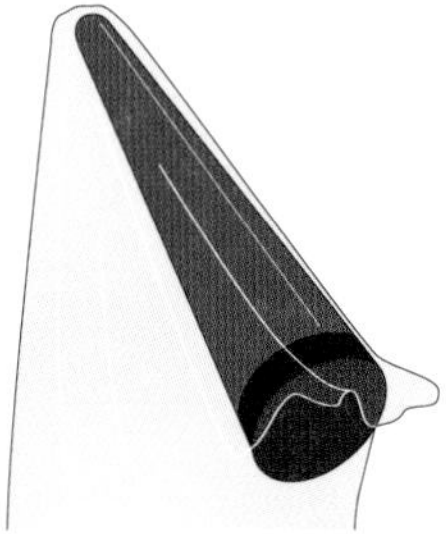

エナン
hennin

円すい形で、先端のとがった女性用の帽子。15世紀にとくにフランスを中心に流行した。髪をこの中に入れ、額や首まわりを見せた。薄く大きなベール状の布がつくのが特徴。同ヘニン

アティフェ
attifet

16世紀半ばの、縁の前中央がハート形を形成するように、針金を入れて整えた女性用帽子。スコットランドの女王メアリ・スチュアートの肖像画に見られる。現在は未亡人の喪服用。

カブリオレ
cabriolet

「折り畳み式幌(ほろ)つきの馬車」という意味で、幌に似た形の女性用帽子をさす。18世紀後期の大きな髪型を包む帽子として流行し、19世紀には小型化して再流行した。同カラッシュ

トリコルヌ
tricorne

17世紀後期から18世紀後期までに見られた、男性用の三角帽。円形の布などを三方向から中心に向かって折り返す。浅くて広いタイプと深く形作ったタイプがある。同コックト・ハット

ビコルヌ
bicorne

二角帽のことで、船を逆さにしたような形をしている。18世紀のトリコルヌに代わって現れ、フランス革命時に流行した。ナポレオンが愛用したことから、ナポレオン・ハットともいう。

フリジア・キャップ
phrygiens cap

古代ギリシャにはじまる布や革製の柔らかなキャップ型の帽子。フリジアは当時の小アジアの国名。フランス革命時には赤いフリジア帽が革命の象徴とされた。同フリギアン・キャップ

ハーリクィン・ハット
Harlequin hat

幅広い縁を完全に折り返した、バケツ型に上で広がる形になる女性用の帽子。名称はイタリア喜劇の登場人物、ハーリクィンの衣装の帽子に似ていることに由来する。

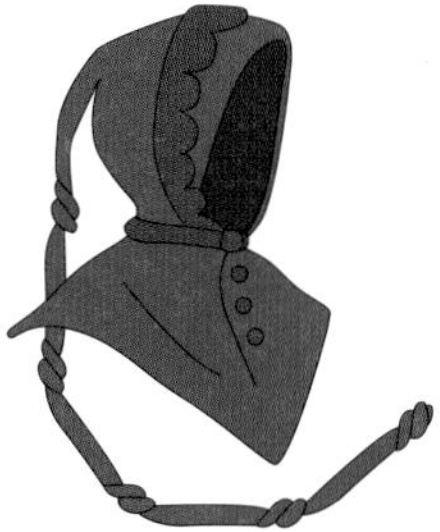

リリピプ
liripipe

頭頂部を尾のように長く垂れ下げた管状の装飾、またはフード。語源はラテン語のリリピピューム。14〜15世紀に流行した。管状の装飾は15世紀にはフード以外の帽子にもつけた。

モーリアン
morion

16世紀のアメリカ大陸征服時にスペイン歩兵用としてはじまった、面覆いのない帽子状のヘルメット。ややとがった頭頂部、そり返りぎみの縁が特徴。後にヨーロッパ各国に広まる。

ウィンプル
wimple

12〜14世紀ごろの女性の方形や円形の頭布で、頭頂から肩付近を覆う。白、または色物の薄手の亜麻布製で、多くはあご布を伴う。上流階級では王冠などを上からかぶって固定した。

オモニエール
aumônière

中世の布や革製の小型の携帯用袋。鍵や小物とともに、ひもでウエスト・ベルトにさげて使った。語源は「施し、お布施」の意味のオモニエ。後にポケットやハンドバッグに発展した。

レティキュール
réticule

フランス革命後に薄地のドレスの流行により、ポケットが作れなくなったことから登場した、小型の女性用ハンドバッグ。布やネットなどで作られ、ひもで腕やウエストのベルトに掛けた。

プーレーヌ
poulaine

つま先が長くとがってそり上がった靴。中世末期に流行し、14〜15世紀のゴシック期の服装を特徴づけた。名称は流行のはじまったポーランドを意味する仏語から。同クラコーズ

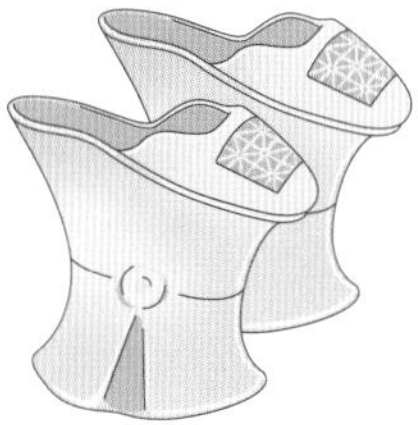

チョピン
chopine

おもに16世紀に用いられた底の高い木製オーバー・シューズ。起源はトルコで、本来は靴の保護用。16世紀にイタリアの女性が背を高く見せるために履き、ヨーロッパ各国に広まった。

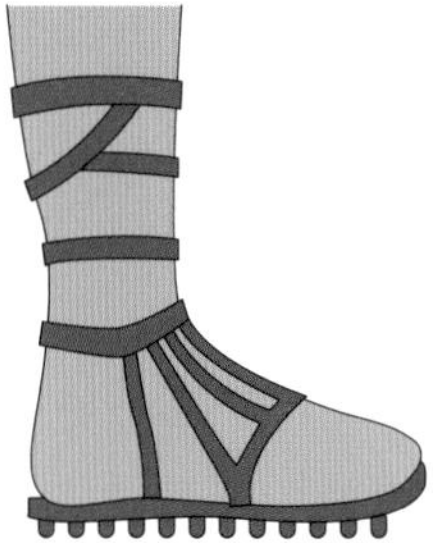

カリガ
caliga

古代ローマ帝国時代の兵士用サンダル。鉄やブロンズの鋲を打ちつけた厚い革の底、くるぶしより高い位置まで編み上げて固定するひもが特徴。カトリック教会典礼式服では靴下をさす。

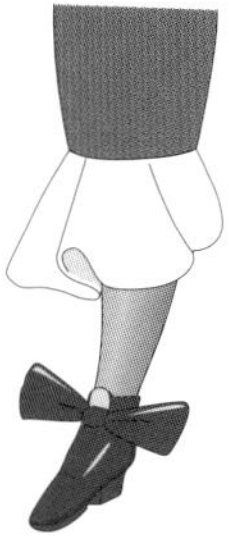

カノン
canons

元来は「筒」の意。16世紀から17世紀の、男性のブリーチズの裾付近にはめて、ストッキングとの隙間を隠す装飾品をさす。17世紀には裾広がりになった。同キャニオンズ、キャノンズ

エイグレット
aigrette

鳥の羽根を使った、おもに女性の髪飾り、または、帽子の装飾。鳥はダチョウやサギ、ゴクラクチョウなど多様。18世紀末から19世紀初期、20世紀初頭の夜会服や外出着などに見られる。

シャトレーヌ
chatelaine

短いくさりを何本も垂らした装飾品で、ウエストのベルトにつける。くさりの先に財布や小ばさみ、鍵などがつく。中世の城主夫人（シャトレーヌ）が多くの鍵を身につけるため使った。

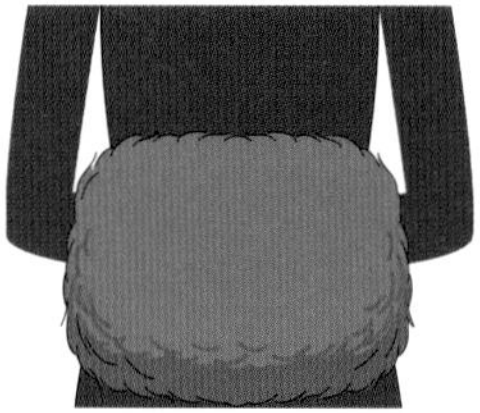

マフ
muff

左右から手を差し込んで温める、布や毛皮などで作られた筒。16世紀から男女が実用とおしゃれ用に携行したが、20世紀半ばには見られなくなった。内側にポケットをつけたものも。

クラバット
cravate

仏語で「ネクタイ」の意味。17世紀に登場した、男性が首に巻く長方形や正方形、三角形の布をさす。当初は保温用で、のちに装飾用になる。現在の形は19世紀後半に現れ一般化した。

エジプシャン・カラー
Egyptian collar

古代エジプトの上流階級の男女のネックレス。多種類の材料のビーズを幅広の衿のようにつないだもので、装飾用であると同時に身分や階級の象徴でもあった。

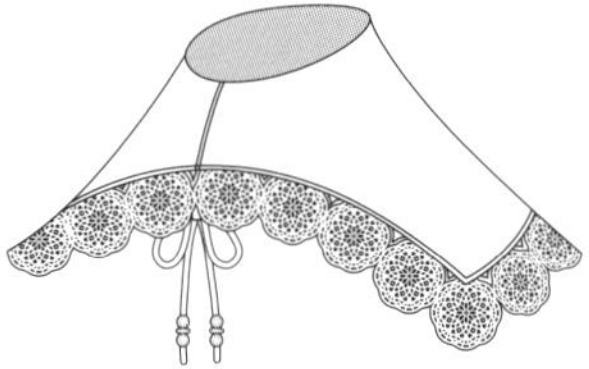

ラバ
rabat

17世紀前半に流行した、肩を覆う、幅広の白布やレースの折り返りの衿。17世紀半ばには後ろ側はひも状に縮小して前のみとなり、聖職者や司法官などのガウンの胸飾りとして残った。

ラフ
ruff

16〜17世紀初期に流行したひだ衿。レースや薄い亜麻布にひだづけして糊で固め、針金を添えて車輪状や扇状に形作った。幅広のものや２〜３段重ねたものもある。同フレーズ

ファン・カラー
fan collar

16〜17世紀、とくにイギリスのエリザベス１世期に流行した、扇状に首のまわりに立った大きな飾り衿。ファンは「扇形のもの」という意味。糊づけして固定したり針金で支えたりした。

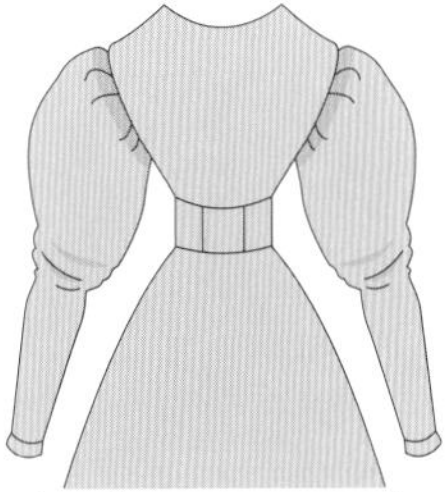

レッグオブマトン・スリーブ
leg-of-mutton sleeve

上部が膨らみ、ひじから袖口にかけて細くなった袖。名は形が羊の脚に似ていることに由来する。1830年代のロマンチック・スタイルの要素として流行し、1890年代にリバイバルした。

パゴダ・スリーブ
pagoda sleeve

パゴダは「東洋の仏塔」の意味で、この形に似た、袖の上部が細く、ひじのあたりから袖口に向かって広がる袖。18世紀のフランスの女性服の典型で、19世紀半ばにリバイバルした。

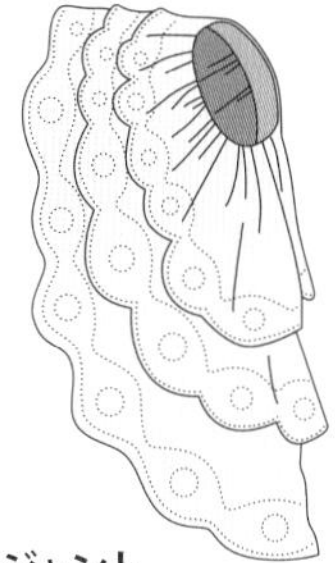

アンガジャント
engageante

17世紀末から18世紀の、女性のローブの袖口にとりつける飾り。レースやリネンなどの薄布にフリルを寄せて、内側が長くなるように何重にも重ねたもので、ひじ丈の袖口を飾った。

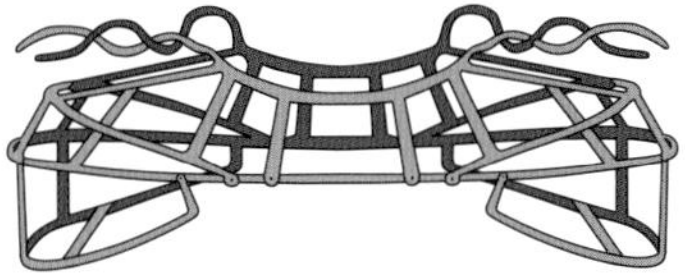

パニエ
panier

18世紀の、女性のスカートを広げるために用いたかご状のファンデーション下着。名称は形状が鳥かご（パニエ）に似ていることから名づけられた。左右に分かれたタイプもある。

コルセット
corset

ウエストを細く整えるためのファンデーション下着。材料は硬い布や鯨骨、金属など。前か後ろのひも締めで閉じる。中世後期に出現し、20世紀初期まで上流階級を中心に女性が用いた。

パッチ
patch

つけぼくろ。17世紀半ばから18世紀に男女間で流行した。黒の絹地を星や花、昆虫などの形に切り抜いたもの。色白を強調するほか、つける位置によって思いや感情を表現した。

43

日本歴史服

Japanese historical clothing

袍

ほう

平安時代に公家の男性が着た、束帯などの装束の表衣。盤領（スタンドカラー型の衿）で、広袖。別称うえのきぬ。文官用の脇を閉じ合わせた袍と、武官用の脇を開いた袍があり、それぞれ位階によって色が定められているため、位袍ともいう。表袴を合わせる。

唐衣・裳装束

からぎぬ・もしょうぞく

平安時代の公家女性の盛装。単衣、赤い袴、複数枚の袿を着けた上に、丈の短い唐衣と後ろだけのひだスカート状の裳を着ける。袿の袖丈と着丈は外側が短く仕立てられ、裾や袖口に見せる配色を重視。俗称十二単。

束帯

そくたい

平安時代の公家男性の盛装。単衣、衵、下襲、半臂、袍、大口袴、表袴を着け、腰に石帯を着け、頭に冠をかぶって完成する。文官（官吏）は脇の閉じ合わせた袍と飾りを長く垂らした冠、武官（軍人）は脇の開いた袍と垂れ飾りを巻いた冠を合わせた。

直衣

のうし

平安時代の公家男性の表衣のひとつ。束帯の、脇を閉じ合わせた袍と同形だが、色や模様が位階に関わりなく自由であることから、雑袍ともいう。私生活、社交などの場で着た。袴は足首を絞った指貫を組ませた。

狩衣

かりぎぬ

平安時代の公家男性の表衣のひとつ。束帯の、脇の開いた袍と同じ形であるが、色や模様が位階に関わりなく自由なのが特徴。足首を絞った指貫を組ませた。元来は狩猟などの実用向けだったが、平安時代には華やかな意匠もとり入れられた。

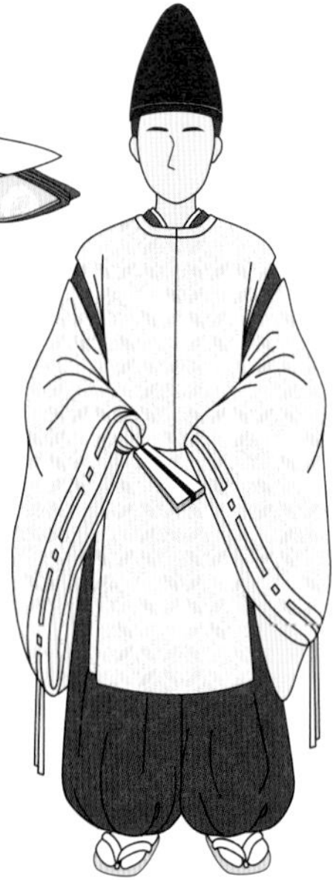

袿
うちぎ

平安時代の公家女性の唐衣・裳装束の一部をなす、広袖の衣服。単衣と唐衣の間に複数枚重ねて着る。重ねる枚数が次第に増えたため、鎌倉時代末期に5枚と定められ、五衣と呼んだ。

直垂
ひたたれ

元来は庶民の労働用上着。垂領（斜めに合わせた衿）、小袖、胸ひも、おくみがないのが特徴。鎌倉時代以降、武家の正装となり、袖口にくくりひもを加えた広袖となった。袴は六幅の小袴を組ませ、室町時代以降は長袴が最正装となる。

大紋
だいもん

直垂の一種で、染め抜いた大きな模様が特徴。鎌倉時代に発生して室町時代に広まり、やがて武家の礼装のひとつとなる。模様は当初は自由だったが、礼装となってからは家紋と定められた。

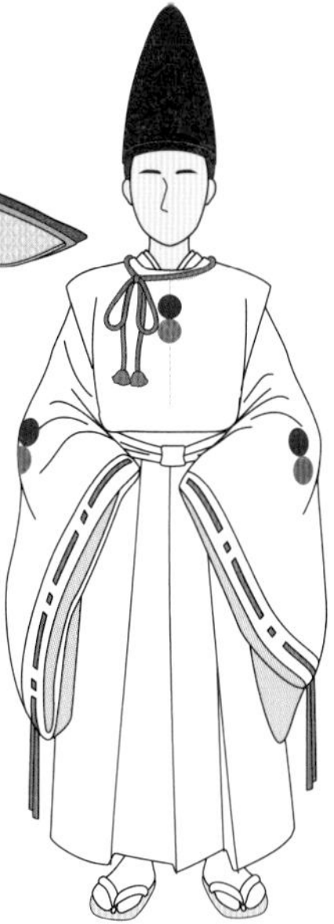

水干
すいかん

麻布で仕立てた狩衣の形の表衣。盤領（スタンドカラー型の衿）で、広袖。菊綴（糸で作った円形の装飾）を正面中央、前後左右の袖つけ、袖のつぎ目に2つずつつける。裾は袴に着込める。狩衣より格下の武家の礼装とされた。

素襖
すおう

麻で仕立てた直垂の一種。室町時代には庶民や武家の平服であったが、江戸時代には長袴を組ませ、下級武士の礼装となった。胸ひも、菊綴（糸で作った円形の装飾）がつく。胸ひもが革製であることから、革緒の直垂という別名もある。

打掛
うちかけ

室町時代中期以降の、武家女性の盛装の一部。小袖に帯を締めた上から前を開けた状態で、打ちかけるように着つける豪華な小袖。歩行の際に前褄を手で持ち上げることから、掻取りともいう。

腰巻
こしまき

夏場の打掛。室町時代にはじまったもので、宮中の女性が打掛の両肩を脱いで、腰に巻いた帯に垂らして着つけたものをさす。後に武家夫人や御殿女中の夏の礼装となって、江戸時代に引き継がれた。

小袖
こそで

広袖に対する、幅の狭い筒袖、および、そうした袖のついた衣服をさす。庶民の衣服、公家の下着をさしたが、鎌倉時代以降は衣服が簡略化される傾向の中で次第に表衣化し、現代の着物へと展開した。

胴服
どうぶく

僧衣から生まれた男性の外出用の外衣。腰丈で、古くは広袖で、裾にひだがついたが、後にひだは失われた。江戸時代初期には武家がよろいの上から羽織った。華やかな錦織物や刺繍、革などを用いた。羽織の原型とされ、道服とも書く。

肩衣
かたぎぬ

鎌倉時代以降の、活動性のために袖幅を狭めた素襖の変形形式。徐々に肩幅を広くし、強調するようになる。半袴と組み合わせて肩衣袴と呼ぶ。室町時代には武家の公服となった。江戸時代の裃の原型である。

裃
かみしも

肩衣と袴を同素材で仕立てたものをさす。裃の文字は和製。江戸時代の武家の公服、庶民の礼装となった。麻地が本式。足で踏む長袴との組み合わせは武家の正装で、紋つきの小袖を内側に着る。

羽織袴
はおりはかま

小袖に羽織と袴を組み合わせた服装をさす。とくに黒紋つきの長着と羽織に仙台平の袴を組ませた、江戸時代の町人の正装をさすことが多い。現在の男性の和装の正装としても伝えらえている。

着流し
きながし

羽織や袴(はかま)を着けずに、小袖のみの、男性の着装をさす。古来、男性は時代や身分、用途に応じて、さまざまな袴を着けたが、江戸時代以降、小袖の発展に伴って町人は日常的には袴を省略し、正装には羽織を重ねた。

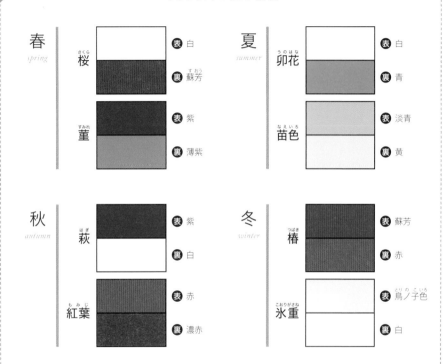

振袖
ふりそで

元来は子ども用として生まれたが、江戸時代に未婚女性のおしゃれ着として人気を集め、袖が床に届くほどの長さのものも見られた。現在では未婚女性の和装の正装とされる。帯は袋帯を使い、ふくら雀などに結ぶ。

MEMO

平安時代の襲(かさね)の色目(いろめ)

季節	名称	表	裏
春 spring	桜(さくら)	白	蘇芳(すおう)
春 spring	菫(すみれ)	紫	薄紫
夏 summer	卯花(うのはな)	白	青
夏 summer	苗色(なえいろ)	淡青	黄
秋 autumn	萩(はぎ)	紫	白
秋 autumn	紅葉(もみじ)	赤	濃赤
冬 winter	椿(つばき)	蘇芳	赤
冬 winter	氷重(こおりがさね)	鳥ノ子色(とりのこいろ)	白

襲(かさね)の色目(いろめ)とは

平安時代の公家装束の、袷仕立(あわせじた)ての衣服の表と裏の配色、または何枚か重ねた場合の配色の名称。おもに季節ごとの植物の名があてられている。複数枚重ねた場合はグラデーション配色が多く、表側から内側に濃い色から薄い色になるグラデーション配色をにおい、その逆を薄様(うすよう)と呼ぶ。

PART 5

模様、色

ストライプやチェック、水玉といったシンプルな模様をはじめ、西洋や日本の伝統柄、また、配色についてもそれぞれ知っておきましょう。

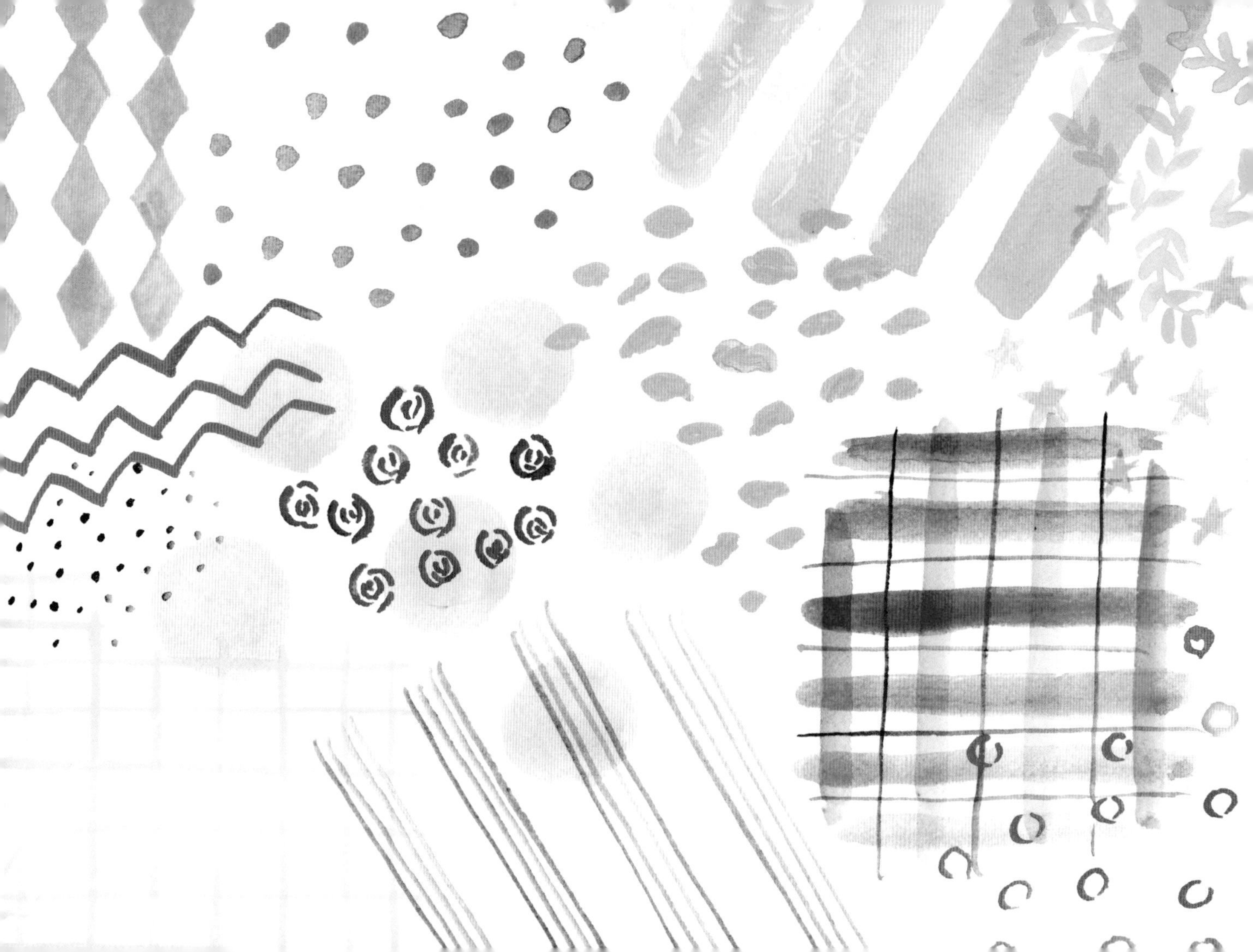

44

ストライプ

stripe

ペンシル・ストライプ
pencil stripe

暗色の地に白や明色の経糸、あるいは白や明色の地に黒や紺などの濃色の経糸を織り込んで、鉛筆で書いたような細い線をくっきり表した縦縞をさす。スーツやシャツなどに多く用いる。

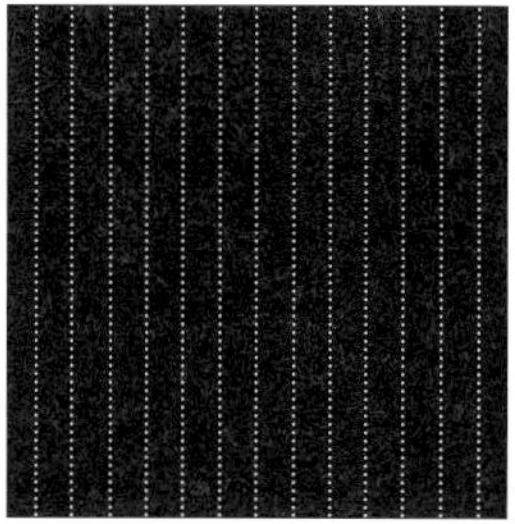

ピン・ストライプ
pin stripe

濃い色の地に細い白または淡い色の経糸を織り込んで表した縦縞。ピンの頭くらいの細かい点線と、比較的狭い間隔が特徴。綿織物の場合はシャツ、毛織物の場合はスーツなどに用いる。

ピン・ドット・ストライプ
pin dot stripe

ピンの頭のように小さな点を連ねた縞模様。ブロック・ストライプなどと組み合わせたものもある。プリントで表したものはシャツなどに、織で表したものはネクタイなどに多く見られる。

ロンドン・ストライプ
London stripe

地と色の部分が等間隔の１色の縦縞をさし、ブロック・ストライプ、棒縞の一種。ストライプ幅は５mm程度。白地に青、薄茶色、グレーなどシャツ地として定番。同ロンスト

テニス・ストライプ
tennis stripe

地と色の部分が等間隔の縦縞（ブロック・ストライプ）の一種で、白地に赤や青などの１色で表す。テニス・ウエアのほか、スポーティーな服装用。同テニス・フランネル

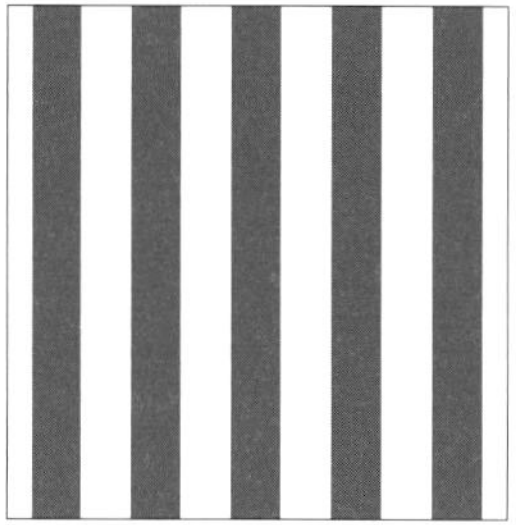

マリン・ストライプ
marine stripe

マリンは「海の、海軍の」という意で、海で働く男性のシャツなどに使われる棒縞をさす。同幅の白とマリン・ブルーを繰り返す。同ブルトン・ストライプ、マトロ・ストライプ

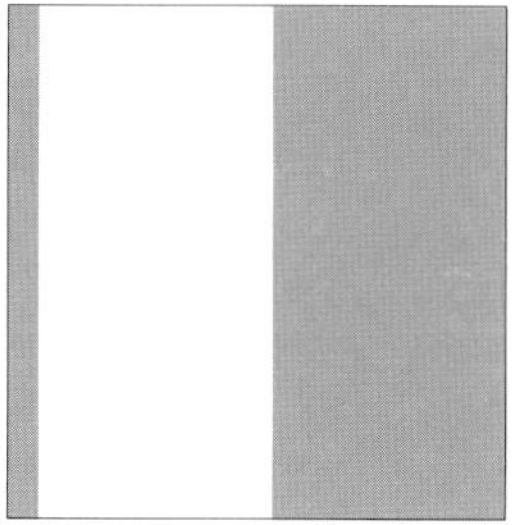

ブロック・ストライプ
block stripe

地と色の幅が同じ縞柄。とくに幅広の棒縞をさす。色使いや幅によって、ロンドン・ストライプ、テニス・ストライプなどの種類がある。同オーニング・ストライプ、棒縞

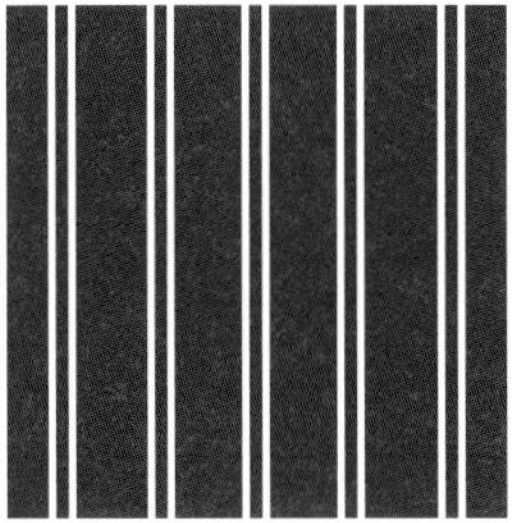

トラック・ストライプ
track stripe

トラックは「わだち」の意で、二輪車のタイヤ痕のように２本ずつ並ぶ縞。２本の間隔は狭いが、２本のセット同士の間隔は比較的広く、はっきりした印象。ダブル・ストライプの一種。

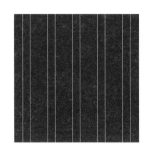

ダブル・ストライプ
double stripe

同じ縦筋が２本１組で配列されている縦縞の総称。男性用のスーツ地やシャツ地などに広く用いられている。和名は二重縦縞。同ペアド・ストライプ

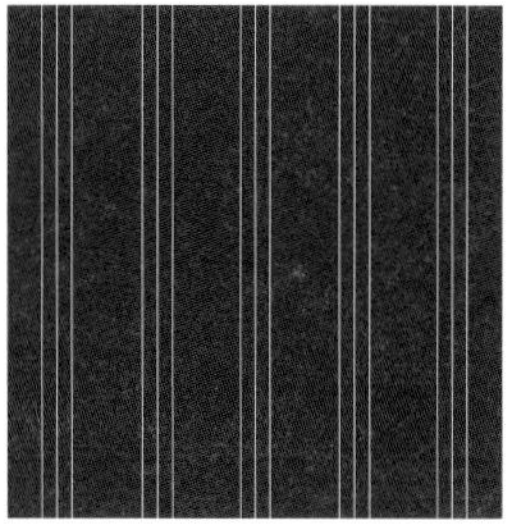

トリプル・ストライプ
triple stripe

同じ縦筋が３本１組で、同間隔で配列されている縦縞。毛織物ではスーツ、綿や麻織物ではシャツなどの定番模様のひとつ。先染めが多いが、プリントも見られる。同三本縞

フォー・バー・ストライプ
four bar stripe

４本の線が並んだ縞。セーターやカーディガン、ジャケット、コートなどの片方の袖に、ワンポイントとして、水平方向に入れる。濃色に白で配することが多い。同四本縞

チョーク・ストライプ
chalk stripe

黒や紺などの濃色の綾織地に、白や明色の経糸を等間隔に織り込んで、チョークを思わせる、ややかすれた細い白線を表した縦縞。毛織物が多く、男性のスーツの定番柄である。

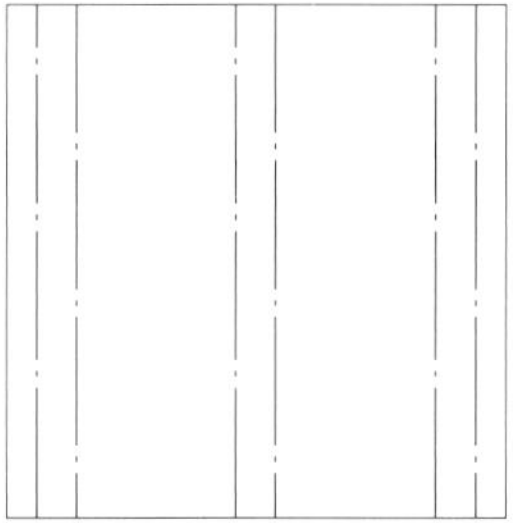

ステッチト・ストライプ
stitched stripe

並み縫いの線のような点線による縞模様。織り糸より太い糸、あるいは複数本の撚糸を用いて、地から立体的に浮き上がらせることが多い。縦横に用いたものはステッチト・チェック。

オルタネート・ストライプ
alternate stripe

オルターネートは「交互の、ひとつおきの」などの意味。色や幅、またはその両方が異なる２種類の縞柄が交互に組み合わされる。綿織物ではシャツなどに見られる。同交互縞

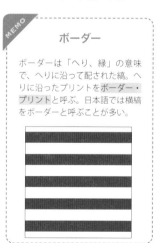

MEMO

ボーダー

ボーダーは「へり、縁」の意味で、へりに沿って配された縞。へりに沿ったプリントをボーダー・プリントと呼ぶ。日本語では横縞をボーダーと呼ぶことが多い。

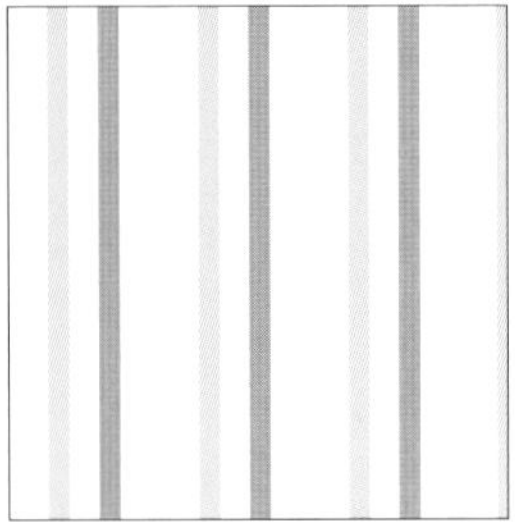

キャンディ・ストライプ
candy stripe

キャンディの包み紙によく見られるような、白地にピンクや黄色、水色などの明るい多色を用いた縞。マルチカラー・ストライプの一種で、とくに明るいポップな色合いのものをさす。

マルチカラー・ストライプ
multi-color stripe

縞の幅や繰り返しにとくに限定はなく、明度差や彩度差も含めて、3色以上で構成された縞の総称。キャンディ・ストライプがその代表例のひとつ。同マルチ・ストライプ

バヤデール・ストライプ
bayadère stripe

多色の糸を特殊な組織で織って鮮やかに表した、華やかな縞模様をさす。バヤデールは「インドの舞姫」という意味の仏語で、インド南部の踊り子たちの衣装に多く用いられた。

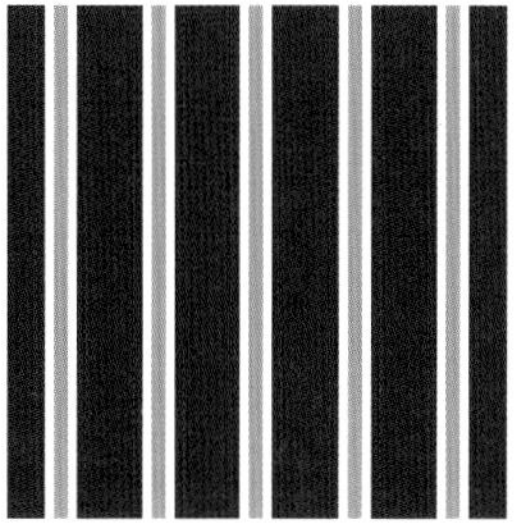

アイビー・ストライプ
Ivy stripe

アメリカ東部のフットボール・リーグ、アイビー・リーグに加盟する大学の学生の服装に伝統的な縦縞。モス・グリーン、ワイン・レッド、インディゴ・ブルー、黄土色などを多く使う。

カスケード・ストライプ
cascade stripe

カスケードは「小さな滝」の意味で、幅が段階的に狭くなる縦筋を並べて1組とし、これを繰り返し配列する縦縞。同滝縞、バーコード・ストライプ

親子縞
おやこじま

太い線と細い線が1組となって繰り返す縞。太い線を親に、細い線を子に見立てた名称。縞の普及した江戸時代の定番柄のひとつ。木綿や絹の先染め、または型染め。同子持ち縞

イレギュラー・ストライプ
irregular stripe

不規則な縞柄の総称。縞の間隔や幅が不規則なもの、1本の縞の幅が均一ではないもの、やや斜めに配置されたものなどがある。カジュアルな印象。同コンポジット・ストライプ

千筋(せんすじ)と万筋(まんすじ)

どちらも細かい縦縞。織の場合、千筋は地の糸と縞糸を4本ずつをセットにして、交互に配置する。一方、万筋はさらに細かく、2本ずつのセット。染の場合は江戸小紋の代表柄の筋の種類に含まれ、千筋、万筋のほかにも、毛万筋(けまんすじ)、極万筋(ごくまんすじ)、極毛万筋(ごくけまんすじ)などがある。細いものでは幅1mm以下のものも少なくない。

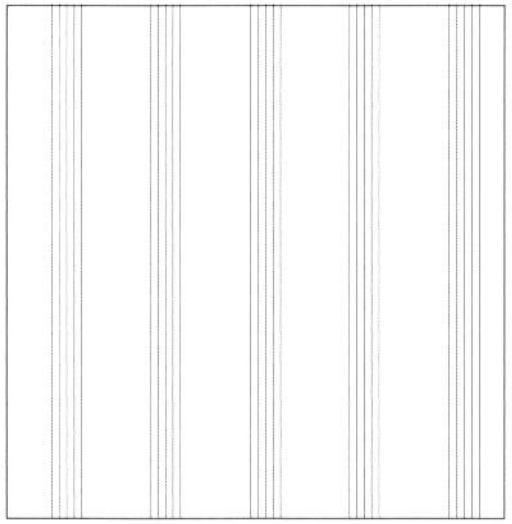

クラスター・ストライプ
cluster stripe

クラスターは「群れ、集合」の意味で、3本以上の細いストライプを1組として、間隔をとって繰り返した縞。ストライプは単色と多色とがある。シャツやパジャマなどに多く見られる。

オンブレ・ストライプ
ombré stripe

オンブレは「陰影をつけた」という意味の仏語。2色の縞で、1本の縞の幅の、片側から反対側にかけて、色が次第に薄く変化して自然に地色に溶け込むように見えるものをさす。

レジメンタル・ストライプ
regimental stripe

レジメンタルはイギリスの連隊のこと。各連隊の旗の柄である縞柄をさす。紺地にえんじや緑の、同一の幅の斜め縞が典型。現代では落ち着いた印象のネクタイの柄として人気が高い。

ダイアゴナル・ストライプ
diagonal stripe

ダイアゴナルは「斜めの、斜め方向の」という意味で、ニット製品などにとり入れられる縞。ストライプをつけず、単にダイアゴナルと呼ばれることも多い。

シェブロン・ストライプ
chevron stripe

シェブロンは「山形」という意味。山を連ねた形から生まれた名称。ニシンの骨を並べたような形から、ヘリンボーン・ストライプともいう。ウールの綾織りツイード地が多い。

よろけ縞
よろけじま

よろけるように波打つ縦縞。染めで表す場合が多いが、織り縞では経糸をところどころ、右または左に引いて、縦方向の縞を波打たせる。同ウェイビー・ストライプ

タイガー・ストライプ
tiger stripe

虎の体表の模様をヒントにした、黄色系と黒の2色の縞で、強烈な印象を与える。一般の衣服よりは、スポーツなどのユニフォームや室内装飾、広告などに使うことが多い。

ゼブラ・ストライプ
zebra stripe

シマウマの体表の模様をヒントにした、不規則で曲線の多い縞。白と黒のコントラストがはっきりとした模様で、ヒョウ柄について、体表の柄の中で人気が高い。

45 チェック check

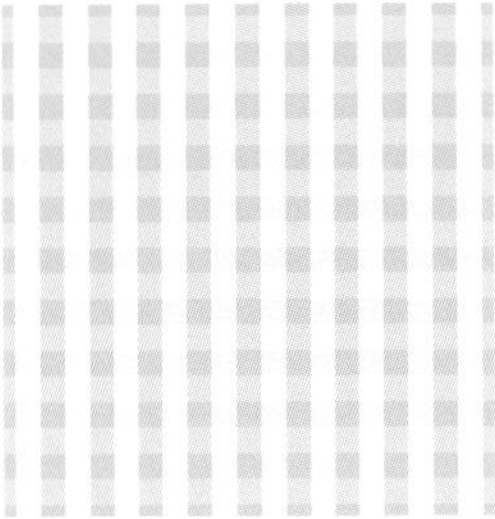

ギンガム・チェック
gingham check

ギンガムは先染めの格子や縞柄の平織りの綿布、あるいは、合繊との混紡織物。ギンガムに多く見られる、比較的狭い、縦横同一幅の縞を交差させたシンプルな格子柄をさす。

グラフ・チェック
graph check

グラフ用紙に見られるような、縦横同間隔に並べた細い線による、細かい格子柄をさす。先染めの綿織物としてシャツやハンカチなどによく使われる。同方眼チェック

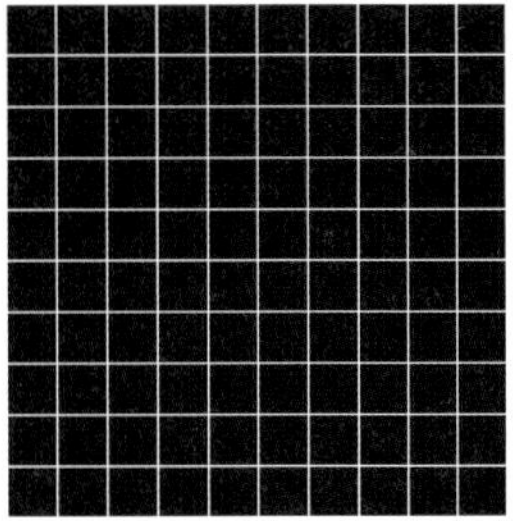

ウィンドーペーン・チェック
windowpane check

ウィンドーペーンは「窓枠」の意味。細い線で窓枠のような模様を構成した格子柄をさす。毛織物ではコートやベスト、ジャケットなど、綿織物ではシャツやハンカチなどに使われる。

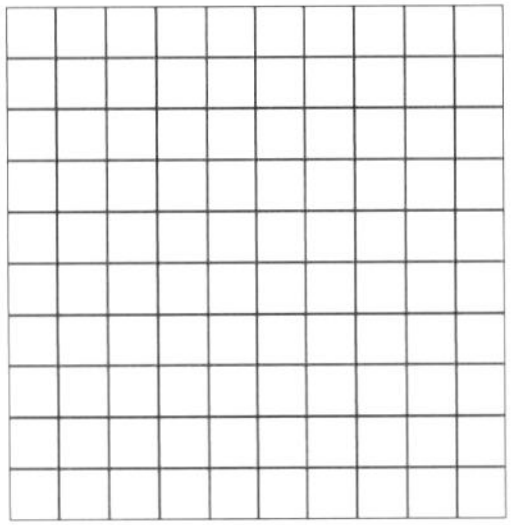

タッターソールズ・チェック
Tattersall's check

異なる色の２種類のウィンドーペーン・チェックを重ねたデザイン。名称はロンドンのタッターソール馬市場で販売した馬用毛布がこの模様だったことに由来する。同乗馬格子

ブロック・チェック
block check

２色の正方形を上下左右に交互に配列した模様。日本では古代より、２種類の織りの組織で表し、石畳（いしだたみ）と呼んだ。江戸時代には白黒を使った役者名にちなみ、市松格子（いちまつごうし）と呼ばれた。

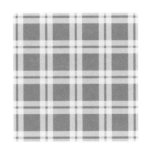

ダブル・チェック
double check

２本ずつ並べた縞柄を、縦横に同間隔に配列した格子柄。ウィンドーペーン・チェックにつぐ、もっとも基本的なチェックのひとつとされる。日本の伝統柄の二筋格子（ふたすじごうし）に同じ。

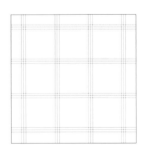

三筋格子
みすじごうし

細い3本の縞を１組とし、縦横に等間隔に交差させた格子柄。19世紀に歌舞伎役者の市川団十郎が家紋の三枡（みます）にちなんで身につけたことから団十郎縞（だんじゅうろうじま）ともいう。同三本格子

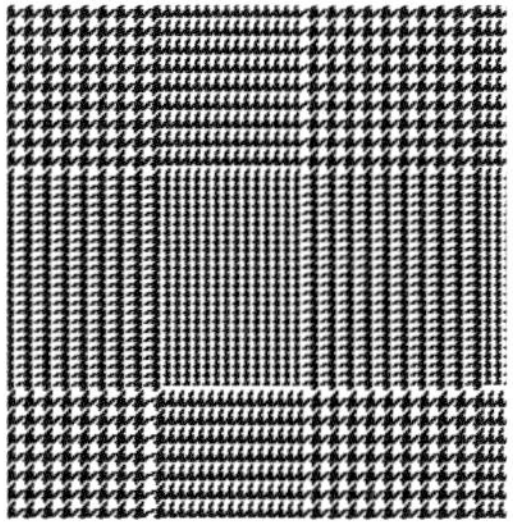

グレン・チェック
glen check

細い縞を複数本ずつ縦横に配し、綾織りで構成した格子柄。交差部分は千鳥格子。名称はスコットランドのアーカートという谷（グレン）から。同グレナカート・チェック

シェパード・チェック
shepherd check

２色の糸で縦横同幅の縞を交差させ、綾織りで構成するチェック。名称はシェパード（羊飼い）の衣服に使われていたことに由来する。白黒２色が伝統的だが、現代では多様である。

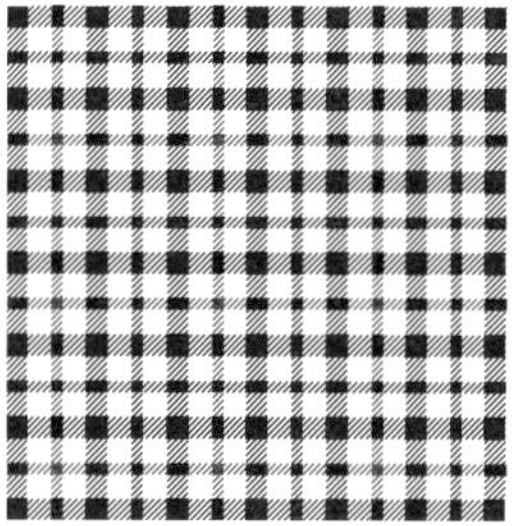

ガン・クラブ・チェック
gun club check

シェパード・チェックが変化したチェックで、３色以上使ったもの。名称はイギリスで狩猟の服装に多用されたことに由来する。同ガン・クラブ・プラッド、クラブ・チェック

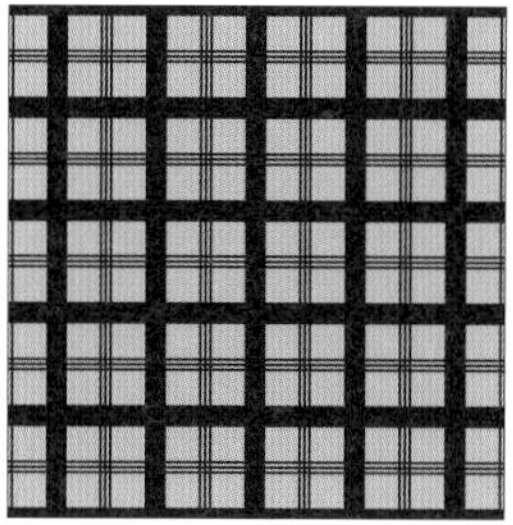

翁格子
おきなごうし

幅の太い格子の間に、何本かの細い格子を組み合わせた格子柄。名称は能の『高砂』の翁の衣装からとの説、また太い縞が翁、細い縞は孫を表すとする説がある。黄八丈などに見られる。

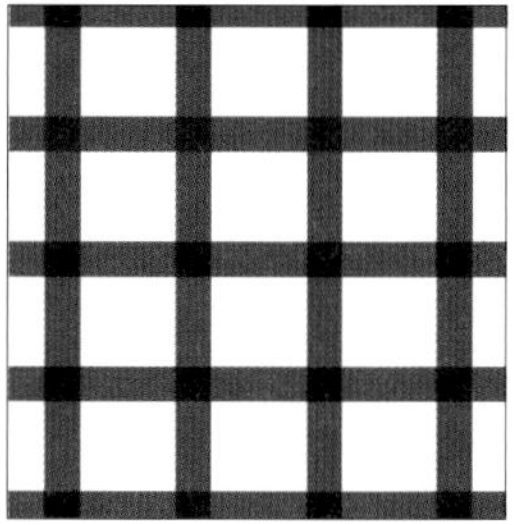

弁慶格子
べんけいごうし

縦横同幅の太めの縞を交差させた格子柄。白地に黒や紺などの配色が多い。大胆で簡潔、男性的で力強い印象から、歴史上の人物、弁慶の名で呼ばれるようになった。

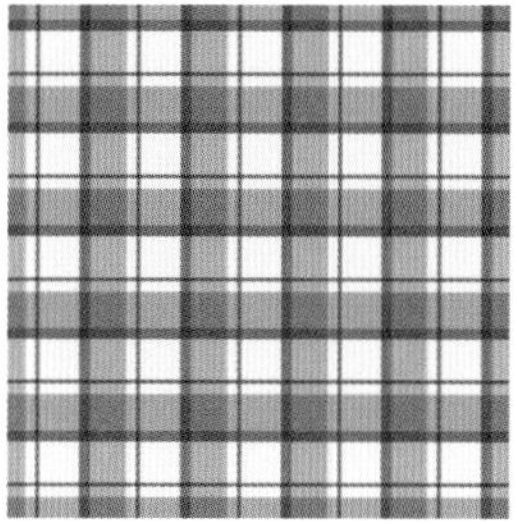

オーバー・チェック
over check

小さい格子柄の上に、大きな格子を目立つように重ねたもの。カジュアルなスーツやコートの毛織物としてしばしば用いる。同オーバー・プラッド、越格子

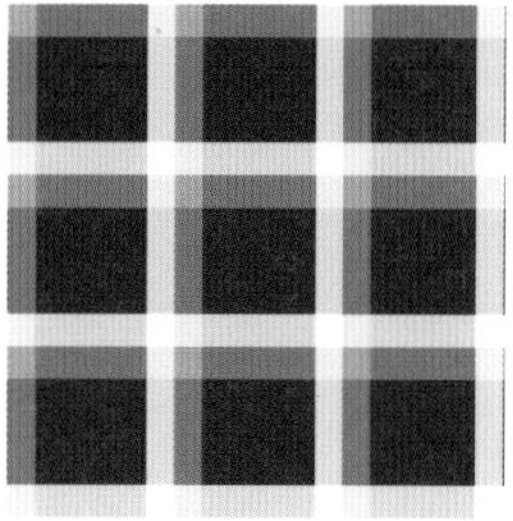

トーン・オン・トーン・チェック
tone on tone check

トーン・オン・トーンは同じ色相で統一感を生みながら、色調で変化を持たせる配色で、ひとつの色相の濃淡で構成するチェックのこと。控えめで、落ち着いた印象なのが特徴である。

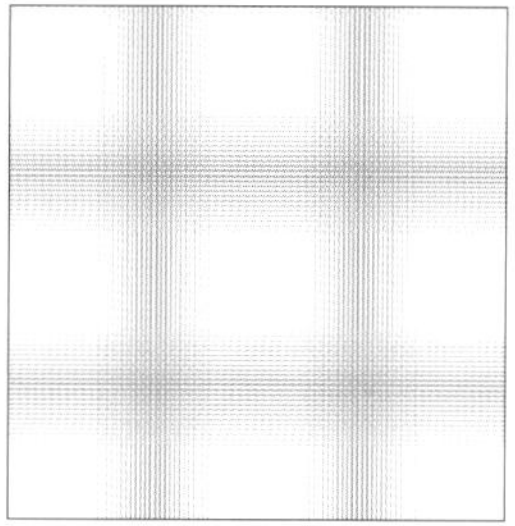

オンブレ・チェック
ombré check

幅の中心部分が濃く、両端に向かって階調的に徐々に淡くなる縞柄を縦横に交差させたチェック。にじんだような効果が特徴。オンブレは「陰影をつけた」という意味の仏語。

チェック check

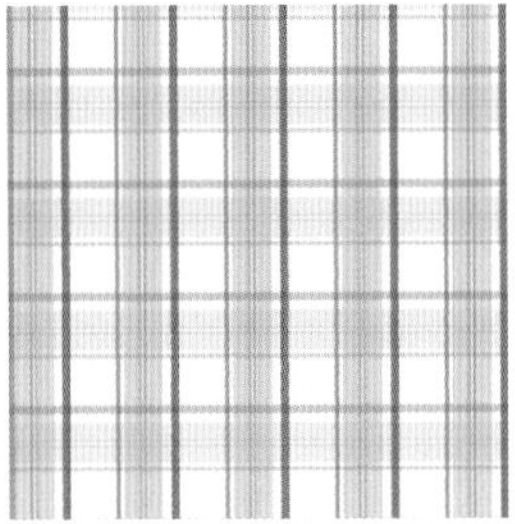

マドラス・チェック
Madras check

草木染めの糸を用いた平織りの多色のチェック。にじみの効果を持ち、同様のストライプとともに知られる。名称は原産地であるインド、ベンガル湾沿いの都市、マドラスにちなむ。

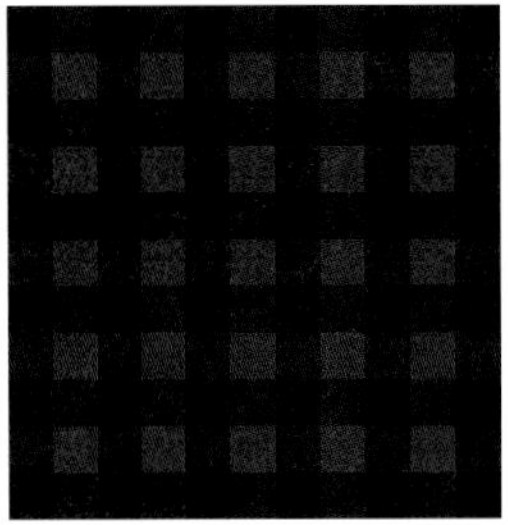

バッファロー・チェック
buffalo check

おもに赤と黒の２色の同幅の幅広の縞を交差させたチェック。厚手ウール地に多い。北米バッファロー市に由来する説、猟師の誤射防止用の説がある。同マクレーガー・タータン

バスケット・チェック
basket check

バスケット（かご）の組み目のように、縦横の縞同士が交差する模様。立体的な印象を与える。先染めのほか、プリントも見られる。同網代格子、かご格子

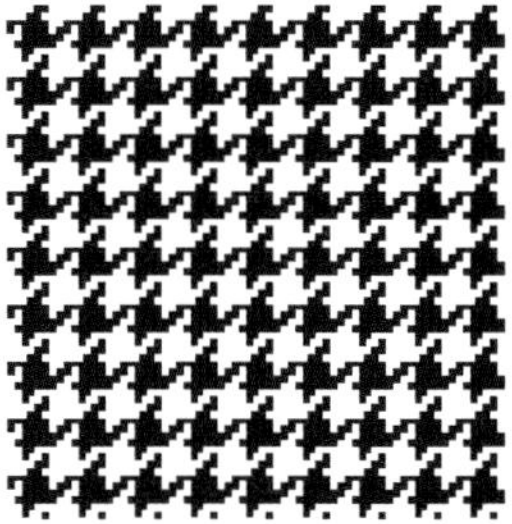

千鳥格子
ちどりごうし

２色の糸で縦横同幅の縞の交差を、綾織りで構成するチェック。名称は形が飛ぶ千鳥に似ていることから。白黒の２色が定番だが、現代では多様。同ハウンド・トゥース

ステッチト・チェック
stitched check

並み縫いの線のような点線の縞模様を縦横に配したチェック。織り糸より太い糸、または複数本の撚糸を用いて、地から浮き上がらせることが多い。単独で、または地のチェックに重ねる。

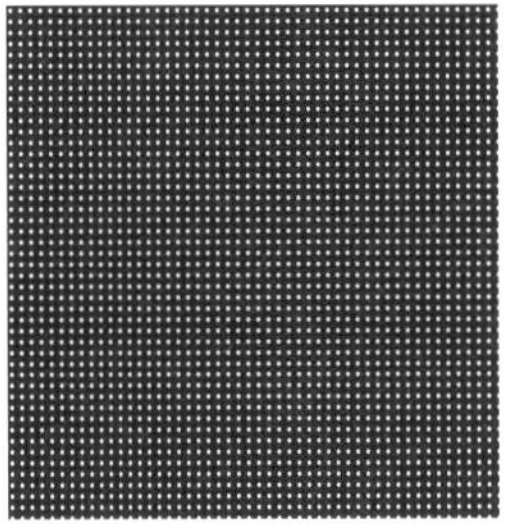

ピン・チェック
pin check

ピンの頭を並べたような、細かい格子柄。毛織物の紳士用スーツ地によく用いられる。同タイニー・チェック、ピンヘッド・チェック、微塵格子、ミニチュア・チェック

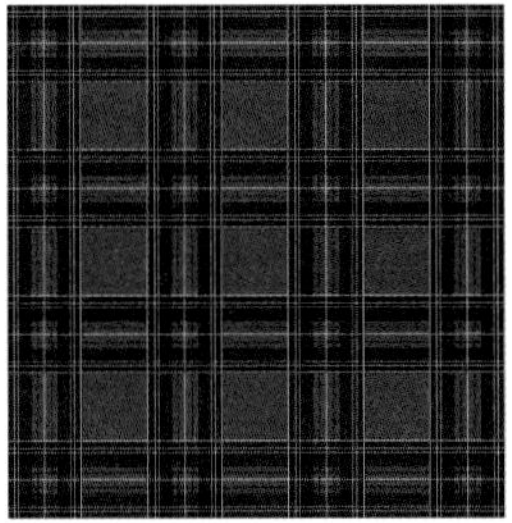

タータン・チェック
tartan check

スコットランドの伝統的な綾織物の格子柄の総称。元来、伝統衣装に用いられた柄であるが、今日ではバリエーションが豊富で、男女の装いに見られる。同タータン・プラッド

ブラック・ウォッチ
black watch

タータン・チェックの一種。名称は、18世紀のスコットランドで、反乱軍の見張りをしたハイランド連隊（別名、ブラック・ウォッチ）が着用したことに由来する。

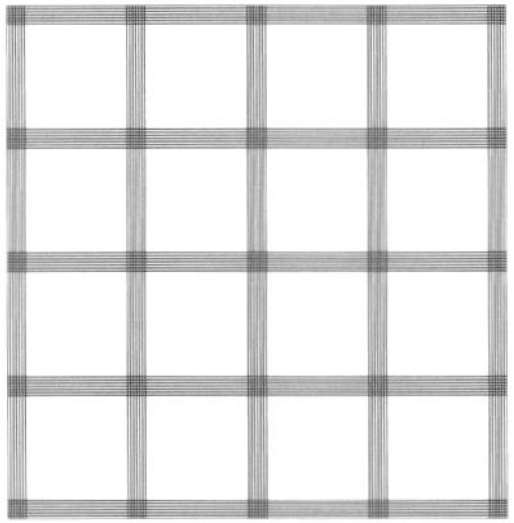

ハンカチーフ・チェック
handkerchief check

細い筋を複数本並べ、その間隔を広めにした縞の１組を、縦横に交差させたチェック。先染め織物。名称はハンカチに多く用いられることから。シャツやブラウスなどにもよく見られる。

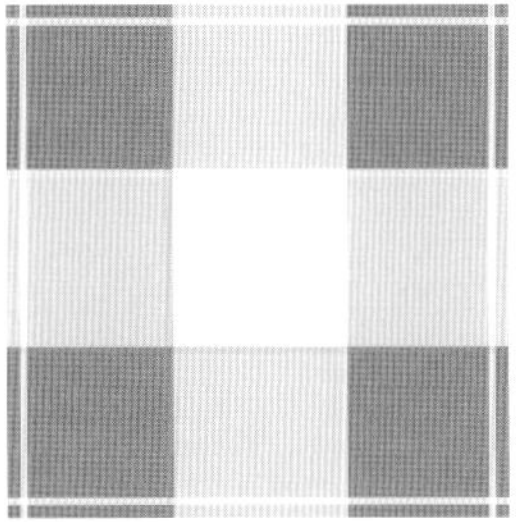

ブランケット・チェック
blanket check

ブランケットは「毛布」という意味で、寝具としての大型のもののほかに、ひざ掛けなどもさす。ブランケットに見られる、大柄のチェックをさす。同ブランケット・プラッド

アーガイル・チェック
Argyle check

菱形が連なるチェック。２色のダイヤ形と、その辺に平行した細い斜め格子１色で構成される。名称はスコットランド西部の氏族名に由来する。セーターやソックスなどの編物に多い。

ハーリクィン・チェック
harlequin check

ブロック・チェックを斜めに引き伸ばし、正方形を菱形に変形させたような模様。名称は、この模様の衣装を着たイタリア喜劇の道化、アレッキーノ（英語のハーリクィン）に由来する。

ダイアゴナル・チェック
diagonal check

ダイアゴナルは「斜めの、斜め方向の」という意味で、斜め構成の格子の総称。２色のひし形を交互に並べたハーリクィン・チェックや、アーガイル・チェックなどが代表である。

ブロークン・チェック
broken check

ブロークンは「壊れた」の意味で、規則正しく模様を繰り返すチェックに対して、間隔や繰り返しが不規則であったり、線がゆがんだりしているチェックをさす。プリントの場合が多い。

MEMO

千鳥格子

ハウンド・トゥース

犬の牙に似た、とがった形の格子柄。千鳥型のモチーフが独立しているのが特徴である。

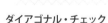

ドッグ・トゥース

千鳥型のモチーフが左右、または上下につながっているのが、ハウンド・トゥースとの違い。

46

水玉

dot

ドット
dot

本来は点・斑点の意。テキスタイルでは水玉模様のこと。円形の模様を多くは規則的に並べ、水玉のサイズや形態により、呼び名が異なる。変形の円や不規則に並べる柄もある。

ピン・ドット
pin dot

ピンの頭にたとえた極めて小さなサイズの水玉模様をさす。綿や麻などカジュアルな装いに適したものが多いが、チュールやサテン地など装飾性の高い素材のものもある。

キャビア・ドット
caviar dot

キャビアはチョウザメの卵。キャビアのように小粒の水玉の意。おおむねピン・ドットよりは大きめで、ポルカ・ドットよりは小さい。遠目にはピン・ドット同様、無地に近く見える。

ポルカ・ドット
polka dot

等間隔で配置される水玉模様。大きさは多様だが、ピン・ドットより大きく、コイン・ドットよりは小さい。ダンスのポルカに由来するとされるが、委細は不明である。

コイン・ドット
coin dot

コイン（硬貨）サイズの水玉の意で、直径2cmを超えるような大粒の水玉模様をさす。視覚的に強い印象を与える。リゾート・ウエアやインテリア・ファブリックなどに多く見られる。

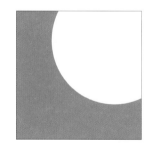

スポット
spot

スポットは「点」の意味。間隔を大きくあけて配置した水玉のこと。それぞれの模様に連続性がなく、点在しているように見える。また、英語では「ほくろ、つけぼくろ」の意味もある。

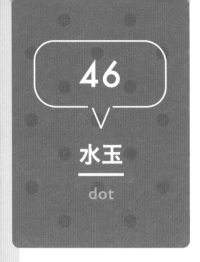

ランダム・ドット
random dot

ランダムは「乱雑な、不規則な、無作為の」などの意味で、大きさや形状、間隔などが不規則な水玉をさす。規則的な水玉とは異なり、自由で開放的な雰囲気がある。

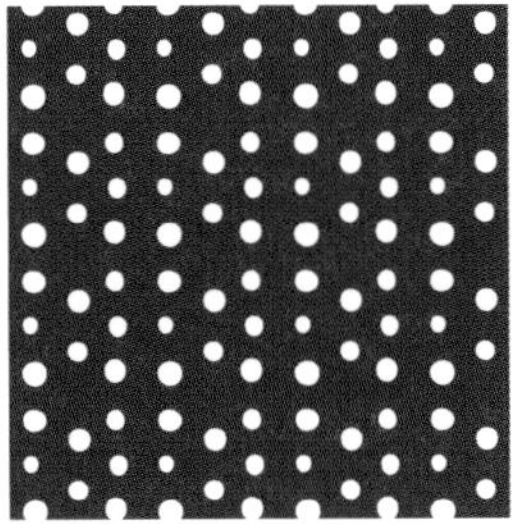

水玉崩し
みずたまくずし

水玉模様の一種。水玉が正円ではなく、変形した円形、あるいは、不規則に配置された水玉模様をさす。不規則であるために動きがあり、自由で大胆な印象になる。

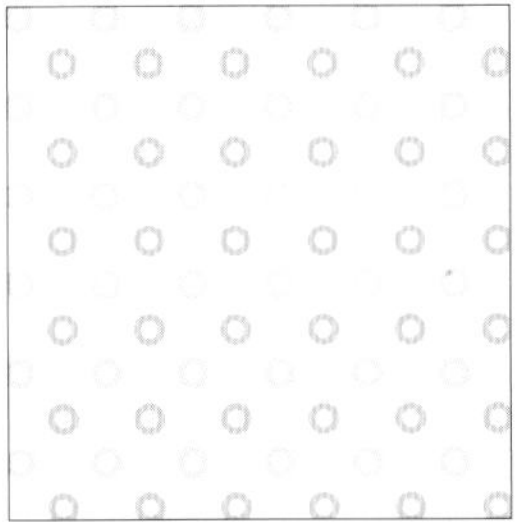

リング・ドット
ring dot

円の内部をくり抜いた輪状の模様を配置した水玉模様。1970年代後半に黒地に白のものがブラウスなどに流行した。くり抜いた部分が小さいものはドーナッツ・プリントと呼ばれる。

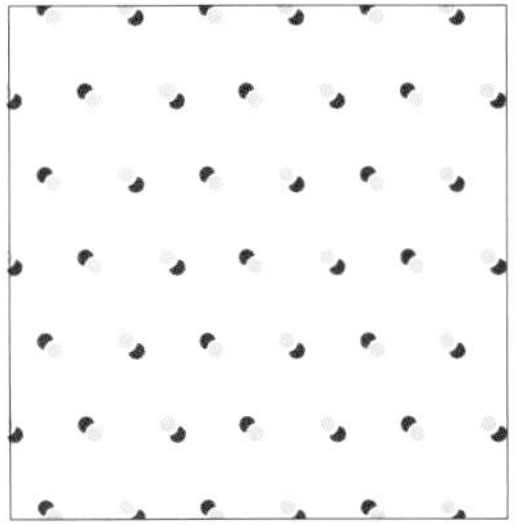

ダブル・ドット
double dot

水玉を２つずつ組み合わせて配置した水玉模様。２つを重ねたり、近くに置いたりして組み合わせる。３つずつ組み合わせて配置した水玉模様はトリプル・ドットという。

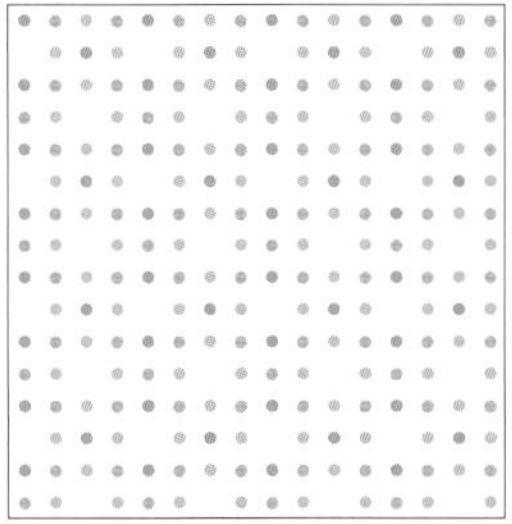

コンフェティ・ドット
confetti dot

コンフェティは「紙吹雪に使う紙片」という意味。色とりどりの紙片のように、多色の円を配置した水玉模様。華やかで陽気な雰囲気が特徴で、布だけでなく、包装紙などにも好まれる。

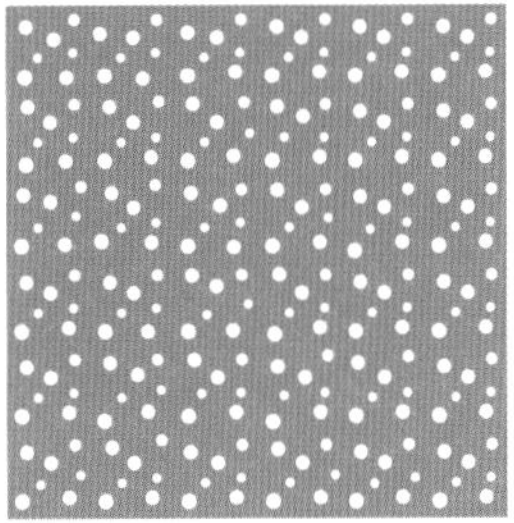

霰
あられ

大小の円を並べて、霰が降る様子を思わせる染模様。江戸小紋の代表的模様のひとつで、風呂敷や手ぬぐいなどにも見られる。織模様では細かな市松模様をさす。同大小霰

鮫
さめ

江戸小紋の代表的な模様のひとつ。ごく小さな円形の点で描いた、同心円状の弧を並べて、鮫のうろこを思わせる形状を表した模様。点線で描く青海波ともいえる。

通し
とおし

江戸小紋の代表的な模様のひとつ。小さな正方形が同間隔で、縦と横に整然と並ぶ。正方形の四隅が角になっているものは角通し、角に丸みがあるものは丸通しと呼ぶ。

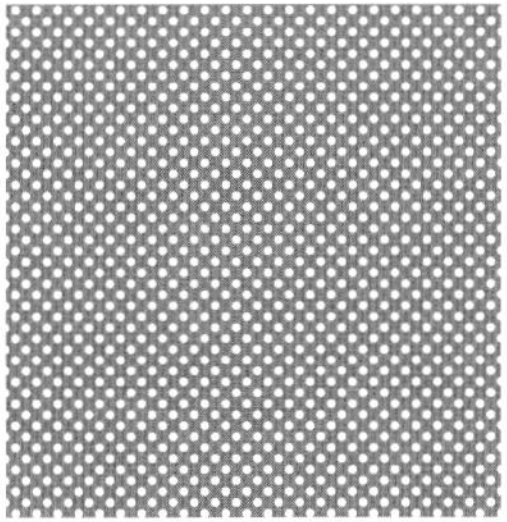

行儀
ぎょうぎ

江戸小紋の代表的な模様のひとつ。斜め45度に小さな点々が規則正しく（行儀よく）配列されていることから、行儀と呼ばれる。点の細かい順に「極」「中」「並」と名前がつく。

47

さまざまな模様

pattern

ボタニカル・プリント
botanical print

自然の植物の葉や花、実、茎などを図案化した柄のプリント。フラワー・プリントに対して、花だけでなく、植物のほかの要素の描写にもウエイトを置いているのが特徴。

ミルフルール・プリント
mille-fleur print

ミルフルールは仏語で「千の花、一面に花を散りばめた」という意味。中世後期のヨーロッパのつづれ織や古いインドの染織品にも見られる。こうした花柄のプリント。

カムフラージュ・プリント
camouflage print

軍人が戦地や演習中に敵の目をあざむく目的で使う柄のプリント。草むらや地面を模したデザインが多い。今日では、ファッションとして日常の服装にも見られる。同迷彩柄

ペーズリー
paisley

花や果実をつけた植物が風になびく様子を表す柄。元来はインドのカシミヤ・ショールの模様で、名称はカシミヤ・ショールの模造品の産地、イギリスのペーズリー市に由来。

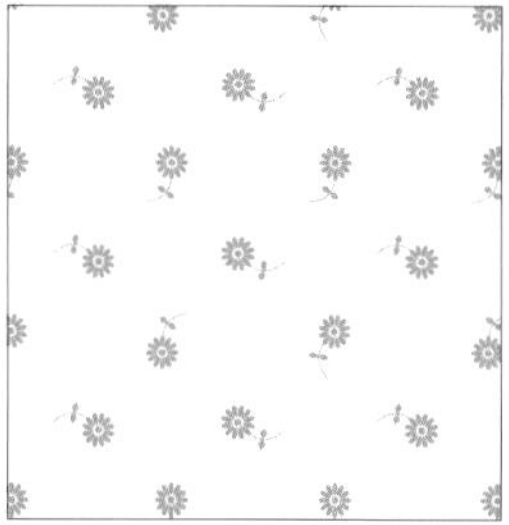

グラニー・プリント
granny print

グラニーは「おばあちゃん」を意味する幼児語。19世紀の綿プリントに似せた伝統的なデザイン。古風で、懐かしさを感じさせるプリント。衣服のほかに、バッグや寝具などにも用いる。

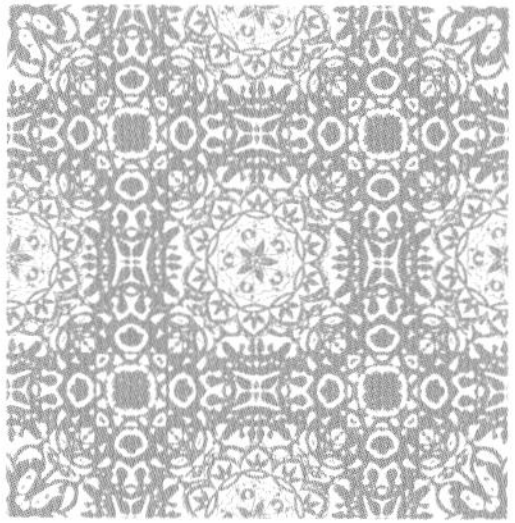

エスニック・プリント
ethnic print

エスニックは「民族の」という意味で、異国の民族的諸文化や芸術の中のモチーフをとり入れた図柄。アラベスクやバティック、メキシカン、アフリカンなどさまざま。

トロピカル・プリント
tropical print

パイナップルやバナナ、ハイビスカス、ヤシの木といった南国的な植物、海やジャングルなどの自然、熱帯地方の動物などをモチーフにしたプリント。大柄で、色彩は原色が中心。

スター・プリント
star print

５つの角を持つ星形を配置した模様のプリント。単独の、あるいはほかのモチーフと組み合わせたデザインがある。中心から外へと広がる光を表す星形は、視覚に強い印象を与える。

ジオメトリック・プリント
geometric print

ジオメトリックは「幾何学模様」という意味で、直線や曲線、円形などをとり入れたデザインをいう。花柄などの自然描写的な模様に比べ、モダンでスタイリッシュな印象を与える。

ジグザグ模様
じぐざぐもよう

三角形の山と谷が連続して現れる模様。近代的な印象を与えるが、発生は古く、水や光などの自然からインスピレーションを受けて生まれた。ニット素材の柄としても多く用いられる。

オプティカル・プリント
optical print

波やうねりを思わせる柄で、視覚的効果を狙った模様。布地は平面であるが、スカートやワンピースとして仕立てられたとき、着用者の動作によって布地がゆらめくような印象を与える。

スカンジナビアン・パターン
Scandinavian pattern

スカンジナビア半島諸国の風物である雪の結晶や針葉樹、トナカイなどをモチーフにした文様。セーターをはじめ、冬用の帽子や手袋、靴下などの防寒小物に多く見られる。

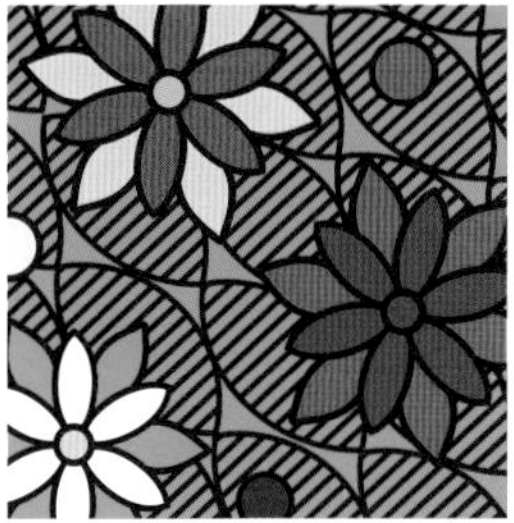

アフリカン・プリント
African print

もとは「アフリカ向けのプリント」の意味。複数の民族の伝統と植民地支配による外来文化の影響を反映した、多色使いのろうけつ染めやそれをまねた機械プリントがとくに有名である。

MEMO

具象柄と抽象柄

具象柄

抽象化や様式化せずに、絵画的に表現されている柄をさす。写実的に描かれているのが特徴である。

抽象柄

対象の特徴を抽出し、強調して表現する。簡潔な形態と色彩で表現され、幾何学的な柄も多い。

マーブル柄
marble pattern

マーブルは「大理石」という意味で、水に流し入れた墨や染料などが描く紋様を、紙や布に吸いとらせて作る模様。紙の場合は本の装幀などに使った。同墨流し模様

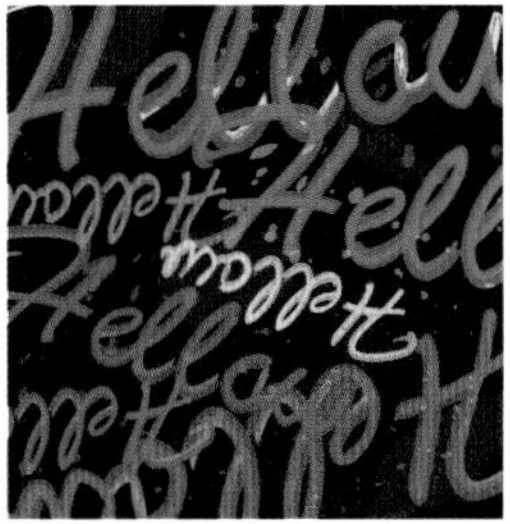

グラフィティ・プリント
graffiti print

グラフィティは「落書き、いたずら書き」という意味で、落書きしたような模様のプリントをさす。文字や抽象的な図形、マンガ風に表現した図柄などが雑多に入り混じったものが多い。

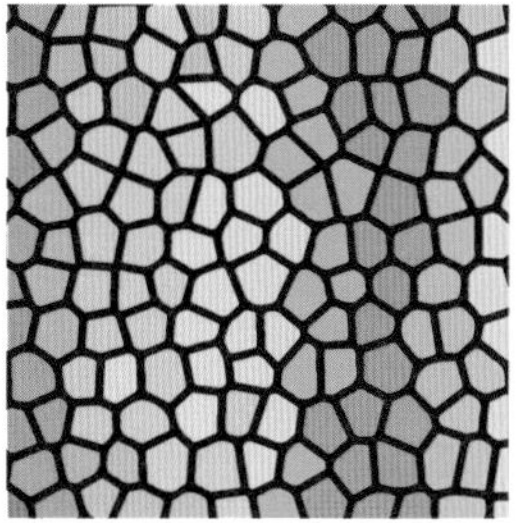

モザイク柄
mosaic pattern

モザイクはガラスや宝石、大理石、タイル、木材、貝殻などの小片を組み合わせて、図案や絵画などに表すことをさす造形。モザイク柄はこのスタイルをまねたプリント柄をさす。

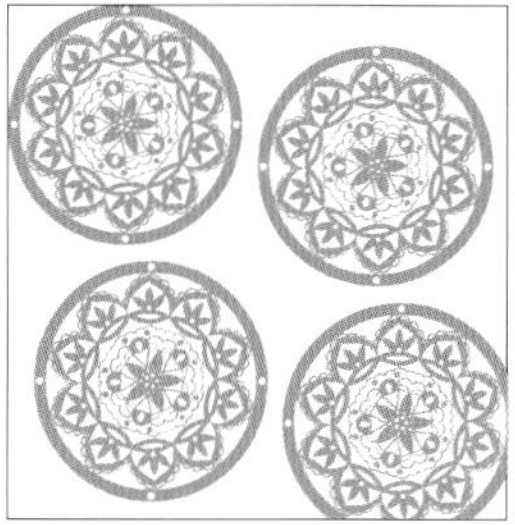

メダリオン・パターン
medallion pattern

メダリオンは大きいメダルのことをいい、メダリオン・パターンは円形や楕円形の中に肖像や花、葉などを入れた模様をさす。カーペットや家具の上張り生地、壁紙などによく見られる。

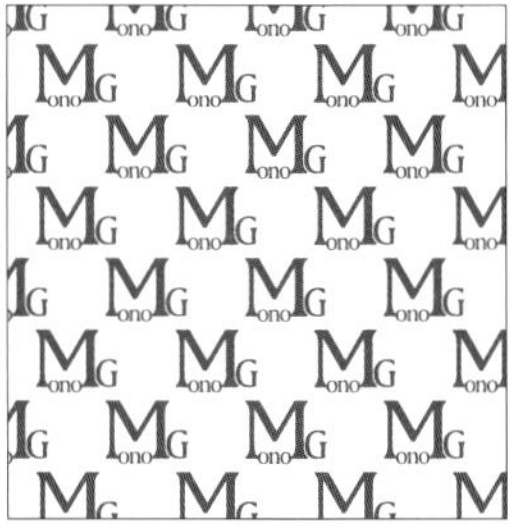

モノグラム
monogram

２つ以上の文字を組み合わせたデザイン。頭文字を使うことが多く、ハンカチやスポーツ・チームのユニフォーム、ロゴマークなどに、印刷や刺繍、アップリケなどの手法でつける。

インカ模様
Inca pattern

16世紀にスペインに征服される前の南米のインカ帝国で生まれた模様。神や植物、動物、鳥、魚などのモチーフを、鮮やかな色彩で幾何学的に様式化したもの。素朴で、鮮烈な印象。

アール・デコ模様
Art Déco pattern

アール・デコは1920〜1930年代に流行した装飾芸術様式で、そのスタイルを表した模様。幾何学的な形態や陰影のないコントラストの強い色彩、黒や金銀の組み合わせなどが特徴である。

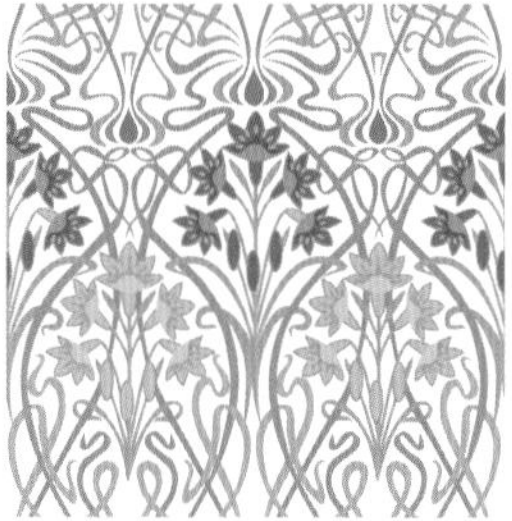

アール・ヌーボー模様
Art Nouveau pattern

アール・ヌーボーは「新芸術」という意味で、1890年代から20世紀初頭にかけて欧米で流行した装飾美術様式。植物のツルを思わせる、流れるような曲線、繊細な色彩が特徴である。

ゴブラン・プリント
Goblin print

ゴブランは、本来はフランスのゴブラン家工房で製作されたつづれ織をさし、それに似たデザインのプリントの意。動植物や人物、建造物などの具象的で、多色を用いた図柄が多い。

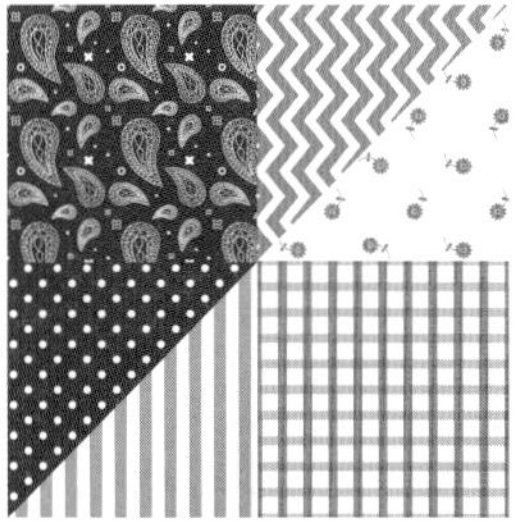

パッチワーク・プリント
patchwork print

パッチワークは何種類かの布をはぎ合わせて、ひとつの図を構成する手芸。パッチワークのように何種類かの模様を組み合わせて構成したデザインのプリントをさす。

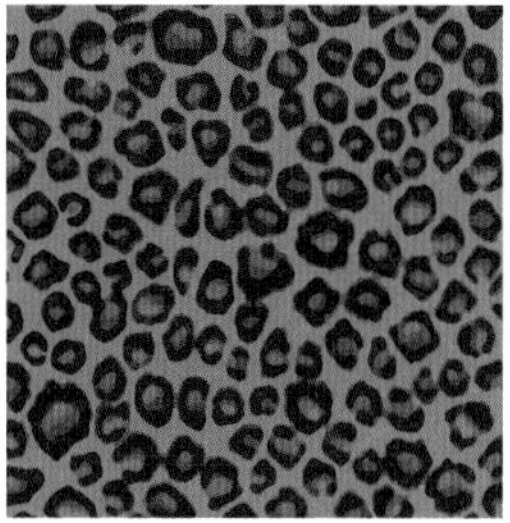

アニマル・プリント
animal print

動物の姿をモチーフにしたプリント、および、動物の毛皮の斑点や縞模様をまねたデザインのプリント。猫や犬などのほか、ライオンや虎、ヒョウ、キリン、鳥類など種類が多い。

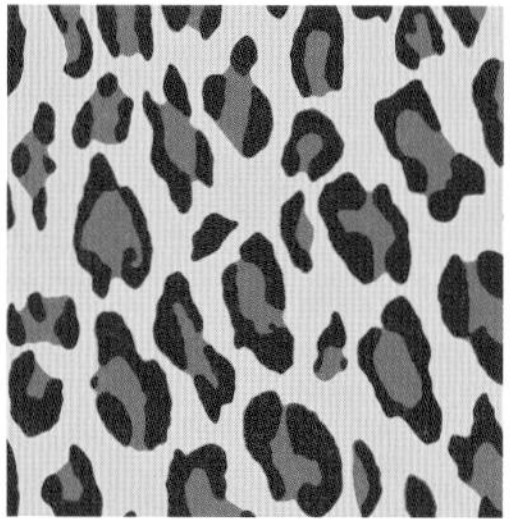

ヒョウ柄
leopard pattern

ヒョウの体表のパターンをまねた図柄。黄色から黄土色の地色に、黒で斑点を表すものが一般的だが、まったく異なる色使いのものも少なくない。多彩な生地に用いられる。

ホルスタイン柄
Holstein pattern

ホルスタインは代表的な乳牛で、体表の特徴的な模様をまねた柄。白地に黒い大きめの不定形の斑点が、不規則的に配置される。黒地に白もある。衣服のほか、インテリアなどにも用いる。

ダルメシアン・スポット
Dalmatian spot

ダルメシアン犬の体表の特徴的な模様をまねた、一種の不規則な水玉模様。白地に黒、または茶色の、大小の変形した円が不規則に配置される。衣服や小物などに用いる。

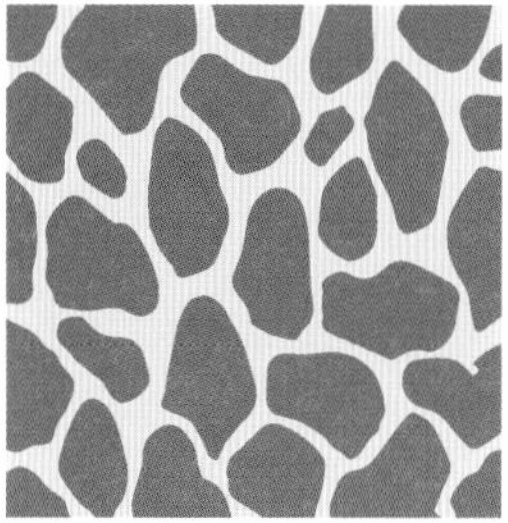

ジラフ・プリント
giraffe print

キリンの体表の特徴的な模様をまねた、不規則な柄。白やクリームの地に、黄色から茶色までの色相の不定形のタイルを貼りつけたような模様。衣服や運動靴、バッグなどに見られる。

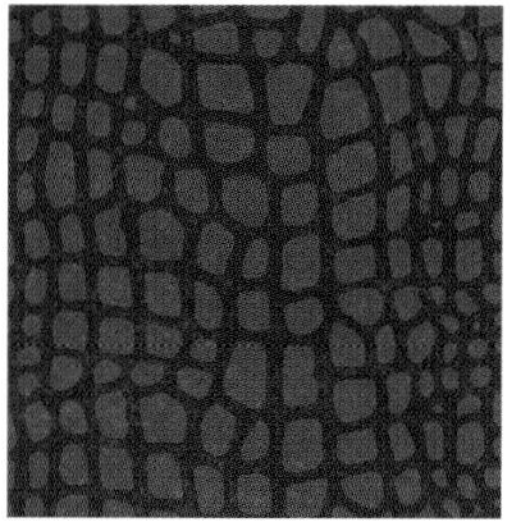

アリゲーター・プリント
arigater print

ワニ（アリゲーター、クロコダイル）の体表の特徴的模様をまねたプリント。角に丸みのある小さな方形を並べた柄。地色と別色で表すほか、皮革や合成皮革などに型押しで表すことも。

48

日本の伝統柄

Japanese traditional pattern

矢羽根
やばね

経絣柄で作られる模様で、形が矢羽根に似ていることが名前の由来。江戸時代から普段着などに用い、明治時代には女学生の着物の柄として人気を集めた。同矢絣、矢筈絣

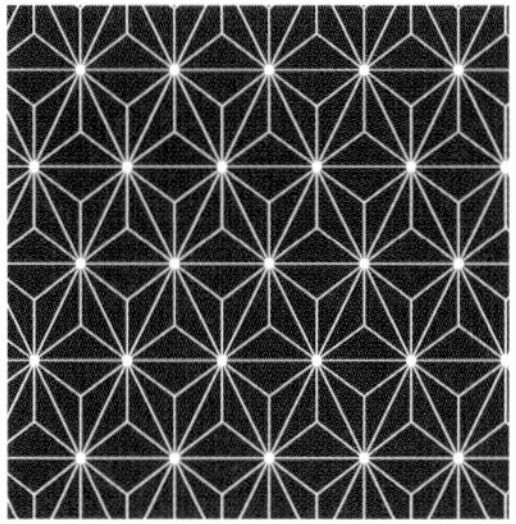

麻の葉
あさのは

底角が30度の二等辺三角形を２個合わせて菱形を構成し、その菱形を６個、放射状に配列して構成したものを繰り返した模様。その形が麻の葉に似ているところから命名された。

網目
あみめ

漁などに使う網の編み目を表した繰り返し模様。染織品のほか、陶磁器の染付模様や仏像の切金装飾にも用いる。染織品では染めで表し、単独で、あるいは地模様としても使われる。

鱗
うろこ

同一の三角形を上下左右に配置した連続模様で、ヘビのうろこに見立てて名づけられた。ヘビには魔よけや厄よけの力があると信じられており、長襦袢の柄などによく使われる。

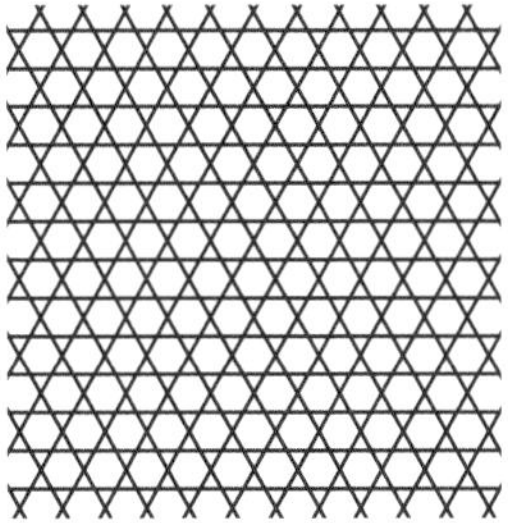

籠目
かごめ

竹で編んだかごの編み目を表した繰り返し模様。伝統模様で、鎌倉時代の後期にはすでに存在していた。多くは染めで表す。単独で、あるいは、ほかのモチーフの地模様としても使われる。

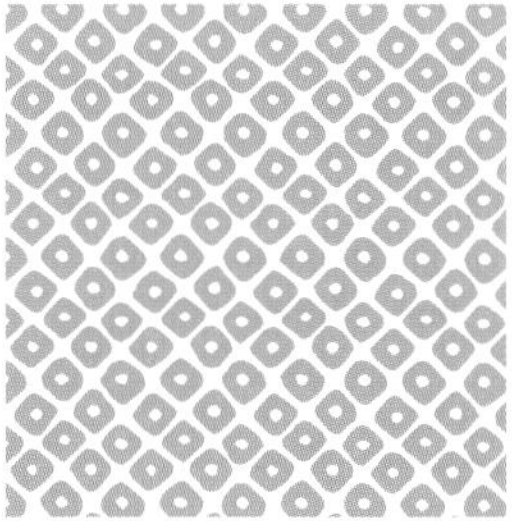

鹿の子
かのこ

鹿の背にある白い斑点のような柄。絞り染めのひとつ（鹿の子絞り）。斑点がやや大きめで、四角形に近い形のものは匹田鹿の子と呼ぶ。絞らずに型染めのものは描き匹田として区別する。

唐草
からくさ

ツル状の茎が連続的に曲線を描く模様。単なる唐草模様のほか、基本となる茎に添えたほかの要素から、牡丹唐草や菊唐草、葡萄唐草、たこ唐草などがある。源流はペルシャなどの西方。

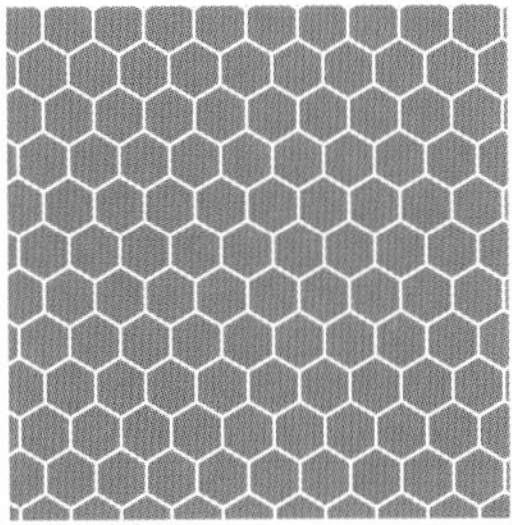

亀甲
きっこう

正六角形をモチーフとした文様。四方連続模様（亀甲つなぎ文）として用いることが多い。亀甲を２重、３重としたり、中に花菱を入れるものも多い。亀は吉祥の象徴とされる。

紗綾形
さやがた

卍文、または雷文の繰り返し模様の一種。桃山時代から江戸時代初期の小袖などに多く見られる。名称は当時中国より伝えられた織物である、紗綾に多かったことに由来する。

七宝
しっぽう

１個の輪の四隅に１個ずつ輪をかけ、連続させた模様。十方とも呼び、七宝はこのなまりとされる。古くから漆や金工などに多く使われる。同七宝つなぎ、四方襷

青海波
せいがいは

数個の円からなる同心の孤を単位として左右に並べ、さらにその後方に重なるように並べた文様。魚のうろこや山並みにも見える。舞楽の『青海波』の装束に用いたことから名づけられた。

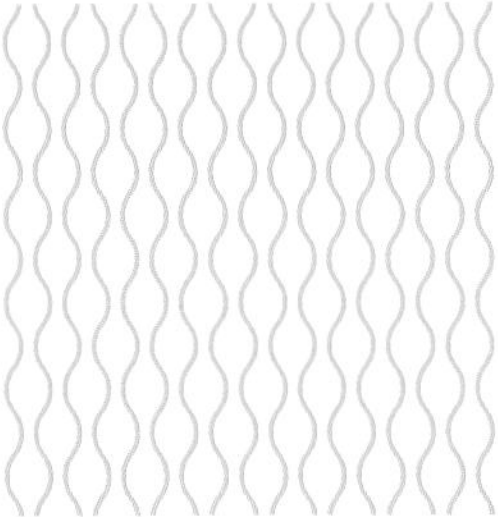

立涌
たてわく

２本の縦の線を左右対称的に、左右に波打たせて構成する、おもに織で表す繰り返し模様。幅の広まった部分に配置するモチーフによって、雲立涌や波立涌、松立涌などがある。

檜垣
ひがき

檜垣の、檜の薄板による斜めの組み目を表した模様。平安時代から存在し、室町時代の小袖の文様に使われた記録がある。江戸時代には能装束の地模様や摺り箔の模様などに用いられた。

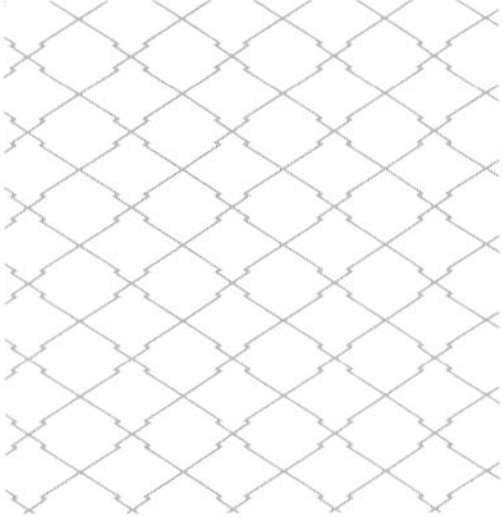

松皮菱
まつかわびし

大きめの菱形の上下に、小さめの菱形を重ねてモチーフとし、これを上下左右に連続させた模様。名称はモチーフの形が松の木の樹皮に似ていることから。平安時代には庶民用にもなった。

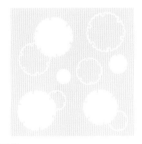

雪輪
ゆきわ

周囲の６カ所を小さくえぐった円形の模様で、雪の結晶を表したもの。江戸時代以前は雪の結晶が六角形であることは知られず、円形と信じられていた。雪は縁起がよいとされる。

49
色、配色
color,color scheme

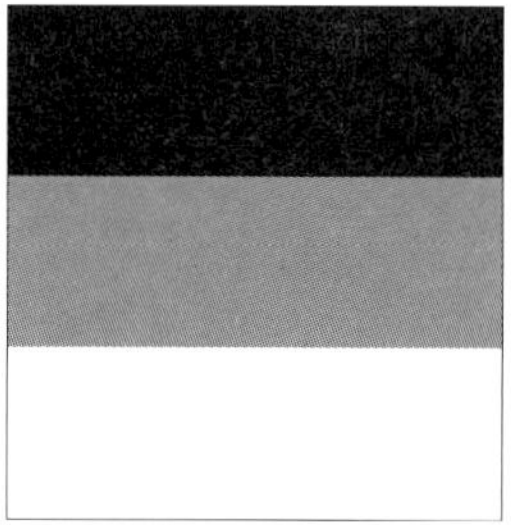

モノトーン
monotone

元来は「抑揚のない一本調子の話し方」の意味。ファッションでは濃淡や明暗だけの色彩をさす。とくに黒や白、グレーなど無彩色だけの組み合せをさすことが多い。同モノクローム

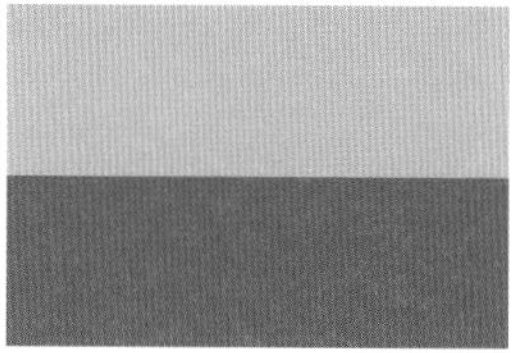

エクリュ
écru

エクリュは「生の、素地の」という意味で、精錬（せいれん）や漂白、染色をしていない、繊維の天然のままの色をさす。淡いベージュや薄茶色、黄みがかった白などが一般的である。同きなり色

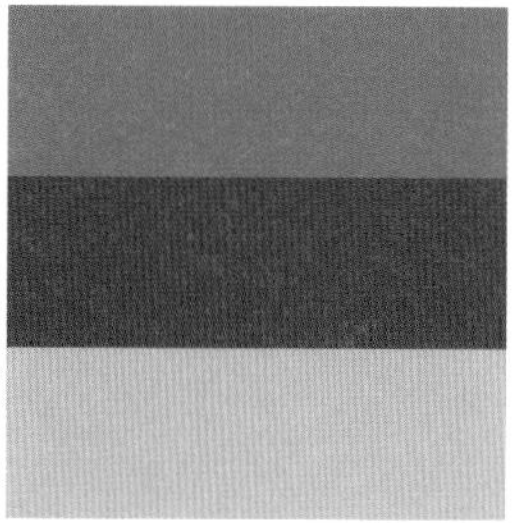

アース・カラー
earth color

「土の色」の意味で、ベージュやブラウン、テラコッタ、カーキなどの茶系の色。モスグリーンやブルーなど、植物や海などの自然物の色も含む。1970年代のファッション・カラー。

アシッド・カラー
acid color

アシッドは「酸味の、酸っぱい」などの意味。アシッド・カラーはファッションでは、未熟な果実の黄緑系の色をさす。染色用語では酸性染料の総称で、酸性の毛染め料も含まれる。

サンド・カラー
sand color

「砂色」の意味。海辺の砂を思わせる、やや黄味がかった淡いグレーが標準。比較的目立ちにくいが、ほかの色と調和しやすく、ファッションやインテリアのベーシックな色に使われる。

ペール・トーン
pale tone

ペールは「薄い、淡い」などの意味で、そうしたトーン（色調）のこと。高明度で低彩度の色のグループ。トーンのイメージに清らかな、あっさりした、かろやかな、弱いなどがある。

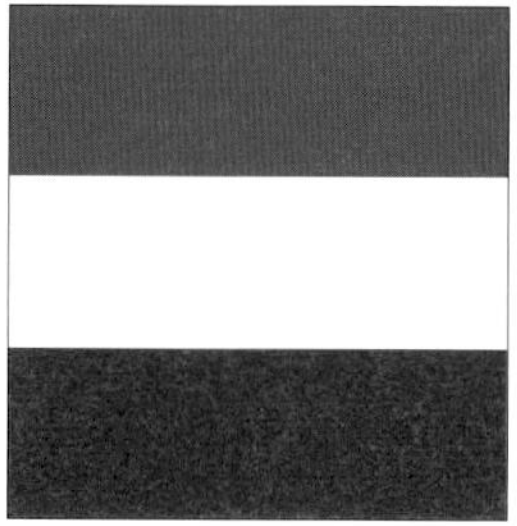

トリコロール
tricolore

「３色配色」の意の仏語で、とくにフランス国旗の青、白、赤の組み合わせをさす。フランス革命勃発時にブルボン王家の白、パリ市の赤と青の３色が国旗の色として定められ、今に至る。

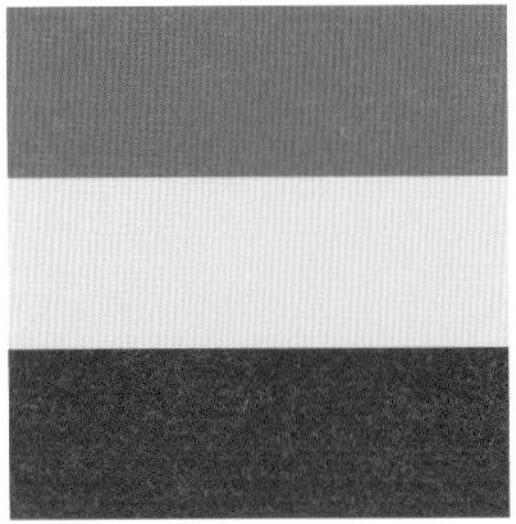

ラスタ・カラー
Rastafarian color

ラスタファリアニズムは1930年代にジャマイカで発生した、汎アフリカを謳う宗教的思想運動。そのシンボル・カラーで、緑、黄、赤の配色で、黄色を中心に配置。黒を加えることも。

トーン・オン・トーン
tone on tone

トーンは明度と彩度を合体させた考え方で、色調ともいう。トーン・オン・トーンは同じ色相で統一感を生みながら、色調で変化を持たせた配色。代表的な色彩調和の配色。同濃淡配色

トーン・イン・トーン
tone in tone

トーンは明度と彩度を合体させた考え方で、色調ともいう。トーン・イン・トーンは同じ色調で色相を変化させた配色。色調で統一感を持たせた、代表的な色彩調和の配色である。

カマイユ
camaïeu

カマイユは「同色の濃淡の異なる２層からなる宝石」の意味の仏語。英語のカメオ。色彩では色相やトーンにほとんど差のない色同士を組み合わせた配色。柔らかい印象を生むのが特徴。

フォ・カマイユ
faux camaïeu

カマイユはほとんど単色に見えるほど差がわずかしかない色同士の配色。これに「偽りの」という意味のフォがつくと、色と色に微妙な色相差が感じられる配色をさす。

ドミナント・トーン
dominant tone

トーンを揃えて全体の統一感をはかり、色相で色の変化をつける配色。たとえば、ベビー用品売り場はペール・トーンやソフト・トーンといった淡く柔らかいトーンでまとめられる。

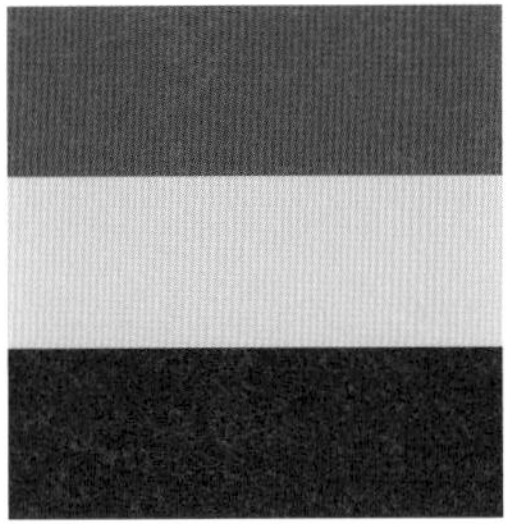

ドミナント・カラー
dominant color

ドミナントは「支配的、優勢的である」という意味で、全体を支配する主調色をさす。色相を統一し、トーンで変化をつけた多色配色。色相そのものが持つイメージを生かせる。

バイカラー
bicolor

バイは「２」の意味で、２色配色のことをさす。分量のバランス、明度や色相の関係によっては、印象は強弱さまざまとなる。２色を大胆にデザインした装いをバイカラー・ルックと呼ぶ。

柄や色による印象

柄

ストライプ

縦縞は横縞に比べて、着る人を細く見せる効果がある。ストライプの幅は中程度までのほうがその効果はより高い。

チェック

チェックは縦縞による縦長の効果と同時に、横縞による安定感をあわせ持ち、親しみやすさも感じさせる。

幾何学柄

自然界にはない、人が作り出す柄である幾何学柄は、理性的でモダンな印象を与える。立体感を生み出すことも。

花柄

花柄は自然界に咲く花を身のまわりによみがえらせて、柔らかさや華やかさ、自然らしさを感じさせる。

色

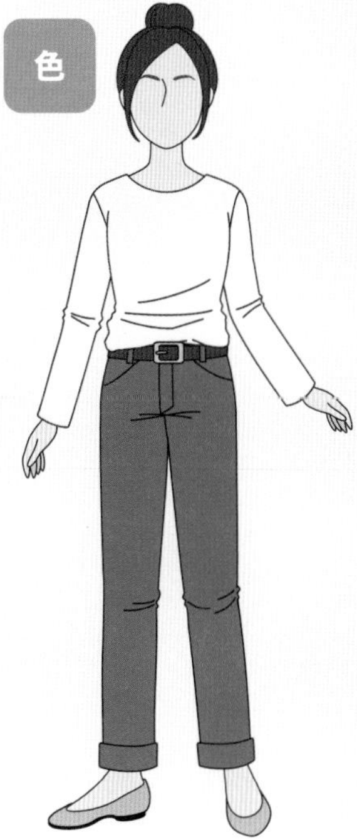

トーン・オン・トーン

同じ色相で、トーン（色調）が異なる配色。ひとつの色相による統一感があり、コーディネートがうまくまとまる。

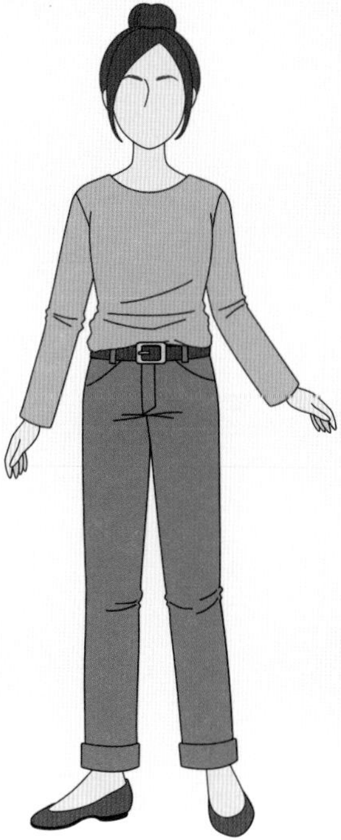

アース・カラー

アース・カラーはベージュやブラウン、カーキなどの土や自然に関連した色。落ち着いた印象のコーディネートに。

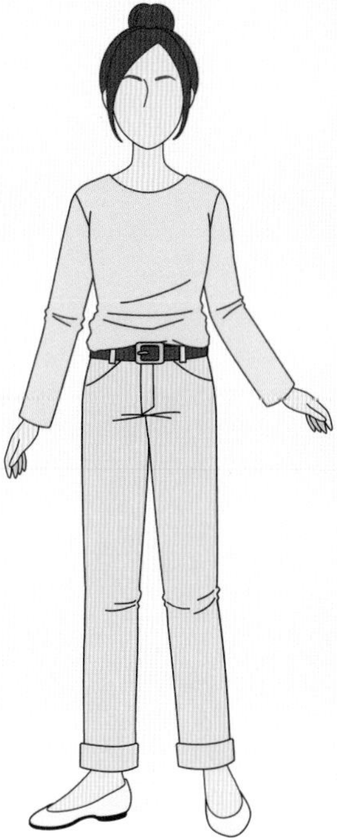

ペール・トーン

ペール・トーンはシャーベット・トーンともいわれる淡い色調。軽やかで若々しい印象、かわいらしさを与える。

モノトーン

黒やグレーのモノトーンのコーディネート。無彩色は単調な印象の反面、シックで落ち着いたコーディネートに。

索　引

＊黒字は項目名として紹介しているもの、青字は同で同義語として紹介しているもの、または、本文中にグレーのマーカーをつけた関連用語です。

ひ

ふ

著者／能澤慧子（のうざわけいこ）

東京家政大学名誉教授。お茶の水女子大学卒。元文化女子大学（現文化学園大学）助教授、東京家政大学教授。専門は西洋服飾文化史。著書や共著書、編著書に『モードの社会史 - 西洋近代服の誕生と展開』（有斐閣）、『二十世紀モード - 肉体の解放と表出』（講談社）、『図説 日本服飾史事典』（東京堂出版）、『史上最強カラー図解 世界服飾史のすべてがわかる本』『早引き ファッション・アパレル用語辞典』（ともにナツメ社）などがある。また、主要翻訳書に『ジェイン・オースティン ファッション』（テクノレヴュー）、『こども服の歴史』（東京堂出版）などがある。

執筆協力／菅野ももこ（文化学園服飾博物館学芸員）
中西希和（秋草学園短期大学文化表現学科准教授）

イラスト／植松しんこ、荻並トシコ、佐藤光（ぴか）、
シロシオ、馬場千恵子
本文デザイン／佐久間麻理（3Bears）
編集協力／小畑さとみ
編集担当／遠藤やよい（ナツメ出版企画）

本書に関するお問い合わせは、書名・発行日・該当ページを明記の上、下記のいずれかの方法にてお送りください。電話でのお問い合わせはお受けしておりません。
・ナツメ社 Web サイトの問い合わせフォーム
https://www.natsume.co.jp/contact
・FAX（03-3291-1305）
・郵送（下記、ナツメ出版企画株式会社宛て）
なお、回答までに日にちをいただく場合があります。正誤のお問い合わせ以外の書籍内容に関する解説、個別の相談は行っておりません。あらかじめご了承ください。

ナツメ社 Webサイト
https://www.natsume.co.jp
書籍の最新情報（正誤情報を含む）はナツメ社Webサイトをご覧ください。

発想（はっそう）が広（ひろ）がる ファッション・アパレル図鑑（ずかん）

2023年4月5日　初版発行

著　者　能澤慧子（のうざわけいこ）
発行者　田村正隆

発行所　株式会社ナツメ社
東京都千代田区神田神保町1-52 ナツメ社ビル1F（〒101-0051）
電話　03（3291）1257（代表）
FAX　03（3291）5761
振替　00130-1-58661
制　作　ナツメ出版企画株式会社
東京都千代田区神田神保町1-52 ナツメ社ビル3F（〒101-0051）
電話　03（3295）3921（代表）
印刷所　ラン印刷社

ISBN978-4-8163-7355-8　Printed in Japan
〈定価はカバーに表示してあります〉〈乱丁・落丁本はお取り替えします〉